마법
술술한자

지은이 - 박두수

한학자 집안에서 태어나 어려서부터 부친께 한학을 배웠고, 부형의 권유에 따라 가업을 잇는다는 정신으로 한문교육과를 나와 한자를 가르치고 있습니다.

한자 때문에 울고 있는 여학생을 보고, 한학을 배우면서 힘들었던 자신의 어린 시절이 생각나 어떻게 하면 어려운 한자를 쉽고 재미있게 가르칠 수 있을까를 연구하였습니다.

한자를 연구하여 새로운 뜻과 새로운 모양의 술술한자 부수를 완성한 후 한자의 자원을 풀이하여 자신의 학습법으로 한자를 가르치면서 뜨거운 호응을 얻고 있습니다.

저서로 《술술한자 부수 200》《한자 암기박사》《족보와 해설이 있는 한자능시 기출·적중 문제집 3급》 등이 있습니다.

- 이메일 : dshanja@naver.com
- 휴대폰 : 010-5052-5321

한국어문회 주관 | 한국한자능력검정회 시행

한자능력 검정시험 3 II

마법 술술한자

박두수 지음

술술한자 시리즈 8

마법 **술술한자** 부수를 알면 한자가 쉽다!

중앙에듀북스

안녕하세요? 박두수입니다.

❗ 한자 학습 왜 해야 될까요?
- 한자는 세계 인구의 26%가 사용하는 동양권의 대표문자입니다.
- 우리말의 70% 이상을 차지하고 있는 것이 한자어입니다.

❗ 한자를 잘하면 왜 공부를 잘하게 될까요?
- 한자는 풍부한 언어 문자 생활과 다른 과목의 학습을 도와주는 역할을 합니다.
- 중학교 1학년 기본 10개 교과목에 2,122자의 한자로 약 14만 번의 한자어가 출현합니다.
- 한자표기를 통한 학습에서 43%가 학업성적이 향상되었습니다.

❗ 쓰기 및 암기 위주의 한자 학습 이제 바뀌어야 합니다.
- 한자는 뜻을 나타내는 표의자로 각 글자마다 만들어진 원리가 있습니다.
- 한자는 만들어진 원리를 생각하며 학습하면 쉽게 익힐 수 있습니다.

❗ 올바른 한자 학습을 위해서는 부수를 제대로 알아야 합니다.
- 부수는 한자를 이루는 최소 단위입니다.
   - ❶ 日(해) + 一(지평선) = 旦(아침 **단**)　　**해**가 **지평선** 위로 떠오를 때는 **아침**이니
   - ❷ 囗(울타리) + 人(사람) = 囚(가둘 **수**)　　**울타리** 안에 죄지은 **사람**을 **가두니**
   - ❸ 自(코) + 犬(개) = 臭(냄새 **취**)　　**코**로 **개**처럼 **냄새** 맡으니
- 올바른 한자 학습을 위해서는 一(지평선), 囗(울타리), 自(코)를 뜻하는 것을 알아야 되겠지요?

❗ 술술한자의 특색 및 구성

- 한자를 연구하여 새로운 뜻과 새로운 모양의 술술한자 부수를 완성하였습니다.
- 누구나 볼 수 있도록 초등학생 수준에 맞추어 풀이를 쉽게 하였습니다.
- 한자를 나누고 자원을 생각하며 공부할 수 있도록 구성하였습니다.
- 지속적인 반복과 실력을 확인할 수 있도록 다양한 평가를 구성하였습니다.

"선생님! 해도 해도 안 돼요. 한자가 너무 어려워요."

이렇게 말하면서 울먹이던 어린 여학생의 안타까운 눈망울을 보며 '어떻게 하면 한자를 쉽게 익힐 수 있을까' 오랜 시간 기도하며 연구하였습니다.

누구나 한자와 보다 쉽게 친해지게 하려는 열정만으로 쓴 책이라 부족함이 많습니다.

한자의 자원을 정확히 알기는 어렵습니다. 아직 4% 정도만 자원을 제대로 유추할 수 있다고 합니다. 다양한 또 다른 자원이 가능하다는 뜻입니다.

부디 술술한자가 한자와 친해지는 계기가 되고 여러분께 많은 도움이 되기를 진심으로 기도합니다.

오랫동안 한자를 지도해 주시거나 주야로 기도해 주신 분들과 술술한자가 출간될 수 있도록 도움을 주신 모든 분들께 진심으로 사랑과 감사의 말씀드립니다.

박두수 올림

한자 쉽게 익히는 법

❗ 한자는 무조건 쓰고 외우지 마세요.

1. 한자는 뜻을 나타내는 표의자입니다. 각 글자마다 형성된 원리가 있습니다.

   > **예**
   > 鳴(울 명) : 입(口)으로 새(鳥)는 울까요? 짖을까요? **울지요!** 그래서 울 명
   > 吠(짖을 폐) : 입(口)으로 개(犬)는 울까요? 짖을까요? **짖지요!** 그래서 짖을 폐

2. 한자는 모양이 비슷한 글자가 너무나 많아 무조건 쓰고 외우는 데는 한계가 있습니다.

   > **예**
   > 閣(집 각) 間(사이 간) 開(열 개) 聞(들을 문) 問(물을 문) 閉(닫을 폐) 閑(한가할 한)

❗ 그럼 어떻게 공부해야 한자를 쉽게 익힐 수 있을까요?

1. 먼저 한자를 나누어 왜 이런 글자들이 모여서 이런 뜻을 나타내게 되었는지 생각해 보세요.

   > **예**
   > 休(쉴 휴) = 亻(사람 인) + 木(나무 목)
   > **왜?** 亻(사람)과 木(나무)가 모여서 休(쉴 휴)가 되었을까요?
   > **사람**(亻)이 햇빛을 피해 **나무**(木) 밑에서 **쉬었겠지요?** 그래서 쉴 휴

2. 한자를 익힌 다음은 그 글자가 쓰인 단어와 뜻까지 익히세요.

   > **예**
   > 休日(휴일) : 쉬는 날
   > 休學(휴학) : 일정기간 학업을 쉼

3. 그 다음 단어가 쓰인 예문을 통해서 한자어를 익히세요.

   > **예**
   > 그는 休日 아침마다 늦잠을 잔다.
   > 형은 가정 형편이 어려워 休學 중이다.

4. 비슷한 글자끼리 연관 지어 익히세요.

   > **예**

門	+	日	=	間(사이 간)	문(門)틈 사이로 해(日)가 비치니
	+	耳	=	聞(들을 문)	문(門)에 귀(耳)를 대고 들으니
	+	口	=	問(물을 문)	문(門)에 대고 입(口) 벌려 물으니

그래서 이렇게 만들었어요

❗ **모든 한자를 가능한 한 자원으로 풀이했습니다.**

> 예) 生(날 생, 살 생) 풀이

- '초목이 땅에 나서 자라는 모양'이라고 합니다. 하지만 술술한자는
- '사람(ㅅ)은 땅(土)에서 나 살아가니' 그래서 날 생, 살 생 이렇게 자원으로 풀이했습니다.

❗ **자원 풀이를 쉽게 했습니다.**

- 자원 풀이 한자교재가 많지만 너무 학술적이어서 이해하기가 어렵습니다.
- 술술한자는 초등학생 수준에 맞추어 풀이를 쉽게 하였습니다.

> 예) 族(겨레 족) 풀이

- '깃발(𣃘) 아래 화살(矢)을 들고 모여 겨레를 이루니'라고 합니다. 하지만 술술한자는
- '사방(方)에서 사람(ㅅ)과 사람(ㅅ)들이 모여 큰(大) 겨레를 이루니' 이렇게 쉽게 풀이했습니다.

❗ **모든 한자를 쓰는 순서대로 자원을 풀이했습니다.**

- 쓰는 순서를 무시한 자원 풀이는 활용하기가 어렵습니다.

> 예) 囚(가둘 수) = 울타리(口) 안에 죄지은 사람(人)을 가두니

❗ **자원 풀이와 한자 쓰기가 한곳에 있어 학습에 많은 도움이 됩니다.**

- 자원 풀이 밑에 곧바로 쓰는 빈칸이 있어 자원을 보고 한자를 쓰면서 익힐 수 있습니다.

❗ **철저히 자원 풀이에 입각한 학습을 하도록 구성하였습니다.**

- 술술한자는 자원을 보며 한자를 쓸 수 있도록 본문을 구성했으며, 연습과 평가 부분도 자원을 생각하며 한자를 익힐 수 있도록 구성하였습니다.

❗ **배운 한자를 활용한 단어학습과 예문으로 어휘력을 길러줍니다.**

- 배운 글자로만 단어를 구성하여 학습하기가 쉽습니다.
- 모든 단어는 한자를 활용하여 직역 위주로 풀이하였습니다.
- 예문을 통하여 단어를 익힐 수 있도록 모든 단어는 예문을 실었습니다.

❗ **학교 교과서에 자주 나오는 한자어를 분석하여 실었습니다.**

- 교과서에 자주 나오는 한자어의 뜻을 한자를 통해 쉽게 익힐 수 있습니다.

이 책은 이렇게 학습하세요

❗ 해당 급수 신습한자를 50자씩 가나다순으로 배열하여 한눈에 익히도록 하였습니다.
- 본문 학습 후 먼저 뜻과 음 부분을 가린 후 읽기를 점검하세요.
- 한자의 뜻과 음을 익히고 나면 한자와 부수 부분을 가린 후 쓰기를 점검하세요.

❶ 8 신습한자

읽기? 뜻, 음을 가리고 읽어본 후 틀린 글자는 V표 하세요.
쓰기? 한자와 부수를 가리고 써본 후 틀린 글자는 V표 하세요.

읽기		한자	부수	뜻	음	쓰기	
❷1	2	❸敎	❹攵	❺가르칠	❻교	1	2
		校	木	학교	교		

읽기		한자	부수	뜻	음	쓰기	
1	2	先	儿	먼저	선	1	2
		小	小	작을	소		

❶ **8** : 한자능력검정시험 급수 표시

❷ **1** **2** : 첫 번째 점검 후 틀린 글자는 번호 **1** 란에 표시를 하고, 두 번째 점검 후 틀린 글자는 번호 **2** 란에 표시를 하여 완전히 익히도록 합니다.

❸ 敎 : 신습한자 ❹ 攵 : 부수 ❺ 가르칠 : 뜻 ❻ 교 : 음

❗ 1회 학습량은 10자 단위로 구성하였습니다.

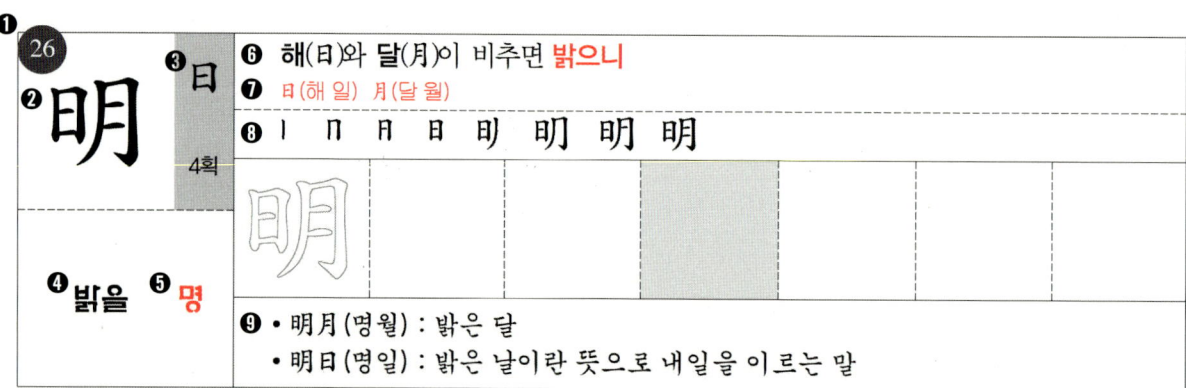

❶ **26** : 신습한자 번호

❷ 明 : 신습한자

❸ 日 4획 : 부수와 부수를 제외한 획수

❹ 밝을 : 뜻

❺ 명 : 음

❻ 해(日)와 달(月)이 비추면 밝으니 : 글자를 나누어 쓰는 순서대로 풀이했습니다.
→ 한자는 무조건 쓰고 외우기보다는 日(해 일)과 月(달 월)이 모여 왜 明(밝을 명)이 되었는지 자원을 이해한 후 읽으면서 써야 오래 기억됩니다.

❼ 日(해 일) 月(달 월) : 부수 설명 및 보충
❽ㅣ 冂 冃 日 旫 明 明 明 : 필순
❾ 明日(명일) : 배운 글자로만 단어를 구성하였으며 직역 위주로 풀이를 하였습니다.

❗ 자원으로 한자와 부수를 익히는 부분입니다.

> **자원으로 한자 알기**
>
> * 해( )와 달(月)이 비추면 **밝으니** ☞
> * 문(門)에 귀( )를 대고 **들으니** ☞
> * 문(門)에 대고 입( ) 벌려 **물으니** ☞
> * 사람( )이 나무(木)에 기대어 **쉬니** ☞

( ) 안에 들어가는 日(해 일)이 明(밝을 명)의 부수입니다.
( ) 안에 부수 日을 쓰고 ☞ 오른쪽에 한자 明을 쓰세요.

| 예 | 해(日)와 달(月)이 비추면 **밝으니** ☞ 明 |

❗ 심화 학습하는 부분입니다.

一思多得

❶ 敎(가르칠 교) 校(학교 교) 쓰임에 주의하세요.
   敎(가르칠 교) : 敎師(교사)   敎室(교실)   敎訓(교훈)
   校(학교 교) : 校歌(교가)   校門(교문)   校長(교장)

❗ 문제와 해답
다양한 형식의 문제들에 대한 해답은 해당 문제의 앞뒤 페이지나 위아래에 위치한 반대 유형의 문제를 참고하시면 됩니다.

차례

- ❖ 안녕하세요? 박두수입니다. _4
- ❖ 한자 쉽게 익히는 법 _6
- ❖ 그래서 이렇게 만들었어요 _7
- ❖ 이 책은 이렇게 학습하세요 _8

본문 익히기 _11
- ❖ 신습한자 일람표
- ❖ 자원으로 한자 알기
- ❖ 한자를 나누고 자원을 쓰면서 익히기
- ❖ 한자어 독음 및 한자 쓰기
- ❖ 예문으로 한자어 익히기

종합평가 _383
- ❖ 훈음 및 한자 쓰기
- ❖ 교과서 주요 한자어 익히기

부 록 _407
- ❖ 반대자
- ❖ 반대어
- ❖ 유의자
- ❖ 동음이의어
- ❖ 사자성어
- ❖ 약자

본문 익히기

8

> 읽기? 뜻, 음을 가리고 읽어본 후 틀린 글자는 V표 하세요.
> 쓰기? 한자와 부수를 가리고 써본 후 틀린 글자는 V표 하세요.

읽기 1	2	한자	부수	뜻	음	쓰기 1	2
		敎	攵	가르칠	교		
		校	木	학교	교		
		九	乙	아홉	구		
		國	口	나라	국		
		軍	車	군사	군		
		金	金	쇠	금		
		南	十	남녘	남		
		女	女	계집	녀		
		年	干	해	년		
		大	大	큰	대		
		東	木	동녘	동		
		六	八	여섯	륙		
		萬	艹	일만	만		
		母	母	어미	모		
		木	木	나무	목		
		門	門	문	문		
		民	氏	백성	민		
		白	白	흰	백		
		父	父	아비	부		
		北	匕	북녘	북		
		四	口	넉	사		
		山	山	산	산		
		三	一	석	삼		
		生	生	날	생		
		西	西	서녘	서		

읽기 1	2	한자	부수	뜻	음	쓰기 1	2
		先	儿	먼저	선		
		小	小	작을	소		
		水	水	물	수		
		室	宀	집	실		
		十	十	열	십		
		五	二	다섯	오		
		王	玉	임금	왕		
		外	夕	바깥	외		
		月	月	달	월		
		二	二	둘	이		
		人	人	사람	인		
		一	一	한	일		
		日	日	날	일		
		長	長	길	장		
		弟	弓	아우	제		
		中	丨	가운데	중		
		靑	靑	푸를	청		
		寸	寸	마디	촌		
		七	一	일곱	칠		
		土	土	흙	토		
		八	八	여덟	팔		
		學	子	배울	학		
		韓	韋	나라	한		
		兄	儿	형	형		
		火	火	불	화		

7Ⅱ 신습한자

읽기 1	읽기 2	한자	부수	뜻	음	쓰기 1	쓰기 2
		家	宀	집	가		
		間	門	사이	간		
		江	氵	강	강		
		車	車	수레	거		
		工	工	장인	공		
		空	穴	빌	공		
		氣	气	기운	기		
		記	言	기록할	기		
		男	田	사내	남		
		內	入	안	내		
		農	辰	농사	농		
		答	竹	대답할	답		
		道	辶	길	도		
		動	力	움직일	동		
		力	力	힘	력		
		立	立	설	립		
		每	母	매양	매		
		名	口	이름	명		
		物	牛	물건	물		
		方	方	모	방		
		不	一	아닐	불		
		事	亅	일	사		
		上	一	윗	상		
		姓	女	성	성		
		世	一	세대	세		

읽기 1	읽기 2	한자	부수	뜻	음	쓰기 1	쓰기 2
		手	手	손	수		
		市	巾	시장	시		
		時	日	때	시		
		食	食	밥	식		
		安	宀	편안할	안		
		午	十	낮	오		
		右	口	오른쪽	우		
		子	子	아들	자		
		自	自	스스로	자		
		場	土	마당	장		
		全	入	온전할	전		
		前	刂	앞	전		
		電	雨	번개	전		
		正	止	바를	정		
		足	足	발	족		
		左	工	왼쪽	좌		
		直	目	곧을	직		
		平	干	평평할	평		
		下	一	아래	하		
		漢	氵	한나라	한		
		海	氵	바다	해		
		話	言	말씀	화		
		活	氵	살	활		
		孝	子	효도	효		
		後	彳	뒤	후		

13

7 신습한자

> 읽기? 뜻, 음을 가리고 읽어본 후 틀린 글자는 V표 하세요.
> 쓰기? 한자와 부수를 가리고 써본 후 틀린 글자는 V표 하세요.

읽기 1	2	한자	부수	뜻	음	쓰기 1	2
		歌	欠	노래	가		
		口	口	입	구		
		旗	方	기	기		
		冬	冫	겨울	동		
		同	口	같을	동		
		洞	氵	마을	동		
		登	癶	오를	등		
		來	人	올	래		
		老	老	늙을	로		
		里	里	마을	리		
		林	木	수풀	림		
		面	面	얼굴	면		
		命	口	명령할	명		
		問	口	물을	문		
		文	文	글월	문		
		百	白	일백	백		
		夫	大	사내	부		
		算	竹	셈	산		
		色	色	빛	색		
		夕	夕	저녁	석		
		少	小	적을	소		
		所	戶	곳	소		
		數	攵	셈	수		
		植	木	심을	식		
		心	心	마음	심		

읽기 1	2	한자	부수	뜻	음	쓰기 1	2
		語	言	말씀	어		
		然	灬	그럴	연		
		有	月	있을	유		
		育	月	기를	육		
		邑	邑	고을	읍		
		入	入	들	입		
		字	子	글자	자		
		祖	示	할아비	조		
		主	丶	주인	주		
		住	亻	살	주		
		重	里	무거울	중		
		地	土	땅	지		
		紙	糸	종이	지		
		千	十	일천	천		
		天	大	하늘	천		
		川	川	내	천		
		草	艹	풀	초		
		村	木	마을	촌		
		秋	禾	가을	추		
		春	日	봄	춘		
		出	凵	날	출		
		便	亻	편할	편		
		夏	夂	여름	하		
		花	艹	꽃	화		
		休	亻	쉴	휴		

6Ⅱ-1 신습한자

읽기? 뜻, 음을 가리고 읽어본 후 틀린 글자는 V표 하세요.
쓰기? 한자와 부수를 가리고 써본 후 틀린 글자는 V표 하세요.

읽기 1	읽기 2	한자	부수	뜻	음	쓰기 1	쓰기 2
		各	口	각각	각		
		角	角	뿔	각		
		界	田	경계	계		
		計	言	셀	계		
		高	高	높을	고		
		公	八	공평할	공		
		共	八	함께	공		
		功	力	공	공		
		果	木	열매	과		
		科	禾	과목	과		
		光	儿	빛	광		
		球	玉	공	구		
		今	人	이제	금		
		急	心	급할	급		
		短	矢	짧을	단		
		堂	土	집	당		
		代	亻	대신할	대		
		對	寸	대할	대		
		圖	囗	그림	도		
		讀	言	읽을	독		
		童	立	아이	동		
		等	竹	무리	등		
		樂	木	즐길	락		
		利	刂	이로울	리		
		理	玉	다스릴	리		

읽기 1	읽기 2	한자	부수	뜻	음	쓰기 1	쓰기 2
		明	日	밝을	명		
		聞	耳	들을	문		
		半	十	반	반		
		反	又	돌이킬	반		
		班	玉	나눌	반		
		發	癶	쏠	발		
		放	攵	놓을	방		
		部	阝	나눌	부		
		分	刀	나눌	분		
		社	示	모일	사		
		書	日	글	서		
		線	糸	줄	선		
		雪	雨	눈	설		
		成	戈	이룰	성		
		省	目	살필	성		
		消	氵	사라질	소		
		術	行	재주	술		
		始	女	비로소	시		
		信	亻	믿을	신		
		新	斤	새	신		
		神	示	귀신	신		
		身	身	몸	신		
		弱	弓	약할	약		
		藥	艹	약	약		
		業	木	일	업		

6Ⅱ-2 신습한자

읽기 1	읽기 2	한자	부수	뜻	음	쓰기 1	쓰기 2
		勇	力	날랠	용		
		用	用	쓸	용		
		運	辶	옮길	운		
		音	音	소리	음		
		飮	食	마실	음		
		意	心	뜻	의		
		作	亻	지을	작		
		昨	日	어제	작		
		才	扌	재주	재		
		戰	戈	싸움	전		
		庭	广	뜰	정		
		第	竹	차례	제		
		題	頁	문제	제		

읽기 1	읽기 2	한자	부수	뜻	음	쓰기 1	쓰기 2
		注	氵	부을	주		
		集	隹	모일	집		
		窓	穴	창	창		
		淸	氵	맑을	청		
		體	骨	몸	체		
		表	衣	겉	표		
		風	風	바람	풍		
		幸	干	다행	행		
		現	玉	나타날	현		
		形	彡	모양	형		
		和	口	화할	화		
		會	日	모일	회		

6-1 선습한자

읽기? 뜻, 음을 가리고 읽어본 후 틀린 글자는 V표 하세요.
쓰기? 한자와 부수를 가리고 써본 후 틀린 글자는 V표 하세요.

읽기 1	읽기 2	한자	부수	뜻	음	쓰기 1	쓰기 2
		感	心	느낄	감		
		強	弓	강할	강		
		開	門	열	개		
		京	亠	서울	경		
		古	口	예	고		
		苦	艹	쓸	고		
		交	亠	사귈	교		
		區	匚	구분할	구		
		郡	阝	고을	군		
		根	木	뿌리	근		
		近	辶	가까울	근		
		級	糸	등급	급		
		多	夕	많을	다		
		待	彳	기다릴	대		
		度	广	법도	도		
		頭	頁	머리	두		
		例	亻	법식	례		
		禮	示	예도	례		
		路	足	길	로		
		綠	糸	푸를	록		
		李	木	오얏	리		
		目	目	눈	목		
		美	羊	아름다울	미		
		米	米	쌀	미		
		朴	木	성	박		

읽기 1	읽기 2	한자	부수	뜻	음	쓰기 1	쓰기 2
		番	田	차례	번		
		別	刂	나눌	별		
		病	疒	병	병		
		服	月	옷	복		
		本	木	근본	본		
		使	亻	하여금	사		
		死	歹	죽을	사		
		席	巾	자리	석		
		石	石	돌	석		
		速	辶	빠를	속		
		孫	子	손자	손		
		樹	木	나무	수		
		習	羽	익힐	습		
		勝	力	이길	승		
		式	弋	법	식		
		失	大	잃을	실		
		愛	心	사랑	애		
		夜	夕	밤	야		
		野	里	들	야		
		洋	氵	큰 바다	양		
		陽	阝	볕	양		
		言	言	말씀	언		
		永	水	길	영		
		英	艹	꽃부리	영		
		溫	氵	따뜻할	온		

6-2 신습한자

읽기 1	읽기 2	한자	부수	뜻	음	쓰기 1	쓰기 2
		園	口	동산	원		
		遠	辶	멀	원		
		由	田	말미암을	유		
		油	氵	기름	유		
		銀	金	은	은		
		衣	衣	옷	의		
		醫	酉	의원	의		
		者	耂	사람	자		
		章	立	글	장		
		在	土	있을	재		
		定	宀	정할	정		
		朝	月	아침	조		
		族	方	겨레	족		

읽기 1	읽기 2	한자	부수	뜻	음	쓰기 1	쓰기 2
		晝	日	낮	주		
		親	見	친할	친		
		太	大	클	태		
		通	辶	통할	통		
		特	牛	특별할	특		
		合	口	합할	합		
		行	行	다닐	행		
		向	口	향할	향		
		號	虍	이름	호		
		畵	田	그림	화		
		黃	黃	누를	황		
		訓	言	가르칠	훈		

5Ⅱ-1 신습한자

읽기 1	읽기 2	한자	부수	뜻	음	쓰기 1	쓰기 2
		價	亻	값	가		
		客	宀	손	객		
		格	木	격식	격		
		見	見	볼	견		
		決	氵	결단할	결		
		結	糸	맺을	결		
		敬	攵	공경	경		
		告	口	고할	고		
		課	言	공부할	과		
		過	辶	지날	과		
		觀	見	볼	관		
		關	門	관계할	관		
		廣	广	넓을	광		
		具	八	갖출	구		
		舊	臼	예	구		
		局	尸	판	국		
		基	土	터	기		
		己	己	몸	기		
		念	心	생각	념		
		能	月	능할	능		
		團	囗	둥글	단		
		當	田	마땅	당		
		德	彳	덕	덕		
		到	刂	이를	도		
		獨	犭	홀로	독		

읽기 1	읽기 2	한자	부수	뜻	음	쓰기 1	쓰기 2
		朗	月	밝을	랑		
		良	艮	어질	량		
		旅	方	나그네	려		
		歷	止	지낼	력		
		練	糸	익힐	련		
		勞	力	일할	로		
		流	氵	흐를	류		
		類	頁	무리	류		
		陸	阝	뭍	륙		
		望	月	바랄	망		
		法	氵	법	법		
		變	言	변할	변		
		兵	八	병사	병		
		福	示	복	복		
		奉	大	받들	봉		
		士	士	선비	사		
		仕	亻	섬길	사		
		史	口	역사	사		
		産	生	낳을	산		
		商	口	장사	상		
		相	目	서로	상		
		仙	亻	신선	선		
		鮮	魚	고울	선		
		說	言	말씀	설		
		性	忄	성품	성		

5Ⅱ-2 신습한자

읽기 1	읽기 2	한자	부수	뜻	음	쓰기 1	쓰기 2
		歲	止	해	세		
		洗	氵	씻을	세		
		束	木	묶을	속		
		首	首	머리	수		
		宿	宀	잘	숙		
		順	頁	순할	순		
		識	言	알	식		
		臣	臣	신하	신		
		實	宀	열매	실		
		兒	儿	아이	아		
		惡	心	악할	악		
		約	糸	맺을	약		
		養	食	기를	양		
		要	襾	중요할	요		
		友	又	벗	우		
		雨	雨	비	우		
		雲	雨	구름	운		
		元	儿	으뜸	원		
		偉	亻	클	위		
		以	人	써	이		
		任	亻	맡길	임		
		材	木	재목	재		
		財	貝	재물	재		
		的	白	과녁	적		
		傳	亻	전할	전		

읽기 1	읽기 2	한자	부수	뜻	음	쓰기 1	쓰기 2
		典	八	법	전		
		展	尸	펼	전		
		切	刀	끊을	절		
		節	竹	마디	절		
		店	广	가게	점		
		情	忄	뜻	정		
		調	言	고를	조		
		卒	十	마칠	졸		
		種	禾	씨	종		
		州	川	고을	주		
		週	辶	주일	주		
		知	矢	알	지		
		質	貝	바탕	질		
		着	目	붙을	착		
		參	厶	참여할	참		
		責	貝	꾸짖을	책		
		充	儿	채울	충		
		宅	宀	집	택		
		品	口	물건	품		
		必	心	반드시	필		
		筆	竹	붓	필		
		害	宀	해할	해		
		化	匕	변화할	화		
		效	攵	본받을	효		
		凶	凵	흉할	흉		

5-1 선습한자

> 읽기? 뜻, 음을 가리고 읽어본 후 틀린 글자는 V표 하세요.
> 쓰기? 한자와 부수를 가리고 써본 후 틀린 글자는 V표 하세요.

읽기 1	읽기 2	한자	부수	뜻	음	쓰기 1	쓰기 2
		加	力	더할	가		
		可	口	옳을	가		
		改	攵	고칠	개		
		去	厶	갈	거		
		擧	手	들	거		
		件	亻	물건	건		
		建	廴	세울	건		
		健	亻	건강할	건		
		景	日	경치	경		
		競	立	다툴	경		
		輕	車	가벼울	경		
		固	口	굳을	고		
		考	耂	생각할	고		
		曲	日	굽을	곡		
		橋	木	다리	교		
		救	攵	구원할	구		
		貴	貝	귀할	귀		
		規	見	법	규		
		給	糸	줄	급		
		技	扌	재주	기		
		期	月	기약할	기		
		汽	氵	김	기		
		吉	口	길할	길		
		壇	土	단	단		
		談	言	말씀	담		

읽기 1	읽기 2	한자	부수	뜻	음	쓰기 1	쓰기 2
		島	山	섬	도		
		都	阝	도읍	도		
		落	艹	떨어질	락		
		冷	冫	찰	랭		
		量	里	헤아릴	량		
		令	人	명령할	령		
		領	頁	거느릴	령		
		料	斗	헤아릴	료		
		馬	馬	말	마		
		末	木	끝	말		
		亡	亠	망할	망		
		買	貝	살	매		
		賣	貝	팔	매		
		無	灬	없을	무		
		倍	亻	곱	배		
		比	比	견줄	비		
		費	貝	쓸	비		
		鼻	鼻	코	비		
		氷	水	얼음	빙		
		寫	宀	베낄	사		
		思	心	생각	사		
		查	木	조사할	사		
		賞	貝	상줄	상		
		序	广	차례	서		
		善	口	착할	선		

5-2 선습한자

읽기? 뜻, 음을 가리고 읽어본 후 틀린 글자는 V표 하세요.
쓰기? 한자와 부수를 가리고 써본 후 틀린 글자는 V표 하세요.

읽기 1 2	한자	부수	뜻	음	쓰기 1 2
	船	舟	배	선	
	選	辶	가릴	선	
	示	示	보일	시	
	案	木	책상	안	
	魚	魚	물고기	어	
	漁	氵	고기 잡을	어	
	億	亻	억	억	
	熱	灬	더울	열	
	葉	艹	잎	엽	
	屋	尸	집	옥	
	完	宀	완전할	완	
	曜	日	빛날	요	
	浴	氵	목욕할	욕	
	牛	牛	소	우	
	雄	隹	수컷	웅	
	院	阝	집	원	
	原	厂	근원	원	
	願	頁	원할	원	
	位	亻	자리	위	
	耳	耳	귀	이	
	因	囗	의지할	인	
	再	冂	두	재	
	災	火	재앙	재	
	爭	爫	다툴	쟁	
	貯	貝	쌓을	저	

읽기 1 2	한자	부수	뜻	음	쓰기 1 2
	赤	赤	붉을	적	
	停	亻	머무를	정	
	操	扌	잡을	조	
	終	糸	마칠	종	
	罪	罒	허물	죄	
	止	止	그칠	지	
	唱	口	부를	창	
	鐵	金	쇠	철	
	初	刀	처음	초	
	最	日	가장	최	
	祝	示	빌	축	
	致	至	이를	치	
	則	刂	법칙	칙	
	他	亻	다를	타	
	打	扌	칠	타	
	卓	十	높을	탁	
	炭	火	숯	탄	
	板	木	널조각	판	
	敗	攵	패할	패	
	河	氵	강	하	
	寒	宀	찰	한	
	許	言	허락할	허	
	湖	氵	호수	호	
	患	心	근심	환	
	黑	黑	검을	흑	

4Ⅱ-1 신습한자

읽기 1	읽기 2	한자	부수	뜻	음	쓰기 1	쓰기 2
		街	行	거리	가		
		假	亻	거짓	가		
		減	氵	덜	감		
		監	皿	볼	감		
		康	广	편안할	강		
		講	言	강론할	강		
		個	亻	낱	개		
		檢	木	검사할	검		
		缺	缶	이지러질	결		
		潔	氵	깨끗할	결		
		警	言	깨우칠	경		
		境	土	지경	경		
		經	糸	글	경		
		慶	心	경사	경		
		係	亻	맬	계		
		故	攵	연고	고		
		官	宀	벼슬	관		
		究	穴	연구할	구		
		句	口	글귀	구		
		求	水	구할	구		
		宮	宀	궁궐	궁		
		權	木	권세	권		
		極	木	끝	극		
		禁	示	금할	금		
		器	口	그릇	기		

읽기 1	읽기 2	한자	부수	뜻	음	쓰기 1	쓰기 2
		起	走	일어날	기		
		暖	日	따뜻할	난		
		難	隹	어려울	난		
		努	力	힘쓸	노		
		怒	心	성낼	노		
		單	口	홑	단		
		檀	木	박달나무	단		
		端	立	끝	단		
		斷	斤	끊을	단		
		達	辶	이를	달		
		擔	扌	멜	담		
		黨	黑	무리	당		
		帶	巾	띠	대		
		隊	阝	무리	대		
		導	寸	인도할	도		
		毒	母	독할	독		
		督	目	감독할	독		
		銅	金	구리	동		
		斗	斗	말	두		
		豆	豆	콩	두		
		得	彳	얻을	득		
		燈	火	등	등		
		羅	四	벌릴	라		
		兩	入	두	량		
		麗	鹿	고울	려		

23

4Ⅱ-2 신습한자

읽기 1	읽기 2	한자	부수	뜻	음	쓰기 1	쓰기 2
		連	辶	이을	련		
		列	刂	벌릴	렬		
		錄	金	기록할	록		
		論	言	논할	론		
		留	田	머무를	류		
		律	彳	법칙	률		
		滿	氵	찰	만		
		脈	月	혈관	맥		
		毛	毛	털	모		
		牧	牛	기를	목		
		務	力	힘쓸	무		
		武	止	군사	무		
		未	木	아닐	미		
		味	口	맛	미		
		密	宀	빽빽할	밀		
		博	十	넓을	박		
		防	阝	막을	방		
		訪	言	찾을	방		
		房	戶	방	방		
		拜	手	절	배		
		背	月	등	배		
		配	酉	나눌	배		
		伐	亻	칠	벌		
		罰	罒	벌할	벌		
		壁	土	벽	벽		

읽기 1	읽기 2	한자	부수	뜻	음	쓰기 1	쓰기 2
		邊	辶	가	변		
		保	亻	지킬	보		
		報	土	알릴	보		
		寶	宀	보배	보		
		步	止	걸음	보		
		復	彳	다시	부		
		府	广	관청	부		
		副	刂	버금	부		
		富	宀	부자	부		
		婦	女	아내	부		
		佛	亻	부처	불		
		備	亻	갖출	비		
		非	非	아닐	비		
		悲	心	슬플	비		
		飛	飛	날	비		
		貧	貝	가난할	빈		
		寺	寸	절	사		
		謝	言	사례할	사		
		師	巾	스승	사		
		舍	舌	집	사		
		殺	殳	죽일	살		
		常	巾	항상	상		
		床	广	평상	상		
		想	心	생각	상		
		狀	犬	형상	상		

4Ⅱ-3 선습한자

읽기 1	읽기 2	한자	부수	뜻	음	쓰기 1	쓰기 2
		設	言	베풀	설		
		誠	言	정성	성		
		城	土	성	성		
		盛	皿	성할	성		
		星	日	별	성		
		聖	耳	성인	성		
		聲	耳	소리	성		
		勢	力	형세	세		
		稅	禾	세금	세		
		細	糸	가늘	세		
		掃	扌	쓸	소		
		笑	竹	웃음	소		
		素	糸	본디	소		
		俗	亻	풍속	속		
		續	糸	이을	속		
		送	辶	보낼	송		
		修	亻	닦을	수		
		守	宀	지킬	수		
		受	又	받을	수		
		授	扌	줄	수		
		收	攵	거둘	수		
		純	糸	순수할	순		
		承	手	이을	승		
		施	方	베풀	시		
		是	日	옳을	시		

읽기 1	읽기 2	한자	부수	뜻	음	쓰기 1	쓰기 2
		視	見	살필	시		
		試	言	시험	시		
		詩	言	시	시		
		息	心	쉴	식		
		申	田	펼	신		
		深	氵	깊을	심		
		眼	目	눈	안		
		暗	日	어두울	암		
		壓	土	누를	압		
		液	氵	즙	액		
		羊	羊	양	양		
		餘	食	남을	여		
		如	女	같을	여		
		逆	辶	거스를	역		
		硏	石	갈	연		
		演	氵	펼	연		
		煙	火	연기	연		
		榮	木	영화	영		
		藝	艹	재주	예		
		誤	言	그르칠	오		
		玉	玉	구슬	옥		
		往	彳	갈	왕		
		謠	言	노래	요		
		容	宀	얼굴	용		
		員	口	관원	원		

25

4II-4 선습한자

읽기? 뜻, 음을 가리고 읽어본 후 틀린 글자는 V표 하세요.
쓰기? 한자와 부수를 가리고 써본 후 틀린 글자는 V표 하세요.

읽기 1	읽기 2	한자	부수	뜻	음	쓰기 1	쓰기 2
		圓	口	둥글	원		
		衛	行	지킬	위		
		爲	爪	할	위		
		肉	肉	고기	육		
		恩	心	은혜	은		
		陰	阝	그늘	음		
		應	心	응할	응		
		義	羊	옳을	의		
		議	言	의논할	의		
		移	禾	옮길	이		
		益	皿	더할	익		
		認	言	알	인		
		印	卩	도장	인		
		引	弓	끌	인		
		將	寸	장수	장		
		障	阝	막을	장		
		低	亻	낮을	저		
		敵	攵	대적할	적		
		田	田	밭	전		
		絶	糸	끊을	절		
		接	扌	이을	접		
		程	禾	한도	정		
		政	攵	정사	정		
		精	米	깨끗할	정		
		制	刂	절제할	제		

읽기 1	읽기 2	한자	부수	뜻	음	쓰기 1	쓰기 2
		製	衣	지을	제		
		濟	氵	건널	제		
		提	扌	드러낼	제		
		祭	示	제사	제		
		際	阝	사귈	제		
		除	阝	덜	제		
		助	力	도울	조		
		早	日	이를	조		
		造	辶	지을	조		
		鳥	鳥	새	조		
		尊	寸	높을	존		
		宗	宀	마루	종		
		走	走	달릴	주		
		竹	竹	대	죽		
		準	氵	평평할	준		
		衆	血	무리	중		
		增	土	더할	증		
		指	扌	가리킬	지		
		志	心	뜻	지		
		支	支	가를	지		
		至	至	이를	지		
		職	耳	직분	직		
		進	辶	나아갈	진		
		眞	目	참	진		
		次	欠	다음	차		

4Ⅱ-5

읽기 1	2	한자	부수	뜻	음	쓰기 1	2
		察	宀	살필	찰		
		創	刂	시작할	창		
		處	虍	곳	처		
		請	言	청할	청		
		總	糸	다	총		
		銃	金	총	총		
		蓄	艹	모을	축		
		築	竹	쌓을	축		
		忠	心	충성	충		
		蟲	虫	벌레	충		
		取	又	가질	취		
		測	氵	헤아릴	측		
		置	罒	둘	치		
		治	氵	다스릴	치		
		齒	齒	이	치		
		侵	亻	침노할	침		
		快	忄	시원할	쾌		
		態	心	모습	태		
		統	糸	거느릴	통		
		退	辶	물러날	퇴		
		波	氵	물결	파		
		破	石	깨뜨릴	파		
		包	勹	쌀	포		
		砲	石	대포	포		
		布	巾	펼	포		

읽기 1	2	한자	부수	뜻	음	쓰기 1	2
		暴	日	사나울	폭		
		票	示	표	표		
		豊	豆	풍성할	풍		
		限	阝	한정	한		
		航	舟	건널	항		
		港	氵	항구	항		
		解	角	풀	해		
		鄕	阝	시골	향		
		香	香	향기	향		
		虛	虍	빌	허		
		驗	馬	시험	험		
		賢	貝	어질	현		
		血	血	피	혈		
		協	十	도울	협		
		惠	心	은혜	혜		
		呼	口	부를	호		
		好	女	좋을	호		
		戶	戶	집	호		
		護	言	보호할	호		
		貨	貝	재물	화		
		確	石	굳을	확		
		回	口	돌	회		
		吸	口	마실	흡		
		興	臼	일	흥		
		希	巾	바랄	희		

4-1 선습한자

읽기 1 2	한자	부수	뜻	음	쓰기 1 2
	暇	日	틈	가	
	刻	刂	새길	각	
	覺	見	깨달을	각	
	干	干	방패	간	
	看	目	볼	간	
	簡	竹	간략할	간	
	甘	甘	달	감	
	敢	攵	감히	감	
	甲	田	갑옷	갑	
	降	阝	내릴	강	
	更	曰	다시	갱	
	居	尸	살	거	
	巨	工	클	거	
	拒	扌	막을	거	
	據	扌	의지할	거	
	傑	亻	뛰어날	걸	
	儉	亻	검소할	검	
	激	氵	심할	격	
	擊	手	칠	격	
	堅	土	굳을	견	
	犬	犬	개	견	
	傾	亻	기울	경	
	鏡	金	거울	경	
	驚	馬	놀랄	경	
	季	子	계절	계	

읽기 1 2	한자	부수	뜻	음	쓰기 1 2
	鷄	鳥	닭	계	
	階	阝	계단	계	
	戒	戈	경계할	계	
	系	糸	이어 맬	계	
	繼	糸	이을	계	
	孤	子	외로울	고	
	庫	广	곳집	고	
	穀	禾	곡식	곡	
	困	口	곤란할	곤	
	骨	骨	뼈	골	
	攻	攵	칠	공	
	孔	子	구멍	공	
	管	竹	관리할	관	
	鑛	金	쇳돌	광	
	構	木	얽을	구	
	君	口	임금	군	
	群	羊	무리	군	
	屈	尸	굽힐	굴	
	窮	穴	궁할	궁	
	券	刀	문서	권	
	卷	㔾	책	권	
	勸	力	권할	권	
	歸	止	돌아갈	귀	
	均	土	고를	균	
	劇	刂	심할	극	

4-2 신습한자

읽기 1	읽기 2	한자	부수	뜻	음	쓰기 1	쓰기 2
		勤	力	부지런할	근		
		筋	竹	힘줄	근		
		奇	大	기특할	기		
		寄	宀	붙어살	기		
		紀	糸	벼리	기		
		機	木	틀	기		
		納	糸	들일	납		
		段	殳	층계	단		
		徒	彳	무리	도		
		逃	辶	도망	도		
		盜	皿	도둑	도		
		亂	乙	어지러울	란		
		卵	卩	알	란		
		覽	見	볼	람		
		略	田	간략할	략		
		糧	米	양식	량		
		慮	心	염려할	려		
		烈	灬	세찰	렬		
		龍	龍	용	룡		
		柳	木	버들	류		
		輪	車	바퀴	륜		
		離	隹	떠날	리		
		妹	女	여동생	매		
		勉	力	힘쓸	면		
		鳴	鳥	울	명		

읽기 1	읽기 2	한자	부수	뜻	음	쓰기 1	쓰기 2
		模	木	본뜰	모		
		墓	土	무덤	묘		
		妙	女	묘할	묘		
		舞	舛	춤출	무		
		拍	扌	손뼉 칠	박		
		髮	髟	터럭	발		
		妨	女	방해할	방		
		犯	犭	범할	범		
		範	竹	본보기	범		
		辯	辛	말 잘할	변		
		普	日	넓을	보		
		伏	亻	엎드릴	복		
		複	衤	겹칠	복		
		否	口	아닐	부		
		負	貝	질	부		
		粉	米	가루	분		
		憤	忄	성낼	분		
		碑	石	비석	비		
		批	扌	비평할	비		
		祕	示	숨길	비		
		射	寸	쏠	사		
		私	禾	사사	사		
		絲	糸	실	사		
		辭	辛	말씀	사		
		散	攵	흩을	산		

4-3 신습한자

읽기? 뜻, 음을 가리고 읽어본 후 틀린 글자는 V표 하세요.
쓰기? 한자와 부수를 가리고 써본 후 틀린 글자는 V표 하세요.

읽기 1	2	한자	부수	뜻	음	쓰기 1	2
		傷	亻	상할	상		
		象	豕	코끼리	상		
		宣	宀	베풀	선		
		舌	舌	혀	설		
		屬	尸	붙을	속		
		損	扌	덜	손		
		松	木	소나무	송		
		頌	頁	칭송할	송		
		秀	禾	빼어날	수		
		叔	又	아재비	숙		
		肅	聿	엄숙할	숙		
		崇	山	높을	숭		
		氏	氏	성	씨		
		額	頁	이마	액		
		樣	木	모양	양		
		嚴	口	엄할	엄		
		與	白	더불	여		
		域	土	지경	역		
		易	日	바꿀	역		
		延	廴	늘일	연		
		鉛	金	납	연		
		燃	火	탈	연		
		緣	糸	인연	연		
		映	日	비칠	영		
		營	火	경영할	영		

읽기 1	2	한자	부수	뜻	음	쓰기 1	2
		迎	辶	맞을	영		
		豫	豕	미리	예		
		遇	辶	만날	우		
		優	亻	넉넉할	우		
		郵	阝	우편	우		
		源	氵	근원	원		
		援	扌	도울	원		
		怨	心	원망할	원		
		圍	口	에워쌀	위		
		危	卩	위태할	위		
		委	女	맡길	위		
		威	女	위엄	위		
		慰	心	위로할	위		
		乳	乚	젖	유		
		儒	亻	선비	유		
		遊	辶	놀	유		
		遺	辶	남길	유		
		隱	阝	숨을	은		
		依	亻	의지할	의		
		儀	亻	거동	의		
		疑	疋	의심할	의		
		異	田	다를	이		
		仁	亻	어질	인		
		姿	女	모양	자		
		資	貝	재물	자		

4-4 선습한자

읽기? 뜻, 음을 가리고 읽어본 후 틀린 글자는 V표 하세요.
쓰기? 한자와 부수를 가리고 써본 후 틀린 글자는 V표 하세요.

읽기 1	읽기 2	한자	부수	뜻	음	쓰기 1	쓰기 2
		姉	女	손윗누이	자		
		殘	歹	잔인할	잔		
		雜	隹	섞일	잡		
		腸	月	창자	장		
		壯	士	씩씩할	장		
		裝	衣	꾸밀	장		
		獎	大	장려할	장		
		帳	巾	장막	장		
		張	弓	베풀	장		
		底	广	밑	저		
		適	辶	마땅할	적		
		積	禾	쌓을	적		
		績	糸	길쌈	적		
		籍	竹	문서	적		
		賊	貝	도둑	적		
		專	寸	오로지	전		
		轉	車	구를	전		
		錢	金	돈	전		
		折	扌	꺾을	절		
		占	卜	점칠	점		
		點	黑	검사할	점		
		丁	一	장정	정		
		整	攵	가지런할	정		
		靜	青	고요할	정		
		帝	巾	임금	제		

읽기 1	읽기 2	한자	부수	뜻	음	쓰기 1	쓰기 2
		組	糸	짤	조		
		潮	氵	조수	조		
		條	木	가지	조		
		存	子	있을	존		
		從	彳	좇을	종		
		鍾	金	쇠북	종		
		座	广	자리	좌		
		周	口	두루	주		
		朱	木	붉을	주		
		酒	酉	술	주		
		證	言	증거	증		
		持	扌	가질	지		
		誌	言	기록할	지		
		智	日	지혜	지		
		織	糸	짤	직		
		陣	阝	진칠	진		
		珍	玉	보배	진		
		盡	皿	다할	진		
		差	工	다를	차		
		讚	言	기릴	찬		
		採	扌	캘	채		
		冊	冂	책	책		
		泉	水	샘	천		
		聽	耳	들을	청		
		廳	广	관청	청		

4-5 신습한자

읽기 1	읽기 2	한자	부수	뜻	음	쓰기 1	쓰기 2
		招	扌	부를	초		
		推	扌	밀	추		
		縮	糸	줄일	축		
		趣	走	재미	취		
		就	尢	나아갈	취		
		層	尸	층	층		
		寢	宀	잘	침		
		針	金	바늘	침		
		稱	禾	일컬을	칭		
		彈	弓	탄알	탄		
		歎	欠	탄식할	탄		
		脫	月	벗을	탈		
		探	扌	찾을	탐		
		擇	扌	가릴	택		
		討	言	칠	토		
		痛	疒	아플	통		
		投	扌	던질	투		
		鬪	鬥	싸움	투		
		派	氵	갈래	파		
		判	刂	판단할	판		
		篇	竹	책	편		
		評	言	평할	평		
		閉	門	닫을	폐		
		胞	月	세포	포		
		爆	火	터질	폭		

읽기 1	읽기 2	한자	부수	뜻	음	쓰기 1	쓰기 2
		標	木	표할	표		
		疲	疒	피곤할	피		
		避	辶	피할	피		
		恨	忄	한	한		
		閑	門	한가할	한		
		抗	扌	겨룰	항		
		核	木	씨	핵		
		憲	心	법	헌		
		險	阝	험할	험		
		革	革	가죽	혁		
		顯	頁	나타날	현		
		刑	刂	형벌	형		
		或	戈	혹	혹		
		婚	女	혼인할	혼		
		混	氵	섞일	혼		
		紅	糸	붉을	홍		
		華	艹	빛날	화		
		歡	欠	기쁠	환		
		環	玉	고리	환		
		況	氵	상황	황		
		灰	火	재	회		
		候	亻	기후	후		
		厚	厂	두터울	후		
		揮	扌	지휘할	휘		
		喜	口	기쁠	희		

3Ⅱ-1 선습한자

읽기 1	읽기 2	한자	부수	뜻	음	쓰기 1	쓰기 2
		佳	亻	아름다울	가		
		架	木	시렁	가		
		脚	月	다리	각		
		閣	門	집	각		
		刊	刂	새길	간		
		幹	干	줄기	간		
		懇	心	간절할	간		
		肝	月	간	간		
		鑑	金	거울	감		
		剛	刂	굳셀	강		
		綱	糸	벼리	강		
		鋼	金	강철	강		
		介	人	낄	개		
		槪	木	대강	개		
		蓋	艹	덮을	개		
		距	足	떨어질	거		
		乾	乙	하늘	건		
		劍	刂	칼	검		
		隔	阝	사이 뜰	격		
		訣	言	이별할	결		
		兼	八	겸할	겸		
		謙	言	겸손할	겸		
		耕	耒	밭 갈	경		
		頃	頁	잠깐	경		
		徑	彳	지름길	경		

읽기 1	읽기 2	한자	부수	뜻	음	쓰기 1	쓰기 2
		硬	石	굳을	경		
		啓	口	열	계		
		契	大	맺을	계		
		械	木	기계	계		
		溪	氵	시내	계		
		桂	木	계수나무	계		
		姑	女	시어미	고		
		稿	禾	원고	고		
		鼓	鼓	북	고		
		哭	口	울	곡		
		谷	谷	골	곡		
		供	亻	이바지할	공		
		恐	心	두려울	공		
		恭	小	공손할	공		
		貢	貝	바칠	공		
		寡	宀	적을	과		
		誇	言	자랑할	과		
		冠	冖	갓	관		
		寬	宀	너그러울	관		
		貫	貝	꿸	관		
		慣	忄	익숙할	관		
		館	食	집	관		
		狂	犭	미칠	광		
		壞	土	무너질	괴		
		怪	忄	괴이할	괴		

3Ⅱ-2 선습한자

읽기 1	읽기 2	한자	부수	뜻	음	쓰기 1	쓰기 2
		巧	工	공교할	교		
		較	車	비교	교		
		久	丿	오랠	구		
		拘	扌	잡을	구		
		丘	一	언덕	구		
		菊	艹	국화	국		
		弓	弓	활	궁		
		拳	手	주먹	권		
		鬼	鬼	귀신	귀		
		菌	艹	버섯	균		
		克	儿	이길	극		
		琴	玉	거문고	금		
		禽	内	새	금		
		錦	金	비단	금		
		及	又	미칠	급		
		企	人	꾀할	기		
		其	八	그	기		
		畿	田	경기	기		
		祈	示	빌	기		
		騎	馬	말 탈	기		
		緊	糸	긴할	긴		
		諾	言	허락할	낙		
		娘	女	계집	낭		
		耐	而	견딜	내		
		寧	宀	편안할	녕		

읽기 1	읽기 2	한자	부수	뜻	음	쓰기 1	쓰기 2
		奴	女	종	노		
		腦	月	뇌	뇌		
		泥	氵	진흙	니		
		茶	艹	차	다		
		丹	丶	붉을	단		
		旦	日	아침	단		
		但	亻	다만	단		
		淡	氵	맑을	담		
		踏	足	밟을	답		
		唐	口	당나라	당		
		糖	米	엿	당		
		臺	至	대	대		
		貸	貝	빌릴	대		
		刀	刀	칼	도		
		途	辶	길	도		
		陶	阝	질그릇	도		
		倒	亻	넘어질	도		
		桃	木	복숭아	도		
		渡	氵	건널	도		
		突	穴	갑자기	돌		
		凍	冫	얼	동		
		絡	糸	이을	락		
		欄	木	난간	란		
		蘭	艹	난초	란		
		浪	氵	물결	랑		

3Ⅱ-3 선습한자

읽기? 뜻, 음을 가리고 읽어본 후 틀린 글자는 V표 하세요.
쓰기? 한자와 부수를 가리고 써본 후 틀린 글자는 V표 하세요.

읽기 1	2	한자	부수	뜻	음	쓰기 1	2
		郎	阝	사내	랑		
		廊	广	사랑채	랑		
		涼	氵	서늘할	량		
		梁	木	들보	량		
		勵	力	힘쓸	려		
		曆	日	책력	력		
		戀	心	그리워할	련		
		聯	耳	연이을	련		
		鍊	金	단련할	련		
		蓮	艹	연꽃	련		
		裂	衣	찢을	렬		
		嶺	山	고개	령		
		靈	雨	신령	령		
		爐	火	화로	로		
		露	雨	이슬	로		
		祿	示	녹	록		
		弄	廾	희롱할	롱		
		雷	雨	우레	뢰		
		賴	貝	의뢰할	뢰		
		樓	木	다락	루		
		漏	氵	샐	루		
		累	糸	여러	루		
		倫	亻	인륜	륜		
		栗	木	밤	률		
		率	玄	비율	률		

읽기 1	2	한자	부수	뜻	음	쓰기 1	2
		隆	阝	높을	륭		
		陵	阝	언덕	릉		
		吏	口	관리	리		
		履	尸	밟을	리		
		裏	衣	속	리		
		臨	臣	임할	림		
		麻	麻	삼	마		
		磨	石	갈	마		
		莫	艹	없을	막		
		漠	氵	넓을	막		
		幕	巾	장막	막		
		晚	日	늦을	만		
		妄	女	망령될	망		
		梅	木	매화	매		
		媒	女	중매	매		
		麥	麥	보리	맥		
		孟	子	맏	맹		
		猛	犭	사나울	맹		
		盲	目	소경	맹		
		盟	皿	맹세	맹		
		眠	目	잘	면		
		綿	糸	솜	면		
		免	儿	면할	면		
		滅	氵	멸할	멸		
		銘	金	새길	명		

35

3Ⅱ-4 신습한자

읽기 1	읽기 2	한자	부수	뜻	음	쓰기 1	쓰기 2
		慕	小	그릴	모		
		謀	言	꾀할	모		
		貌	豸	모양	모		
		睦	目	화목할	목		
		沒	氵	빠질	몰		
		夢	夕	꿈	몽		
		蒙	艹	어리석을	몽		
		茂	艹	무성할	무		
		貿	貝	무역할	무		
		默	黑	잠잠할	묵		
		墨	土	먹	묵		
		紋	糸	무늬	문		
		勿	勹	말	물		
		微	彳	작을	미		
		尾	尸	꼬리	미		
		薄	艹	엷을	박		
		迫	辶	핍박할	박		
		飯	食	밥	반		
		般	舟	일반	반		
		盤	皿	소반	반		
		拔	扌	뽑을	발		
		芳	艹	꽃다울	방		
		排	扌	밀칠	배		
		輩	車	무리	배		
		培	土	북돋울	배		

읽기 1	읽기 2	한자	부수	뜻	음	쓰기 1	쓰기 2
		伯	亻	맏	백		
		繁	糸	번성할	번		
		凡	几	무릇	범		
		碧	石	푸를	벽		
		丙	一	남녘	병		
		補	衤	기울	보		
		譜	言	족보	보		
		腹	月	배	복		
		覆	覀	다시	복		
		封	寸	봉할	봉		
		逢	辶	만날	봉		
		峯	山	봉우리	봉		
		鳳	鳥	봉황새	봉		
		扶	扌	도울	부		
		浮	氵	뜰	부		
		付	亻	줄	부		
		符	竹	부호	부		
		附	阝	붙을	부		
		簿	竹	문서	부		
		腐	肉	썩을	부		
		賦	貝	부세	부		
		奔	大	달릴	분		
		奮	大	떨칠	분		
		紛	糸	어지러울	분		
		拂	扌	떨칠	불		

36

3Ⅱ-5 신습한자

읽기 1	읽기 2	한자	부수	뜻	음	쓰기 1	쓰기 2
		妃	女	왕비	비		
		卑	十	낮을	비		
		婢	女	계집종	비		
		肥	月	살찔	비		
		司	口	맡을	사		
		詞	言	말	사		
		沙	氵	모래	사		
		祀	示	제사	사		
		邪	阝	간사할	사		
		斜	斗	비낄	사		
		蛇	虫	긴 뱀	사		
		削	刂	깎을	삭		
		森	木	수풀	삼		
		喪	口	잃을	상		
		像	亻	모양	상		
		償	亻	갚을	상		
		尙	小	오히려	상		
		裳	衣	치마	상		
		詳	言	자세할	상		
		霜	雨	서리	상		
		桑	木	뽕나무	상		
		索	糸	찾을	색		
		塞	土	막힐	색		
		徐	彳	천천히	서		
		恕	心	용서할	서		

읽기 1	읽기 2	한자	부수	뜻	음	쓰기 1	쓰기 2
		緖	糸	실마리	서		
		署	四	관청	서		
		惜	忄	아낄	석		
		釋	釆	풀	석		
		旋	方	돌	선		
		禪	示	선	선		
		疏	足	소통할	소		
		蘇	艹	깨어날	소		
		訴	言	호소할	소		
		燒	火	사를	소		
		訟	言	송사할	송		
		刷	刂	인쇄할	쇄		
		鎖	金	쇠사슬	쇄		
		衰	衣	쇠할	쇠		
		壽	士	목숨	수		
		帥	巾	장수	수		
		愁	心	근심	수		
		殊	歹	다를	수		
		獸	犬	짐승	수		
		輸	車	보낼	수		
		隨	阝	따를	수		
		需	雨	쓰일	수		
		垂	土	드리울	수		
		淑	氵	맑을	숙		
		熟	灬	익을	숙		

3Ⅱ-6 신습한자

읽기 1 2	한자	부수	뜻	음	쓰기 1 2
	巡	巛	돌	순	
	旬	日	열흘	순	
	瞬	目	눈 깜짝일	순	
	述	辶	펼	술	
	拾	扌	주울	습	
	襲	衣	엄습할	습	
	濕	氵	젖을	습	
	乘	丿	탈	승	
	僧	亻	중	승	
	昇	日	오를	승	
	侍	亻	모실	시	
	飾	食	꾸밀	식	
	愼	忄	삼갈	신	
	審	宀	살필	심	
	甚	甘	심할	심	
	雙	隹	두	쌍	
	亞	二	버금	아	
	我	戈	나	아	
	阿	阝	언덕	아	
	牙	牙	어금니	아	
	雅	隹	맑을	아	
	芽	艹	싹	아	
	岸	山	언덕	안	
	顔	頁	낯	안	
	巖	山	바위	암	

읽기 1 2	한자	부수	뜻	음	쓰기 1 2
	仰	亻	우러를	앙	
	央	大	가운데	앙	
	哀	口	슬플	애	
	若	艹	같을	약	
	揚	扌	날릴	양	
	壤	土	흙덩이	양	
	讓	言	사양할	양	
	御	彳	다스릴	어	
	憶	忄	생각할	억	
	抑	扌	누를	억	
	亦	亠	또	역	
	役	彳	부릴	역	
	疫	疒	전염병	역	
	譯	言	번역할	역	
	驛	馬	역	역	
	宴	宀	잔치	연	
	沿	氵	물 따라갈	연	
	軟	車	연할	연	
	燕	灬	제비	연	
	悅	忄	기쁠	열	
	染	木	물들	염	
	炎	火	불꽃	염	
	鹽	鹵	소금	염	
	影	彡	그림자	영	
	譽	言	기릴	예	

3Ⅱ-7 선습한자

읽기? 뜻, 음을 가리고 읽어본 후 틀린 글자는 V표 하세요.
쓰기? 한자와 부수를 가리고 써본 후 틀린 글자는 V표 하세요.

읽기 1 2	한자	부수	뜻	음	쓰기 1 2
	悟	忄	깨달을	오	
	烏	灬	까마귀	오	
	獄	犭	감옥	옥	
	瓦	瓦	기와	와	
	緩	糸	느릴	완	
	欲	欠	하고자할	욕	
	慾	心	욕심	욕	
	辱	辰	욕될	욕	
	羽	羽	깃	우	
	宇	宀	집	우	
	偶	亻	짝	우	
	愚	心	어리석을	우	
	憂	心	근심	우	
	韻	音	운	운	
	越	走	넘을	월	
	僞	亻	거짓	위	
	胃	月	밥통	위	
	謂	言	이를	위	
	幼	幺	어릴	유	
	幽	幺	그윽할	유	
	悠	心	멀	유	
	柔	木	부드러울	유	
	猶	犭	오히려	유	
	維	糸	벼리	유	
	裕	衤	넉넉할	유	

읽기 1 2	한자	부수	뜻	음	쓰기 1 2
	誘	言	꾈	유	
	潤	氵	불을	윤	
	乙	乙	새	을	
	淫	氵	음란할	음	
	已	己	이미	이	
	翼	羽	날개	익	
	忍	心	참을	인	
	逸	辶	편안할	일	
	壬	士	북방	임	
	賃	貝	품삯	임	
	慈	心	사랑	자	
	刺	刂	찌를	자	
	紫	糸	자줏빛	자	
	暫	日	잠깐	잠	
	潛	氵	잠길	잠	
	丈	一	어른	장	
	掌	手	손바닥	장	
	粧	米	단장할	장	
	莊	艹	장엄할	장	
	藏	艹	감출	장	
	臟	月	오장	장	
	葬	艹	장사지낼	장	
	栽	木	심을	재	
	載	車	실을	재	
	裁	衣	옷 마를	재	

39

3Ⅱ-8 신습한자

읽기 1	2	한자	부수	뜻	음	쓰기 1	2
		抵	扌	막을	저		
		著	艹	나타날	저		
		寂	宀	고요할	적		
		摘	扌	가리킬	적		
		笛	竹	피리	적		
		跡	足	발자취	적		
		蹟	足	자취	적		
		殿	殳	전각	전		
		漸	氵	점점	점		
		井	二	우물	정		
		亭	亠	정자	정		
		廷	廴	조정	정		
		征	彳	칠	정		
		淨	氵	깨끗할	정		
		貞	貝	곧을	정		
		頂	頁	정수리	정		
		諸	言	모두	제		
		齊	齊	가지런할	제		
		兆	儿	조짐	조		
		照	灬	비칠	조		
		租	禾	조세	조		
		縱	糸	세로	종		
		坐	土	앉을	좌		
		宙	宀	집	주		
		柱	木	기둥	주		

읽기 1	2	한자	부수	뜻	음	쓰기 1	2
		洲	氵	물가	주		
		奏	大	아뢸	주		
		鑄	金	쇠 불릴	주		
		株	木	그루	주		
		珠	玉	구슬	주		
		仲	亻	버금	중		
		卽	卩	곧	즉		
		曾	曰	거듭	증		
		憎	忄	미울	증		
		症	疒	증세	증		
		蒸	艹	찔	증		
		之	丿	갈	지		
		池	氵	못	지		
		枝	木	가지	지		
		鎭	金	진압할	진		
		辰	辰	별	진		
		振	扌	떨칠	진		
		震	雨	우레	진		
		陳	阝	베풀	진		
		疾	疒	병	질		
		秩	禾	차례	질		
		執	土	잡을	집		
		徵	彳	부를	징		
		此	止	이	차		
		借	亻	빌릴	차		

3Ⅱ-9 신습한자

읽기 1	읽기 2	한자	부수	뜻	음	쓰기 1	쓰기 2
		錯	金	어긋날	착		
		贊	貝	도울	찬		
		倉	人	곳집	창		
		蒼	艹	푸를	창		
		昌	日	창성할	창		
		彩	彡	채색	채		
		菜	艹	나물	채		
		債	亻	빚	채		
		策	竹	꾀	책		
		妻	女	아내	처		
		尺	尸	자	척		
		戚	戈	친척	척		
		拓	扌	넓힐	척		
		遷	辶	옮길	천		
		淺	氵	얕을	천		
		賤	貝	천할	천		
		踐	足	밟을	천		
		哲	口	밝을	철		
		徹	彳	통할	철		
		滯	氵	막힐	체		
		礎	石	주춧돌	초		
		肖	月	닮을	초		
		超	走	뛰어넘을	초		
		促	亻	재촉할	촉		
		觸	角	닿을	촉		

읽기 1	읽기 2	한자	부수	뜻	음	쓰기 1	쓰기 2
		催	亻	재촉할	최		
		追	辶	쫓을	추		
		畜	田	짐승	축		
		衝	行	부딪칠	충		
		吹	口	불	취		
		醉	酉	취할	취		
		側	亻	곁	측		
		値	亻	값	치		
		恥	心	부끄러울	치		
		稚	禾	어릴	치		
		漆	氵	옻	칠		
		沈	氵	잠길	침		
		浸	氵	잠길	침		
		奪	大	빼앗을	탈		
		塔	土	탑	탑		
		湯	氵	끓일	탕		
		殆	歹	거의	태		
		泰	氺	클	태		
		澤	氵	못	택		
		兎	儿	토끼	토		
		吐	口	토할	토		
		透	辶	통할	투		
		版	片	판목	판		
		片	片	조각	편		
		偏	亻	치우칠	편		

3Ⅱ-10 신습한자

읽기 1	읽기 2	한자	부수	뜻	음	쓰기 1	쓰기 2
		編	糸	엮을	편		
		弊	廾	폐단	폐		
		廢	广	폐할	폐		
		肺	月	허파	폐		
		捕	扌	잡을	포		
		浦	氵	물가	포		
		楓	木	단풍	풍		
		皮	皮	가죽	피		
		彼	彳	저	피		
		被	衤	입을	피		
		畢	田	마칠	필		
		何	亻	어찌	하		
		荷	艹	멜	하		
		賀	貝	하례할	하		
		鶴	鳥	학	학		
		汗	氵	땀	한		
		割	刂	벨	할		
		含	口	머금을	함		
		陷	阝	빠질	함		
		恒	忄	항상	항		
		項	頁	항목	항		
		響	音	울릴	향		
		獻	犬	드릴	헌		
		玄	玄	검을	현		
		懸	心	달	현		
		穴	穴	구멍	혈		
		脅	月	위협할	협		
		衡	行	저울대	형		
		慧	心	슬기로울	혜		
		浩	氵	넓을	호		
		胡	月	오랑캐	호		
		虎	虍	범	호		
		豪	豕	호걸	호		
		惑	心	미혹할	혹		
		魂	鬼	넋	혼		
		忽	心	갑자기	홀		
		洪	氵	넓을	홍		
		禍	示	재앙	화		
		換	扌	바꿀	환		
		還	辶	돌아올	환		
		皇	白	임금	황		
		荒	艹	거칠	황		
		悔	忄	뉘우칠	회		
		懷	忄	품을	회		
		劃	刂	그을	획		
		獲	犭	얻을	획		
		橫	木	가로	횡		
		胸	月	가슴	흉		
		稀	禾	드물	희		
		戲	戈	놀이	희		

1 佳 아름다울 가	亻 6획	사람(亻)이 땅(土)과 흙(土)에 묻혀 있는 서옥처럼 빛나고 **아름다우니**
		亻(사람 인) 土(땅 토, 흙 토) *서옥 : 상서로운 구슬
		佳
		• 佳約(가약) : 아름다운 약속 • 佳客(가객) : 반갑고 귀한 손님

2 架 시렁 가설할 가	木 5획	물건을 더하여(加) 얹기 위해서 나무(木)를 걸쳐 만든 **시렁**
		加(더할 가) 木(나무 목) *방이 좁아 물건을 얹기 위하여 공중에 나무를 가로질러 만든 시렁
		架
		*架(시렁 가) : 물건을 얹어 두기 위하여 긴 나무를 가로질러 선반처럼 만든 것 • 架設(가설) : 전깃줄이나 전화선, 교량 따위를 공중에 건너질러 설치함

3 脚 다리 각	月 7획	몸(月)에서 걸어가기도(去) 하고 무릎 꿇기도(卩) 하는 **다리**
		月(몸 월) 去(갈 거) 卩(무릎 꿇을 절)
		脚
		• 健脚(건각) : 튼튼하여 잘 걷거나 잘 뛰는 다리 • 脚線美(각선미) : 주로 여자의 다리에서 느끼는 아름다움

4 閣 집 내각 각	門 6획	문(門)을 달고 각각(各) 사는 **집**
		門(문 문) 各(각각 각) *내각 : 소수의 주요 각료를 선정하여 최고 정책을 심의하고 결정하는 기구
		閣
		• 高閣(고각) : 높게 지은 집 • 改閣(개각) : 내각을 개편함

자원으로 한자 알기

* 사람(   )이 땅(土)과 흙(土)에 묻혀 있는 서옥처럼 빛나고 **아름다우니**
* 물건을 더하여(加) 얹기 위해서 나무(   )를 걸쳐 만든 **시렁**
* 몸(   )에서 걸어가기도(去) 하고 무릎 꿇기도(卩) 하는 **다리**
* 문(   )을 달고 각각(各) 사는 **집**

5. 刊 (칼 도 刂, 3획) — 새길 책 펴낼 **간**

자료를 **구하여**(干) 칼(刂)로 **새겨 책을 펴내니**

干(방패 간, 구할 간) 刂(칼 도) *자료를 구하여 칼로 나무나 쇠에 새겨 잉크를 묻혀 책을 펴냄

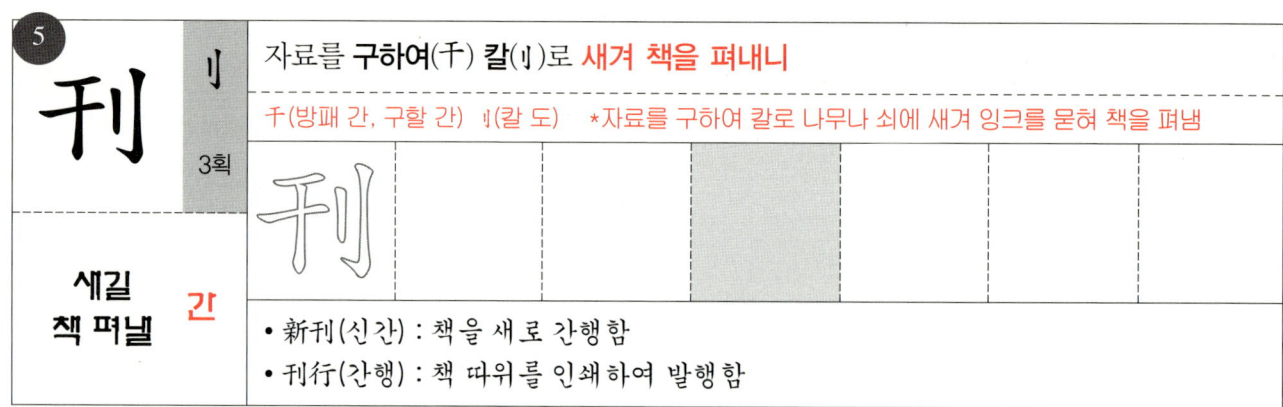

- 新刊(신간) : 책을 새로 간행함
- 刊行(간행) : 책 따위를 인쇄하여 발행함

6. 幹 (干, 10획) — 간부 줄기 **간**

해 돋을(倝) 때부터 **사람**(人)들과 **방패**(干)를 점검하는 **간부**

倝(해 돋을 간) 人(사람 인) 干(방패 간) *간부가 아침에 군사들과 무기를 점검한다는 뜻입니다.

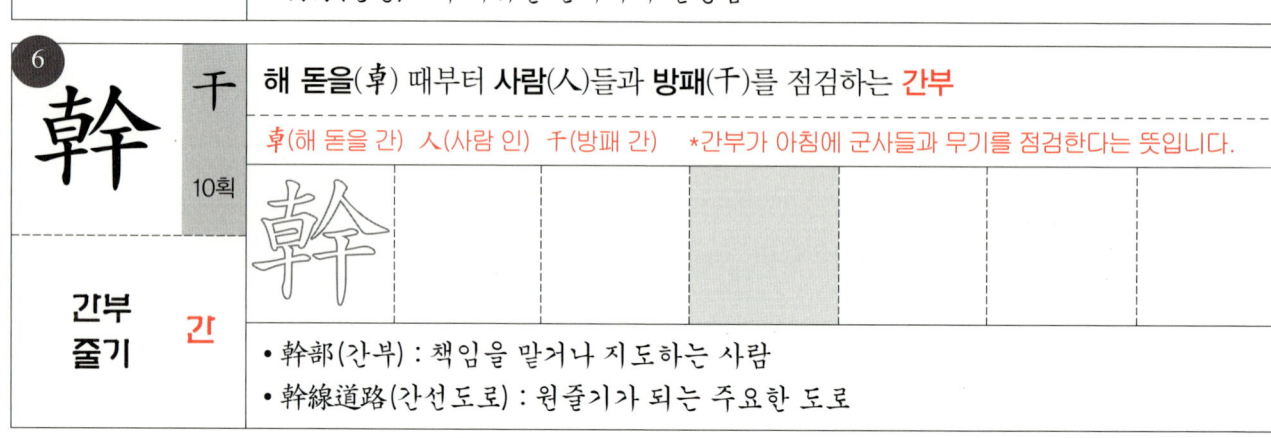

- 幹部(간부) : 책임을 맡거나 지도하는 사람
- 幹線道路(간선도로) : 원줄기가 되는 주요한 도로

7. 懇 (心, 13획) — 간절할 **간**

사나운 짐승(豸) 같은 짓을 **그치기를**(艮) 바라는 **마음**(心)이 **간절하니**

豸(사나운 짐승 치) 艮(그칠 간) 心(마음 심)

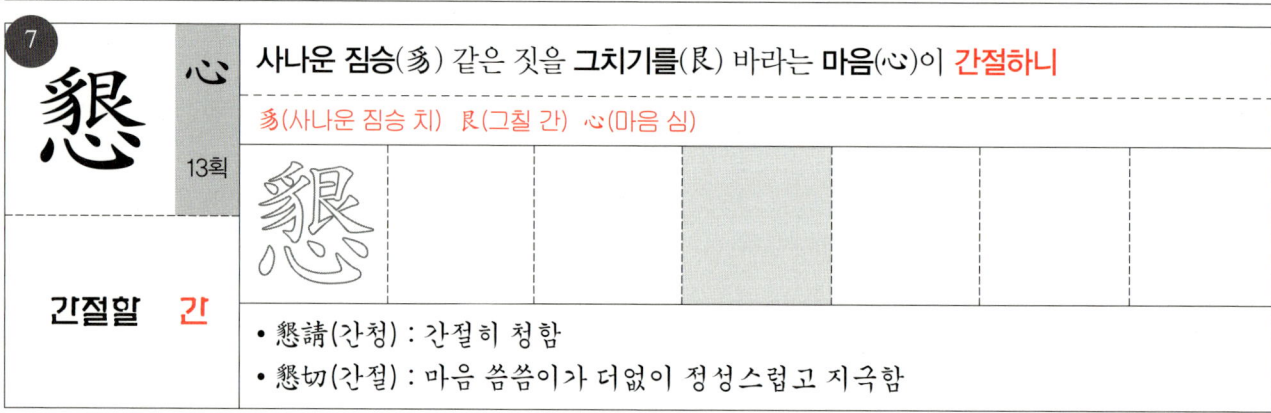

- 懇請(간청) : 간절히 청함
- 懇切(간절) : 마음 씀씀이가 더없이 정성스럽고 지극함

8. 肝 (月, 3획) — **간** 간

몸(月)을 **방패**(干)처럼 보호하는 **간**

月(몸 월) 干(방패 간) *간은 단백질이나 당의 대사를 조절하며, 해독 작용을 하여 몸을 보호하죠.

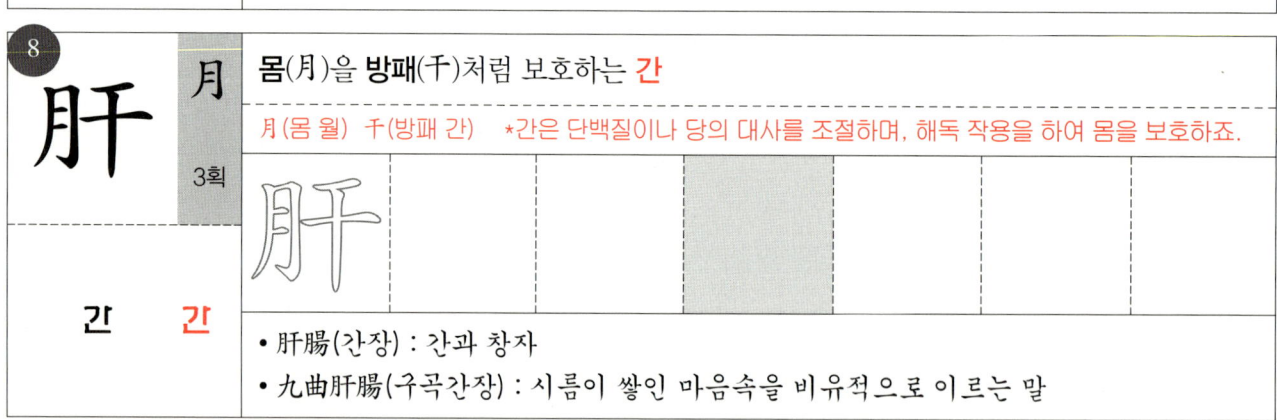

- 肝腸(간장) : 간과 창자
- 九曲肝腸(구곡간장) : 시름이 쌓인 마음속을 비유적으로 이르는 말

자원으로 한자 알기

* 자료를 **구하여**(干) 칼(   )로 **새겨 책을 펴내니**
* 해 돋을(倝) 때부터 **사람**(人)들과 **방패**(   )를 점검하는 **간부**
* 사나운 짐승(豸) 같은 짓을 **그치기를**(艮) 바라는 **마음**(   )이 **간절하니**
* 몸(   )을 **방패**(干)처럼 보호하는 **간**

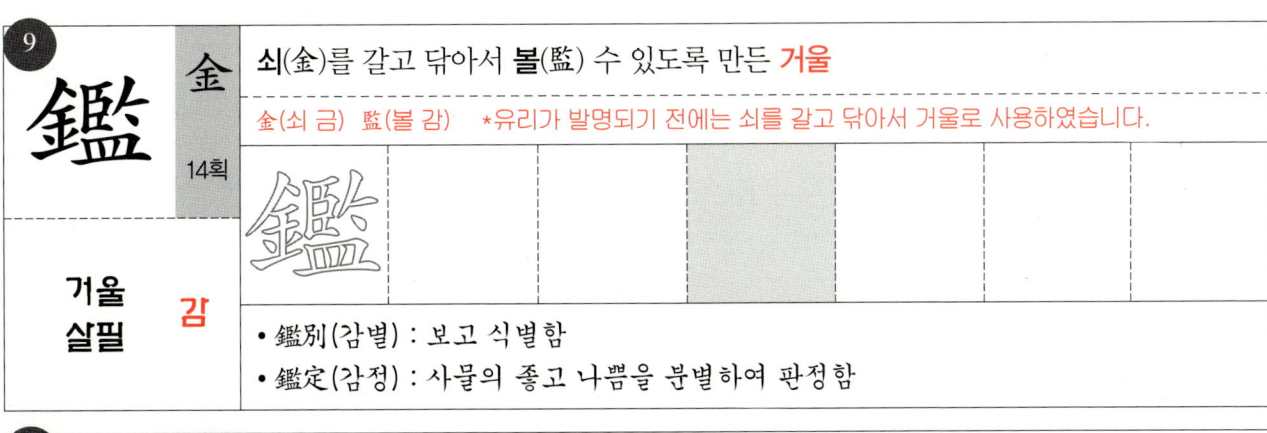

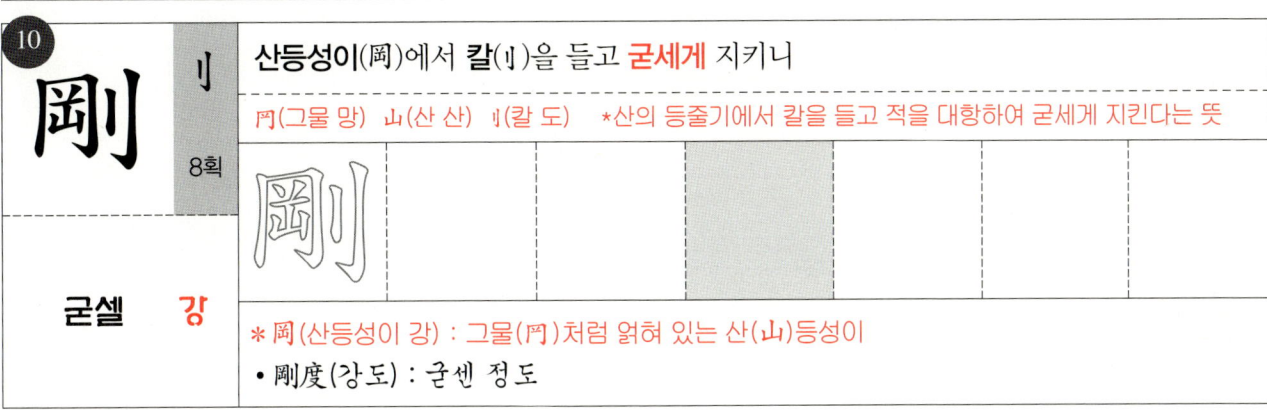

```
┌─ 자원으로 한자 알기 ─────────────────────────────┐
│                                                  │
│ * 쇠(   )를 갈고 닦아서 볼(監) 수 있도록 만든 거울        ☞ │
│                                                  │
│ * 산등성이(岡)에서 칼(   )을 들고 굳세게 지키니            ☞ │
└──────────────────────────────────────────────────┘
```

一思多得

1 佳(아름다울 가) 隹(새 추) 住(살 주) 잘 구별하세요.

佳(아름다울 가) : **사람**(亻)이 **땅**(土)과 **흙**(土)에 묻혀 있는 서옥처럼 빛나고 **아름다우니**

隹(새 추) : 꽁지가 짧은 **새**의 모양

住(살 주) : **사람**(亻)은 **주**(主)로 일정한 곳에 머물러 **사니**

6 幹(간부 간) 韓(나라 한) 朝(아침 조) 잘 구별하세요.

幹(간부 간) : **해 돋을**(倝) 때부터 **사람**(人)들과 **방패**(干)를 점검하는 **간부**

韓(나라 한) : **해 돋는**(倝) 동쪽의 **위대한**(韋) **나라**

朝(아침 조) : **해 돋을**(倝) 때 **달**(月)이 지는 **아침**

다음 한자를 나누고 **자원**을 쓰면서 익히세요.

佳 아름다울 가 = + +

架 시렁 가 = +

脚 다리 각 = + +

閣 집 각 = +

刊 새길 간 = +

幹 간부 간 = + +

懇 간절할 간 = + +

肝 간 간 = +

鑑 거울 감 = +

剛 굳셀 강 = +

다음 한자어의 **독음**을 쓰세요.

佳約	佳客	架設	健脚
高閣	改閣	新刊	刊行
幹部	懇請	懇切	肝腸
鑑別	鑑定	剛度	

 다음 한자어를 **한자**로 쓰세요.

아름다울 가	약속할 약	가설할 가	베풀 설	건강할 건	다리 각	높을 고	집 각
새 신	책 펴낼 간	간부 간	거느릴 부	간절할 간	청할 청	간 간	창자 장
살필 감	구별할 별	굳셀 강	정도 도	아름다울 가	손 객	고칠 개	내각 각
책 펴낼 간	행할 행	간절할 간	정성스러울 절	살필 감	정할 정		

예문으로 **한자어** 익히기(한자로 쓰인 단어의 뜻을 써보세요.)

1. 갑돌이와 갑순이는 **佳約**을 맺었다.

2. 어떠한 **佳客**이라도 사흘이면 싫어진다는 말이 있다.

3. 양쪽의 전신 기술자가 판문점에서 남북의 직통 전화 **架設**을 하였다.

4. 이번 마라톤 대회에는 이름난 **健脚**들이 상당수 참가하였다.

5. 산 정상에 있는 **高閣**에 올라 아래를 굽어보니 마치 신선이 된 듯하다.

6. **改閣**을 단행하다.

7. 이번에 학교 도서관은 상당량의 **新刊** 서적을 사다 보충했다.

8. 신문의 사설들을 모아 책으로 **刊行**할 계획이다.

9. 학급 **幹部**를 뽑다.

10. 결국 그의 **懇請**에 못 이겨 나는 급기야 도움을 약속했다.

11. 고향에 계시는 부모님 생각이 **懇切**하다.

12. **肝腸**을 죄는 몇 분이 지나자, 날씨는 삽시간에 잠든 양같이 온순해진다.

13. 새로 발견된 유물은 **鑑別**을 실시한 결과, 국보급 문화재로 판명되었다.

14. 피의자의 정신을 **鑑定**해 본 결과 정상이 아니었다.

15. 강철보다 합금의 **剛度**가 더 높다.

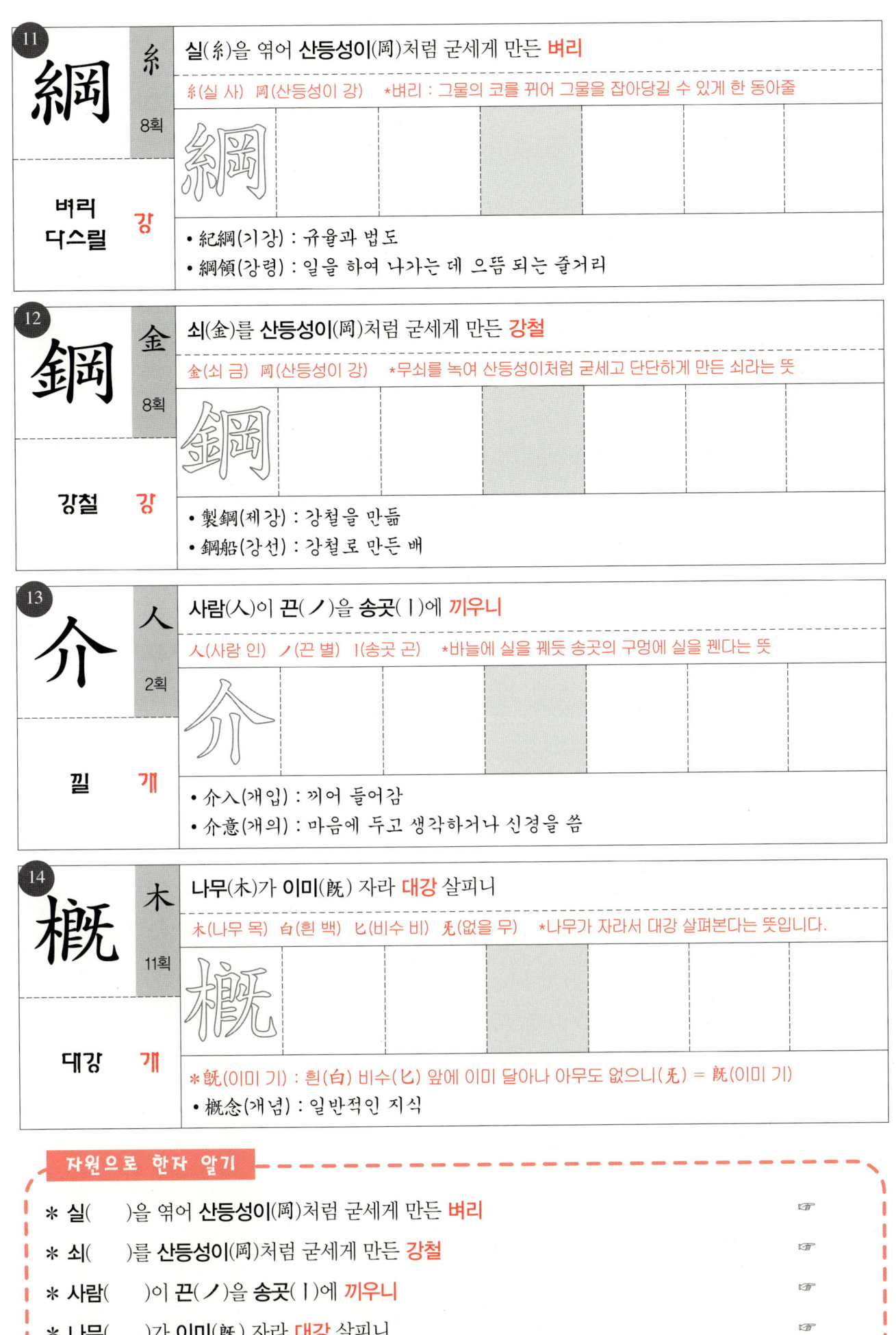

11 綱 벼리 다스릴 강	糸 8획	실(糸)을 엮어 **산등성이**(岡)처럼 굳세게 만든 **벼리**
		糸(실 사) 岡(산등성이 강) *벼리 : 그물의 코를 꿰어 그물을 잡아당길 수 있게 한 동아줄
		• 紀綱(기강) : 규율과 법도 • 綱領(강령) : 일을 하여 나가는 데 으뜸 되는 줄거리

12 鋼 강철 강	金 8획	쇠(金)를 **산등성이**(岡)처럼 굳세게 만든 **강철**
		金(쇠 금) 岡(산등성이 강) *무쇠를 녹여 산등성이처럼 굳세고 단단하게 만든 쇠라는 뜻
		• 製鋼(제강) : 강철을 만듦 • 鋼船(강선) : 강철로 만든 배

13 介 낄 개	人 2획	사람(人)이 끈(丿)을 송곳(丨)에 끼우니
		人(사람 인) 丿(끈 별) 丨(송곳 곤) *바늘에 실을 꿰듯 송곳의 구멍에 실을 꿴다는 뜻
		• 介入(개입) : 끼어 들어감 • 介意(개의) : 마음에 두고 생각하거나 신경을 씀

14 槪 대강 개	木 11획	나무(木)가 이미(旣) 자라 대강 살피니
		木(나무 목) 白(흰 백) 匕(비수 비) 旡(없을 무) *나무가 자라서 대강 살펴본다는 뜻입니다.
		*旣(이미 기) : 흰(白) 비수(匕) 앞에 이미 달아나 아무도 없으니(旡) = 旣(이미 기) • 槪念(개념) : 일반적인 지식

자원으로 한자 알기

* 실(   )을 엮어 **산등성이**(岡)처럼 굳세게 만든 **벼리**
* 쇠(   )를 **산등성이**(岡)처럼 굳세게 만든 **강철**
* 사람(   )이 끈(丿)을 송곳(丨)에 끼우니
* 나무(   )가 이미(旣) 자라 대강 살피니

15. 蓋 (덮을 덮개 개) — 10획

풀(艹)로 가서(去) 그릇(皿)을 **덮으니**

艹(풀 초) 去(갈 거) 皿(그릇 명) *들에서 그릇의 음식을 가릴게 없어서 풀로 덮어 놓는다는 뜻

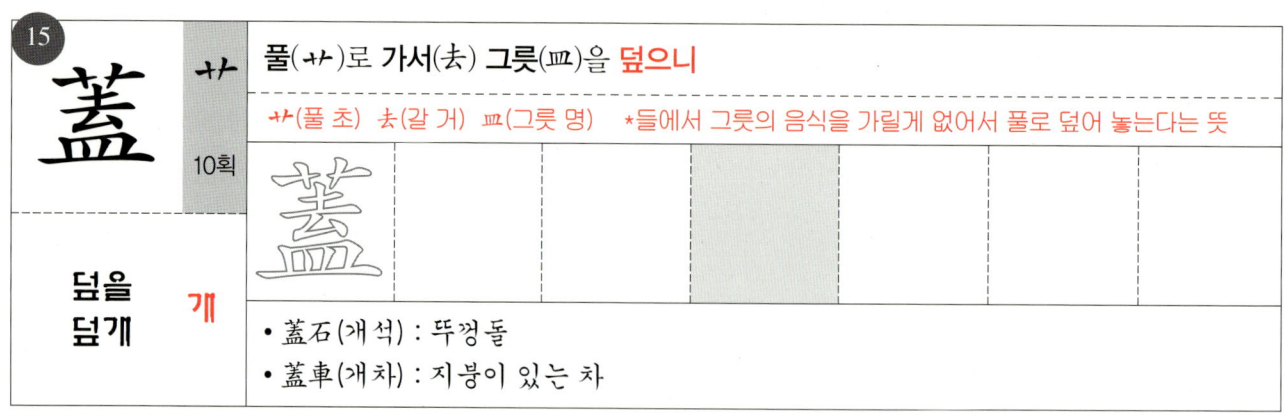

- 蓋石(개석) : 뚜껑돌
- 蓋車(개차) : 지붕이 있는 차

16. 距 (떨어질 거) — 5획

발(足)로 크게(巨) 걸어야 할 정도로 멀리 **떨어진** 거리

足(발 족) 巨(클 거)

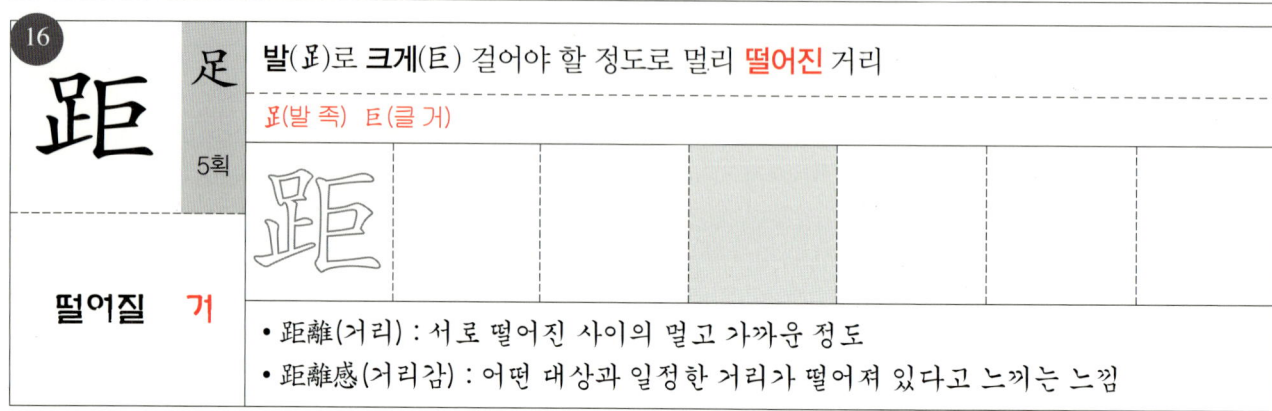

- 距離(거리) : 서로 떨어진 사이의 멀고 가까운 정도
- 距離感(거리감) : 어떤 대상과 일정한 거리가 떨어져 있다고 느끼는 느낌

17. 乾 (하늘 마를 건) — 10획

해 돋을(倝) 때 사람(人)들이 구부리고(乙) 바라보는 **하늘**

倝(해 돋을 간) 人(사람 인) 乙(구부릴 을) *사람들이 몸을 구부리고 일출을 본다는 뜻입니다.

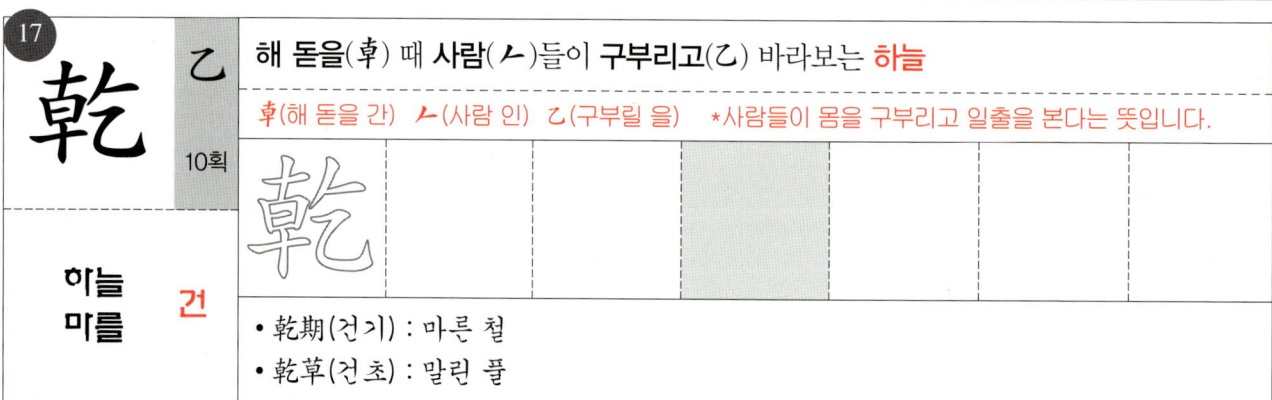

- 乾期(건기) : 마른 철
- 乾草(건초) : 말린 풀

18. 劍 (칼 검) — 13획

양쪽 다(僉) 날이 있는 칼(刂)은 **검**이니

僉(다 첨) 刂(칼 도) *날이 한쪽만 있는 것은 刀(도)라 하고, 양쪽 다 있는 것은 劍(검)이라 합니다.

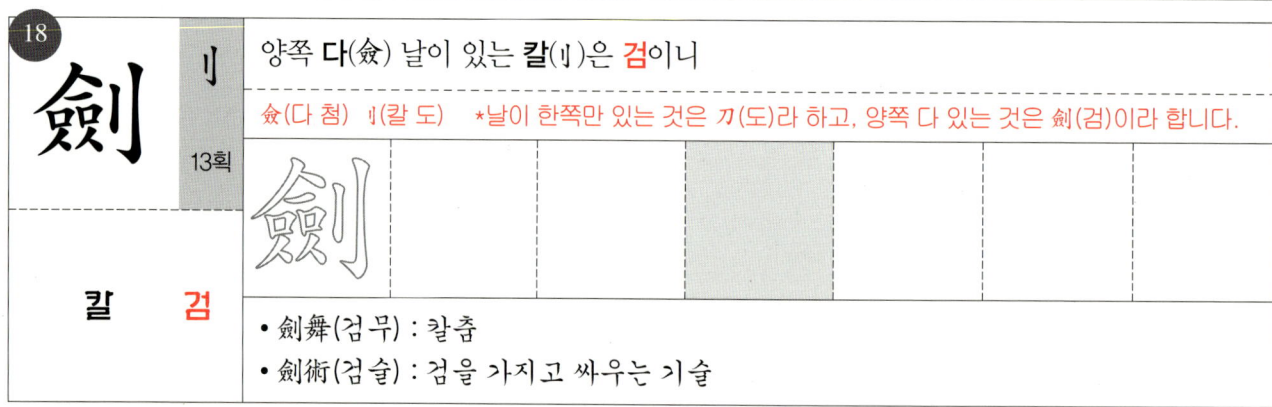

- 劍舞(검무) : 칼춤
- 劍術(검술) : 검을 가지고 싸우는 기술

자원으로 한자 알기

* 풀(   )로 가서(去) 그릇(皿)을 **덮으니**　　　☞
* 발(   )로 크게(巨) 걸어야 할 정도로 멀리 **떨어진** 거리　　　☞
* 해 돋을(倝) 때 사람(人)들이 구부리고(   ) 바라보는 **하늘**　　　☞
* 양쪽 다(僉) 날이 있는 칼(   )은 **검**이니　　　☞

19. 隔 (10획) - 사이 뜰 격

언덕(阝)이 솥(鬲)발처럼 **사이가 뜨니**

阝(언덕 부) 鬲(솥 력) *언덕이 솥 밑에 달린 세 개의 발처럼 사이가 벌어져 있다는 뜻입니다.

- 間隔(간격) : 벌어진 사이
- 隔年(격년) : 한 해씩 거름

20. 訣 (4획) - 이별할 결

말(言)을 터놓고(夬) 다하며 **이별하니**

言(말씀 언) 夬(터질 쾌) *하기 어렵던 말을 터놓고 다하여 이별한다는 뜻입니다.

- 訣別(결별) : 이별
- 永訣(영결) : 죽은 사람과 산 사람이 서로 영원히 헤어짐

자원으로 한자 알기

* 언덕(　)이 솥(鬲)발처럼 **사이가 뜨니**
* 말(　)을 터놓고(夬) 다하며 **이별하니**

一思多得

扌	+	巨	=	拒(막을 거)	손(扌)을 크게(巨) 움직여 **막으니**
𧾷	+		=	距(떨어질 거)	발(𧾷)로 크게(巨) 걸어야 할 정도로 멀리 **떨어진** 거리

氵	+	夬	=	決(결단할 결)	물(氵) 흐르듯 마음을 터놓고(夬) **결단하여 정하니**
缶	+		=	缺(이지러질 결)	장군(缶)이 터져(夬) **이지러지고** 내용물이 **빠지니**
忄	+		=	快(시원할 쾌)	마음(忄)을 터놓고(夬) 이야기하면 속이 **시원하니**
言	+		=	訣(이별할 결)	말(言)을 터놓고(夬) 다하며 **이별하니**

다음 한자를 나누고 **자원**을 쓰면서 익히세요.

綱 벼리 강	=		+			
鋼 강철 강	=		+			
介 낄 개	=		+		+	
槪 대강 개	=		+			
蓋 덮을 개	=		+		+	
距 떨어질 거	=		+			
乾 하늘 건	=		+		+	
劍 칼 검	=		+			
隔 사이 뜰 격	=		+			
訣 이별할 결	=		+			

다음 한자어의 **독음**을 쓰세요.

紀綱　綱領　製鋼　鋼船

介入　介意　槪念　蓋石

蓋車　距離　乾期　乾草

劍舞　劍術　間隔　隔年

訣別　永訣

 다음 한자어를 **한자**로 쓰세요.

| 규율 기 | 다스릴 강 | 만들 제 | 강철 강 | 낄 개 | 들 입 | 대강 개 | 생각 념 |

| 덮을 개 | 돌 석 | 떨어질 거 | 떨어질 리 | 마를 건 | 때 기 | 칼 검 | 춤출 무 |

| 사이 간 | 사이 뜰 격 | 이별할 결 | 헤어질 별 | 다스릴 강 | 요점 령 | 강철 강 | 배 선 |

| 낄 개 | 뜻 의 | 덮개 개 | 차 차 | 마를 건 | 풀 초 | 칼 검 | 재주 술 |

| 사이 뜰 격 | 해 년 | 오랠 영 | 이별할 결 |

53

예문으로 **한자어** 익히기(한자로 쓰인 단어의 뜻을 써보세요.)

1. **紀綱**을 바로잡다.

2. 일을 시작함에 있어서는 우선 **綱領**을 세우고 그에 따라 세부 지침을 정해야 한다.

3. **製鋼** 공업이 발달하였다.

4. 5백 톤의 단단한 **鋼船**은 기세 좋게 거칠기 시작하는 바닷물을 헤쳐 나가고 있었다.

5. 내전에 외국 군대가 **介入**하였다.

6. 남의 말에 **介意**치 않고 내 신념대로 밀고 나가겠다.

7. 신문을 많이 읽다 보면 정치, 경제 등 현대 사회에 대한 **槪念**이 생긴다.

8. 무덤구덩이를 **蓋石**으로 덮었다.

9. 비바람을 막기 위하여 **蓋車**가 개발되었다.

10. 이상과 현실 사이에는 **距離**가 있기 마련이다.

11. 다섯 달 동안이나 **乾期**가 계속되자, 온 나라가 가뭄에 허덕이기 시작했다.

12. 마당에서 **乾草** 두 다발을 가져와 말에게 먹였다.

13. **劍舞**를 추다.

14. **劍術**이 뛰어나다.

15. 옆 사람과의 **間隔**을 넓히다.

16. 이 행사는 **隔年**으로 열린다.

17. 조국의 분단은 많은 사람이 가족과 **訣別**하게 만들었다.

18. 어머니가 병이 들어 돌아가시니 모자가 이제 **永訣**하게 되었다.

21 兼 겸할 겸

八 / 8획

벼(禾)와 벼(禾)를 손(⺕)에 **겸하여** 잡으니

禾(벼 화) ⺕(손 우) *벼 두포기를 손으로 잡은 모양으로 (秉)으로도 씁니다.

* 兼(겸할 겸) : 두 가지 이상을 함께 지니다.
* 兼用(겸용) : 한 가지를 여러 가지 목적으로 씀

22 謙 겸손할 겸

言 / 10획

말(言)이 학식과 인품을 **겸하여**(兼) **겸손하니**

言(말씀 언) 兼(겸할 겸)

* 謙德(겸덕) : 겸손한 덕
* 謙虛(겸허) : 겸손하게 자기를 낮춤

23 耕 밭 갈 경

耒 / 4획

쟁기(耒)로 우물(井)을 파듯 깊게 **밭가니**

耒(쟁기 뢰) 井(우물 정) *쟁기 : 논밭을 가는 농기구

* 農耕(농경) : 논밭을 갈아 농사를 지음
* 耕作(경작) : 땅을 갈아서 농사를 지음

24 頃 잠깐 경

頁 / 2획

허리가 **구부러지고**(匕) 머리(頁)가 하얗게 되는 것은 **잠깐**이니

匕(구부릴 비) 頁(머리 혈) *사람이 태어나서 늙기까지 세월이 빠르다는 뜻입니다.

* 頃刻(경각) : 아주 짧은 시간
* 頃步(경보) : 한 걸음의 절반

자원으로 한자 알기

* 벼(禾)와 벼(禾)를 손(⺕)에 **겸하여** 잡으니
* 말(   )이 학식과 인품을 **겸하여**(兼) **겸손하니**
* 쟁기(   )로 우물(井)을 파듯 깊게 **밭가니**
* 허리가 **구부러지고**(匕) 머리(   )가 하얗게 되는 것은 **잠깐**이니

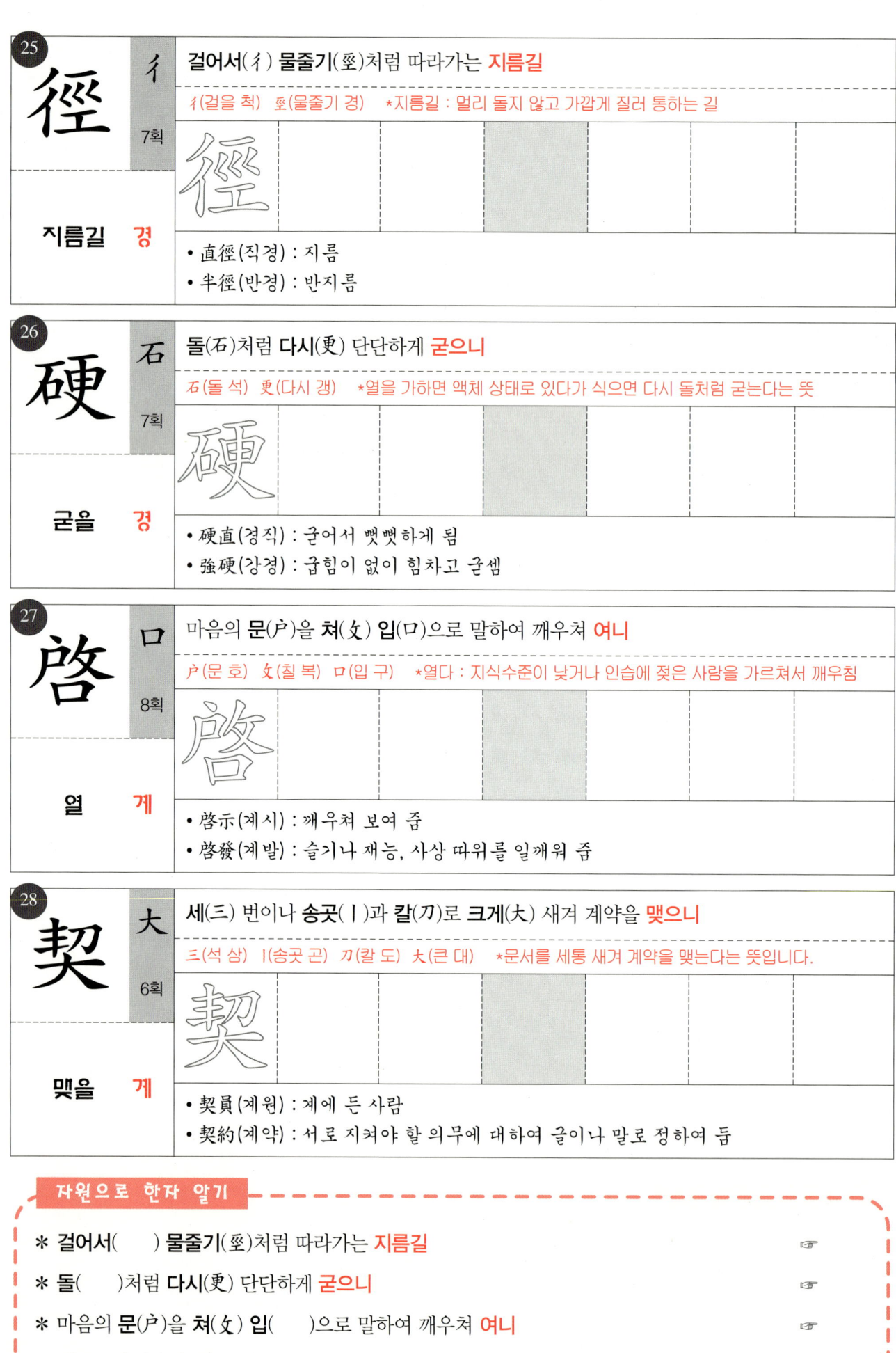

25 徑 (지름길 경) — 7획, 彳

걸어서(彳) 물줄기(巠)처럼 따라가는 **지름길**

彳(걸을 척) 巠(물줄기 경) *지름길 : 멀리 돌지 않고 가깝게 질러 통하는 길

- 直徑(직경) : 지름
- 半徑(반경) : 반지름

26 硬 (굳을 경) — 7획, 石

돌(石)처럼 다시(更) 단단하게 **굳으니**

石(돌 석) 更(다시 갱) *열을 가하면 액체 상태로 있다가 식으면 다시 돌처럼 굳는다는 뜻

- 硬直(경직) : 굳어서 뻣뻣하게 됨
- 強硬(강경) : 굽힘이 없이 힘차고 굳셈

27 啓 (열 계) — 8획, 口

마음의 문(戶)을 쳐(攵) 입(口)으로 말하여 깨우쳐 **여니**

戶(문 호) 攵(칠 복) 口(입 구) *열다 : 지식수준이 낮거나 인습에 젖은 사람을 가르쳐서 깨우침

- 啓示(계시) : 깨우쳐 보여 줌
- 啓發(계발) : 슬기나 재능, 사상 따위를 일깨워 줌

28 契 (맺을 계) — 6획, 大

세(三) 번이나 송곳(丨)과 칼(刀)로 크게(大) 새겨 계약을 **맺으니**

三(석 삼) 丨(송곳 곤) 刀(칼 도) 大(큰 대) *문서를 세통 새겨 계약을 맺는다는 뜻입니다.

- 契員(계원) : 계에 든 사람
- 契約(계약) : 서로 지켜야 할 의무에 대하여 글이나 말로 정하여 둠

자원으로 한자 알기

* 걸어서(　) 물줄기(巠)처럼 따라가는 **지름길**
* 돌(　)처럼 다시(更) 단단하게 **굳으니**
* 마음의 문(戶)을 쳐(攵) 입(　)으로 말하여 깨우쳐 **여니**
* 세(三) 번이나 송곳(丨)과 칼(刀)로 크게(　) 새겨 계약을 **맺으니**

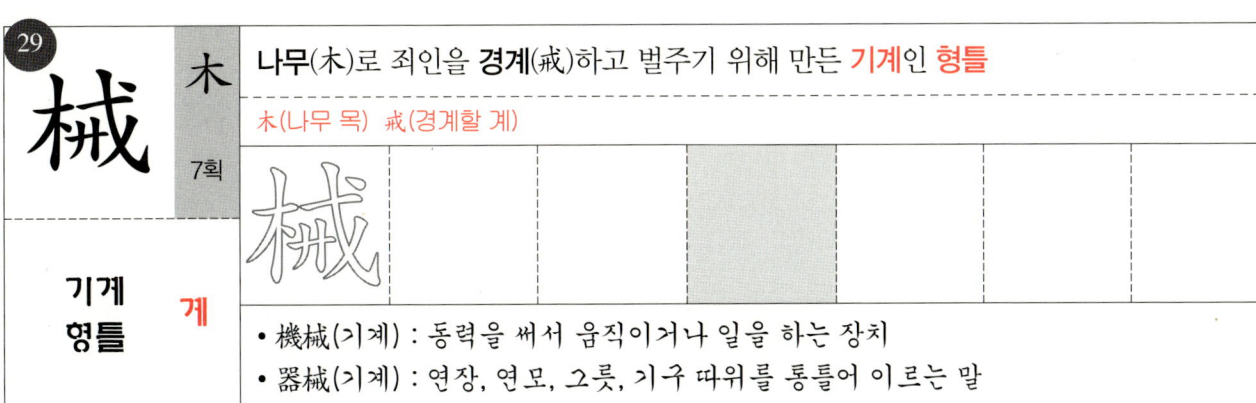

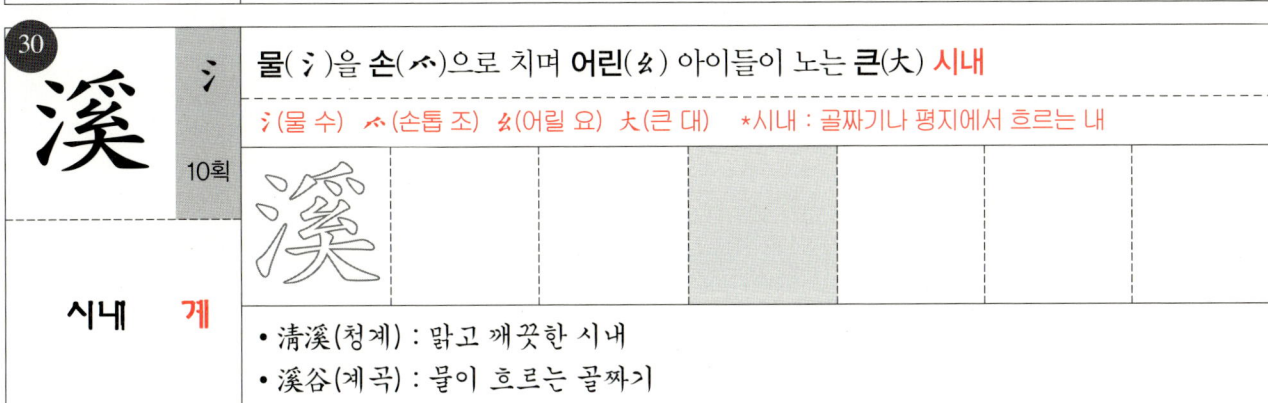

자원으로 한자 알기

* 나무(　)로 죄인을 **경계**(戒)하고 벌주기 위해 만든 **기계**인 **형틀**　☞
* 물(　)을 손(爫)으로 치며 **어린**(幺) 아이들이 노는 **큰**(大) **시내**　☞

一思多得

24　頃(잠깐 경)　傾(기울 경) 잘 구별하세요.

頃(잠깐 경): 허리가 **구부러지고**(匕) **머리**(頁)가 하얗게 되는 것은 **잠깐**이니
傾(기울 경): **사람**(亻)이 **구부려**(匕) **머리**(頁)를 **기울이니**

車	+		=	輕(가벼울 경)	**수레**(車)가 **물줄기**(巠) 흐르듯 **가볍게** 굴러가니
糸	+	巠	=	經(글 경)	**실**(糸)과 **물줄기**(巠)처럼 길게 쓴 **글**
彳	+		=	徑(지름길 경)	**걸어서**(彳) **물줄기**(巠)처럼 따라가는 **지름길**

亻	+		=	便(편할 편)	**사람**(亻)은 불편한 것을 **고쳐서**(更) **편해지려고** 하니
石	+	更	=	硬(굳을 경)	**돌**(石)처럼 **다시**(更) 단단하게 **굳으니**

57

다음 한자를 나누고 **자원**을 쓰면서 익히세요.

兼 경할 겸	=		+		+		
謙 겸손할 겸	=		+				
耕 밭 갈 경	=		+				
頃 잠깐 경	=		+				
徑 지름길 경	=		+				
硬 굳을 경	=		+				
啓 열 계	=		+		+		
契 맺을 계	=		+		+		+	
械 기계 계	=		+				
溪 시내 계	=		+		+		+	

58

다음 한자어의 **독음**을 쓰세요.

兼用	謙德	謙虛	農耕
耕作	頃刻	頃步	直徑
半徑	硬直	強硬	啓示
啓發	契員	契約	機械
器械	淸溪	溪谷	

 다음 한자어를 **한자**로 쓰세요.

겸할 겸	쓸 용	겸손할 겸	덕 덕	농사 농	밭 갈 경	잠깐 경	시각 각
곧을 직	지름길 경	굳을 경	곧을 직	열 계	보일 시	맺을 계	관원 원
기계 기	기계 계	맑을 청	시내 계	겸손할 겸	빌 허	밭 갈 경	지을 작
반걸음 경	걸음 보	반 반	지름길 경	굳셀 강	굳을 경	열 계	계발할 발
맺을 계	약속할 약	기구 기	기구 계	시내 계	골 곡		

59

예문으로 한자어 익히기 (한자로 쓰인 단어의 뜻을 써보세요.)

1. 식탁과 책상을 兼用하다.

2. 그는 謙德을 갖춘 선비이다.

3. 각 당의 대변인들은 선거 결과를 謙虛하게 받아들이겠다고 밝혔다.

4. 고대 문명이 일어난 곳에서는 일찍부터 農耕을 중심으로 정착 생활이 이루어졌다.

5. 논밭을 耕作하다.

6. 병이 위중하여 생명이 頃刻에 달렸다.

7. 그녀는 넌지시 남자의 손길을 피하면서 頃步쯤 뒤로 물러섰다.

8. 원은 直徑 3m가 넘는다.

9. 半徑 2km 이내에는 접근을 금지하였다.

10. 그는 우스갯소리를 툭툭 던짐으로써 자칫 硬直되기 쉬운 대화 분위기를 풀어 주었다.

11. 그는 자신의 실책에 대해 強硬히 부인했다.

12. 휴정은 부처의 啓示를 받은 듯, 홀연히 시심이 움직였다.

13. 교사는 학생의 잠재된 창의성이 啓發되도록 충분한 기회를 주어야 한다.

14. 계주는 契員들이 매달 낸 곗돈을 결산하였다.

15. 서로 경쟁을 하던 두 회사가 앞으로는 공동으로 기술을 개발하기로 契約하였다.

16. 공장에 새로 機械 한 대를 들여놓았다.

17. 의료 기계나 물리·화학의 실험용 器械 따위가 있다.

18. 淸溪에서 목욕을 하였다.

19. 길 따라 흘러가는 溪谷에는 많은 물이 바위 사이로 콸콸 쏟아져 흐르고 있었다.

31 桂 계수나무 계	木 6획	나무(木) 중에서 땅(土)과 흙(土)에 묻혀 있는 서옥처럼 귀한 **계수나무**
		木(나무 목) 土(땅 토, 흙 토) *계수나무 : 낙엽 활엽 교목. 높이는 7~10미터이며 잎은 마주 난다.
		桂
		• 桂樹(계수) : 계수나무 • 桂皮(계피) : 계수나무 껍질

32 姑 시어미 고모 고	女 5획	여자(女)가 오래(古) 살면 **시어미**가 되니
		女(계집 녀) 古(오랠 고) *여자가 아들을 낳아 엄마가 되고, 세월이 흘러 시어머니가 된다는 뜻
		姑
		• 姑婦(고부) : 시어머니와 며느리 • 姑母(고모) : 아버지의 누이

33 稿 원고 고	禾 10획	볏단(禾)처럼 높이(高) 쌓아 올린 **원고**
		禾(벼 화) 高(높을 고) *벼를 베어 묶은 단처럼 글을 많이 써서 원고를 높이 쌓아놓았다는 말
		稿
		• 脫稿(탈고) : 원고 쓰기를 마침 • 原稿(원고) : 인쇄하거나 발표하기 위하여 쓴 글

34 鼓 북 고	鼓 0획	십(十)년 만에 콩(豆)이 풍년들어 가르며(支) 치는 **북**
		十(열 십) 豆(콩 두) 支(가를 지) *콩이 풍년들어 북을 치며 기뻐한다는 뜻입니다.
		鼓
		• 鼓手(고수) : 북이나 장구 따위를 치는 사람 • 鼓舞(고무) : 북을 치고 춤을 춤 또는 힘을 내도록 격려하여 용기를 북돋움

자원으로 한자 알기

* **나무**(   ) 중에서 **땅**(土)과 **흙**(土)에 묻혀 있는 서옥처럼 귀한 **계수나무**

* **여자**(   )가 오래(古) 살면 **시어미**가 되니

* **볏단**(   )처럼 높이(高) 쌓아 올린 **원고**

* **십**(十)년 만에 **콩**(豆)이 풍년들어 **가르며**(支) 치는 **북**

35 哭 (울 곡)

口 7획

입(口)과 입(口)을 맞대고 개(犬)처럼 **우니**

口(입 구) 犬(개 견)

- 哭聲(곡성) : 곡소리
- 痛哭(통곡) : 소리를 높여 슬피 욺

36 谷 (골 곡)

谷 0획

샘물이 솟아 흐르는 **골짜기** 모양

마법 술술한자 부수 148번 참고

- 谷風(곡풍) : 골바람
- 谷泉(곡천) : 산골짜기에서 나는 샘물

37 供 (이바지할 공)

亻 6획

사람(亻)은 함께(共) 살면서 서로에게 **이바지하니**

亻(사람 인) 共(함께 공) *사람은 서로에게 도움이 되면서 함께 산다는 뜻입니다.

*供(이바지할 공) : 도움이 되게 하다.
- 供養(공양) : 웃어른을 모시어 음식 이바지를 함

38 恐 (두려울 공)

心 6획

무엇인가를 만들(工) 때에는 무릇(凡) 마음(心)이 조심스럽고 **두려우니**

工(만들 공) 凡(무릇 범) 心(마음 심) *무엇인가를 시작할 때에는 마음이 조심스럽고 두렵다는 뜻

- 恐動(공동) : 두려워서 동요함
- 恐妻(공처) : 남편이 아내에게 눌려 지냄

자원으로 한자 알기

* 입(   )과 입(口)을 맞대고 개(犬)처럼 **우니**
* 샘물이 솟아 흐르는 **골짜기** 모양
* 사람(   )은 함께(共) 살면서 서로에게 **이바지하니**
* 무엇인가를 만들(工) 때에는 무릇(凡) 마음(   )이 조심스럽고 **두려우니**

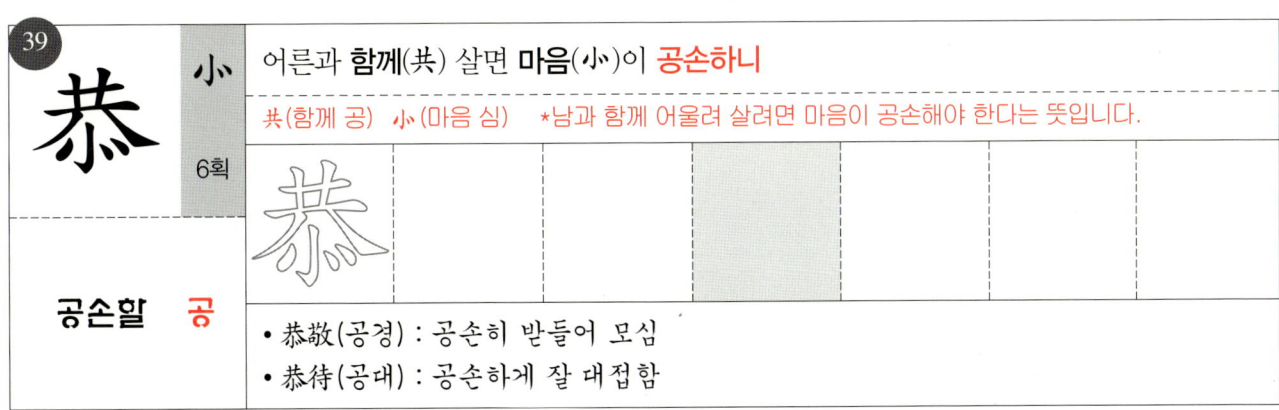

39 恭 공손할 공	小 6획	어른과 **함께(共)** 살면 **마음(小)**이 **공손하니**
		共(함께 공) 小(마음 심)　*남과 함께 어울려 살려면 마음이 공손해야 한다는 뜻입니다.
		• 恭敬(공경) : 공손히 받들어 모심 • 恭待(공대) : 공손하게 잘 대접함

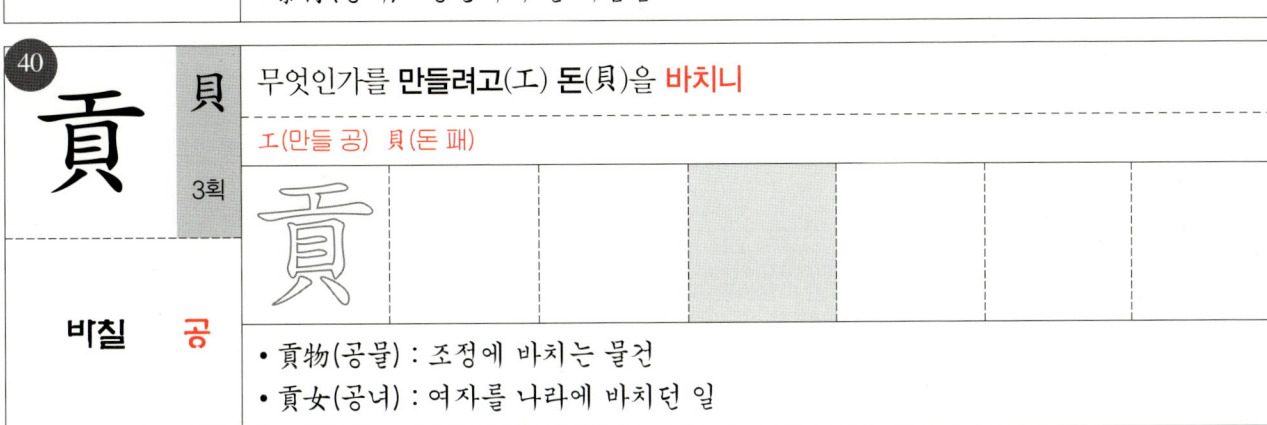

40 貢 바칠 공	貝 3획	무엇인가를 **만들려고(工)** **돈(貝)**을 **바치니**
		工(만들 공) 貝(돈 패)
		• 貢物(공물) : 조정에 바치는 물건 • 貢女(공녀) : 여자를 나라에 바치던 일

자원으로 한자 알기

* 어른과 **함께(共)** 살면 **마음(　)**이 **공손하니**　☞
* 무엇인가를 **만들려고(工)** **돈(　)**을 **바치니**　☞

一思多得

31 桂(계수나무 계) 佳(아름다울 가) 잘 구별하세요.

　桂(계수나무 계) : **나무(木)** 중에서 **땅(土)**과 **흙(土)**에 묻혀 있는 서옥처럼 귀한 **계수나무**
　佳(아름다울 가) : **사람(亻)**이 **땅(土)**과 **흙(土)**에 묻혀 있는 서옥처럼 빛나고 **아름다우니**

主	+	貝	= 責(꾸짖을 책)	**생명(主)** 같은 **돈(貝)**을 어쨌냐고 **꾸짖으며 책임**을 물으니
分	+		= 貧(가난할 빈)	**나누어(分) 돈(貝)**을 가지면 **가난하니**
口	+		= 員(관원 원)	**입(口)**으로 **돈(貝)**을 세어 주는 **관원**
臣 又	+		= 賢(어질 현)	**신하(臣)**가 **또(又) 돈(貝)**을 **어질고 현명하게 쓰니**
化	+		= 貨(재물 화)	**변하여(化) 돈(貝)**이 되는 **재물**
工	+		= 貢(바칠 공)	무엇인가를 **만들려고(工) 돈(貝)**을 **바치니**

다음 한자를 나누고 **자원**을 쓰면서 익히세요.

桂 계수나무 계 = ☐ + ☐ + ☐

姑 시어미 고 = ☐ + ☐

稿 원고 고 = ☐ + ☐

鼓 북 고 = ☐ + ☐ + ☐

哭 울 곡 = ☐ + ☐ + ☐

谷 골 곡 =

供 이바지할 공 = ☐ + ☐

恐 두려울 공 = ☐ + ☐ + ☐

恭 공손할 공 = ☐ + ☐

貢 바칠 공 = ☐ + ☐

다음 한자어의 독음을 쓰세요.

桂樹　　桂皮　　姑婦　　姑母

脫稿　　原稿　　鼓手　　鼓舞

哭聲　　痛哭　　谷風　　谷泉

供養　　恐動　　恐妻　　恭敬

恭待　　貢物　　貢女

 다음 한자어를 한자로 쓰세요.

| 계수나무 계　나무 수 | 시어미 고　며느리 부 | 벗을 탈　원고 고 | 북 고　사람 수 |

| 울 곡　소리 성 | 골 곡　바람 풍 | 이바지할 공　봉양할 양 | 두려울 공　움직일 동 |

| 공손할 공　공경할 경 | 바칠 공　물건 물 | 계수나무 계　가죽 피 | 고모 고　어미 모 |

| 근원 원　원고 고 | 북 고　춤출 무 | 아플 통　울 곡 | 골 곡　샘 천 |

| 두려울 공　아내 처 | 공손할 공　대접할 대 | 바칠 공　계집 녀 |

예문으로 한자어 익히기 (한자로 쓰인 단어의 뜻을 써보세요.)

1. 桂樹나무는 중국 남방과 동인도 등지에 분포한다.

2. 桂皮는 계수나무 껍질로 한방에서 한약재로 많이 쓰인다.

3. 그네들 姑婦 사이에는 남들과 같은 갈등이라고는 찾아볼 수도 없었다.

4. 姑母 내외분이 다녀가셨다.

5. 그는 작품을 완전히 脫稿하기 전에 섣불리 남 앞에서 낭독하는 것을 아주 싫어했다.

6. 그 작가의 原稿는 심의에 걸려 많은 부분이 삭제되었다.

7. 鼓手의 북소리에 맞추어 행진하는 군대

8. 육탄전을 벌이는 동료 선수에게 사기가 鼓舞되다.

9. 초상집에서 哭聲이 서럽게 들려왔다.

10. 가족들의 흐느낌은 이내 痛哭으로 변해 갔다.

11. 谷風이 시원하다.

12. 시원한 谷泉을 마시니 갈증이 싹 사라졌다.

13. 그 집 며느리는 늘 따뜻한 음식으로 시부모를 供養하였다.

14. 적의 기습으로 군사들은 恐動하였다.

15. 그는 恐妻가이다.

16. 나라의 군주는 마땅히 하늘을 恭敬하고 백성을 사랑해야 한다.

17. 한국은 노인을 恭待하는 동방예의지국이다.

18. 조선시대에는 백성들이 나라에 貢物을 바쳐야 했다.

19. 많은 여자들이 원나라에 貢女로 끌려갔다.

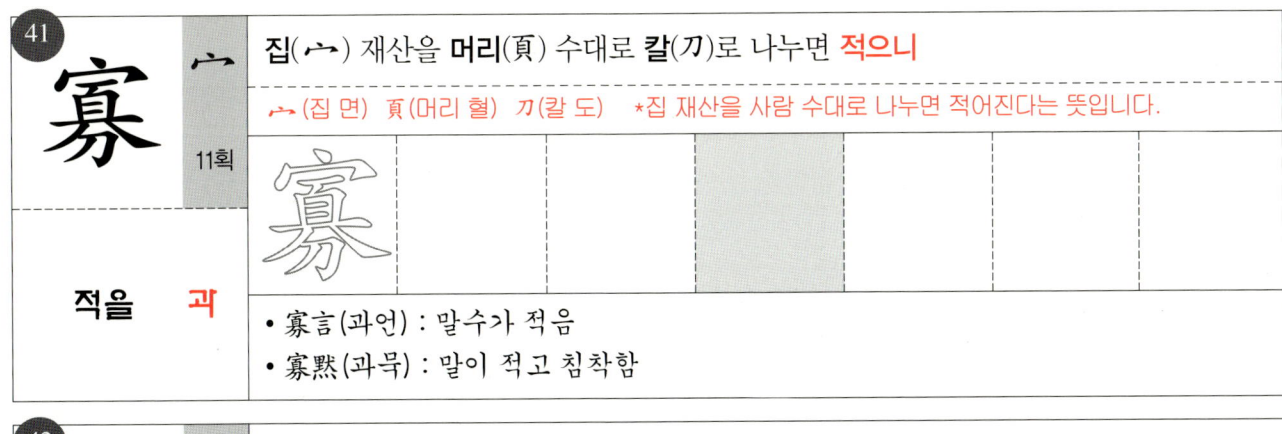

41 寡 (적을 과) — 宀, 11획

집(宀) 재산을 **머리**(頁) 수대로 **칼**(刀)로 나누면 **적으니**

宀(집 면) 頁(머리 혈) 刀(칼 도)　*집 재산을 사람 수대로 나누면 적어진다는 뜻입니다.

- 寡言(과언) : 말수가 적음
- 寡黙(과묵) : 말이 적고 침착함

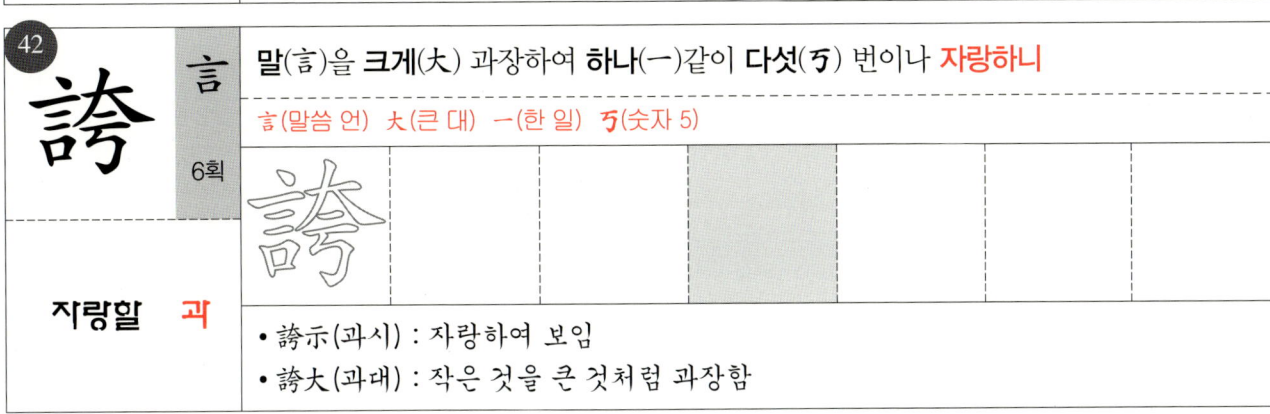

42 誇 (자랑할 과) — 言, 6획

말(言)을 **크게**(大) 과장하여 **하나**(一)같이 **다섯**(亏) 번이나 **자랑하니**

言(말씀 언) 大(큰 대) 一(한 일) 亏(숫자 5)

- 誇示(과시) : 자랑하여 보임
- 誇大(과대) : 작은 것을 큰 것처럼 과장함

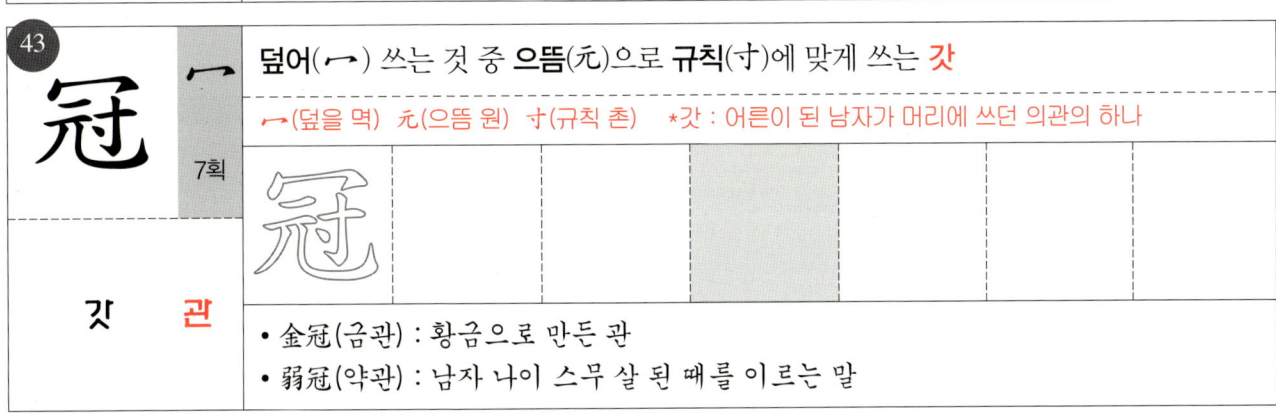

43 冠 (갓 관) — 冖, 7획

덮어(冖) 쓰는 것 중 **으뜸**(元)으로 **규칙**(寸)에 맞게 쓰는 **갓**

冖(덮을 멱) 元(으뜸 원) 寸(규칙 촌)　*갓 : 어른이 된 남자가 머리에 쓰던 의관의 하나

- 金冠(금관) : 황금으로 만든 관
- 弱冠(약관) : 남자 나이 스무 살 된 때를 이르는 말

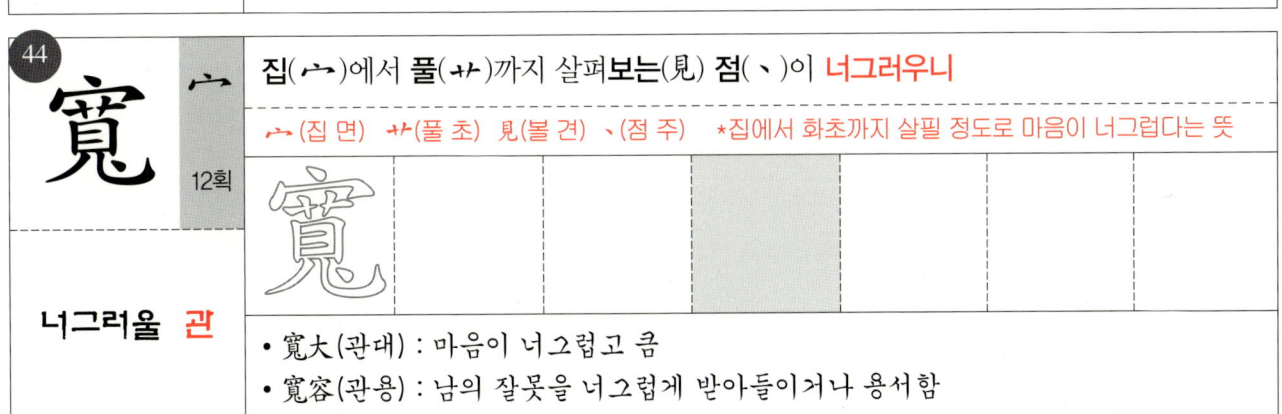

44 寬 (너그러울 관) — 宀, 12획

집(宀)에서 **풀**(艹)까지 **살펴보는**(見) **점**(丶)이 **너그러우니**

宀(집 면) 艹(풀 초) 見(볼 견) 丶(점 주)　*집에서 화초까지 살필 정도로 마음이 너그럽다는 뜻

- 寬大(관대) : 마음이 너그럽고 큼
- 寬容(관용) : 남의 잘못을 너그럽게 받아들이거나 용서함

자원으로 한자 알기

* 집(　) 재산을 **머리**(頁) 수대로 **칼**(刀)로 나누면 **적으니**
* 말(　)을 **크게**(大) 과장하여 **하나**(一)같이 **다섯**(亏) 번이나 **자랑하니**
* 덮어(　) 쓰는 것 중 **으뜸**(元)으로 **규칙**(寸)에 맞게 쓰는 **갓**
* 집(　)에서 **풀**(艹)까지 **살펴보는**(見) **점**(丶)이 **너그러우니**

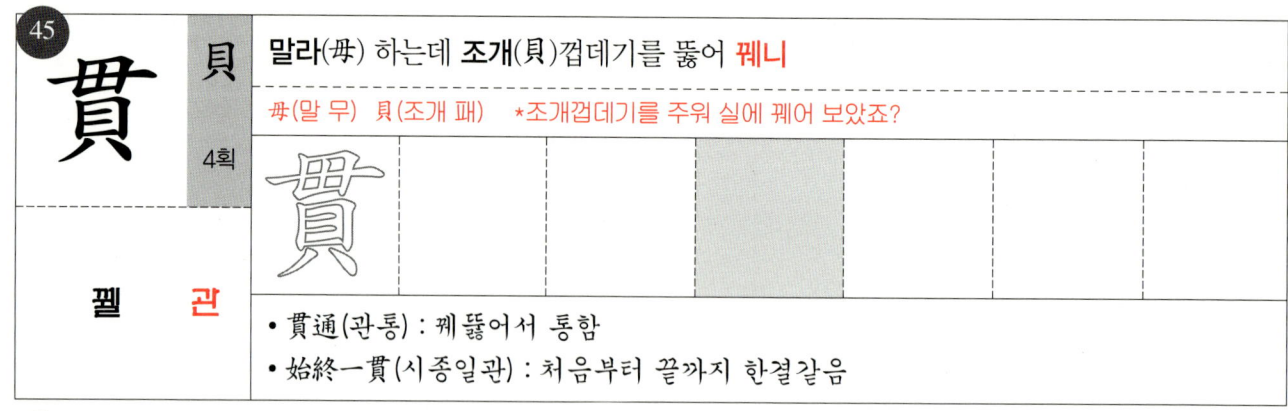

45 貫 / 貝 / 4획 / 꿸 관

말라(毋) 하는데 조개(貝)껍데기를 뚫어 꿰니

毋(말 무) 貝(조개 패) *조개껍데기를 주워 실에 꿰어 보았죠?

- 貫通(관통) : 꿰뚫어서 통함
- 始終一貫(시종일관) : 처음부터 끝까지 한결같음

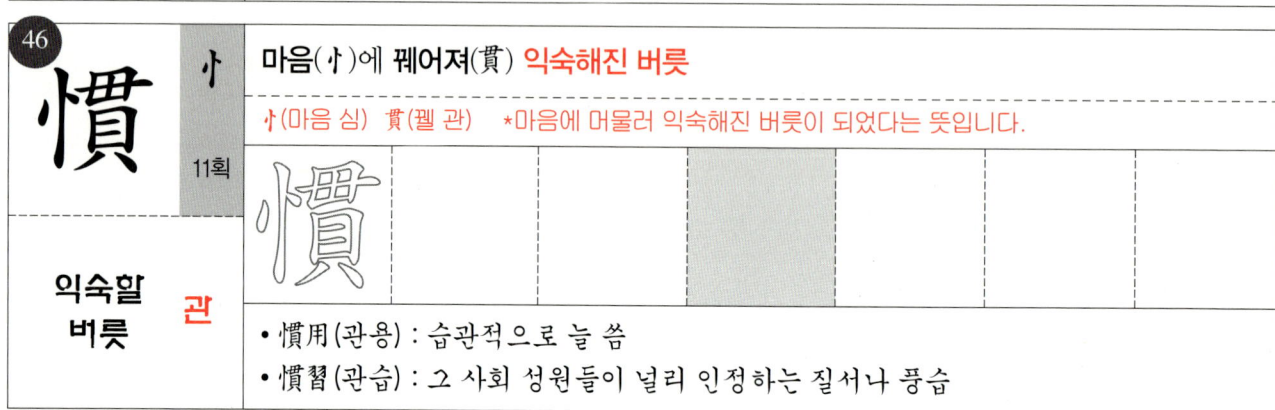

46 慣 / 忄 / 11획 / 익숙할 버릇 관

마음(忄)에 꿰어져(貫) 익숙해진 버릇

忄(마음 심) 貫(꿸 관) *마음에 머물러 익숙해진 버릇이 되었다는 뜻입니다.

- 慣用(관용) : 습관적으로 늘 씀
- 慣習(관습) : 그 사회 성원들이 널리 인정하는 질서나 풍습

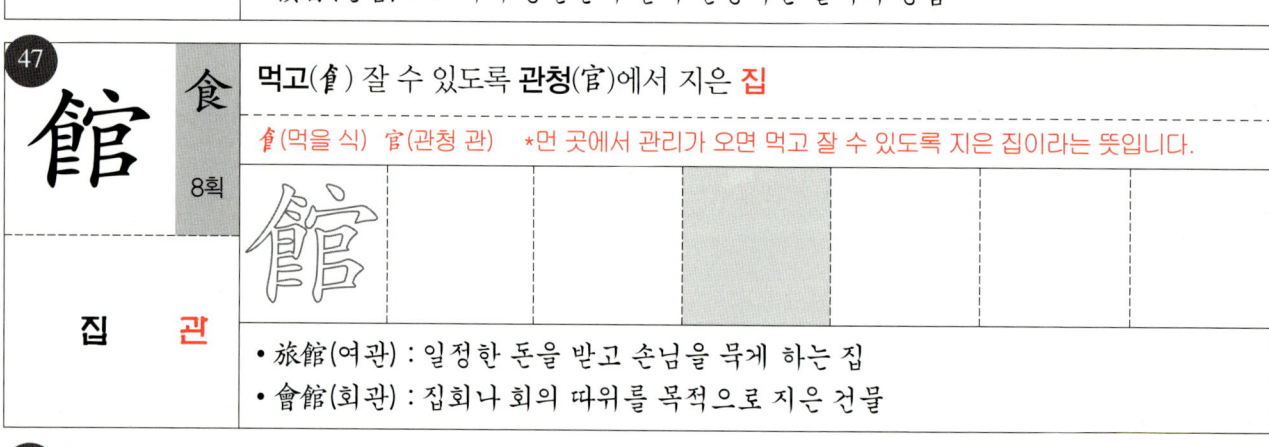

47 館 / 食 / 8획 / 집 관

먹고(食) 잘 수 있도록 관청(官)에서 지은 집

食(먹을 식) 官(관청 관) *먼 곳에서 관리가 오면 먹고 잘 수 있도록 지은 집이라는 뜻입니다.

- 旅館(여관) : 일정한 돈을 받고 손님을 묵게 하는 집
- 會館(회관) : 집회나 회의 따위를 목적으로 지은 건물

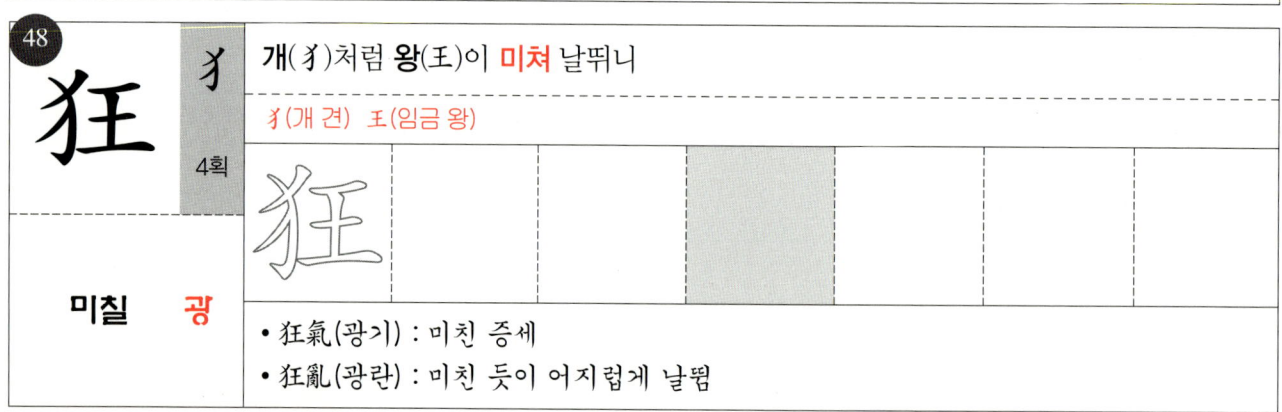

48 狂 / 犭 / 4획 / 미칠 광

개(犭)처럼 왕(王)이 미쳐 날뛰니

犭(개 견) 王(임금 왕)

- 狂氣(광기) : 미친 증세
- 狂亂(광란) : 미친 듯이 어지럽게 날뜀

자원으로 한자 알기

* 말라(毋) 하는데 조개(　)껍데기를 뚫어 꿰니
* 마음(　)에 꿰어져(貫) 익숙해진 버릇
* 먹고(　) 잘 수 있도록 관청(官)에서 지은 집
* 개(　)처럼 왕(王)이 미쳐 날뛰니

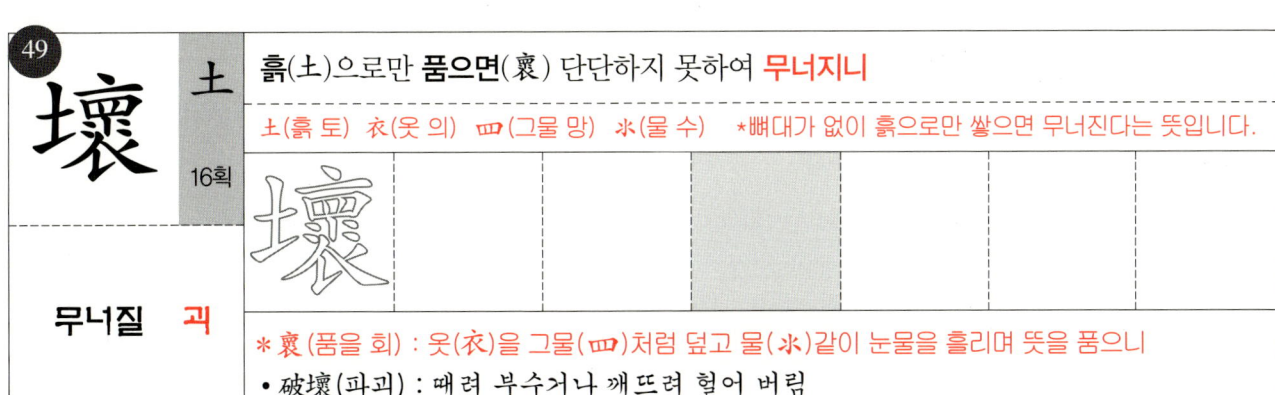

49 壞 16획 무너질 괴	土	흙(土)으로만 품으면(褱) 단단하지 못하여 **무너지니**
		土(흙 토) 衣(옷 의) 罒(그물 망) 氺(물 수) *뼈대가 없이 흙으로만 쌓으면 무너진다는 뜻입니다.
		*褱(품을 회) : 옷(衣)을 그물(罒)처럼 덮고 물(氺)같이 눈물을 흘리며 뜻을 품으니 • 破壞(파괴) : 때려 부수거나 깨뜨려 헐어 버림

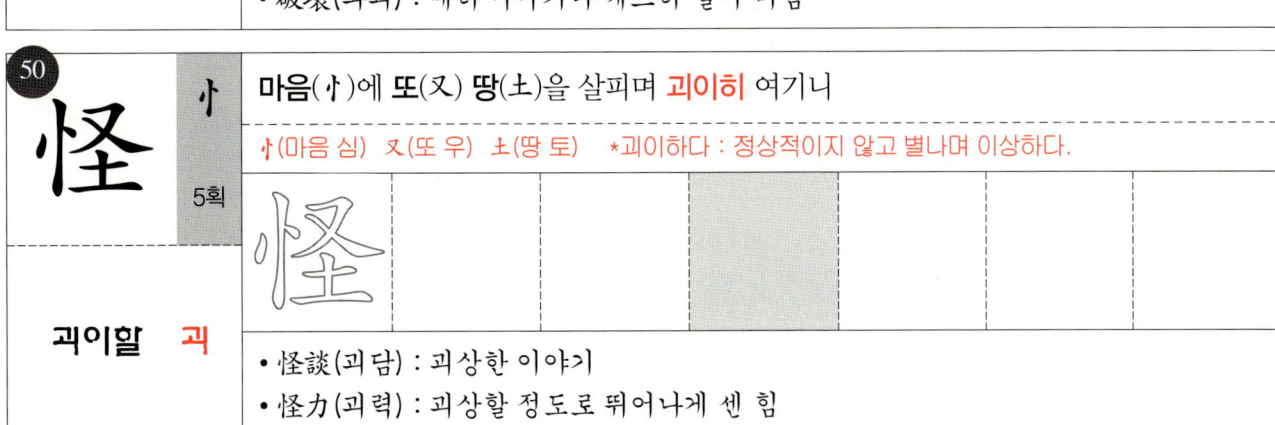

50 怪 5획 괴이할 괴	忄	마음(忄)에 또(又) 땅(土)을 살피며 **괴이히** 여기니
		忄(마음 심) 又(또 우) 土(땅 토) *괴이하다 : 정상적이지 않고 별나며 이상하다.
		• 怪談(괴담) : 괴상한 이야기 • 怪力(괴력) : 괴상할 정도로 뛰어나게 센 힘

자원으로 한자 알기

* 흙(   )으로만 **품으면**(褱) 단단하지 못하여 **무너지니**
* 마음(   )에 **또**(又) **땅**(土)을 살피며 **괴이히** 여기니

一思多得

宀	+		= 實(열매 실)	수확하여 **집**(宀)에 **꿰어**(貫) 말려 놓은 **열매**
忄	+	貫	= 慣(익할 관)	**마음**(忄)에 **꿰어져**(貫) **익숙해진 버릇**

⺮	+		= 管(관리할 관)	**대**(⺮)를 **관청**(官)에서 **관리하니**
食	+	官	= 館(집 관)	**먹고**(食) 잘 수 있도록 **관청**(官)에서 지은 **집**

	+	㔾	= 犯(범할 범)	**개**(犭)처럼 **무릎 꿇고**(㔾) 죄를 **범하니**
犭	+	王	= 狂(미칠 광)	**개**(犭)처럼 **왕**(王)이 **미쳐** 날뛰니

다음 한자를 나누고 **자원**을 쓰면서 익히세요.

寡 (적을 과) = ☐ + ☐ + ☐

誇 (자랑할 과) = ☐ + ☐ + ☐ + ☐

冠 (갓 관) = ☐ + ☐ + ☐

寬 (너그러울 관) = ☐ + ☐ + ☐ + ☐

貫 (꿸 관) = ☐ + ☐

慣 (익숙할 관) = ☐ + ☐

館 (집 관) = ☐ + ☐

狂 (미칠 광) = ☐ + ☐

壞 (무너질 괴) = ☐ + ☐

怪 (괴이할 괴) = ☐ + ☐ + ☐

다음 한자어의 **독음**을 쓰세요.

寡言	寡黙	誇示	誇大
金冠	弱冠	寬大	寬容
貫通	慣用	慣習	旅館
會館	狂氣	狂亂	破壞
怪談	怪力		

 다음 한자어를 **한자**로 쓰세요.

적을 과	말씀 언	자랑할 과	보일 시	금 금	갓 관	너그러울 관	큰 대
꿸 관	통할 통	버릇 관	쓸 용	나그네 려	집 관	미칠 광	기운 기
깨뜨릴 파	무너질 괴	괴이할 괴	말씀 담	적을 과	잠잠할 묵	자랑할 과	큰 대
약할 약	갓 관	너그러울 관	용납할 용	버릇 관	풍습 습	모일 회	집 관
미칠 광	어지러울 란	괴이할 괴	힘 력				

예문으로 한자어 익히기 (한자로 쓰인 단어의 뜻을 써보세요.)

1. 그는 성격이 寡言하다.

2. 그의 寡黙은 일종의 허세거나 다른 데서 보고 들은 것의 흉내에 지나지 않는 것 같았다.

3. 그녀는 무대에 올라서 오랫동안 닦은 기량을 誇示했다.

4. 그는 자신의 능력을 誇大하여 말하는 경향이 있다.

5. 임금은 황금으로 만든 金冠을 머리에 썼다.

6. 그는 弱冠의 나이에도 불구하고 앞으로의 사업 활동에 대해 확고한 계획을 가지고 있었다.

7. 사랑하는 마음이 있으면 다른 사람의 단점에 寬大해진다.

8. 이번 한 번만 寬容을 베풀어 주시면 개과천선하여 다시는 죄를 짓지 않겠습니다.

9. 총탄이 가슴을 貫通했다.

10. 慣用적 표현을 자주 사용한다.

11. 요즘 시대에는 慣習과 전통을 따르는 사람들이 점점 줄어들고 있다.

12. 그는 서울에 오면 정해 놓고 머무는 단골 旅館에 투숙했다.

13. 청년회 모임이 마을의 會館에서 열렸다.

14. 狂氣를 부리다.

15. 축제는 청중들의 狂亂적 호응 덕분에 성공리에 막을 내렸다.

16. 우리나라의 가정은 6·25사변 때 식구들의 생사조차도 서로 모를 정도로 破壞되었다.

17. 이것은 지어낸 怪談 같지만 실제 있었던 일이다.

18. 비록 작고 허약한 체구지만 그 속에 엄청난 怪力을 숨기고 있는 것같이 보였다.

 **자원**으로 한자 알기.

1. **사람**( )이 **땅**(土)과 **흙**(土)에 묻혀 있는 서옥처럼 빛나고 **아름다우니**
2. 물건을 **더하여**(加) 얹기 위해서 **나무**( )를 걸쳐 만든 **시렁**
3. **몸**( )에서 걸어**가기도**(去) 하고 **무릎 꿇기도**(卩) 하는 **다리**
4. **문**( )을 달고 **각각**(各) 사는 **집**
5. 자료를 **구하여**(求) **칼**( )로 **새겨 책을 펴내니**
6. **해 돋을**(卓) 때부터 **사람**(人)들과 **방패**( )를 점검하는 **간부**
7. **사나운 짐승**(豸) 같은 짓을 **그치기를**(艮) 바라는 **마음**( )이 **간절하니**
8. **몸**( )을 **방패**(千)처럼 보호하는 **간**
9. **쇠**( )를 갈고 닦아서 **볼**(監) 수 있도록 만든 **거울**
10. **산등성이**(岡)에서 **칼**( )을 들고 **굳세게** 지키니
11. **실**( )을 엮어 **산등성이**(岡)처럼 굳세게 만든 **벼리**
12. **쇠**( )를 **산등성이**(岡)처럼 굳세게 만든 **강철**
13. **사람**( )이 **끈**(丿)을 **송곳**(丨)에 **끼우니**
14. **나무**( )가 **이미**(既) 자라 **대강** 살피니
15. **풀**( )로 **가서**(去) **그릇**(皿)을 **덮으니**
16. **발**( )로 **크게**(巨) 걸어야 할 정도로 멀리 **떨어진** 거리
17. **해 돋을**(卓) 때 **사람**(亻)들이 **구부리고**( ) 바라보는 **하늘**
18. 양쪽 **다**(僉) 날이 있는 **칼**( )은 **검**이니
19. **언덕**( )이 **솥**(鬲)발처럼 **사이가 뜨니**
20. **말**( )을 터놓고 (夬) 다하며 **이별하니**
21. **벼**(禾)와 **벼**(禾)를 **손**(彐)에 **겸하여** 잡으니
22. **말**( )이 학식과 인품을 **겸하여**(兼) **겸손하니**
23. **쟁기**( )로 **우물**(井)을 파듯 깊게 **밭가니**
24. 허리가 **구부러지고**(匕) **머리**( )가 하얗게 되는 것은 **잠깐**이니
25. **걸어서**( ) **물줄기**(巠)처럼 따라가는 **지름길**

 **자원**으로 한자 알기.

26. **돌**( )처럼 **다시**(更) 단단하게 **굳으니**
27. 마음의 **문**(戶)을 **쳐**(攵) **입**( )으로 말하여 깨우쳐 **여니**
28. **세**(三) 번이나 **송곳**(丨)과 **칼**(刀)로 **크게**( ) 새겨 계약을 **맺으니**
29. **나무**( )로 죄인을 **경계**(戒)하고 벌주기 위해 만든 **기계**인 **형틀**
30. **물**( )을 **손**(八)으로 치며 **어린**(幺) 아이들이 노는 **큰**(大) **시내**
31. **나무**( ) 중에서 **땅**(土)과 **흙**(土)에 묻혀 있는 서옥처럼 귀한 **계수나무**
32. **여자**( )가 **오래**(古) 살면 **시어미**가 되니
33. **볏단**( )처럼 **높이**(高) 쌓아 올린 **원고**
34. **십**(十)년 만에 **콩**(豆)이 풍년들어 **가르며**(攴) 치는 **북**
35. **입**( )과 **입**(口)을 맞대고 **개**(犬)처럼 **우니**
36. 샘물이 솟아 흐르는 **골짜기** 모양
37. **사람**( )은 함께(共) 살면서 서로에게 **이바지하니**
38. 무엇인가를 **만들**(工) 때에는 **무릇**(凡) **마음**( )이 조심스럽고 **두려우니**
39. 어른과 **함께**(共) 살면 **마음**( )이 **공손하니**
40. 무엇인가를 **만들려고**(工) **돈**( )을 **바치니**
41. **집**( ) 재산을 **머리**(頁) 수대로 **칼**(刀)로 나누면 **적으니**
42. **말**( )을 **크게**(大) 과장하여 **하나**(一)같이 **다섯**(丂) 번이나 **자랑하니**
43. **덮어**( ) 쓰는 것 중 **으뜸**(元)으로 **규칙**(寸)에 맞게 쓰는 **갓**
44. **집**( )에서 **풀**(艹)까지 살펴**보는**(見) **점**(丶)이 **너그러우니**
45. **말라**(毋) 하는데 **조개**( )껍데기를 뚫어 **꿰니**
46. **마음**( )에 꿰어져(貫) **익숙해진 버릇**
47. **먹고**( ) 잘 수 있도록 **관청**(官)에서 지은 **집**
48. **개**( )처럼 **왕**(王)이 **미쳐** 날뛰니
49. **흙**( )으로만 품으면(褱) 단단하지 못하여 **무너지니**
50. **마음**( )에 **또**(又) **땅**(土)을 살피며 **괴이히** 여기니

74

다음 한자의 **뜻**과 **음**을 쓰세요.

佳	架	脚	閣	刊	幹	懇
肝	鑑	剛	綱	鋼	介	槪
蓋	距	乾		劍	隔	訣
兼	謙				耕	頃
徑						硬
啓	契				械	溪
桂	姑	稿		鼓	哭	谷
供	恐	恭	貢	寡	誇	冠
寬	貫	慣	館	狂	壞	怪

3Ⅱ 1-50번 형성평가

다음 뜻과 음을 지닌 **한자**를 쓰세요.

아름다울 가	시렁 가	다리 각	집 각	새길 간	줄기 간	간절할 간
간 간	거울 감	굳셀 강	벼리 강	강철 강	낄 개	대강 개
덮을 개	떨어질 거	하늘 건		칼 검	사이 뜰 격	이별할 결
겸할 겸	겸손할 겸				밭 갈 경	잠깐 경
지름길 경						굳을 경
열 계	맺을 계				기계 계	시내 계
계수나무 계	시어미 고	원고 고		북 고	울 곡	골 곡
이바지할 공	두려울 공	공손할 공	바칠 공	적을 과	자랑할 과	갓 관
너그러울 관	꿸 관	익숙할 관	집 관	미칠 광	무너질 괴	괴이할 괴

3Ⅱ 1-50번 형성평가

51 巧 공교할 교	工 2획	장인(工) 다섯(丂) 명의 솜씨가 **공교하니**
		工(장인 공) 丂(숫자 5)
		巧
		*巧(공교할 교) : 솜씨나 꾀 따위가 재치가 있고 교묘하다. • 巧妙(교묘) : 솜씨나 꾀가 재치 있고 약삭빠름

52 較 비교 교	車 6획	수레(車)를 서로(交) **비교하니**
		車(수레 거) 交(사귈 교, 서로 교)
		較
		• 較差(교차) : 최고와 최저의 차 • 比較(비교) : 둘 이상의 것을 견주어 차이, 우열, 공통점 등을 살피는 것

53 久 오랠 구	丿 2획	삐쳐서(丿) 사람(人)이 **오래도록** 있으니
		丿(삐침 별) 人(사람 인)
		久
		• 長久(장구) : 길고 오램 • 永久不變(영구불변) : 오래도록 변하지 아니함

54 拘 잡을 구	扌 5획	손(扌)을 **구부려**(句) 잡으니
		扌(손 수) 句(글귀 구, 구부릴 구)
		拘
		• 拘留(구류) : 잡아서 가둠 • 拘束(구속) : 자유를 제한하거나 속박함

자원으로 한자 알기

* 장인(   ) 다섯(丂) 명의 솜씨가 **공교하니**
* 수레(   )를 서로(交) **비교하니**
* 삐쳐서(   ) 사람(人)이 **오래도록** 있으니
* 손(   )을 **구부려**(句) 잡으니

55 丘 (언덕 구) — 一, 4획

도끼(斤)를 하나(一)씩 들고 **언덕**으로 모이니

斤(도끼 근) 一(한 일)

- 丘山(구산) : 언덕과 산
- 首丘初心(수구초심) : 고향을 그리워하는 마음을 이르는 말

56 菊 (국화 국) — 艹, 8획

풀(艹)잎에 싸여(勹) 쌀(米)알 같은 꽃이 피는 **국화**

艹(풀 초) 勹(쌀 포) 米(쌀 미)   *흰 작은 국화는 꽃송이나 색깔이 쌀알 같죠?

- 黃菊(황국) : 누런색의 국화
- 菊花(국화) : 국화과의 여러해살이 풀

57 弓 (활 궁) — 弓, 0획

활의 모양

마법 술술한자 부수 55번 참고

- 弓矢(궁시) : 활과 화살
- 名弓(명궁) : 이름난 활

58 拳 (주먹 권) — 手, 6획

나누어(八) 사내(夫)가 손(手)으로 **주먹**을 쥐니

八(나눌 팔) 夫(사내 부) 手(손 수)   *두 편으로 나누어 주먹을 쥐고 승부를 겨룬다는 뜻입니다.

- 拳銃(권총) : 한 손으로 다룰 수 있게 만든 작은 총
- 拳鬪(권투) : 양손에 글러브를 끼고 상대방의 상반신을 쳐서 승부를 겨루는 경기

자원으로 한자 알기

* 도끼(斤)를 하나(　)씩 들고 **언덕**으로 모이니
* 풀(　)잎에 싸여(勹) 쌀(米)알 같은 꽃이 피는 **국화**
* **활**의 모양
* 나누어(八) 사내(夫)가 손(　)으로 **주먹**을 쥐니

59 鬼

鬼 0획

귀신 귀

삐쳐(丿) 밭(田)을 걸어(儿) 다니는 사사로운(厶) 귀신

丿(삐침 별) 田(밭 전) 儿(걷는 사람 인) 厶(사사로울 사)

- 鬼神(귀신) : 사람이 죽은 뒤에 남는다는 넋
- 鬼才(귀재) : 세상에서 보기 드물게 뛰어난 재능

60 菌

艹 8획

버섯 세균 균

풀(艹)처럼 울타리(口) 안의 벼(禾)가 썩은 곳에서 나는 버섯

艹(풀 초) 口(에울 위) 禾(벼 화)   *버섯 : 주로 그늘진 땅이나 썩은 나무에서 자람

- 殺菌(살균) : 세균 따위의 미생물을 죽임
- 菌類(균류) : 광합성을 하지 않는 하등 식물을 통틀어 이르는 말

자원으로 한자 알기

* 삐쳐(丿) 밭(田)을 걸어(儿) 다니는 사사로운(厶) 귀신 ☞
* 풀(   )처럼 울타리(口) 안의 벼(禾)가 썩은 곳에서 나는 버섯 ☞

一思多得

木	+	交	= 校(학교 교)	나무(木) 회초리로 맞기도 하며 친구도 사귀는(交) 학교
車	+		= 較(비교 교)	수레(車)를 서로(交) 비교하니

		+ 刀	= 券(문서 권)	나누어(八) 사내(夫)가 칼(刀)로 새기는 문서
八	夫	+ 巳	= 卷(책 권)	나누어(八) 사내(夫)가 무릎 꿇고(巳) 읽는 책
		+ 手	= 拳(주먹 권)	나누어(八) 사내(夫)가 손(手)으로 주먹을 쥐니

다음 한자를 나누고 **자원**을 쓰면서 익히세요.

巧 공교할 교	=		+		
較 비교 교	=		+		
久 오랠 구	=		+		
拘 잡을 구	=		+		
丘 언덕 구	=		+		
菊 국화 국	=		+		+	
弓 활 궁	=				
拳 주먹 권	=		+		+	
鬼 귀신 귀	=		+		+		+	
菌 버섯 균	=		+		+	

다음 한자어의 **독음**을 쓰세요.

巧 妙	較 差	比 較	長 久
拘 留	拘 束	丘 山	黃 菊
菊 花	弓 矢	名 弓	拳 銃
拳 鬪	鬼 神	鬼 才	殺 菌
菌 類			

 다음 한자어를 **한자**로 쓰세요.

공교할 교	묘할 묘	비교 교	어긋날 차	길 장	오랠 구	잡을 구	머무를 류
언덕 구	산 산	누를 황	국화 국	활 궁	화살 시	주먹 권	총 총
귀신 귀	귀신 신	죽일 살	세균 균	견줄 비	비교 교	잡을 구	묶을 속
국화 국	꽃 화	이름날 명	활 궁	주먹 권	싸움 투	귀신 귀	재주 재
세균 균	무리 류						

예문으로 **한자어** 익히기(한자로 쓰인 단어의 뜻을 써보세요.)

1. 괴한들은 **巧妙**하고도 민첩한 방법으로 어느덧 모두 어둠 속에 자취를 감추고 말았다.

2. 환절기에는 밤과 낮의 기온의 **較差**가 심하다.

3. 부모의 자식 사랑은 자식의 부모 사랑과는 **比較**도 되지 않을 만큼 크다.

4. 우리나라는 반만년의 **長久**한 역사를 가지고 있다.

5. 범인은 경찰서에 **拘留**된 지 3일 만에 풀려났다.

6. 하늘을 나는 새처럼 모든 **拘束**으로부터 나를 해방시키고 싶었다.

7. **丘山**이 아름답다.

8. **黃菊**은 절개를 나타낸다.

9. **菊花**는 서리를 맞아도 꺾이지 않는다.

10. **弓矢**를 제작하였다.

11. 이 활은 천하의 **名弓**이다.

12. 그는 이상한 낌새에 본능적으로 **拳銃**을 뽑아 들었다.

13. **拳鬪** 중계를 할 예정입니다.

14. 정성껏 빌면 **鬼神**도 감복하여 너의 소원을 들어줄 것이다.

15. 그는 장사의 **鬼才**다.

16. 병원에서는 환자복을 삶아서 **殺菌**한다.

17. 곰팡이, 효모 등 **菌類**는 엽록소가 없어 독립생활을 못하므로 기생이나 부생 생활을 한다.

61 克 5획 이길 극	儿	오래(古) 걷는 사람(儿)이 **이기니**
		古(오랠 고) 儿(걷는 사람 인)
		克
		• 克服(극복) : 악조건이나 고생 따위를 이겨 냄 • 克己(극기) : 자기의 감정이나 욕심, 충동 따위를 이성적 의지로 눌러 이김

62 琴 8획 거문고 금	玉	옥(玉)과 옥(玉)이 부딪치듯 **지금**(今) 고운 소리가 나는 **거문고**
		王(구슬 옥 변형) 今(이제 금) *지금 옥이 부딪치듯 거문고가 고운 소리를 낸다는 뜻입니다.
		琴
		• 心琴(심금) : 외부의 자극에 따라 미묘하게 움직이는 마음 • 風琴(풍금) : 페달을 밟아서 바람을 넣어 소리를 내는 건반 악기

63 禽 8획 새 금	凶	사람(人)의 머리(亠) 위에서 **흉한**(凶) 짐승(禸)을 보고 날아가는 **새**
		人(사람 인) 亠(머리 두) 凶(흉할 흉) 禸(짐승 유)
		禽
		• 家禽(가금) : 집에서 기르는 새 • 時禽(시금) : 철에 따라서 우는 새

64 錦 8획 비단 금	金	금(金)처럼 귀한 **흰**(白) 헝겊(巾)으로 짠 **비단**
		金(금 금) 白(흰 백) 巾(헝겊 건) *금처럼 비단이 비싸고 귀하다는 뜻입니다.
		錦
		• 錦衣夜行(금의야행) : 아무 보람이 없는 일을 함을 이르는 말 • 錦衣玉食(금의옥식) : 호화스럽고 사치스러운 생활을 이르는 말

자원으로 한자 알기

* 오래(古) 걷는 사람(　)이 **이기니**
* 옥(　)과 옥(玉)이 부딪치듯 **지금**(今) 고운 소리가 나는 **거문고**
* 사람(人)의 머리(亠) 위에서 **흉한**(凶) 짐승(　)을 보고 날아가는 **새**
* 금(　)처럼 귀한 **흰**(白) 헝겊(巾)으로 짠 **비단**

65 及 (미칠 급) - 2획

사람(人)의 손(又)이 미치니

人(사람 인) 又(손 우)

* 及(미칠 급) : 어떤 정도나 범위에 달다.
- 未及(미급) : 아직 미치지 못함

66 企 (바랄/꾀할 기) - 4획

사람(人)들이 일을 그치고(止) 무엇인가를 바라고 꾀하니

人(사람 인) 止(그칠 지) *사람들이 하던 일을 그치고 무엇인가를 바라고 꾀한다는 뜻입니다.

- 企待(기대) : 일이 이루어지기를 바라고 기다림
- 企業(기업) : 영리를 얻기 위하여 재화나 용역을 생산하고 판매하는 조직체

67 其 (그 기) - 6획

그 단(甘) 것 하나(一)를 나누니(八)

甘(달 감) 一(한 일) 八(나눌 팔)

- 其他(기타) : 그 밖의 또 다른 것
- 各其(각기) : 저마다의 사람이나 사물

68 畿 (경기 기) - 10획

작고(幺) 어린(幺) 사람까지 창(戈)을 들고 밭(田)을 지켜야 하는 경기

幺(작을 요, 어릴 요) 戈(창 과) 田(밭 전)

- 京畿(경기) : 서울을 중심으로 한 가까운 주위의 지방
- 畿內(기내) : 수도를 중심으로 하여 사방으로 뻗어 나간 가까운 행정 구역의 안

자원으로 한자 알기

* **사람**(人)의 **손**(   )이 **미치니** ☞
* **사람**(   )들이 일을 **그치고**(止) 무엇인가를 **바라고 꾀하니** ☞
* **그 단**(甘) **것 하나**(一)를 **나누니**(   ) ☞
* **작고**(幺) **어린**(幺) 사람까지 **창**(戈)을 들고 **밭**(   )을 지켜야 하는 **경기** ☞

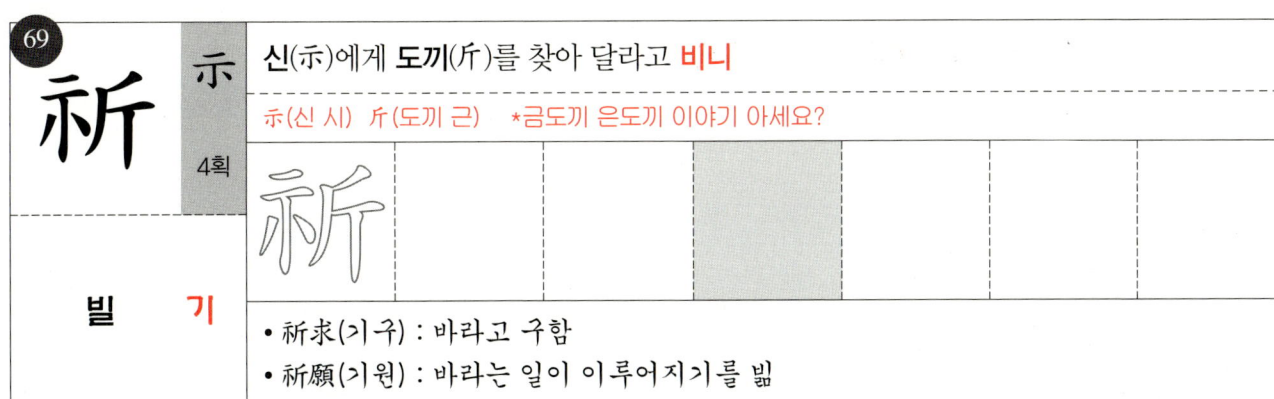

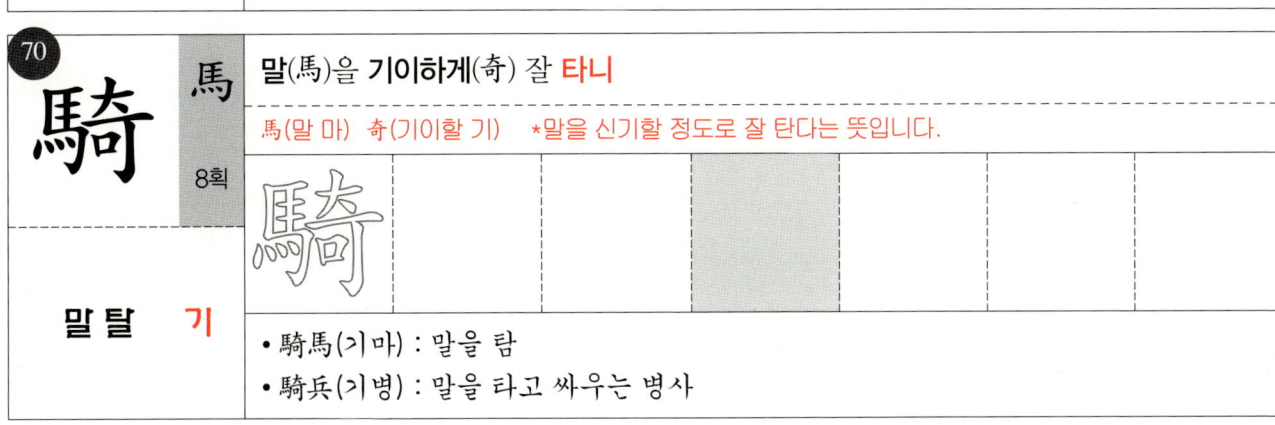

자원으로 한자 알기

* 신( )에게 **도끼**(斤)를 찾아 달라고 **비니**
* 말( )을 **기이하게**(奇) 잘 **타니**

一思多得

土	+		= 先(먼저 선)	소(土)가 걷는 사람(儿)보다 앞장서 먼저 가니
目	+	儿	= 見(볼 견)	눈(目)으로 걸어(儿) 다니며 보니
古	+		= 克(이길 극)	오래(古) 걷는 사람(儿)이 이기니

戶	+		= 所(곳 소)	집(戶)에서 위험한 도끼(斤)를 두는 곳
扌	+	斤	= 折(꺾을 절)	손(扌)에 도끼(斤)를 들고 쳐 꺾으니
示	+		= 祈(빌 기)	신(示)에게 도끼(斤)를 찾아 달라고 비니

馬	+	僉	= 驗(시험 험)	말(馬)을 다(僉) 타보고 시험하니
	+	奇	= 騎(말 탈 기)	말(馬)을 기이하게(奇) 잘 타니

85

다음 한자를 나누고 **자원**을 쓰면서 익히세요.

克 이길 극 = ☐ + ☐

琴 거문고 금 = ☐ + ☐ + ☐

禽 새 금 = ☐ + ☐ + ☐ + ☐

錦 비단 금 = ☐ + ☐ + ☐

及 미칠 급 = ☐ + ☐

企 바랄 기 = ☐ + ☐

其 그 기 = ☐ + ☐ + ☐

畿 경기 기 = ☐ + ☐ + ☐ + ☐

祈 빌 기 = ☐ + ☐

騎 말 탈 기 = ☐ + ☐

다음 한자어의 **독음**을 쓰세요.

克服	克己心	風琴
家禽	時禽	未及	企待

| 企業 | 其他 | 各其 | 京畿 |

| 畿內 | 祈求 | 祈願 | 騎馬 |

| 騎兵 |

 다음 한자어를 **한자**로 쓰세요.

| 이길 극 | 복종할 복 | 마음 심 | 거문고 금 | 집 가 | 새 금 | 아닐 미 | 미칠 급 |

| 바랄 기 | 기다릴 대 | 그 기 | 다를 타 | 서울 경 | 경기 기 | 빌 기 | 구할 구 |

| 말 탈 기 | 말 마 | 이길 극 | 자기 기 | 바람 풍 | 거문고 금 | 때 시 | 새 금 |

| 꾀할 기 | 일 업 | 각각 각 | 그 기 | 경기 기 | 안 내 | 빌 기 | 바랄 원 |

| 말 탈 기 | 병사 병 |

87

예문으로 **한자어** 익히기 (한자로 쓰인 단어의 뜻을 써보세요.)

1. 그들은 불굴의 정신으로 국난을 **克服**하고, 민족과 국가를 지켰다.

2. **克己** 훈련을 다녀왔다.

3. 그의 노래는 뭇사람의 **心琴**을 울린다.

4. 아이들은 선생님의 **風琴** 소리에 맞춰 노래를 불렀다.

5. 닭·오리·거위 등의 **家禽**류는 주로 알이나 고기를 식용하기 위하여 기른다.

6. 소쩍새는 대표적인 **時禽**이다.

7. 이것은 다 나의 능력이 **未及**한 탓이오.

8. 사장은 올해 입사한 신입 사원들에 대한 **企待**가 컸다.

9. 대규모 농장에서는 **企業**적으로 밀을 재배한다.

10. 공장 지역의 공해가 **其他** 지역보다 훨씬 심한 것으로 나타났다.

11. 세계의 여러 민족은 **各其** 다른 문화를 가지고 있다.

12. **京畿**도는 서울과 인접해 있다.

13. **畿內**란 조선시대에, 경기도 일대를 이르던 말이다.

14. 신에게 그 일이 성공하기를 그토록 **祈求**하였건만 모든 일이 수포로 돌아가고 말았다.

15. 온 동네 사람들이 모여 풍년을 **祈願**하는 마을 잔치를 벌였다.

16. **騎馬** 행렬이 길게 이어졌다.

17. **騎兵**들은 적갈색 말 등에 올라앉아 유유히 접근해 왔다.

번호	한자	부수/획수	설명
71	緊	糸 / 8획	신하(臣)가 또(又) 실(糸)을 긴하게 얽으니 臣(신하 신) 又(또 우) 糸(실 사) *신하가 꼭 필요하게 쓸 일이 있어서 실을 얽어맨다는 뜻
	긴할 얽을 긴		• 緊要(긴요) : 꼭 필요함 • 緊急(긴급) : 긴요하고 급함
72	諾	言 / 9획	말(言)을 같게(若)하여 허락하니 言(말씀 언) 若(같을 약) *부탁한 말과 같이 그렇게 하라고 하여 허락한다는 뜻입니다.
	허락할 락		• 受諾(수락) : 요구를 받아들임 • 許諾(허락) : 청하는 일을 하도록 들어줌
73	娘	女 / 7획	여자(女)가 좋게(良) 보일 때는 아가씨 시절이니 女(계집 녀) 良(줄을 량) *여자는 아가씨 시절이 제일 예쁘고 좋다는 뜻입니다.
	아가씨 계집 낭		• 娘家(낭가) : 어머니의 친정 • 娘子(낭자) : 예전에 처녀를 높여 이르던 말
74	耐	而 / 3획	수염(而)이 마디마디(寸) 잘리는 모욕을 참고 견디니 而(수염 이) 寸(마디 촌) *수염은 권위의 상징입니다. 수염을 뽑거나 자른다면 심한 모욕이겠죠.
	견딜 내		• 耐熱(내열) : 높은 열에 견딤 • 耐久性(내구성) : 오래 견디는 성질

자원으로 한자 알기

* 신하(臣)가 또(又) 실(   )을 긴하게 얽으니
* 말(   )을 같게(若)하여 허락하니
* 여자(   )가 좋게(良) 보일 때는 아가씨 시절이니
* 수염(   )이 마디마디(寸) 잘리는 모욕을 참고 견디니

75 寧 (편안할 녕) — 宀, 11획

집(宀)에서 마음(心)껏 그릇(皿)에 음식을 담아 먹는 장정(丁)이 편안해 보이니

宀(집 면) 心(마음 심) 皿(그릇 명) 丁(장정 정)

- 安寧(안녕) : 걱정이나 탈이 없음
- 康寧(강녕) : 몸이 건강하여 마음이 편안함

76 奴 (종 노) — 女, 2획

여자(女)가 손(又)으로 힘써 일해야 하는 종의 신분이니

女(계집 녀) 又(손 우)

- 賣國奴(매국노) : 나라의 주권이나 이권을 남의 나라에 팔아먹은 사람
- 守錢奴(수전노) : 돈을 지나치게 모을 줄만 알고 쓸 줄을 모르는 사람

77 腦 (뇌 뇌) — 月, 9획

몸(月)에서 냇물(巛)처럼 쉬지 않고 생각하는 정수리(囟)인 뇌

月(몸 월) 巛(내 천) 囟(정수리 신) *흐르는 냇물처럼 쉬지 않고 뇌로 생각한다는 뜻입니다.

*囟(정수리 신) : 머리 위의 숫구멍이 있는 자리
- 頭腦(두뇌) : 뇌

78 泥 (진흙 니) — 氵, 5획

물(氵)에 이겨 지붕(尸)에 구부리고(匕) 바르는 진흙

氵(물 수) 尸(지붕 시) 匕(구부릴 비) *옛날에는 대부분 흙으로 집을 지었죠?

- 泥土(이토) : 진흙
- 雲泥之差(운니지차) : 서로 간의 차이가 매우 심함을 이르는 말

자원으로 한자 알기

* 집(　)에서 마음(心)껏 그릇(皿)에 음식을 담아 먹는 장정(丁)이 편안해 보이니 ☞
* 여자(　)가 손(又)으로 힘써 일해야 하는 종의 신분이니 ☞
* 몸(　)에서 냇물(巛)처럼 쉬지 않고 생각하는 정수리(囟)인 뇌 ☞
* 물(　)에 이겨 지붕(尸)에 구부리고(匕) 바르는 진흙 ☞

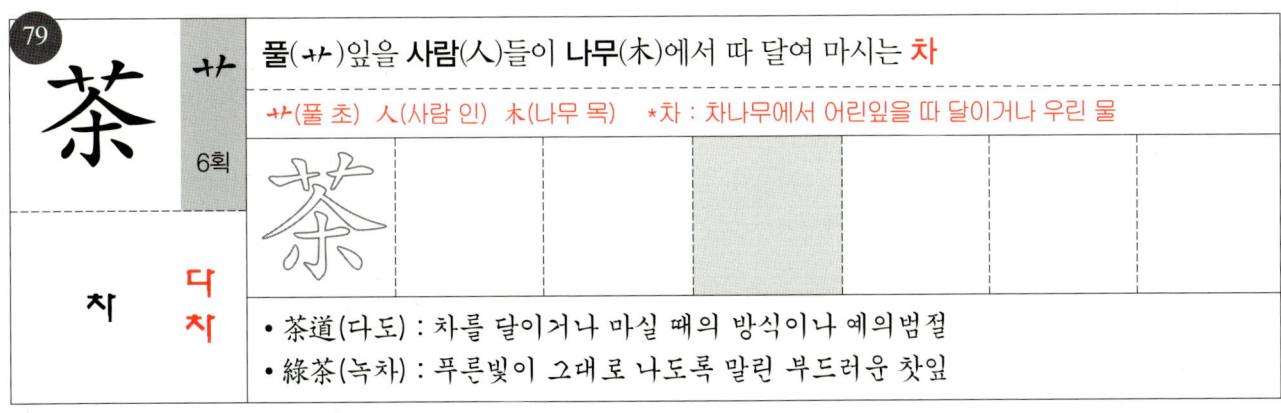

- 茶道(다도) : 차를 달이거나 마실 때의 방식이나 예의범절
- 綠茶(녹차) : 푸른빛이 그대로 나도록 말린 부드러운 찻잎

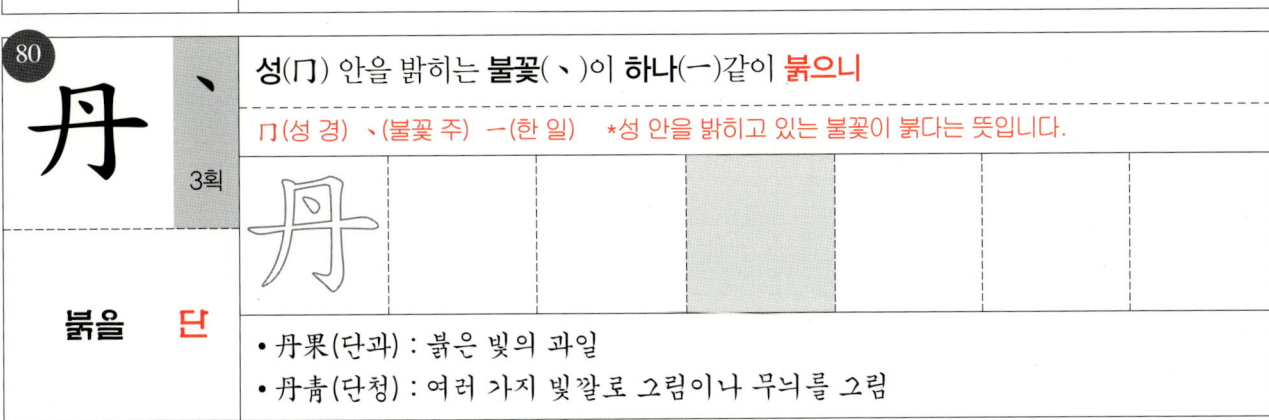

- 丹果(단과) : 붉은 빛의 과일
- 丹靑(단청) : 여러 가지 빛깔로 그림이나 무늬를 그림

자원으로 한자 알기

* 풀(   )잎을 **사람**(人)들이 **나무**(木)에서 따 달여 마시는 **차** ☞
* **성**(冂) 안을 밝히는 **불꽃**(   )이 **하나**(一)같이 **붉으니** ☞

一思多得

臣 又	+ 貝 = 賢(어질 현)	신하(臣)가 또(又) 돈(貝)을 어질고 현명하게 쓰니
	+ 土 = 堅(굳을 견)	신하(臣)가 또(又) 땅(土)에 엎드려 굳게 맹세하니
	+ 糸 = 緊(긴할 긴)	신하(臣)가 또(又) 실(糸)을 긴하게 얽으니

다음 한자를 나누고 **자원**을 쓰면서 익히세요.

緊 긴할 긴 = ☐ + ☐ + ☐

諾 허락할 낙 = ☐ + ☐

娘 아가씨 낭 = ☐ + ☐

耐 견딜 내 = ☐ + ☐

寧 편안할 녕 = ☐ + ☐ + ☐ + ☐

奴 종 노 = ☐ + ☐

腦 뇌 뇌 = ☐ + ☐ + ☐

泥 진흙 니 = ☐ + ☐ + ☐

茶 차 다 = ☐ + ☐ + ☐

丹 붉을 단 = ☐ + ☐ + ☐

다음 한자어의 **독음**을 쓰세요.

緊要	緊急	受諾	許諾
娘家	娘子	耐熱	安寧
康寧	頭腦	泥土	茶道
綠茶	丹果	丹靑	

 다음 한자어를 **한자**로 쓰세요.

긴할 긴	요긴할 요	받을 수	허락할 락	각시 낭	집 가	견딜 내	더울 열
편안할 안	편안할 녕	머리 두	뇌 뇌	진흙 니	흙 토	차 다	제도 도
붉을 단	열매 과	긴할 긴	급할 급	허락할 허	허락할 락	아가씨 낭	접미사 자
편안할 강	편안할 녕	푸를 록	차 차	붉을 단	푸를 청		

예문으로 **한자어** 익히기(한자로 쓰인 단어의 뜻을 써보세요.)

1 생명을 유지하는 데 가장 **緊要**한 것은 물이다.

2 가스 폭발 사고로 주민들이 **緊急** 대피하였다.

3 의장은 회견을 갖고 **受諾**의 뜻을 표명했다.

4 거의 일주일을 조르던 끝에 여행을 가도 좋다는 부모님의 **許諾**이 떨어졌다.

5 외할머니의 생신을 축하하기위해 어머니는 **娘家**에 다녀왔다.

6 **娘子**, 지나가는 과객이온데 목이 몹시 마르니 물 한 바가지만 주오.

7 이 금속은 **耐熱**에 강하다.

8 주민들은 마을의 **安寧**을 기원하는 제의를 올렸다.

9 스승님, 그동안 **康寧**하셨습니까?

10 왼쪽 **頭腦**를 다쳐 기억력이 떨어지고 말을 못하게 됐다.

11 신발에 묻은 **泥土**를 털다.

12 그는 한국식 **茶道**에 따라 찻잔의 밑을 왼손으로 받쳐 들고 조금씩 음미하듯이 마셨다.

13 나는 평소에 머리를 맑게 하는 **綠茶**를 애음한다.

14 **丹果**의 대표적인 과실로는 감이 있다.

15 사찰을 보수하면서 퇴색해 가는 **丹靑**도 새로 단장하였다.

81 旦	日 1획	해(日)가 땅(一) 위로 떠오르는 **아침**
		日(해 일) 一(땅 일)
아침 단		• 元旦(원단) : 설날 아침 • 一旦(일단) : 우선 먼저

82 但	亻 5획	**사람**(亻)은 **아침**(旦)마다 **다만** 그날 할 일을 생각하니
		亻(사람 인) 旦(아침 단) *사람은 아침마다 그날 할 일을 생각한다는 뜻입니다.
다만 단		• 但只(단지) : 다만 • 但書(단서) : 본문 다음에 그에 대한 어떤 조건이나 예외 따위를 나타내는 글

83 淡	氵 8획	**물**(氵)을 **불**(火)과 **불**(火)로 가열하면 **맑으니**
		氵(물 수) 火(불 화) *물을 불로 끓이면 불순물이 제거되어 깨끗해진다는 뜻입니다.
맑을 담		• 淡水(담수) : 맑은 물 • 冷淡(냉담) : 태도나 마음씨가 동정심 없이 차가움

84 踏	足 8획	**발**(足)로 **밟아**가며 **물**(水) 흐르듯 **말**(曰)하여 **조사하니**
		足(발 족) 水(물 수) 曰(말할 왈) *현장을 발로 밟아가며 말하여 물어보며 조사한다는 뜻입니다.
밟을 조사할 답		• 踏査(답사) : 직접 보고 조사함 • 踏步狀態(답보상태) : 상태가 나아가지 못하고 한 자리에 머무르는 일

자원으로 한자 알기

* 해(　　)가 땅(一) 위로 떠오르는 **아침**
* 사람(　　)은 아침(旦)마다 **다만** 그날 할 일을 생각하니
* 물(　　)을 불(火)과 불(火)로 가열하면 **맑으니**
* 발(　　)로 **밟아**가며 물(水) 흐르듯 말(曰)하여 **조사하니**

85 唐	口 7획	큰집(广)에서 손(彐)을 송곳(丨)에 찔려 입(口)으로 갑자기 소리치니
		广(큰집 엄) 彐(손 우) 丨(송곳 곤) 口(입 구)
갑자기 당나라	당	• 唐突(당돌) : 꺼리거나 어려워하는 마음이 조금도 없이 올차고 다부짐 • 唐詩(당시) : 당나라 시

86 糖	米 10획	쌀(米)의 성분이 갑자기(唐) 엿이나 설탕처럼 단맛으로 변하니
		米(쌀 미) 唐(갑자기 당)
엿 설탕	당	• 糖分(당분) : 당류의 성분 • 製糖(제당) : 설탕을 만듦

87 臺	至 8획	선비(士)가 입(口) 다물고(冖) 이르러(至) 사방을 보는 누각이나 대
		士(선비 사) 口(입 구) 冖(덮을 멱) 至(이를 지)
누각 대	대	*臺(대 대) : 흙이나 돌 따위로 높이 쌓아 올려 사방을 바라볼 수 있게 만든 곳 • 舞臺(무대) : 노래, 춤, 연극 따위를 하기 위하여 만들어 놓은 단

88 貸	貝 5획	대신(代) 돈(貝) 주고 빌리니
		代(대신할 대) 貝(돈 패)　*물건을 돈을 주고 빌린다는 뜻입니다.
빌릴	대	• 貸出(대출) : 빌림 • 貸與(대여) : 빌려줌

자원으로 한자 알기

* 큰집(广)에서 손(彐)을 송곳(丨)에 찔려 입(　)으로 갑자기 소리치니　☞
* 쌀(　)의 성분이 갑자기(唐) 엿이나 설탕처럼 단맛으로 변하니　☞
* 선비(士)가 입(口) 다물고(冖) 이르러(　) 사방을 보는 누각이나 대　☞
* 대신(代) 돈(　) 주고 빌리니　☞

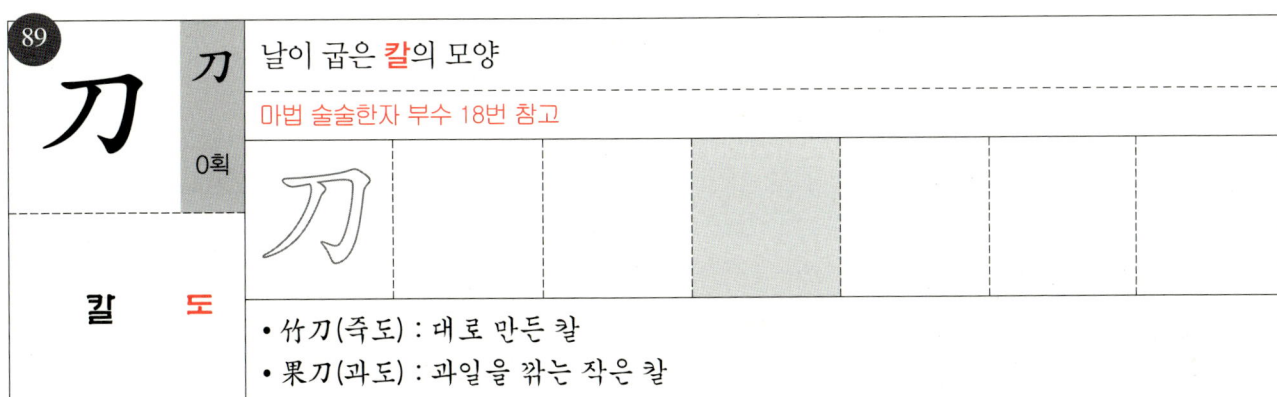

89 刀	刀 0획	날이 굽은 **칼**의 모양
		마법 술술한자 부수 18번 참고
칼 도		• 竹刀(죽도) : 대로 만든 칼 • 果刀(과도) : 과일을 깎는 작은 칼

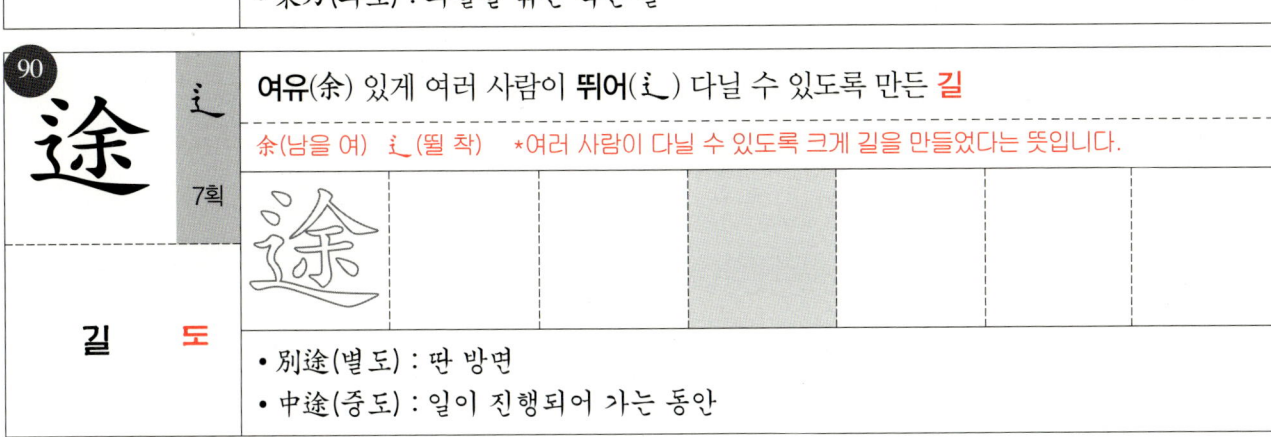

90 途	辶 7획	**여유**(余) 있게 여러 사람이 **뛰어**(辶) 다닐 수 있도록 만든 **길**
		余(남을 여) 辶(뛸 착) *여러 사람이 다닐 수 있도록 크게 길을 만들었다는 뜻입니다.
길 도		• 別途(별도) : 딴 방면 • 中途(중도) : 일이 진행되어 가는 동안

자원으로 한자 알기

* 날이 굽은 **칼**의 모양 ☞
* **여유**(余) 있게 여러 사람이 **뛰어**(　) 다닐 수 있도록 만든 **길** ☞

一思多得

言	+	炎	=	談(말씀 담)	말(言)하여 **불**(火)과 **불**(火)이 겹쳐 훤히 타오르듯 분명하게 **말씀**하니
氵	+		=	淡(맑을 담)	물(氵)을 **불**(火)과 **불**(火)로 가열하면 **맑으니**

化	+	貝	=	貨(재물 화)	**변하여**(化) **돈**(貝)이 되는 **재물**
工	+		=	貢(바칠 공)	무엇인가를 **만들려고**(工) **돈**(貝)을 **바치니**
代	+		=	代(빌릴 대)	**대신**(代) **돈**(貝) 주고 **빌리니**

다음 한자를 나누고 **자원**을 쓰면서 익히세요.

旦 아침 단	=		+	
但 다만 단	=		+	
淡 맑을 담	=		+		+	
踏 밟을 답	=		+		+	
唐 갑자기 당	=		+		+		+	
糖 엿 당	=		+	
臺 대 대	=		+		+		+	
貸 빌릴 대	=		+	
刀 칼 도	=
途 길 도	=		+	

다음 한자어의 **독음**을 쓰세요.

元 旦	一 旦	但 只	但 書
		다만 지	

淡 水	冷 淡	踏 査	唐 突

唐 詩	糖 分	製 糖	舞 臺

貸 出	貸 與	竹 刀	果 刀

別 途	中 途

 다음 한자어를 **한자**로 쓰세요.

只

으뜸 원	아침 단	다만 단	다만 지	맑을 담	물 수	조사할 답	조사할 사

갑자기 당	갑자기 돌	엿 당	신분 분	춤출 무	대 대	빌릴 대	날 출

대 죽	칼 도	다를 별	길 도	한 일	아침 단	다만 단	글 서

찰 랭	맑을 담	당나라 당	시 시	만들 제	설탕 당	빌릴 대	줄 여

과일 과	칼 도	가운데 중	길 도

예문으로 한자어 익히기 (한자로 쓰인 단어의 뜻을 써보세요.)

1. 새해 **元旦**을 기해 특별 사면을 실시했다.

2. **一旦** 생각해 보고 결정하겠습니다.

3. 우리는 **但只** 집이 가깝다는 이유 하나만으로 친구가 되었다.

4. 6개월 이상의 징역이나 30만 원 이하의 벌금을 부과하도록 하겠다는 **但書**가 붙어 있었다.

5. 담해수란 **淡水**와 해수가 섞인 바닷물을 말한다.

6. 나의 간절한 기대를 저버린 채 그녀는 **冷淡**히 돌아섰다.

7. 발해 유적 조사를 위해 만주와 러시아 연해주 지역에 걸쳐 광범위한 **踏査**를 펼쳤다.

8. 그는 어리지만 **唐突**하고 야무졌다.

9. **唐詩**는 중국 당나라 때의 시인들이 지은 시로 근체시의 양식이 완성되었다.

10. 몸이 피곤할 때는 적당량의 **糖分**을 섭취하는 것이 도움이 된다.

11. **製糖** 공업이 발달하였다.

12. 조명이 밝아지자 **舞臺**에 서 있는 두 명의 배우가 보였다.

13. 은행에서 **貸出**을 받다.

14. 구청에서 책을 임시 도서관에 무료로 **貸與**했다.

15. **竹刀**는 검도에 쓰는 기구이며 네 가닥으로 쪼갠 대나무를 묶어 칼 대신 쓴다.

16. **果刀**로 사과 껍질을 깎다.

17. 입학금을 마련하기 위해 **別途**의 적금을 들어 두었다.

18. 뜻밖의 일이 생겨서 **中途**에 계약을 해지했다.

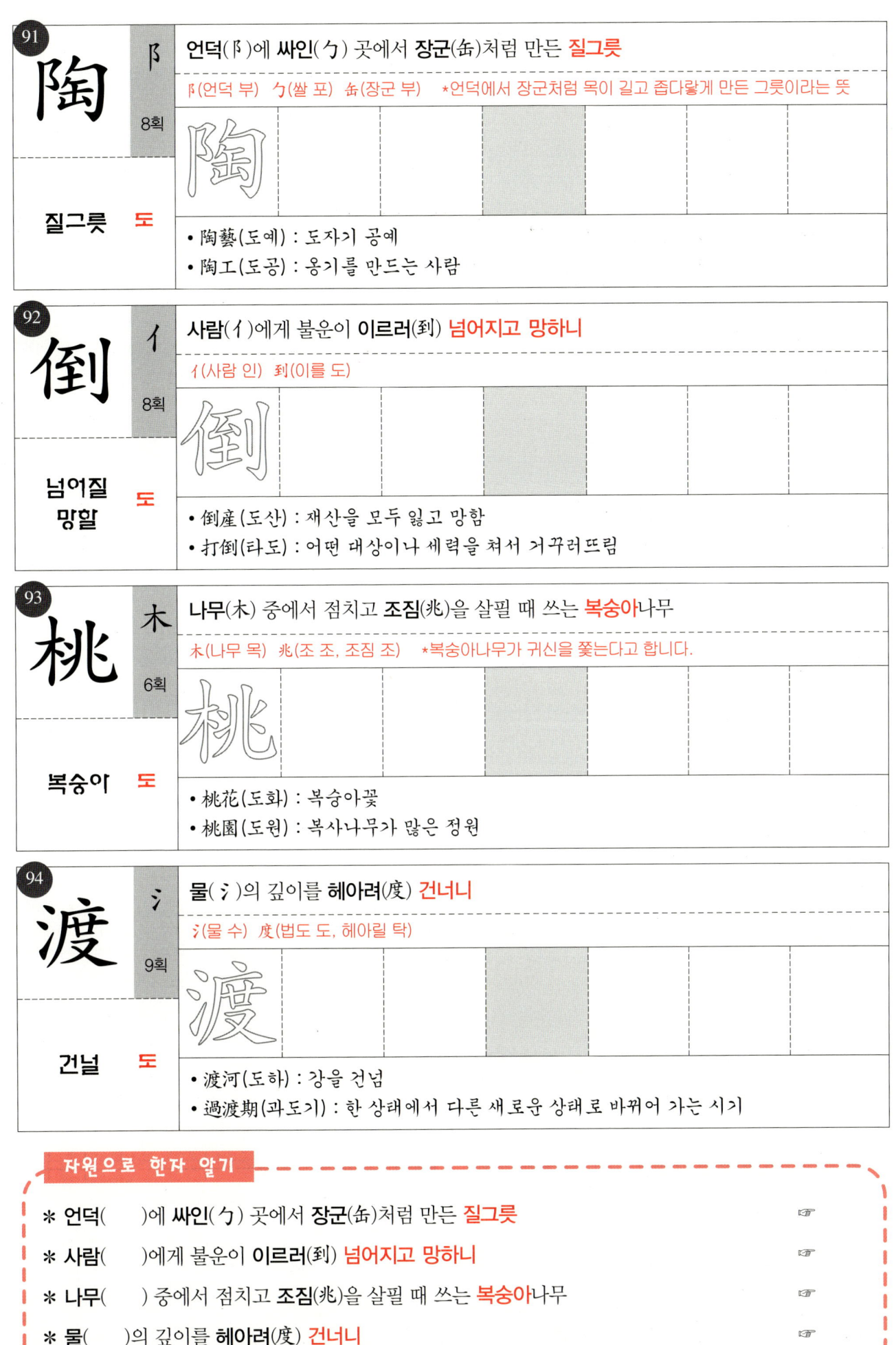

91	陶	阝 8획	언덕(阝)에 싸인(勹) 곳에서 장군(缶)처럼 만든 **질그릇**
			阝(언덕 부) 勹(쌀 포) 缶(장군 부) *언덕에서 장군처럼 목이 길고 좁다랗게 만든 그릇이라는 뜻
	질그릇	도	• 陶藝(도예) : 도자기 공예 • 陶工(도공) : 옹기를 만드는 사람

92	倒	亻 8획	사람(亻)에게 불운이 이르러(到) **넘어지고 망하니**
			亻(사람 인) 到(이를 도)
	넘어질 망할	도	• 倒産(도산) : 재산을 모두 잃고 망함 • 打倒(타도) : 어떤 대상이나 세력을 쳐서 거꾸러뜨림

93	桃	木 6획	나무(木) 중에서 점치고 조짐(兆)을 살필 때 쓰는 **복숭아나무**
			木(나무 목) 兆(조 조, 조짐 조) *복숭아나무가 귀신을 쫓는다고 합니다.
	복숭아	도	• 桃花(도화) : 복숭아꽃 • 桃園(도원) : 복사나무가 많은 정원

94	渡	氵 9획	물(氵)의 깊이를 헤아려(度) **건너니**
			氵(물 수) 度(법도 도, 헤아릴 탁)
	건널	도	• 渡河(도하) : 강을 건넘 • 過渡期(과도기) : 한 상태에서 다른 새로운 상태로 바뀌어 가는 시기

자원으로 한자 알기

* 언덕(   )에 싸인(勹) 곳에서 장군(缶)처럼 만든 **질그릇**
* 사람(   )에게 불운이 이르러(到) **넘어지고 망하니**
* 나무(   ) 중에서 점치고 조짐(兆)을 살필 때 쓰는 **복숭아나무**
* 물(   )의 깊이를 헤아려(度) **건너니**

95 突 (갑자기 부딪칠 돌), 4획, 穴

구멍(穴)에서 개(犬)처럼 **갑자기** 튀어나와 **부딪치니**

穴(구멍 혈) 犬(개 견)

- 突變(돌변) : 갑자기 변함
- 突發(돌발) : 뜻밖의 일이 갑자기 일어남

96 凍 (얼 동), 8획, 冫

얼음(冫)이 동쪽(東)에서 해가 뜨지 않아 **어니**

冫(얼음 빙) 東(동녘 동) *해가 뜨지 않아 날씨가 추워 얼었다는 뜻입니다.

- 冷凍(냉동) : 인공적으로 얼게 함
- 解凍(해동) : 얼었던 것이 녹아서 풀림

97 絡 (이을 락), 6획, 糸

실(糸)을 각각(各) **이으니**

糸(실 사) 各(각각 각)

- 連絡(연락) : 어떤 사실을 상대편에게 알림
- 脈絡(맥락) : 사물 따위가 서로 이어져 있는 관계나 연관

98 欄 (난간 란), 17획, 木

나무(木)를 둘러 문(門)을 **분별하여**(柬) 막아 놓은 **난간**

木(나무 목) 門(문 문) 罒(그물 망)

*柬(분별할 간) : 나무(木)에 그물(罒)을 쳐 분별하니
- 欄干(난간) : 층계나 다리 등에서 떨어지지 않도록 가장자리를 막은 부분

자원으로 한자 알기

* **구멍**(　)에서 **개**(犬)처럼 **갑자기** 튀어나와 **부딪치니**　☞
* **얼음**(　)이 **동쪽**(東)에서 해가 뜨지 않아 **어니**　☞
* **실**(　)을 **각각**(各) **이으니**　☞
* **나무**(　)를 둘러 **문**(門)을 **분별하여**(柬) 막아 놓은 **난간**　☞

99 蘭	艹 17획	풀(艹) 중에서 문(門) 안에 들여 놓고 분별하여(柬) 키우는 난초
		艹(풀 초) 門(문 문) 柬(분별할 간) *화초 중에서 귀한 난초는 문 안에 들여놓고 키운다는 뜻
난초 란		• 春蘭(춘란) : 봄에 꽃이 피는 난초 • 蘭草(난초) : 여러해살이풀로 관상용으로 재배하며 향기가 진함

100 浪	氵 7획	물(氵)에 보기 좋게(良) 물결이 이니
		氵(물 수) 良(좋을 량) *물결 : 물이 움직여 그 표면이 올라갔다 내려왔다 하는 운동
물결 랑 함부로 낭		• 風浪(풍랑) : 바람과 물결 • 浪說(낭설) : 터무니없는 헛소문

자원으로 한자 알기

* 풀(　) 중에서 문(門) 안에 들여 놓고 분별하여(柬) 키우는 난초　☞
* 물(　)에 보기 좋게(良) 물결이 이니　☞

一思多得

| 氵 | + | 兆 | = | 逃(도망 도) | 망할 조짐(兆)을 보고 뛰어(辶) 도망가니 |
| 木 | + | | = | 桃(복숭아 도) | 나무(木) 중에서 점치고 조짐(兆)을 살필 때 쓰는 복숭아나무 |

	+	工	=	空(빌 공)	구멍(穴)을 만들어(工) 속이 비니
穴	+	厶 心	=	窓(창 창)	구멍(穴)을 사사로운(厶) 마음(心)으로 벽에 뚫어 만든 창
	+	犬	=	突(갑자기 돌)	구멍(穴)에서 개(犬)처럼 갑자기 뛰어나와 부딪치니

| 田 | + | 各 | = | 略(간략할 략) | 밭(田)을 각각(各) 간략하게 구분하니 |
| 糸 | + | | = | 絡(이을 락) | 실(糸)을 각각(各) 이으니 |

| 女 | + | 良 | = | 娘(아가씨 낭) | 여자(女)가 좋게(良) 보일 때는 아가씨 시절이니 |
| 氵 | + | | = | 浪(물결 랑) | 물(氵)에 보기 좋게(良) 물결이 이니 |

103

다음 한자를 나누고 **자원**을 쓰면서 익히세요.

陶 질그릇 도 = ☐ + ☐ + ☐

倒 넘어질 도 = ☐ + ☐

桃 복숭아 도 = ☐ + ☐

渡 건널 도 = ☐ + ☐

突 갑자기 돌 = ☐ + ☐

凍 얼 동 = ☐ + ☐

絡 이을 락 = ☐ + ☐

欄 난간 란 = ☐ + ☐ + ☐

蘭 난초 란 = ☐ + ☐ + ☐

浪 물결 랑 = ☐ + ☐

다음 한자어의 **독음**을 쓰세요.

陶藝	陶工	倒産	打倒
桃花	桃園	渡河	突變
突發	冷凍	解凍	連絡
脈絡	欄干	春蘭	蘭草
風浪	浪說		

 다음 한자어를 **한자**로 쓰세요.

질그릇 도	재주 예	망할 도	재산 산	복숭아 도	꽃 화	건널 도	강 하
갑자기 돌	변할 변	찰 랭	얼 동	이을 련	이을 락	난간 란	막을 간
봄 춘	난초 란	바람 풍	물결 랑	질그릇 도	장인 공	칠 타	넘어질 도
복숭아 도	동산 원	갑자기 돌	일어날 발	풀 해	얼 동	줄기 맥	이을 락
난초 라	풀 초	함부로 낭	말씀 설				

예문으로 **한자어** 익히기 (한자로 쓰인 단어의 뜻을 써보세요.)

1. 陶藝를 배우다.

2. 임진왜란 때 많은 陶工을 잡아갔다.

3. 속출하는 기업의 倒産이 대량 실업을 유발했다.

4. 동학군은 외세 打倒를 주장했다.

5. 울타리 안에는 桃花가 소복하게 피어있다.

6. 농밀한 봄날 복숭아꽃 흩날리는 桃園에서 의형제 결의를 하였던 것이다.

7. 적들은 한강을 渡河하자 주로 큰 도시와 도로를 따라 빠른 속도로 남진하였다.

8. 전날 그리도 온화하던 날씨가 갑작스레 쌀쌀한 날씨로 突變하여 엄동 이상으로 추웠다.

9. 경호원들은 突發적 사태에 대비하여 경비를 강화하였다.

10. 冷凍된 식품은 오래 보관할 수 있다.

11. 강물이 解凍하여 뱃길은 열렸으나 논바닥에는 아직 살얼음이 남아 있다.

12. 아이는 집으로 아버지가 다쳤다는 소식을 連絡한 후에 다시 병원으로 갔다.

13. 경찰은 최근에 일어난 일련의 사건을 같은 脈絡으로 파악하고 있었다.

14. 할머니는 欄干에 의지하면서 간신히 층층대를 걸어 내려갔다.

15. 꽃봉오리가 오르면 春蘭은 햇빛이 많이 비추지 않는 곳에 두어 관리한다.

16. 蘭草를 재배하다.

17. 배가 風浪에 흔들린다.

18. 성 밖에 나갔던 순교들이 가지고 온 소식은 사실인지 浪說인지 헤아리기 어려웠다.

자원으로 한자 알기.

51. 장인(　) 다섯(ㄅ) 명의 솜씨가 **공교하니**

52. 수레(　)를 서로(爻) **비교하니**

53. 삐쳐서(　) 사람(人)이 **오래도록** 있으니

54. 손(　)을 구부려(句) **잡으니**

55. 도끼(斤)를 하나(　)씩 들고 **언덕**으로 모이니

56. 풀(　)잎에 싸여(勹) 쌀(米)알 같은 꽃이 피는 **국화**

57. **활**의 모양

58. 나누어(八) 사내(夫)가 손(　)으로 **주먹**을 쥐니

59. 삐쳐(丿) 밭(田)을 걸어(儿) 다니는 사사로운(厶) **귀신**

60. 풀(　)처럼 울타리(口) 안의 벼(禾)가 썩은 곳에서 나는 **버섯**

61. 오래(古) 걷는 사람(　)이 **이기니**

62. 옥(　)과 옥(王)이 부딪치듯 지금(今) 고운 소리가 나는 **거문고**

63. 사람(人)의 머리(亠) 위에서 흉한(凶) 짐승(　)을 보고 날아가는 **새**

64. 금(　)처럼 귀한 흰(白) 헝겊(巾)으로 짠 **비단**

65. 사람(人)의 손(　)이 **미치니**

66. 사람(　)들이 일을 그치고(止) 무엇인가를 **바라고 꾀하니**

67. 그 단(甘) 것 하나(一)를 **나누니**(　)

68. 작고(幺) 어린(幺) 사람까지 창(戈)을 들고 밭(　)을 지켜야 하는 **경기**

69. 신(　)에게 도끼(斤)를 찾아 달라고 **비니**

70. 말(　)을 기이하게(奇) 잘 **타니**

71. 신하(臣)가 또(又) 실(　)을 긴하게 **얽으니**

72. 말(　)을 같게(若) 하여 **허락하니**

73. 여자(　)가 좋게(良) 보일 때는 **아가씨** 시절이니

74. 수염(　)이 마디마디(寸) 잘리는 모욕을 참고 **견디니**

75. 집(　)에서 마음(心)껏 그릇(皿)에 음식을 담아 먹는 장정(丁)이 **편안해** 보이니

자원으로 한자 알기.

76. 여자(   )가 손(又)으로 힘써 일해야 하는 종의 신분이니
77. 몸(   )에서 냇물(巛)처럼 쉬지 않고 생각하는 정수리(囟)인 뇌
78. 물(   )에 이겨 지붕(尸)에 구부리고(匕) 바르는 진흙
79. 풀(   )잎을 사람(人)들이 나무(木)에서 따 달여 마시는 차
80. 성(冂) 안을 밝히는 불꽃(   )이 하나(一)같이 붉으니
81. 해(   )가 땅(一) 위로 떠오르는 아침
82. 사람(   )은 아침(旦)마다 다만 그날 할 일을 생각하니
83. 물(   )을 불(火)과 불(火)로 가열하면 맑으니
84. 발(   )로 밟아가며 물(水) 흐르듯 말(日)하여 조사하니
85. 큰집(广)에서 손(⺕)을 송곳(丨)에 찔려 입(   )으로 갑자기 소리치니
86. 쌀(   )의 성분이 갑자기(唐) 엿이나 설탕처럼 단맛으로 변하니
87. 선비(士)가 입(口) 다물고(冖) 이르러(   ) 사방을 보는 누각이나 대
88. 대신(代) 돈(   ) 주고 빌리니
89. 날이 굽은 칼의 모양
90. 여유(余) 있게 여러 사람이 뛰어(   ) 다닐 수 있도록 만든 길
91. 언덕(   )에 싸인(勹) 곳에서 장군(缶)처럼 만든 질그릇
92. 사람(   )에게 불운이 이르러(到) 넘어지고 망하니
93. 나무(   ) 중에서 점치고 조짐(兆)을 살필 때 쓰는 복숭아나무
94. 물(   )의 깊이를 헤아려(度) 건너니
95. 구멍(   )에서 개(犬)처럼 갑자기 튀어나와 부딪치니
96. 얼음(   )이 동쪽(東)에서 해가 뜨지 않아 어니
97. 실(   )을 각각(各) 이으니
98. 나무(   )를 둘러 문(門)을 분별하여(柬) 막아 놓은 난간
99. 풀(   ) 중에서 문(門) 안에 들여 놓고 분별하여(柬) 키우는 난초
100. 물(   )에 보기 좋게(良) 물결이 이니

다음 한자의 **뜻**과 **음**을 쓰세요.

巧	較	久	拘	丘	菊	弓
拳	鬼	菌	克	琴	禽	錦
及	企	其		畿	祈	騎
緊	諾				娘	耐
寧						奴
腦	泥				茶	丹
旦	但	淡		踏	唐	糖
臺	貸	刀	途	陶	倒	桃
渡	突	凍	絡	欄	蘭	浪

3Ⅱ 51-100번
형성평가

다음 뜻과 음을 지닌 **한자**를 쓰세요.

공교할 교	비교 교	오랠 구	잡을 구	언덕 구	국화 국	활 궁
주먹 권	귀신 귀	버섯 균	이길 극	거문고 금	새 금	비단 금
미칠 급	꾀할 기	그 기		경기 기	빌 기	말 탈 기
긴할 긴	허락할 낙				계집 낭	견딜 내
편안할 녕						종 노
뇌 뇌	진흙 니				차 다	붉을 단
아침 단	다만 단	맑을 담		밟을 답	당나라 당	엿 당
대 대	빌릴 대	칼 도	길 도	질그릇 도	넘어질 도	복숭아 도
건널 도	갑자기 돌	얼 동	이을 락	난간 란	난초 란	물결 랑

3Ⅱ 51-100번 형성평가

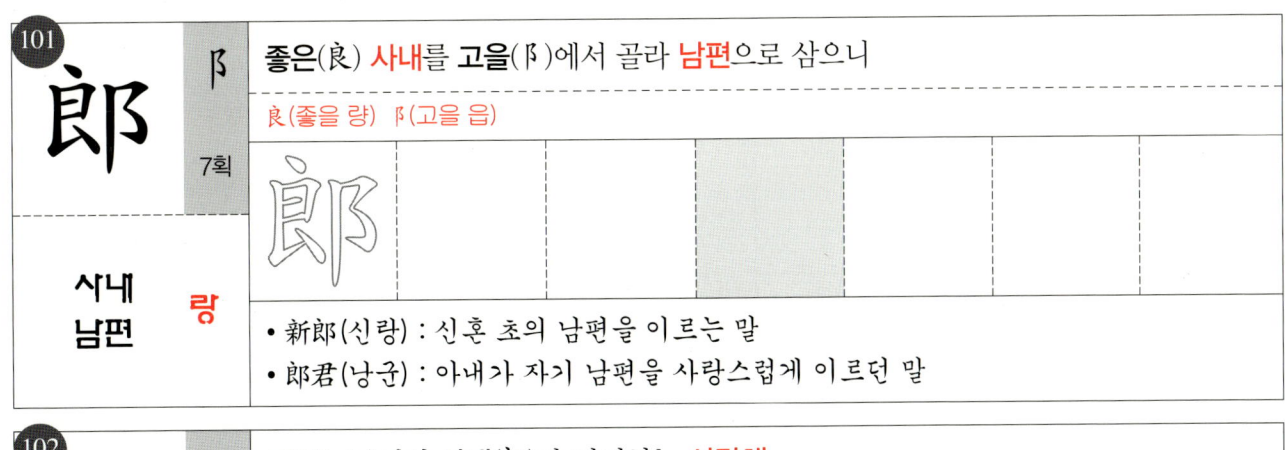

101 郞 — 사내 남편 랑 (7획)

좋은(良) **사내**를 고을(阝)에서 골라 **남편**으로 삼으니

良(좋을 량) 阝(고을 읍)

- 新郞(신랑) : 신혼 초의 남편을 이르는 말
- 郞君(낭군) : 아내가 자기 남편을 사랑스럽게 이르던 말

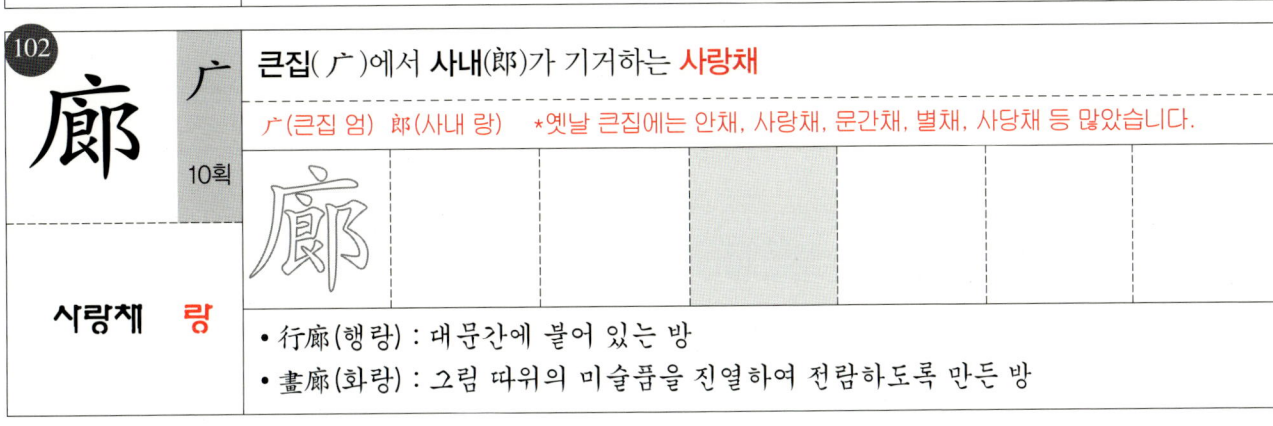

102 廊 — 사랑채 랑 (10획)

큰집(广)에서 **사내**(郞)가 기거하는 **사랑채**

广(큰집 엄) 郞(사내 랑)   *옛날 큰집에는 안채, 사랑채, 문간채, 별채, 사당채 등 많았습니다.

- 行廊(행랑) : 대문간에 붙어 있는 방
- 畫廊(화랑) : 그림 따위의 미술품을 진열하여 전람하도록 만든 방

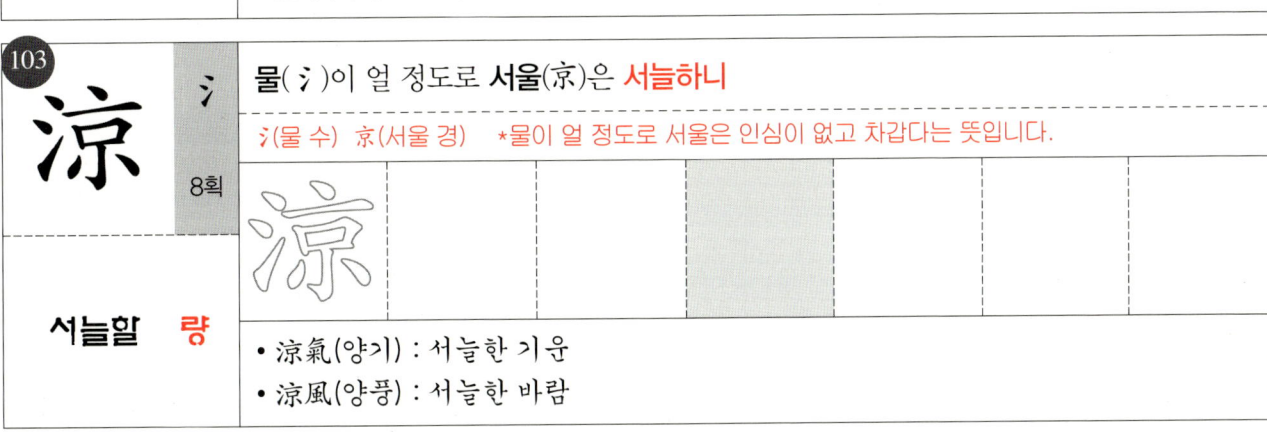

103 涼 — 서늘할 량 (8획)

물(氵)이 얼 정도로 **서울**(京)은 **서늘하니**

氵(물 수) 京(서울 경)   *물이 얼 정도로 서울은 인심이 없고 차갑다는 뜻입니다.

- 涼氣(양기) : 서늘한 기운
- 涼風(양풍) : 서늘한 바람

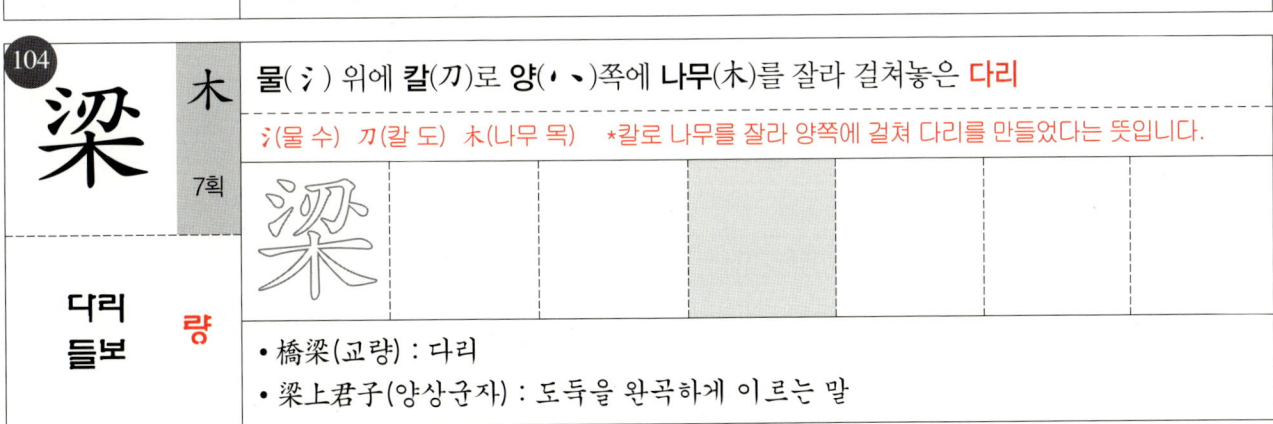

104 梁 — 다리 들보 량 (7획)

물(氵) 위에 칼(刀)로 양(ㆍ丶)쪽에 나무(木)를 잘라 걸쳐놓은 **다리**

氵(물 수) 刀(칼 도) 木(나무 목)   *칼로 나무를 잘라 양쪽에 걸쳐 다리를 만들었다는 뜻입니다.

- 橋梁(교량) : 다리
- 梁上君子(양상군자) : 도둑을 완곡하게 이르는 말

자원으로 한자 알기

* 좋은(良) **사내**를 고을(   )에서 골라 **남편**으로 삼으니   ☞
* 큰집(   )에서 **사내**(郞)가 기거하는 **사랑채**   ☞
* 물(   )이 얼 정도로 **서울**(京)은 **서늘하니**   ☞
* 물(氵) 위에 칼(刀)로 양(ㆍ丶)쪽에 나무(   )를 잘라 걸쳐놓은 **다리**   ☞

105 勵 力 (15획) — 힘쓸 권면할 려

바위(厂)처럼 굳세게 **많은**(萬) 사람들이 **힘써**(力) 일하라고 **권면하니**

厂(바위 엄) 萬(많을 만) 力(힘 력) *많은 사람들이 바위처럼 굳세게 힘써 일하라고 권면한다는 뜻

- 獎勵(장려) : 좋은 일에 힘쓰도록 북돋아 줌
- 激勵(격려) : 용기나 의욕이 솟아나도록 북돋워 줌

106 曆 日 (12획) — 책력 력

바위(厂) 밑에 **벼**(禾)와 **벼**(禾)를 저장하고 **날**(日)을 보는 **책력**

厂(바위 엄) 禾(벼 화) 日(날 일) *벼를 수확하여 바위 밑에 저장해두고 책력을 본다는 뜻입니다.

- *曆(책력 력) : 일 년 동안의 월일, 기상 변동 따위를 날의 순서에 따라 적은 책
- 曆法(역법) : 천체의 주기적 현상을 기준으로 하여 세시를 정하는 방법

107 戀 心 (19획) — 그리워할 련

말(言)을 **실**(糸)과 **실**(糸)처럼 길게 늘여 **마음**(心)의 **그리움**을 전하니

言(말씀 언) 糸(실 사) 心(마음 심) *길게 말하여 구구절절 마음의 그리움을 전한다는 뜻입니다.

- 戀人(연인) : 그리워하는 사람
- 戀愛(연애) : 남녀가 그리워하고 사랑함

108 聯 耳 (11획) — 연이을 련

귀(耳)에 **작은**(幺) **조각**(丬)과 **작은**(幺) **조각**(卩) 같은 소문이 **연이어** 들리니

耳(귀 이) 幺(작을 요) 丬(조각 장) 卩(조각 편) *귀에 소문이 잇달아 들린다는 뜻입니다.

- 聯想(연상) : 하나의 관념이 다른 관념을 불러일으키는 현상
- 聯合(연합) : 두 가지 이상의 사물이 서로 합동하여 하나의 조직체를 만듦

자원으로 한자 알기

* 바위(厂)처럼 굳세게 **많은**(萬) 사람들이 **힘써**(　) 일하라고 **권면하니** ☞
* 바위(厂) 밑에 **벼**(禾)와 **벼**(禾)를 저장하고 **날**(　)을 보는 **책력** ☞
* **말**(言)을 **실**(糸)과 **실**(糸)처럼 길게 늘여 **마음**(　)의 **그리움**을 전하니 ☞
* **귀**(　)에 **작은**(幺) **조각**(丬)과 **작은**(幺) **조각**(卩) 같은 소문이 **연이어** 들리니 ☞

109 鍊	金 9획	쇠(金)처럼 단단하게 **분별하여**(柬) **단련하니**
		金(쇠 금) 柬(분별할 간) *사람을 분별하여 쇠처럼 강하게 단련시킨다는 뜻입니다.
단련할 련		• 試鍊(시련) : 겪기 어려운 단련이나 고비 • 修鍊(수련) : 인격, 기술, 학문 따위를 닦아서 단련함

110 蓮	艹 11획	풀(艹)처럼 잎과 뿌리가 **이어져**(連) 뻗어가는 **연꽃**
		艹(풀 초) 連(이을 련) *연꽃은 뿌리줄기가 옆으로 뻗어가며 자라고, 꽃도 겹겹이 이어져 피죠.
연꽃 련		• 蓮花(연화) : 연꽃 • 蓮根(연근) : 연 뿌리

자원으로 한자 알기

* 쇠(   )처럼 단단하게 **분별하여**(柬) **단련하니**   ☞
* 풀(   )처럼 잎과 뿌리가 **이어져**(連) 뻗어가는 **연꽃**   ☞

一思多得

良	+ 月 =	朗(밝을 랑)	보기 **좋게**(良) **달**(月)이 **밝으니**
	+ 阝 =	郞(사내 랑)	**좋은**(良) **사내**를 **고을**(阝)에서 골라 **남편**으로 삼으니

厤	+ 止 =	歷(지낼 력)	**바위**(厂) 밑에 **벼**(禾)와 **벼**(禾)를 저장하고 **그쳐**(止) 겨울을 **지내니**
	+ 日 =	曆(책력 력)	**바위**(厂) 밑에 **벼**(禾)와 **벼**(禾)를 저장하고 **날**(日)을 보는 **책력**

糸 +	柬	= 練(익힐 련)	**실**(糸)로 **나무**(木)에 **그물**(罒) 치는 법을 **익히니**
金 +		= 鍊(단련할 련)	**쇠**(金)처럼 단단하게 **분별하여**(柬) **단련하니**

113

다음 한자를 나누고 **자원**을 쓰면서 익히세요.

郎 사내 랑 = ＋

廊 사랑채 랑 = ＋

涼 서늘할 량 = ＋

梁 다리 량 = ＋ ＋ ＋

勵 힘쓸 려 = ＋ ＋

曆 책력 력 = ＋ ＋ ＋

戀 그리워할 련 = ＋ ＋ ＋

聯 연이을 련 = ＋ ＋ ＋ ＋

鍊 단련할 련 = ＋

蓮 연꽃 련 = ＋

다음 한자어의 **독음**을 쓰세요.

新 郎	郎 君	行 廊	畫 廊
凉 氣	凉 風	橋 梁	獎 勵
激 勵	曆 法	戀 人	戀 愛
聯 想	聯 合	試 鍊	修 鍊
蓮 花	蓮 根		

 다음 한자어를 **한자**로 쓰세요.

새 신	남편 랑	다닐 행	사랑채 랑	서늘할 량	기운 기	다리 교	다리 량
장려할 장	권면할 려	책력 력	법 법	그리워할 련	사람 인	연이을 련	생각 상
시험 시	단련할 련	연꽃 련	꽃 화	남편 랑	남편 군	그림 화	사랑채 랑
서늘할 량	바람 풍	심할 격	권면할 려	그리워할 련	사랑 애	연이을 련	합할 합
닦을 수	단련할 련	연꽃 련	뿌리 근				

예문으로 한자어 익히기(한자로 쓰인 단어의 뜻을 써보세요.)

1. 혼인날 **新郎**을 구경하려고 많은 마을 사람들이 모여 들었다.

2. 사랑스러운 우리 **郎君**

3. **行廊** 빌리면 안방까지 든다.

4. **畫廊**에 가면 미술 작품에 대한 교양을 넓힐 수 있다.

5. 습하고 숲이 우거진 그늘 쪽은 **涼氣**가 감돌았다.

6. 털거덕하고 문이 열리며 일진의 **涼風**이 들어왔다.

7. 파업으로 생산 기관은 마비되고 철도와 **橋梁**의 파괴로 수송에도 혼란을 가져왔다.

8. 서민의 주택난을 해소하기 위해 적극 **獎勵**되고 있는 건축 양식이 아파트이다.

9. 타박타박 지친 길을 걷고 있는 나그네에게 함께하는 길동무의 **激勵**는 힘을 돋우어 준다.

10. 천문 **曆法**

11. 둑을 쌓아 만들어 놓은 조그마한 호수 위에는 보트를 타고 있는 **戀人**들이 드문드문 보였다.

12. 그녀는 가난한 음대생과 3년간 **戀愛**한 뒤 결혼하였다.

13. 심한 홍수로 집채들이 물에 잠겨 버리는 장면을 보면서 나는 노아의 홍수를 **聯想**했다.

14. 각지의 여러 의병 부대가 **聯合**하여 일본 세력을 몰아내기 위하여 서울로 진격했다.

15. 의연하게 눈을 감고 감내하면서 언젠가 그 모든 **試鍊**이 끝날 날을 기다리고 있었다.

16. 높은 경지에 이르려면 고된 **修鍊**이 필요하다.

17. 공원의 넓은 연못에 **蓮花**가 가득 피어 그 은은한 향기가 멀리까지 퍼졌다.

18. **蓮根**은 구멍이 뻥뻥 뚫려 있다.

111 裂 찢을 렬	衣 6획	여기저기 **벌려(列) 옷(衣)**을 **찢으니**
		列(벌릴 렬) 衣(옷 의)
		• 破裂(파열) : 깨어지거나 갈라져 터짐 • 四分五裂(사분오열) : 여러 갈래로 갈기갈기 찢어짐

112 嶺 고개 령	山 14획	**산(山)**이 **거느리고(領)** 있는 **고개**
		山(산 산) 領(거느릴 령) *산이 많은 고개를 거느리고 있다는 뜻입니다.
		• 嶺東(영동) : 대관령 동쪽에 있는 지역을 이르는 말 • 分水嶺(분수령) : 어떤 사물이 발전하는 전환점을 비유적으로 이르는 말

113 靈 신령 령	雨 16획	**비(雨)**를 내려 달라고 **입(口)**을 모아 **무당(巫)**처럼 **신령**께 비니
		雨(비 우) 口(입 구) 工(만들 공) 人(사람 인) *기우제 아시죠?
		*巫(무당 무) : 귀신을 만들어(工) 사람(人)과 사람(人)의 길흉을 점치는 무당 • 靈感(영감) : 신령스러운 예감이나 느낌

114 爐 화로 로	火 16획	**불(火)**을 담는 **범(虎)**과 **밭(田)** 그림이 있는 **그릇(皿)**인 **화로**
		火(불 화) 虎(범 호) 田(밭 전) 皿(그릇 명) *화로 : 숯불을 담아 놓는 그릇
		• 火爐(화로) : 숯불을 담아 놓는 그릇 • 香爐(향로) : 향을 피우는 자그마한 화로

자원으로 한자 알기

* 여기저기 **벌려(列) 옷(   )**을 **찢으니** ☞
* **산(   )**이 **거느리고(領)** 있는 **고개** ☞
* **비(   )**를 내려 달라고 **입(口)**을 모아 **무당(巫)**처럼 **신령**께 비니 ☞
* **불(   )**을 담는 **범(虎)**과 **밭(田)** 그림이 있는 **그릇(皿)**인 **화로** ☞

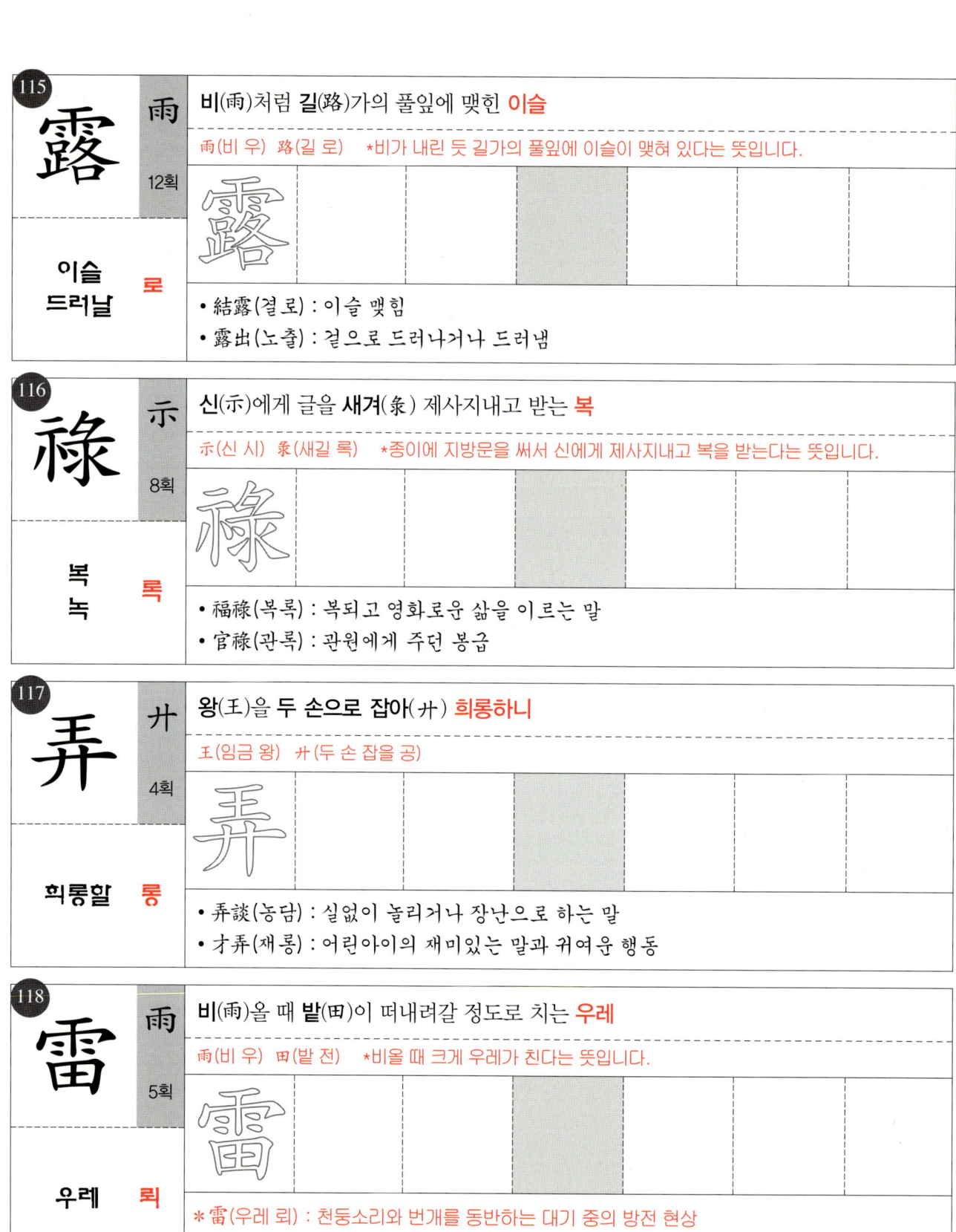

자원으로 한자 알기

* 비(   )처럼 길(路)가의 풀잎에 맺힌 이슬
* 신(   )에게 글을 새겨(彔) 제사지내고 받는 복
* 왕(王)을 두 손으로 잡아(   ) 희롱하니
* 비(   )올 때 밭(田)이 떠내려갈 정도로 치는 우레

119 賴 (의뢰할 뢰) 9획

貝	약속한(束) 칼(刀)과 돈(貝)을 주면서 일을 **의뢰하니**
	束(약속할 속) 刀(칼 도) 貝(돈 패) *주기로 약속한 칼과 돈을 주면서 일을 부탁한다는 뜻입니다.

- 信賴(신뢰) : 믿고 의지함
- 依賴(의뢰) : 남에게 부탁함

120 樓 (다락 루) 11획

木	나무(木)를 입(口)과 입(口)으로 열(十) 개씩 세며 여자(女)가 쌓아 만든 **다락**
	木(나무 목) 口(입 구) 十(열 십) 女(계집 녀) *다락 : 이층처럼 만들어서 물건을 넣어 두는 곳

- 望樓(망루) : 적이나 주위의 동정을 살피기 위하여 높이 지은 다락집
- 樓閣(누각) : 사방을 바라볼 수 있도록 문과 벽이 없이 다락처럼 높이 지은 집

자원으로 한자 알기

* 약속한(束) 칼(刀)과 돈(   )을 주면서 일을 **의뢰하니** ☞
* 나무(   )를 입(口)과 입(口)으로 열(十) 개씩 세며 여자(女)가 쌓아 만든 **다락** ☞

一思多得

列	+	灬	=	烈(세찰 렬)	여기저기 **벌려**(列) 놓은 듯 타는 불(灬)길이 **세차니**
	+	衣	=	裂(찢을 렬)	여기저기 **벌려**(列) 옷(衣)을 **찢으니**

糸	+		=	綠(푸를 록)	실(糸)로 무늬를 **새겨**(彔) **푸르니**
金	+	彔	=	錄(기록할 록)	쇠(金)에 글을 **새겨**(彔) **기록하니**
示	+		=	祿(복 록)	신(示)에게 글을 **새겨**(彔) 제사지내고 받는 **복**

다음 한자를 나누고 **자원**을 쓰면서 익히세요.

裂 찢을 렬 = ☐ + ☐

嶺 고개 령 = ☐ + ☐

靈 신령 령 = ☐ + ☐ + ☐

爐 화로 로 = ☐ + ☐ + ☐ + ☐

露 이슬 로 = ☐ + ☐

祿 복 록 = ☐ + ☐

弄 희롱할 롱 = ☐ + ☐

雷 우레 뢰 = ☐ + ☐

賴 의뢰할 뢰 = ☐ + ☐ + ☐

樓 다락 루 = ☐ + ☐ + ☐ + ☐

다음 한자어의 **독음**을 쓰세요.

破 裂	嶺 東	靈 感	火 爐
香 爐	結 露	露 出	福 祿
官 祿	弄 談	才 弄	落 雷
信 賴	依 賴	望 樓	樓 閣

 다음 한자어를 **한자**로 쓰세요.

깨뜨릴 파	찢을 렬	고개 령	동녘 동	신령 령	느낄 감	불 화	화로 로
맺을 결	이슬 로	복 복	복 록	희롱할 롱	말씀 담	떨어질 락	우레 뢰
믿을 신	의뢰할 뢰	바라볼 망	다락 루	향기 향	화로 로	드러날 로	드러낼 출
벼슬 관	녹 록	재주 재	희롱할 롱	의지할 의	의뢰할 뢰	다락 루	집 각

예문으로 한자어 익히기(한자로 쓰인 단어의 뜻을 써보세요.)

1. 땅 밑으로 연결된 가스관이 **破裂**해서 가스가 누출되었다.

2. **嶺東**지역은 공기가 맑고 자연 경관이 빼어나다.

3. **靈感**에 의해 쓰인 작품

4. 추운 겨울 밤 **火爐**에 둘러앉아 군밤을 구워 먹으면서 할머니의 옛이야기를 들었다.

5. **香爐**에 향을 피워서 꽂다.

6. 겨울철에는 **結露**에 의한 건물의 피해가 문제될 때가 있다.

7. 차를 빌리면 빌린 사람의 주소를 적어야 하므로 그만큼 이쪽의 신원이 **露出**된다.

8. 부모님 회갑연을 맞아 자식들은 잔을 받들어 부모님께 헌수하며 **福祿**을 빌었다.

9. **官祿**을 받아 생활하고 있다.

10. 박사는 제자의 재치 있는 **弄談**에 껄껄 웃었다.

11. 어린 딸은 내가 오자 **才弄**을 떨며 품으로 안겨 들었다.

12. 어제는 **落雷**를 동반한 소나기가 내렸다.

13. 우리는 그의 의도가 순수하다는 것을 알고 그를 완전히 **信賴**하게 되었다.

14. 교수에게 추천해 줄 것을 **依賴**했다.

15. 보초를 서던 병사가 급하게 사다리로 뛰어오르며 **望樓**에 매달린 경종을 두드렸다.

16. 성 앞에 아홉 층이나 되는 **樓閣**을 지어 놓고 중국 사신을 이곳에 인도하였다.

121 漏 11획 샐 루	氵	물(氵)처럼 지붕(尸)에서 비(雨)가 새니
		氵(물 수) 尸(지붕 시) 雨(비 우)
		漏
		• 漏水(누수) : 물이 샘 • 漏出(누출) : 액체나 기체 따위가 밖으로 새어 나옴

122 累 5획 여러 포갤 루	糸	밭(田)이랑이 실(糸)타래처럼 여러 겹으로 포개어 보이니
		田(밭 전) 糸(실 사) *이랑 : 밭을 갈아 골을 타서 두두룩하게 흙을 쌓아 만든 곳
		累
		• 累計(누계) : 계속하여 덧붙여 합산함 • 累積(누적) : 포개어 여러 번 쌓음

123 倫 8획 인륜 륜	亻	사람(亻)이 모여(侖) 살면서 지켜야 할 인륜
		亻(사람 인) 侖(모일 륜)
		倫
		• 人倫(인륜) : 사람이 지켜야 할 떳떳한 도리 • 倫理(윤리) : 사람으로서 마땅히 행하거나 지켜야 할 도리

124 栗 6획 밤 률	木	가시로 덮인(覀) 나무(木) 열매인 밤
		覀(덮을 아) 木(나무 목) *밤은 가시에 덮여 있잖아요.
		栗
		• 生栗(생률) : 날밤 • 黃栗(황률) : 황밤

자원으로 한자 알기

* 물(　)처럼 지붕(尸)에서 비(雨)가 새니
* 밭(田)이랑이 실(　)타래처럼 여러 겹으로 포개어 보이니
* 사람(　)이 모여(侖) 살면서 지켜야 할 인륜
* 가시로 덮인(覀) 나무(　) 열매인 밤

125 率 비율 거느릴	玄 6획	검은(玄) 것을 양쪽에 두(二) 개씩 아래에 열(十) 개의 **비율**로 **거느리니**
		玄(검을 현) 二(둘 이) 十(열 십)
		率
비율 **률** 거느릴 **솔**		• 能率(능률) : 일정한 시간에 할 수 있는 일의 비율 • 統率(통솔) : 무리를 거느려 다스림

126 隆	阝 8획	언덕(阝)을 천천히 걸어(夊) 오르니 하나(一)같이 난(生) 봉우리가 **높다**.
		阝(언덕 부) 夊(천천히 걸을 쇠) 一(한 일) 生(날 생)
		隆
높을 **륭**		• 隆起(융기) : 높게 일어나 들뜸 • 隆盛(융성) : 기운차게 일어나거나 대단히 번성함

127 陵	阝 8획	언덕(阝)처럼 흙(土)으로 사람(儿)이 천천히 걸어(夊)가 쌓은 **무덤**
		阝(언덕 부) 土(흙 토) 儿(걷는 사람 인) 夊(천천히 걸을 쇠)
		陵
언덕 무덤 업신여길 **릉**		• 丘陵(구릉) : 언덕 • 王陵(왕릉) : 왕의 무덤

128 吏	口 3획	한결(一)같이 역사(史)를 기록하는 **관리**
		一(한 일) 史(역사 사) *처음부터 끝까지 변함없이 객관적으로 역사를 기록하는 관리라는 뜻
		吏
관리 **리**		• 官吏(관리) : 관직에 있는 사람 • 淸白吏(청백리) : 재물에 대한 욕심이 없이 곧고 깨끗한 관리

자원으로 한자 알기

* 검은(　) 것을 양쪽에 두(二) 개씩 아래에 열(十) 개의 **비율**로 **거느리니**　☞
* 언덕(　)을 천천히 걸어(夊) 오르니 하나(一)같이 난(生) 봉우리가 **높다**.　☞
* 언덕(　)처럼 흙(土)으로 사람(儿)이 천천히 걸어(夊)가 쌓은 **무덤**　☞
* 한결(一)같이 역사(史)를 기록하는 **관리**　☞

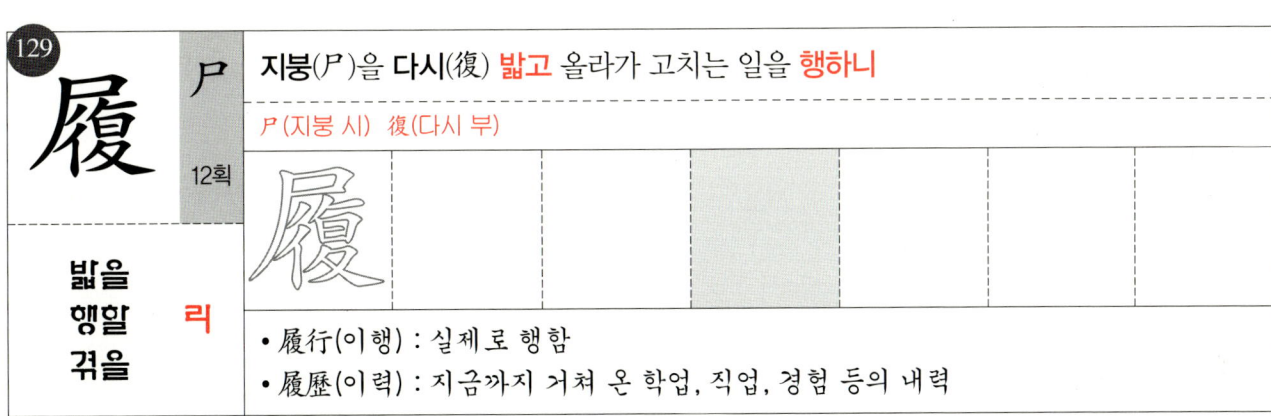

129 履 12획 밟을 행할 겪을 리	尸	지붕(尸)을 다시(復) 밟고 올라가 고치는 일을 행하니
		尸(지붕 시) 復(다시 부)
		• 履行(이행) : 실제로 행함 • 履歷(이력) : 지금까지 거쳐 온 학업, 직업, 경험 등의 내력

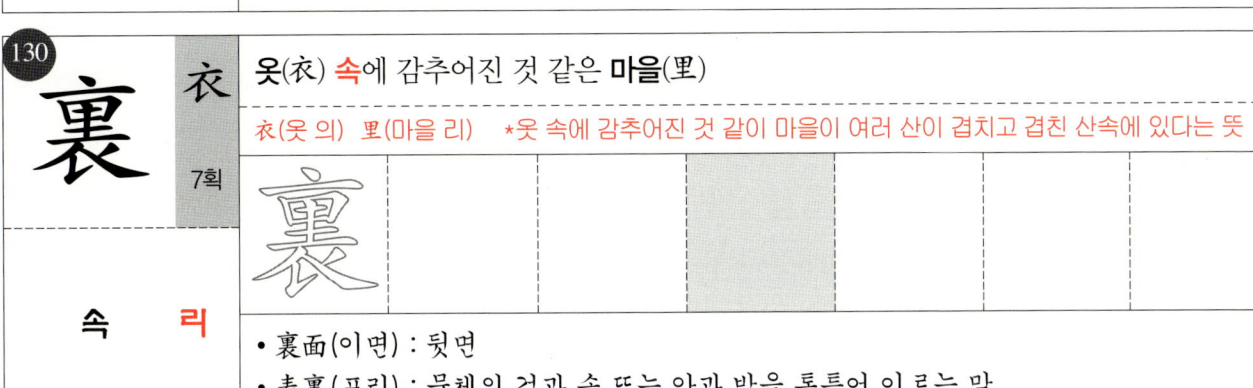

130 裏 7획 속 리	衣	옷(衣) 속에 감추어진 것 같은 마을(里)
		衣(옷 의) 里(마을 리) *옷 속에 감추어진 것 같이 마을이 여러 산이 겹치고 겹친 산속에 있다는 뜻
		• 裏面(이면) : 뒷면 • 表裏(표리) : 물체의 걸과 속 또는 안과 밖을 통틀어 이르는 말

자원으로 한자 알기

* 지붕(　)을 다시(復) 밟고 올라가 고치는 일을 행하니　　☞
* 옷(　) 속에 감추어진 것 같은 마을(里)　　☞

一思多得

言	+	侖	=	論(논할 론)	말(言)하여 모여(侖) 논의하니
車	+		=	輪(바퀴 륜)	수레(車)에 모여(侖) 있는 바퀴
亻	+		=	倫(인륜 륜)	사람(亻)이 모여(侖) 살면서 지켜야 할 인륜

126 隆(높을 륭) 降(내릴 강) 陵(언덕 릉) 잘 구별하세요.

隆(높을 륭) : 언덕(阝)을 천천히 걸어(夊) 오르니 하나(一)같이 난(生) 봉우리가 높다.
降(내릴 강) : 언덕(阝)에서 천천히 걸어(夊) 내려와 상자(匚)를 뚫고(丨) 항복하니
陵(언덕 릉) : 언덕(阝)처럼 흙(土)으로 사람(儿)이 천천히 걸어(夊)가 쌓은 무덤

다음 한자를 나누고 **자원**을 쓰면서 익히세요.

漏 샐 루	=		+		+	
累 여러 루	=		+	
倫 인륜 륜	=		+	
栗 밤 률	=		+	
率 비율 률	=		+		+	
隆 높을 륭	=		+		+		+	
陵 언덕 릉	=		+		+		+	
吏 관리 리	=		+	
履 밟을 리	=		+	
裏 속 리	=		+	

다음 한자어의 **독음**을 쓰세요.

漏水	漏出	累計	累積
人倫	倫理	生栗	黃栗
能率	統率	隆起	隆盛
丘陵	王陵	官吏	履行
履歷	裏面	表裏	

다음 한자어를 **한자**로 쓰세요.

샐 루	물 수	여러 루	셈할 계	사람 인	인륜 륜	살 생	밤 률
능할 능	비율 률	높을 륭	일어날 기	언덕 구	언덕 릉	벼슬 관	관리 리
행할 리	행할 행	속 리	겉 면	샐 루	날 출	포갤 루	쌓을 적
인륜 륜	이치 리	누를 황	밤 률	거느릴 통	거느릴 솔	높을 륭	성할 성
임금 왕	무덤 릉	겪을 리	지낼 력	겉 표	속 리		

예문으로 한자어 익히기 (한자로 쓰인 단어의 뜻을 써보세요.)

1. 제방의 漏水 방지를 위하여 제방 뒷면에 흙을 쌓았다.

2. 유조선이 좌초하여 기름이 바다에 漏出되었다.

3. 累計를 내다.

4. 그 선수는 반칙이 累積해서 다음 시합에 나갈 수 없다.

5. 백성 된 도리로서 소요를 일으켜 관장을 능욕함은 人倫을 범하는 부도한 처사라는 것이다.

6. 동거는 법적으로는 문제가 없지만 倫理적으로 문제가 되는 생활이다.

7. 차례 상에는 생과로 대추, 生栗부터 시작해서 숙과로 약과, 한과까지 올랐다.

8. 黃栗은 말려서 껍질과 보늬를 벗긴 밤을 말한다.

9. 스트레스가 많이 쌓이면 일의 能率이 떨어지게 된다.

10. 김 선생이 학생들을 소풍 장소까지 統率하기로 하였다.

11. 그 파도는 먼 바다에서 울툭불툭 隆起하면서 밀려오고 있었다.

12. 할아버지 대에 가문이 크게 隆盛했었다.

13. 저 멀리 둘러서 있는 민숭민숭한 丘陵에도 나무 하나 보이지 않았다.

14. 경주 시내에는 곳곳에 王陵이 있다.

15. 과거제도는 학식과 능력에 따라 官吏를 등용하기 위한 제도이다.

16. 후보자들은 당선된 뒤에도 선거 공약들을 충실히 履行하겠다고 다짐한다.

17. 이번에 뽑은 경력 사원들은 모두 履歷이 화려하다.

18. 수표 裏面에 전화번호와 이름을 적어 주세요.

19. 명색이 지식인이라는 사람이 그렇게 表裏가 달라서야 되겠습니까?

131 臨	臣 11획	신하(臣)된 사람(ㅅ)은 많은 물건(品)에 **임하니**
		臣(신하 신) ㅅ(사람 인) 品(물건 품) *나라 살림을 하는 신하는 많은 재물에 임한다는 뜻입니다.
임할	림	• 降臨(강림) : 신이 하늘에서 인간 세상으로 내려옴 • 臨時(임시) : 미리 정하지 아니하고 그때그때 필요에 따라 정한 것

132 麻	麻 0획	큰집(广)에서 숲(林)처럼 무성하게 기르는 **삼**
		广(큰집 엄) 林(수풀 림) *집에서 삼베를 짜려고 삼을 기릅니다. 삼밭이 숲 같다는 뜻입니다.
삼	마	*麻(삼 마) : 긴 섬유가 채취되는 식물을 통틀어 이르는 말 • 麻衣(마의) : 삼베옷

133 磨	石 11획	삼(麻)을 부드럽게 하려고 돌(石)에 **가니**
		麻(삼 마) 石(돌 석) *삼실이 꺼끌꺼끌하기 때문에 부드럽게 하려고 돌에 간다는 뜻입니다.
갈	마	• 硏磨(연마) : 갈고 닦아서 표면을 반질반질하게 함 • 水磨(수마) : 돌의 표면을 물을 쳐 가며 광택이 나도록 가는 일

134 莫	艹 7획	풀(艹) 속으로 해(日)가 져 큰(大) 형체가 **없어지니**
		艹(풀 초) 日(해 일) 大(큰 대) *풀숲으로 해가 져 없어진다는 뜻입니다.
없을	막	• 莫大(막대) : 몹시 크거나 많음 • 莫上莫下(막상막하) : 더 낫고 더 못함의 차이가 거의 없음

자원으로 한자 알기

* 신하(   )된 사람(ㅅ)은 많은 물건(品)에 **임하니**
* 큰집(广)에서 숲(林)처럼 무성하게 기르는 **삼**
* 삼(麻)을 부드럽게 하려고 돌(   )에 **가니**
* 풀(   ) 속으로 해(日)가 져 큰(大) 형체가 **없어지니**

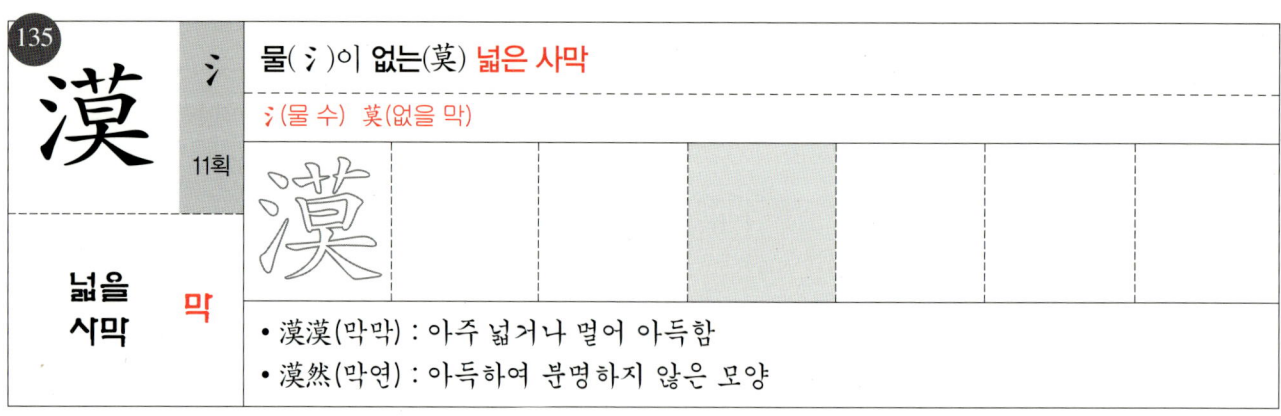

135 漠 氵 11획
넓을 사막 **막**

물(氵)이 없는(莫) **넓은 사막**
氵(물 수) 莫(없을 막)

- 漠漠(막막) : 아주 넓거나 멀어 아득함
- 漠然(막연) : 아득하여 분명하지 않은 모양

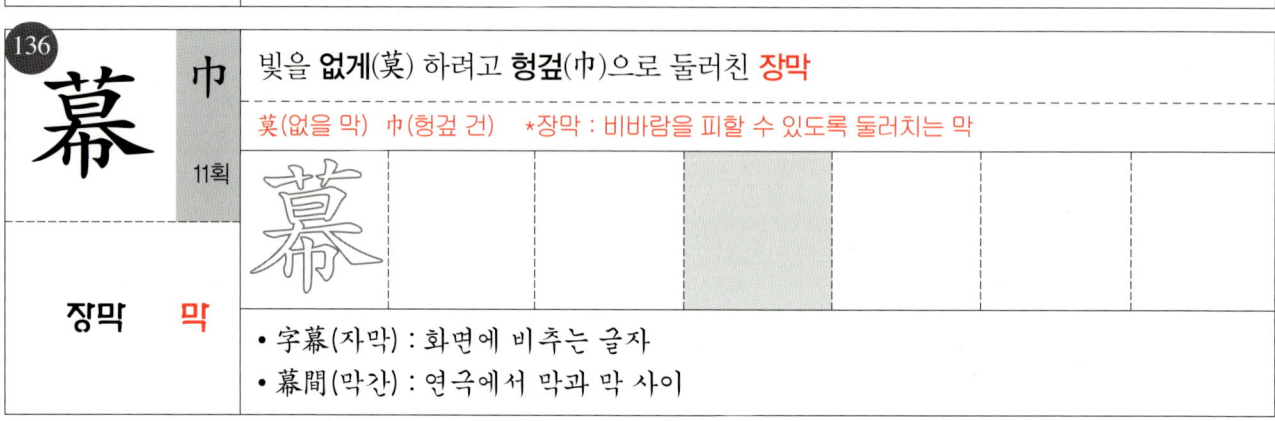

136 幕 巾 11획
장막 **막**

빛을 **없게**(莫) 하려고 **헝겊**(巾)으로 둘러친 **장막**
莫(없을 막) 巾(헝겊 건) *장막 : 비바람을 피할 수 있도록 둘러치는 막

- 字幕(자막) : 화면에 비추는 글자
- 幕間(막간) : 연극에서 막과 막 사이

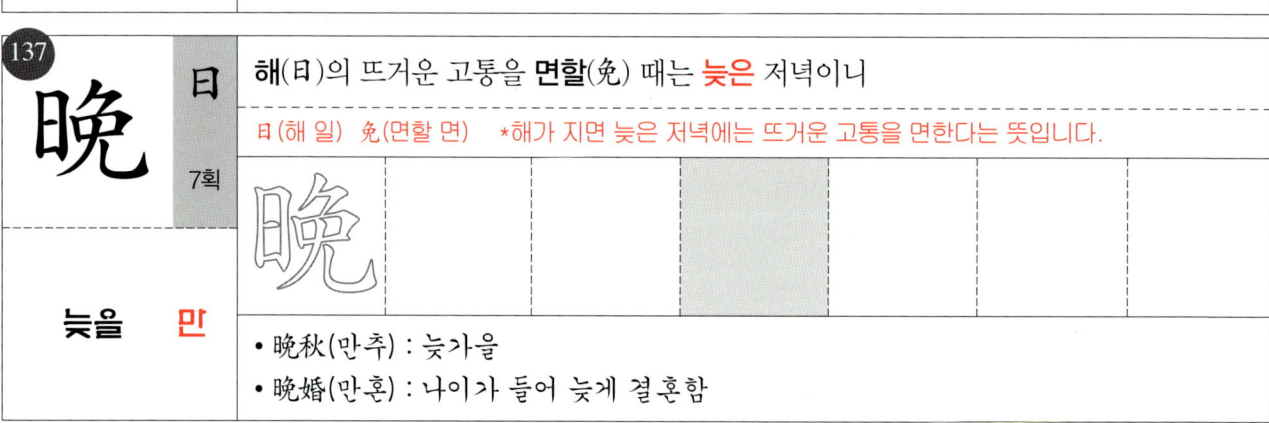

137 晩 日 7획
늦을 **만**

해(日)의 뜨거운 고통을 면할(免) 때는 **늦은** 저녁이니
日(해 일) 免(면할 면) *해가 지면 늦은 저녁에는 뜨거운 고통을 면한다는 뜻입니다.

- 晩秋(만추) : 늦가을
- 晩婚(만혼) : 나이가 들어 늦게 결혼함

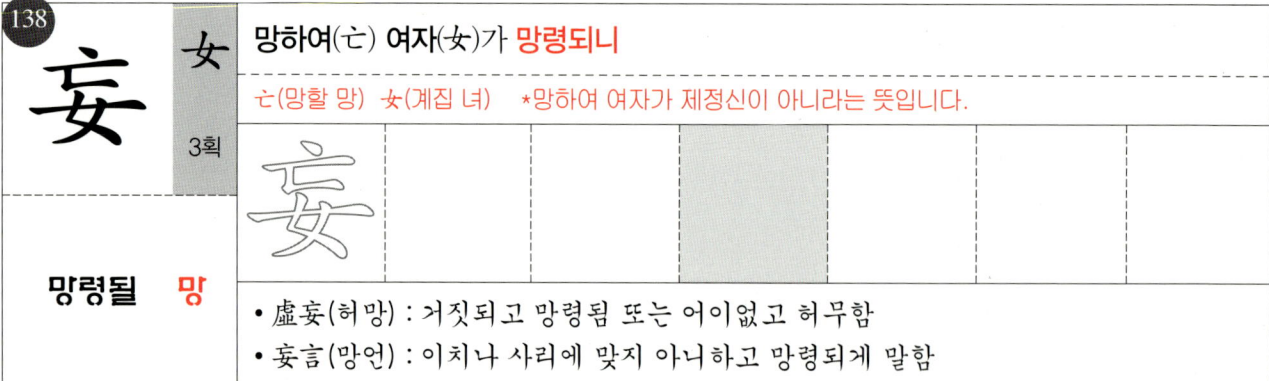

138 妄 女 3획
망령될 **망**

망하여(亡) 여자(女)가 **망령되니**
亡(망할 망) 女(계집 녀) *망하여 여자가 제정신이 아니라는 뜻입니다.

- 虛妄(허망) : 거짓되고 망령됨 또는 어이없고 허무함
- 妄言(망언) : 이치나 사리에 맞지 아니하고 망령되게 말함

자원으로 한자 알기

* 물(　　)이 **없는**(莫) **넓은 사막** ☞
* 빛을 **없게**(莫) 하려고 **헝겊**(　　)으로 둘러친 **장막** ☞
* 해(　　)의 뜨거운 고통을 **면할**(免) 때는 **늦은** 저녁이니 ☞
* 망하여(亡) 여자(　　)가 **망령되니** ☞

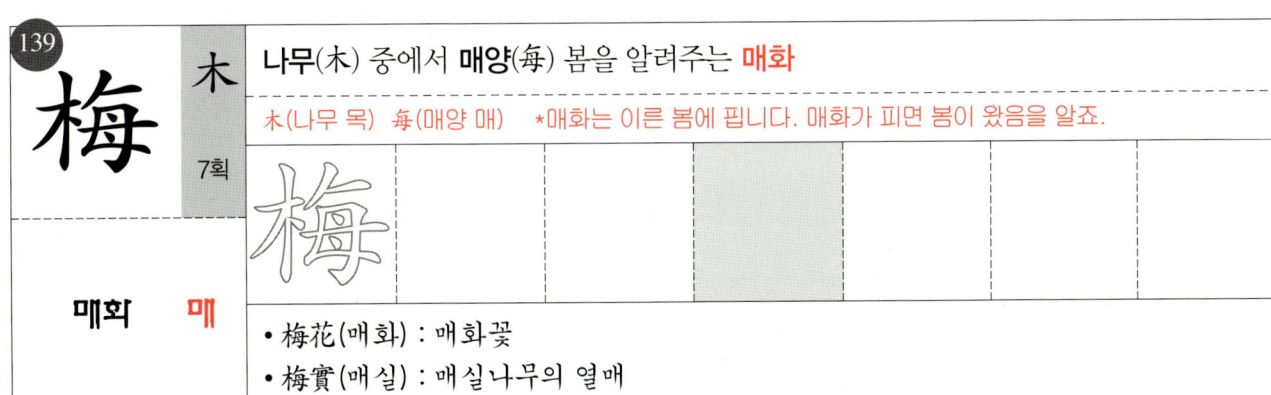

- 梅花(매화) : 매화꽃
- 梅實(매실) : 매실나무의 열매

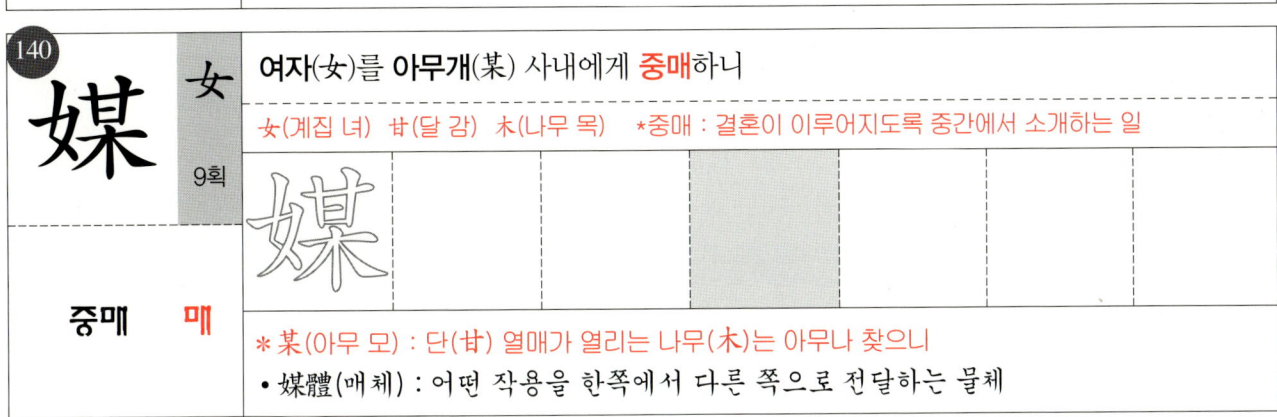

* 某(아무 모) : 단(甘) 열매가 열리는 나무(木)는 아무나 찾으니
- 媒體(매체) : 어떤 작용을 한쪽에서 다른 쪽으로 전달하는 물체

자원으로 한자 알기

* 나무(　) 중에서 **매양**(每) 봄을 알려주는 **매화**
* 여자(　)를 **아무개**(某) 사내에게 **중매**하니

一思多得

木	+	莫	=	模(본뜰 모)	나무(木)를 깎아 **없어진**(莫) 형체를 **본뜨니**
氵	+		=	漠(넓을 막)	물(氵)이 **없는**(莫) **넓은 사막**

氵	+	每	=	海(바다 해)	물(氵)이 마르지 않고 **매양**(每) 있는 **바다**
木	+		=	梅(매화 매)	나무(木) 중에서 **매양**(每) 봄을 알려주는 **매화**

다음 한자를 나누고 **자원**을 쓰면서 익히세요.

臨 임할 림	=		+		+	
麻 삼 마	=		+				
磨 갈 마	=		+				
莫 없을 막	=		+		+	
漠 넓을 막	=		+				
幕 장막 막	=		+				
晩 늦을 만	=		+				
妄 망령될 망	=		+				
梅 매화 매	=		+				
媒 중매 매	=		+				

다음 한자어의 **독음**을 쓰세요.

降臨	臨時	麻衣	研磨
水磨	莫大	漠漠	漠然
字幕	幕間	晚秋	晚婚
虛妄	妄言	梅花	梅實
媒體			

 다음 한자어를 **한자**로 쓰세요.

내릴 강	임할 림	삼 마	옷 의	갈 연	갈 마	없을 막	큰 대
넓을 막	넓을 막	글자 자	장막 막	늦을 만	가을 추	헛될 허	망령될 망
매화 매	꽃 화	중매 매	몸 체	임할 림	때 시	물 수	갈 마
넓을 막	그럴 연	장막 막	사이 간	늦을 만	혼인할 혼	망령될 망	말씀 언
매화 매	열매 실						

예문으로 한자어 익히기 (한자로 쓰인 단어의 뜻을 써보세요.)

1. 기독교에서는 예수의 탄생을 신의 **降臨**으로 본다.

2. 비변사는 본래 왜구와 여진족의 침입에 대비하여 16세기 초에 설치된 **臨時** 기구였다.

3. **麻衣**를 입고 풀뿌리와 나무껍질을 먹으면서 여생을 보냈다고 한다.

4. 그들은 협동 정신을 기르고 강인한 체력을 **硏磨**하였다.

5. **水磨**를 하여 비석을 만들었다.

6. 이번 사건이 군대 전체의 사기에 미치는 영향은 **莫大**하다.

7. 바다가 **漠漠**하게 펼쳐져 있다.

8. 아버지가 돌아가시자 어머니는 앞으로 살아갈 길이 **漠然**하게만 느껴졌다.

9. 대사를 **字幕**으로 처리하다.

10. 연극이 한 편 끝났는지 **幕間**에 불러 대는 노랫소리가 들려왔다.

11. 이름 모를 바닷새 같은 게 날아와 강변에서 **晚秋**를 즐기고 있었다.

12. 요즘은 **晚婚**이 점점 늘어나는 경향이 있다.

13. 죽음 앞에서는 아무리 큰 재산과 권력도 다 **虛妄**하다.

14. 일본은 자신들의 침략 행위는 오히려 우리나라의 경제 발전에 도움을 줬다고 **妄言**하였다.

15. 봄이 되어 여기저기 연분홍 **梅花**가 만발하다.

16. 올해는 **梅實**을 따다가 술을 담가야겠다.

17. 방송 **媒體**를 잘 활용하였다.

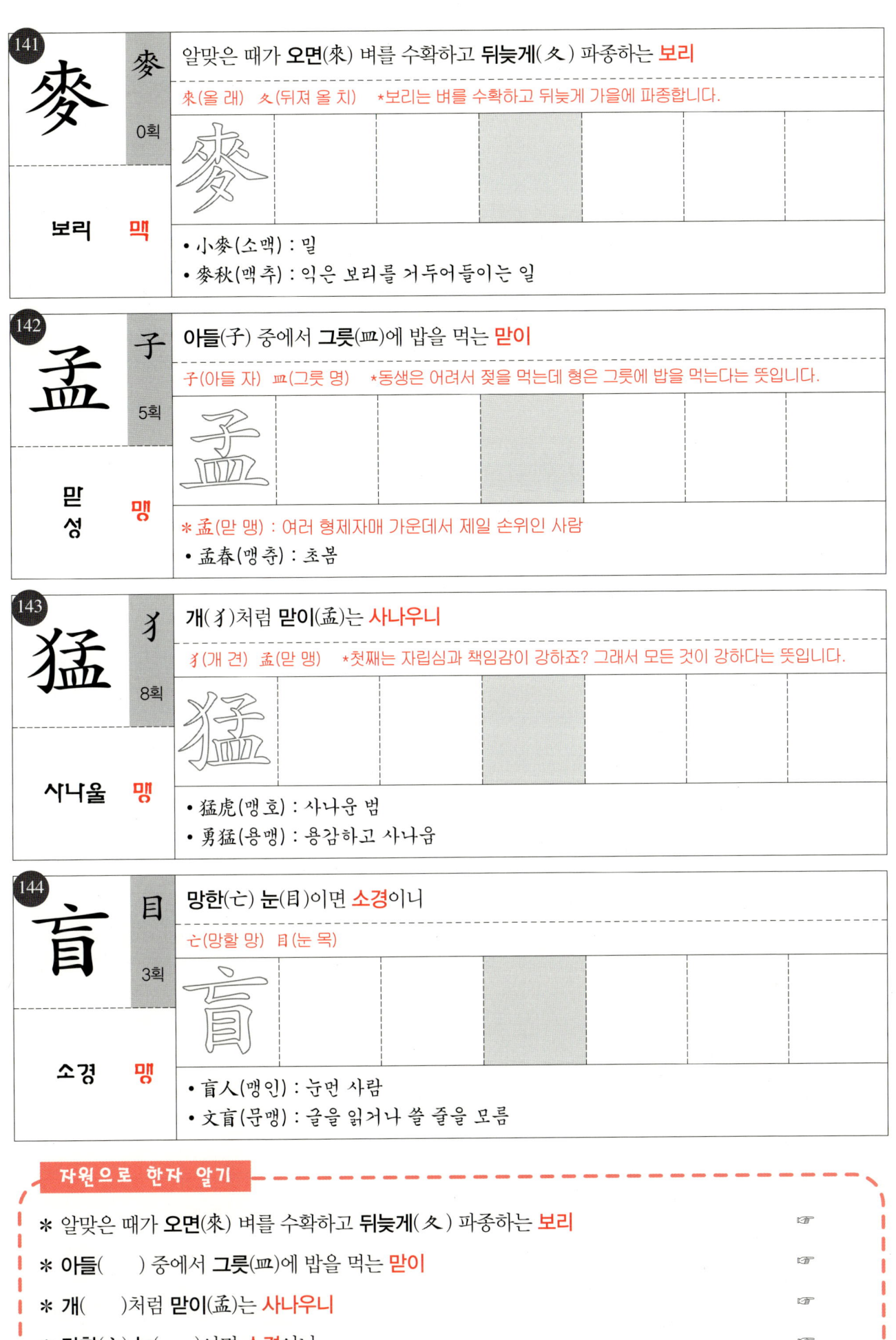

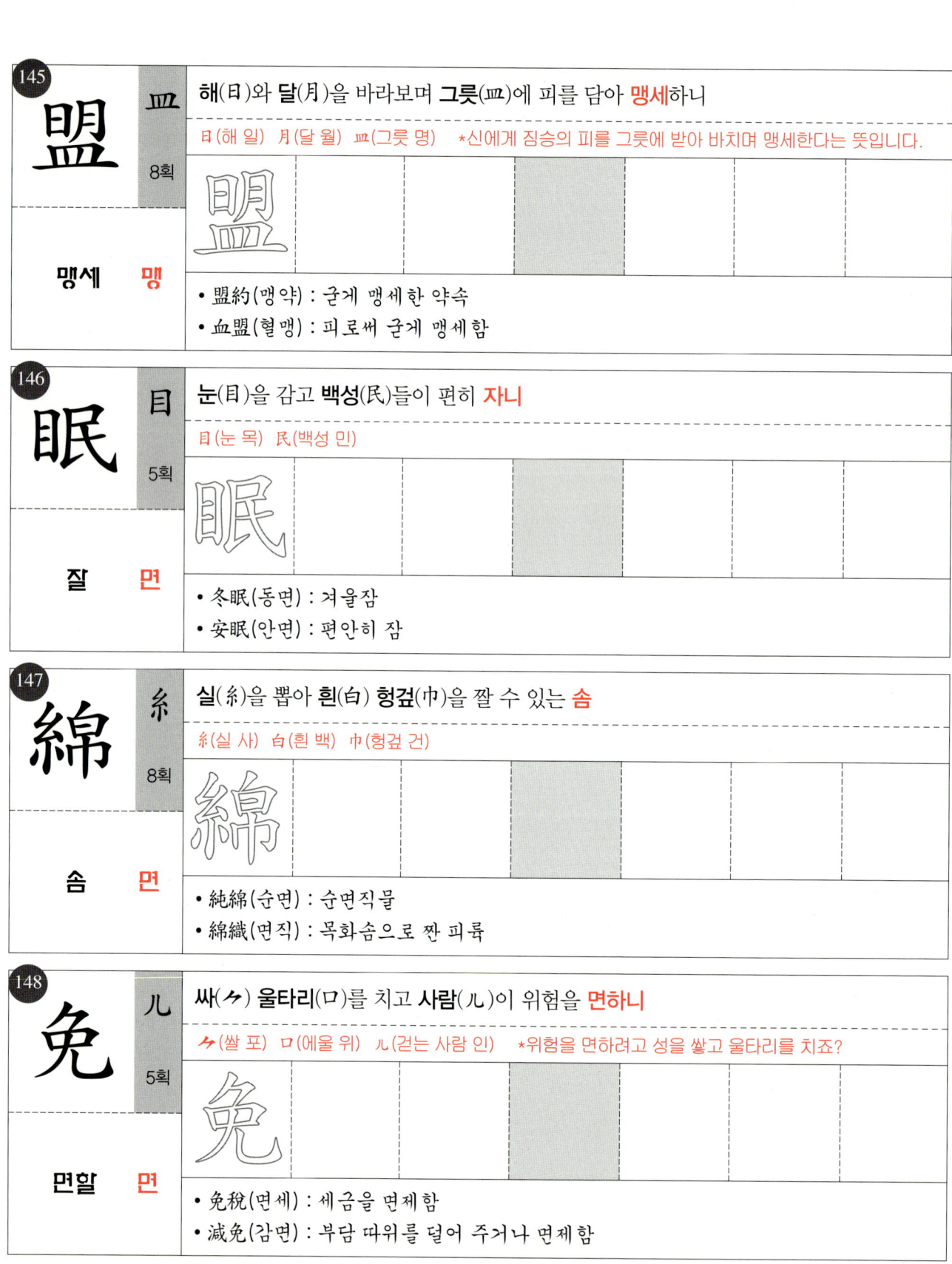

145 盟 (8획) — 맹세 맹

해(日)와 달(月)을 바라보며 그릇(皿)에 피를 담아 **맹세**하니

日(해 일) 月(달 월) 皿(그릇 명)　*신에게 짐승의 피를 그릇에 받아 바치며 맹세한다는 뜻입니다.

- 盟約(맹약) : 굳게 맹세한 약속
- 血盟(혈맹) : 피로써 굳게 맹세함

146 眠 (5획) — 잘 면

눈(目)을 감고 백성(民)들이 편히 **자니**

目(눈 목) 民(백성 민)

- 冬眠(동면) : 겨울잠
- 安眠(안면) : 편안히 잠

147 綿 (8획) — 솜 면

실(糸)을 뽑아 흰(白) 헝겊(巾)을 짤 수 있는 **솜**

糸(실 사) 白(흰 백) 巾(헝겊 건)

- 純綿(순면) : 순면직물
- 綿織(면직) : 목화솜으로 짠 피륙

148 免 (5획) — 면할 면

싸(勹) 울타리(口)를 치고 사람(儿)이 위험을 **면하니**

勹(쌀 포) 口(에울 위) 儿(걷는 사람 인)　*위험을 면하려고 성을 쌓고 울타리를 치죠?

- 免稅(면세) : 세금을 면제함
- 減免(감면) : 부담 따위를 덜어 주거나 면제함

자원으로 한자 알기

* 해(日)와 달(月)을 바라보며 그릇(　)에 피를 담아 **맹세**하니　☞
* 눈(　)을 감고 백성(民)들이 편히 **자니**　☞
* 실(　)을 뽑아 흰(白) 헝겊(巾)을 짤 수 있는 **솜**　☞
* 싸(勹) 울타리(口)를 치고 사람(　)이 위험을 **면하니**　☞

149 滅 꺼질 멸할 멸	氵 9획	물(氵)로 개(戌)처럼 정신없이 불(火)을 꺼 멸하니
		氵(물 수) 戌(개 술) 火(불 화)
		• 消滅(소멸) : 사라져 없어짐 • 滅種(멸종) : 생물의 한 종류가 아주 없어짐

150 銘 새길 명	金 6획	쇠(金)에 이름(名)을 새기니
		金(쇠 금) 名(이름 명)
		• 銘心(명심) : 마음에 깊이 새겨 둠 • 感銘(감명) : 감격하여 마음에 깊이 새김

자원으로 한자 알기

* 물(　)로 개(戌)처럼 정신없이 불(火)을 꺼 멸하니
* 쇠(　)에 이름(名)을 새기니

一思多得

亡	+ 女 = 妄(망령될 망)	망하여(亡) 여자(女)가 망령되니
	+ 目 = 盲(소경 맹)	망한(亡) 눈(目)이면 소경이니

金 +	帛	= 錦(비단 금)	금(金)처럼 귀한 흰(白) 헝겊(巾)으로 짠 비단
糸 +		= 綿(솜 면)	실(糸)을 뽑아 흰(白) 헝겊(巾)을 짤 수 있는 솜

다음 한자를 나누고 **자원**을 쓰면서 익히세요.

麥 보리 맥	=		+	
孟 맏 맹	=		+	
猛 사나울 맹	=		+	
盲 소경 맹	=		+	
盟 맹세 맹	=		+		+	
眠 잘 면	=		+	
綿 솜 면	=		+		+	
免 면할 면	=		+		+	
滅 멸할 멸	=		+		+	
銘 새길 명	=		+	

다음 한자어의 **독음**을 쓰세요.

小麥　麥秋　孟春　猛虎

勇猛　盲人　文盲　盟約

血盟　冬眠　安眠　純綿

綿織　免稅　減免　消滅

滅種　銘心　感銘

 다음 한자어를 **한자**로 쓰세요.

작을 소　보리 맥　맏 맹　봄 춘　사나울 맹　범 호　소경 맹　사람 인

맹세 맹　약속할 약　겨울 동　잘 면　순수할 순　솜 면　면할 면　세금 세

사라질 소　멸할 멸　새길 명　마음 심　보리 맥　가을 추　용감할 용　사나울 맹

글월 문　소경 맹　피 혈　맹세 맹　편안할 안　잘 면　솜 면　짤 직

덜 감　면할 면　멸할 멸　씨 종　느낄 감　새길 명

예문으로 한자어 익히기 (한자로 쓰인 단어의 뜻을 써보세요.)

1. 小麥을 빻아 음식을 하였다.

2. 麥秋 감사절을 지켰다.

3. 음력 정월을 다른 말로 孟春이라고도 한다.

4. 그의 음성은 猛虎의 소리와 같아 드르렁드르렁 울리었다.

5. 죽음을 무릅쓰고 勇猛하게 싸운 군인들에게 표창을 했다.

6. 그 盲人은 마치 앞에 있는 장애물이 보이는 것처럼 장애물을 피해 걸었다.

7. 文盲을 퇴치하는 데 힘을 쏟은 결과 국민 대다수가 글을 읽게 되었다.

8. 부부는 기쁠 때나 슬플 때나 언제나 함께 하기로 盟約하고 결혼한 사람들이다.

9. 세 사람은 血盟을 맺었다.

10. 많은 동물이 먹이가 없는 겨울 동안 冬眠한다.

11. 安眠을 취하다.

12. 순한 아기 피부에는 純綿옷이 가장 적합하다.

13. 綿織 공업과 식품 제조업을 비롯한 산업 활동이 활발하다.

14. 저소득층의 경제 활동에 대해서는 일부 소득세를 免稅하고 있다.

15. 재해를 당한 농민에게는 조세를 減免해 주었다.

16. 우리 단체는 消滅되어 가는 우리 문화유산을 보존·계승하려고 애쓰고 있다.

17. 미국의 인디언 부족 중 상당수는 백인들에 의하여 滅種을 당한 셈이다.

18. 피로 쓰라고 한 니체의 말은 글 쓰는 자가 銘心해야 할 금언이다.

19. 혼신의 힘을 기울인 그의 연주에 청중들은 모두 感銘하였다.

자원으로 한자 알기.

101. 좋은(良) 사내를 고을(　)에서 골라 남편으로 삼으니

102. 큰집(　)에서 사내(郎)가 기거하는 사랑채

103. 물(　)이 얼 정도로 서울(京)은 서늘하니

104. 물(氵) 위에 칼(刀)로 양(丶)쪽에 나무(　)를 잘라 걸쳐놓은 다리

105. 바위(厂)처럼 굳세게 많은(萬) 사람들이 힘써(　) 일하라고 권면하니

106. 바위(厂) 밑에 벼(禾)와 벼(禾)를 저장하고 날(　)을 보는 책력

107. 말(言)을 실(糸)과 실(糸)처럼 길게 늘여 마음(　)의 그리움을 전하니

108. 귀(　)에 작은(幺) 조각(丬)과 작은(幺) 조각(丬) 같은 소문이 연이어 들리니

109. 쇠(　)처럼 단단하게 분별하여(柬) 단련하니

110. 풀(　)처럼 잎과 뿌리가 이어져(連) 뻗어가는 연꽃

111. 여기저기 벌려(列) 옷(　)을 찢으니

112. 산(　)이 거느리고(領) 있는 고개

113. 비(　)를 내려 달라고 입(口)을 모아 무당(巫)처럼 신령께 비니

114. 불(　)을 담는 범(虍)과 밭(田) 그림이 있는 그릇(皿)인 화로

115. 비(　)처럼 길(路)가의 풀잎에 맺힌 이슬

116. 신(　)에게 글을 새겨(彖) 제사지내고 받는 복

117. 왕(王)을 두 손으로 잡아(　) 희롱하니

118. 비(　)올 때 밭(田)이 떠내려갈 정도로 치는 우레

119. 약속한(束) 칼(刀)과 돈(　)을 주면서 일을 의뢰하니

120. 나무(　)를 입(口)과 입(口)으로 열(十) 개씩 세며 여자(女)가 쌓아 만든 다락

121. 물(　)처럼 지붕(尸)에서 비(雨)가 새니

122. 밭(田)이랑이 실(　)타래처럼 여러 겹으로 포개어 보이니

123. 사람(　)이 모여(侖) 살면서 지켜야 할 인륜

124. 가시로 덮인(覀) 나무(　) 열매인 밤

125. 검은(　) 것을 양쪽에 두(二) 개씩 아래에 열(十) 개의 비율로 거느리니

141

자원으로 한자 알기.

126. 언덕(　)을 천천히 걸어(夂) 오르니 하나(一)같이 난(生) 봉우리가 높다.

127. 언덕(　)처럼 흙(土)으로 사람(儿)이 천천히 걸어(夂)가 쌓은 무덤

128. 한결(一)같이 역사(史)를 기록하는 관리

129. 지붕(　)을 다시(復) 밟고 올라가 고치는 일을 행하니

130. 옷(　) 속에 감추어진 것 같은 마을(里)

131. 신하(　)된 사람(丿)은 많은 물건(品)에 임하니

132. 큰집(广)에서 숲(林)처럼 무성하게 기르는 삼

133. 삼(麻)을 부드럽게 하려고 돌(　)에 가니

134. 풀(　) 속으로 해(日)가 져 큰(大) 형체가 없어지니

135. 물(　)이 없는(莫) 넓은 사막

136. 빛을 없게(莫) 하려고 헝겊(　)으로 둘러친 장막

137. 해(　)의 뜨거운 고통을 면할(免) 때는 늦은 저녁이니

138. 망하여(亡) 여자(　)가 망령되니

139. 나무(　) 중에서 매양(每) 봄을 알려주는 매화

140. 여자(　)를 아무개(某) 사내에게 중매하니

141. 알맞은 때가 오면(來) 벼를 수확하고 뒤늦게(夂) 파종하는 보리

142. 아들(　) 중에서 그릇(皿)에 밥을 먹는 맏이

143. 개(　)처럼 맏이(孟)는 사나우니

144. 망한(亡) 눈(　)이면 소경이니

145. 해(日)와 달(月)을 바라보며 그릇(　)에 피를 담아 맹세하니

146. 눈(　)을 감고 백성(民)들이 편히 자니

147. 실(　)을 뽑아 흰(白) 헝겊(巾)을 짤 수 있는 솜

148. 싸(勹) 울타리(口)를 치고 사람(　)이 위험을 면하니

149. 물(　)로 개(戌)처럼 정신없이 불(火)을 꺼 멸하니

150. 쇠(　)에 이름(名)을 새기니

142

다음 한자의 **뜻**과 **음**을 쓰세요.

郎	廊	涼	梁	勵	曆	戀
聯	鍊	蓮	裂	嶺	靈	爐
露	祿	弄		雷	賴	樓
漏	累				倫	栗
率						隆
陵	吏				履	裏
臨	麻	磨		莫	漠	幕
晚	妄	梅	媒	麥	孟	猛
盲	盟	眠	綿	免	滅	銘

3Ⅱ 101-150번
형성평가

143

다음 뜻과 음을 지닌 **한자**를 쓰세요.

사내 랑	사랑채 랑	서늘할 량	들보 량	힘쓸 려	책력 력	그리워할 련
연이을 련	단련할 련	연꽃 련	찢을 렬	고개 령	신령 령	화로 로
이슬 로	녹 록	희롱할 롱		우레 뢰	의뢰할 뢰	다락 루
샐 루	여러 루		3Ⅱ 101-150번 형성평가		인륜 륜	밤 률
비율 률						높을 륭
언덕 릉	관리 리				밟을 리	속 리
임할 림	삼 마	갈 마		없을 막	넓을 막	장막 막
늦을 만	망령될 망	매화 매	중매 매	보리 맥	맏 맹	사나울 맹
소경 맹	맹세 맹	잘 면	솜 면	면할 면	멸할 멸	새길 명

151 慕 그릴 모	小 11획	없어진(莫) 후에야 마음(小)에 그리워하니
		莫(없을 막) 小(마음 심) *있을 땐 하찮게 여기다가 없어지고 나면 그리워하죠?
		慕
		• 思慕(사모) : 생각하며 그리워함 • 戀慕(연모) : 사랑하여 간절히 그리워함

152 謀 꾀할 모	言 9획	말(言)하여 아무(某) 일이나 꾀하니
		言(말씀 언) 某(아무 모)
		謀
		• 謀議(모의) : 어떤 일을 꾀하고 의논함 • 陰謀(음모) : 나쁜 목적으로 몰래 흉악한 일을 꾸밈

153 貌 모양 모	豸 7획	사나운 짐승(豸)처럼 흰(白) 탈을 쓰고 걷는 사람(儿)의 모양
		豸(사나운 짐승 치) 白(흰 백) 儿(걷는 사람 인) *가장무도회 아시죠?
		貌
		• 面貌(면모) : 얼굴의 모양 • 美貌(미모) : 아름다운 얼굴 모습

154 睦 화목할 목	目 8획	눈(目)을 바라보며 언덕(坴)에서 화목하게 지내니
		目(눈 목) 坴(언덕 륙) *언덕에 집을 짓고 눈을 맞추며 화목하게 산다는 뜻입니다.
		睦
		• 親睦(친목) : 서로 친하여 화목함 • 和睦(화목) : 서로 뜻이 맞고 정다움

자원으로 한자 알기

* 없어진(莫) 후에야 마음(   )에 그리워하니　☞
* 말(   )하여 아무(某) 일이나 꾀하니　☞
* 사나운 짐승(   )처럼 흰(白) 탈을 쓰고 걷는 사람(儿)의 모양　☞
* 눈(   )을 바라보며 언덕(坴)에서 화목하게 지내니　☞

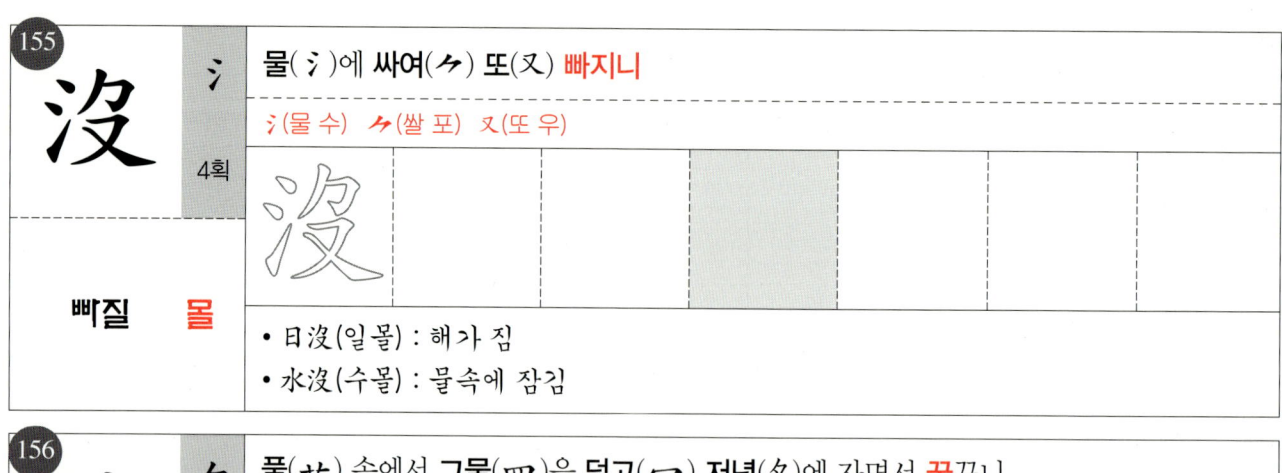

155 沒 (빠질 몰) — 4획
- 물(氵)에 싸여(ㄅ) 또(又) 빠지니
- 氵(물 수) ㄅ(쌀 포) 又(또 우)
- 日沒(일몰) : 해가 짐
- 水沒(수몰) : 물속에 잠김

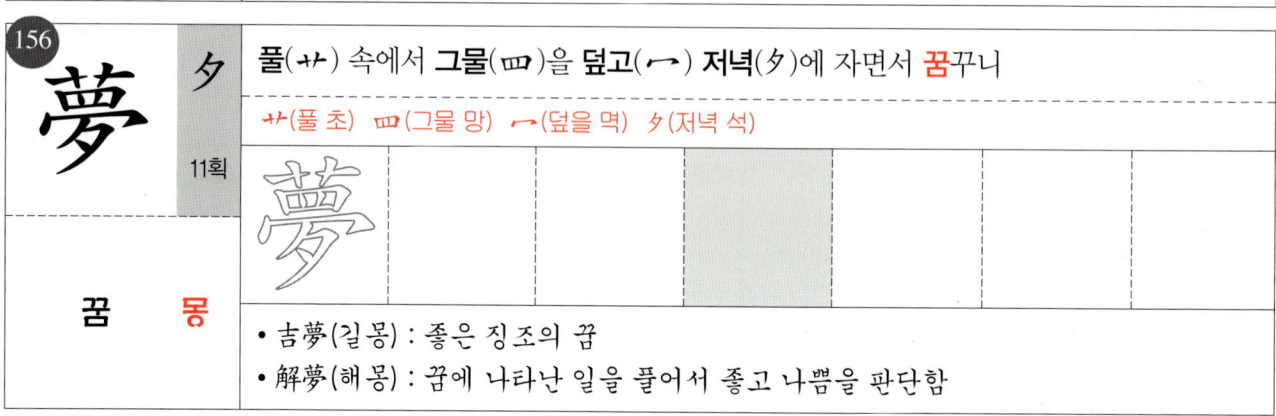

156 夢 (꿈 몽) — 11획
- 풀(艹) 속에서 그물(罒)을 덮고(冖) 저녁(夕)에 자면서 꿈꾸니
- 艹(풀 초) 罒(그물 망) 冖(덮을 멱) 夕(저녁 석)
- 吉夢(길몽) : 좋은 징조의 꿈
- 解夢(해몽) : 꿈에 나타난 일을 풀어서 좋고 나쁨을 판단함

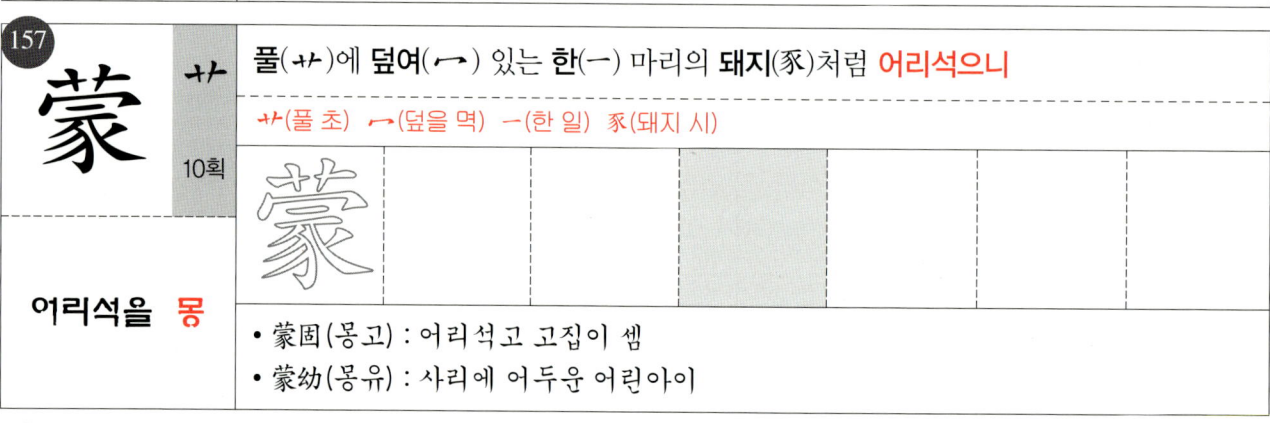

157 蒙 (어리석을 몽) — 10획
- 풀(艹)에 덮여(冖) 있는 한(一) 마리의 돼지(豕)처럼 어리석으니
- 艹(풀 초) 冖(덮을 멱) 一(한 일) 豕(돼지 시)
- 蒙固(몽고) : 어리석고 고집이 셈
- 蒙幼(몽유) : 사리에 어두운 어린아이

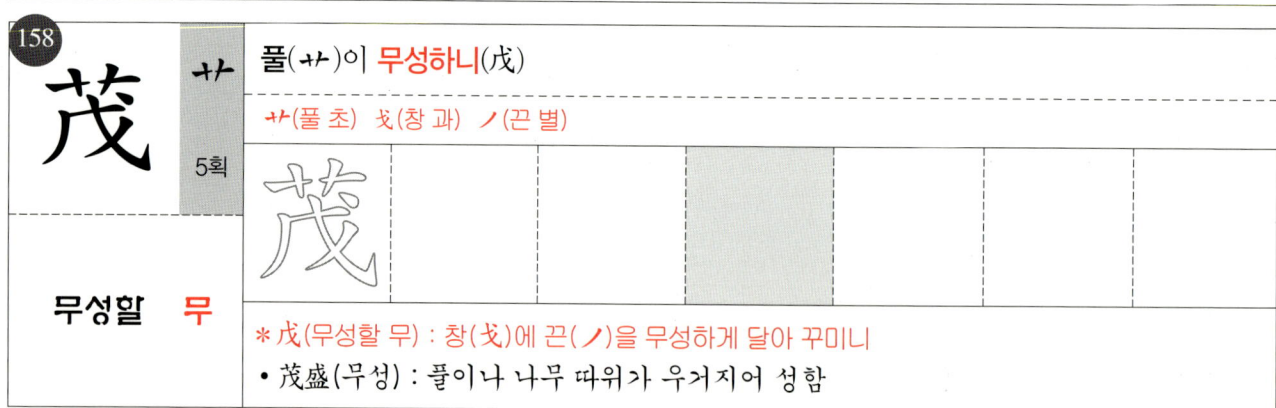

158 茂 (무성할 무) — 5획
- 풀(艹)이 무성하니(戊)
- 艹(풀 초) 戊(창 과) 丿(끈 별)
- ＊戊(무성할 무) : 창(戈)에 끈(丿)을 무성하게 달아 꾸미니
- 茂盛(무성) : 풀이나 나무 따위가 우거지어 성함

자원으로 한자 알기

* 물(　)에 싸여(ㄅ) 또(又) 빠지니　　☞
* 풀(艹) 속에서 그물(罒)을 덮고(冖) 저녁(　)에 자면서 꿈꾸니　　☞
* 풀(　)에 덮여(冖) 있는 한(一) 마리의 돼지(豕)처럼 어리석으니　　☞
* 풀(　)이 무성하니(戊)　　☞

159 貿 / 바꿀 무역할 무	貝 / 5획	토끼(卯)를 돈(貝)과 바꾸어 **무역하니**
		卯(토끼 묘 변형) 貝(돈 패)

		• 貿易(무역) : 서로 물건을 팔고 사거나 교환하는 일 • 貿易風(무역풍) : 중위도 고압대에서 열대 수렴대로 부는 바람

160 默 / 잠잠할 묵	黑 / 4획	검은(黑) 밤에는 개(犬)도 짖지 않고 **잠잠하니**
		黑(검을 흑) 犬(개 견)

		• 默念(묵념) : 말없이 마음속으로 생각함 • 默認(묵인) : 모르는 체하고 하려는 대로 내버려 둠으로써 슬며시 인정함

자원으로 한자 알기

* 토끼(卯)를 돈(   )과 바꾸어 **무역하니**
* 검은(   ) 밤에는 개(犬)도 짖지 않고 **잠잠하니**

一思多得

莫	+	土	=	墓(무덤 묘)	**없애려고**(莫) 흙(土)으로 덮어 놓은 **무덤**
	+	巾	=	幕(장막 막)	빛을 **없게**(莫) 하려고 헝겊(巾)으로 둘러친 **장막**
	+	小	=	慕(그릴 모)	**없어진**(莫) 후에야 마음(小)에 **그리워하니**

女	+	某	=	媒(중매 매)	여자(女)를 아무개(某) 사내에게 **중매하니**
言	+		=	謨(꾀할 모)	말(言)하여 아무(某) 일이나 **꾀하니**

阝	+	坴	=	陸(뭍 륙)	언덕(阝)과 언덕(坴)으로 이루어진 **육지**
目	+		=	睦(화목할 목)	눈(目)을 바라보며 언덕(坴)에서 **화목하게** 지내니

다음 한자를 나누고 **자원**을 쓰면서 익히세요.

| 慕 그릴 모 | = | | + | |

| 謀 꾀할 모 | = | | + | |

| 貌 모양 모 | = | | + | | + | |

| 睦 화목할 목 | = | | + | |

| 沒 빠질 몰 | = | | + | | + | |

| 夢 꿈 몽 | = | | + | | + | | + | |

| 蒙 어리석을 몽 | = | | + | | + | | + | |

| 茂 무성할 무 | = | | + | |

| 貿 바꿀 무 | = | | + | |

| 默 잠잠할 묵 | = | | + | |

다음 한자어의 **독음**을 쓰세요.

思慕	戀慕	謀議	陰謀

面貌	美貌	親睦	和睦

日沒	水沒	吉夢	解夢

蒙固	蒙幼	茂盛	貿易

默念	默認

 다음 한자어를 **한자**로 쓰세요.

생각 사	그릴 모	꾀할 모	의논할 의	얼굴 면	모양 모	친할 친	화목할 목

해 일	빠질 몰	길할 길	꿈 몽	어리석을 몽	굳을 고	무성할 무	성할 성

바꿀 무	바꿀 역	잠잠할 묵	생각 념	그리워할 련	그릴 모	숨을 음	꾀할 모

아름다울 미	모양 모	화할 화	화목할 목	물 수	잠길 몰	풀 해	꿈 몽

어리석을 몽	어릴 유	잠잠할 묵	인정할 인

예문으로 한자어 익히기 (한자로 쓰인 단어의 뜻을 써보세요.)

1. 시간이 지날수록 그녀를 **思慕**하는 마음이 가슴에 사무쳤다.

2. 처음 보았을 때는 하늘의 별이더니 **戀慕**해 온 지 십여 년 만에 마침내 내 색시가 된다.

3. 반 아이들은 새로 오신 선생님을 골탕 먹일 방법을 **謀議**하며 시시덕거렸다.

4. 그는 그들의 **陰謀**를 폭로하겠다고 협박했다.

5. 그의 수려한 **面貌**를 직접 본 사람이면 누구나 그에게 반하지 않을 수 없었다.

6. 누님은 다방면으로 뛰어난 재주와 특출한 **美貌**, 팔등신의 몸매를 지니고 있었다.

7. 이번 모임은 회원들 사이에 **親睦**을 다질 수 있는 좋은 기회가 될 것이다.

8. 신임 구청장은 주민들의 돈독한 신의와 **和睦**을 매우 강조하였다.

9. 날이 **日沒**하자 나그네는 하룻밤 쉬어 갈 곳을 찾았다.

10. 고향이 **水沒**되었다.

11. 어젯밤에 돼지가 집 안으로 들어오는 **吉夢**을 꾸었다.

12. 쟁반왕은 곧 점쟁이 노인을 불러서 **解夢**을 시켰다.

13. 그는 **蒙固**한 성격의 사람이다.

14. **蒙幼**와 같은 행동을 하지 말라.

15. 정원에는 등나무를 비롯하여 각종 정원수가 달빛을 가릴 만큼 **茂盛**하게 자라 있었다.

16. 두 나라는 오랜 시간 동안 꾸준히 교역량을 늘려가면서 **貿易**했다.

17. 귀빈들은 국립묘지에서 의장대를 사열한 뒤 헌화하고 **默念**했다.

18. 지방 수령들의 수탈이 **默認**되면서 백성들의 생활고는 더 심해졌다.

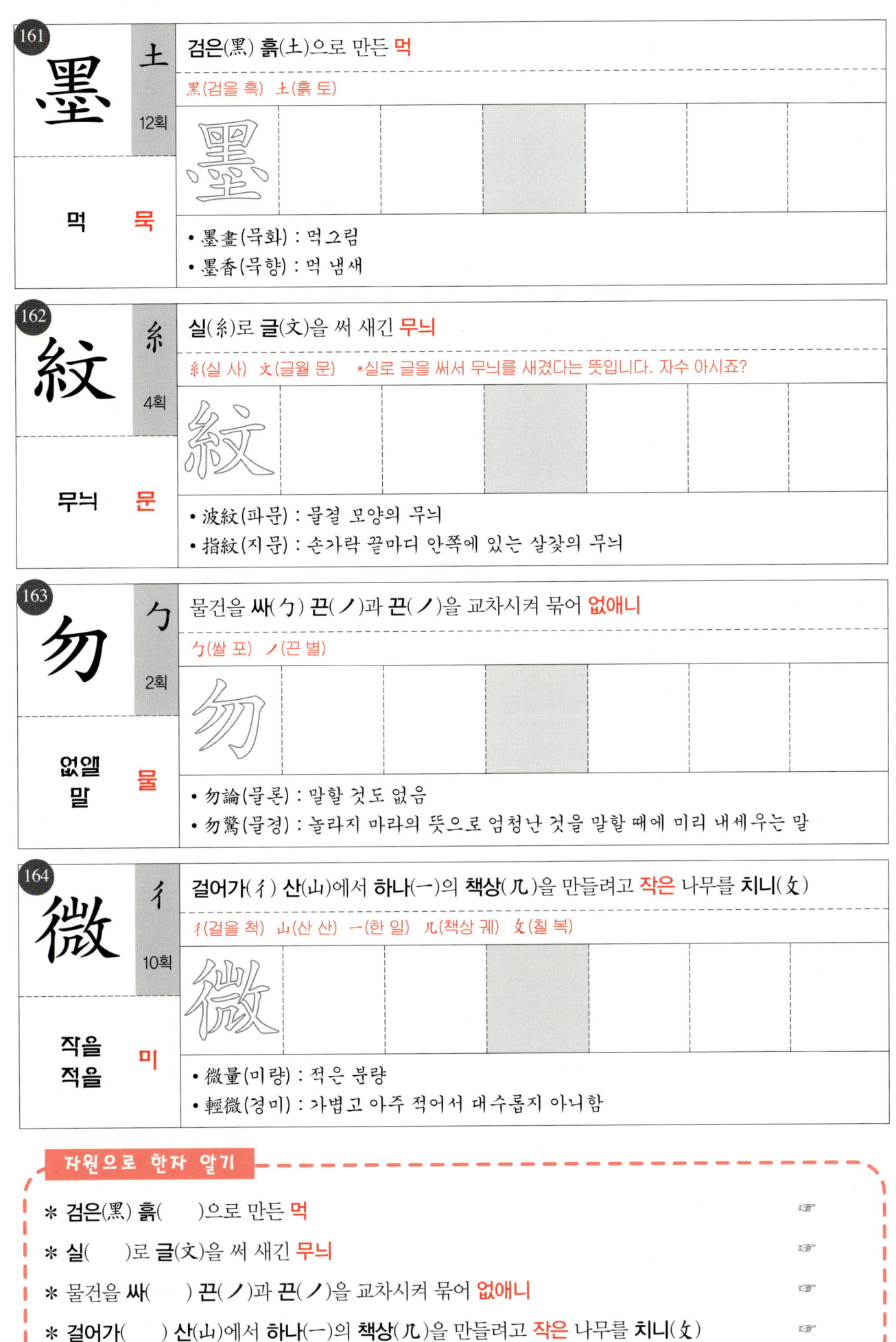

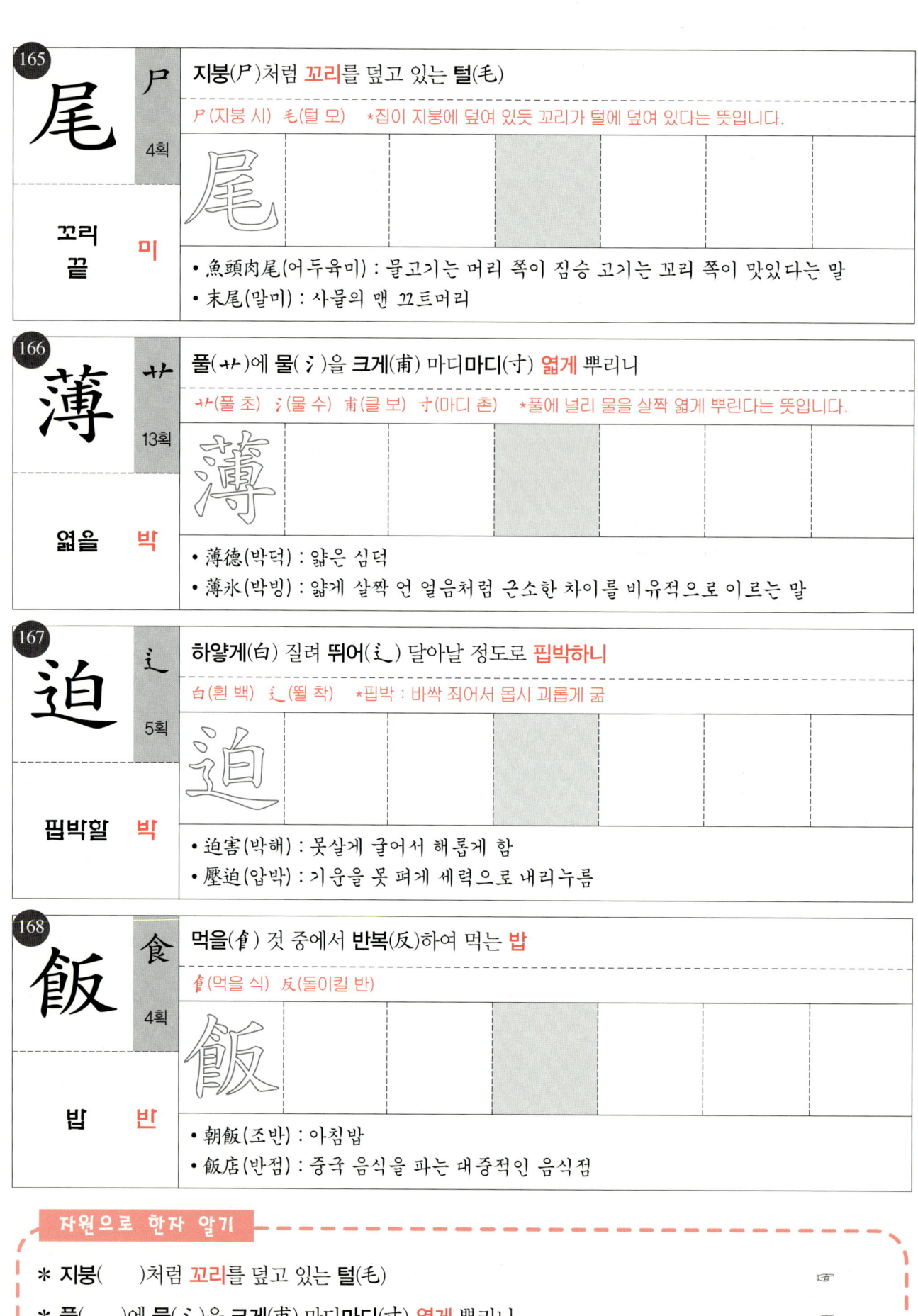

165 尾 — 꼬리 끝 미

尸 / 4획

지붕(尸)처럼 꼬리를 덮고 있는 털(毛)

尸(지붕 시) 毛(털 모)　*집이 지붕에 덮여 있듯 꼬리가 털에 덮여 있다는 뜻입니다.

- 魚頭肉尾(어두육미) : 물고기는 머리 쪽이 짐승 고기는 꼬리 쪽이 맛있다는 말
- 末尾(말미) : 사물의 맨 끄트머리

166 薄 — 엷을 박

艹 / 13획

풀(艹)에 물(氵)을 크게(甫) 마디마디(寸) 엷게 뿌리니

艹(풀 초) 氵(물 수) 甫(클 보) 寸(마디 촌)　*풀에 널리 물을 살짝 엷게 뿌린다는 뜻입니다.

- 薄德(박덕) : 얇은 심덕
- 薄氷(박빙) : 얇게 살짝 언 얼음처럼 근소한 차이를 비유적으로 이르는 말

167 迫 — 핍박할 박

辶 / 5획

하얗게(白) 질려 뛰어(辶) 달아날 정도로 핍박하니

白(흰 백) 辶(뛸 착)　*핍박 : 바싹 죄어서 몹시 괴롭게 굶

- 迫害(박해) : 못살게 굴어서 해롭게 함
- 壓迫(압박) : 기운을 못 펴게 세력으로 내리누름

168 飯 — 밥 반

食 / 4획

먹을(食) 것 중에서 반복(反)하여 먹는 밥

食(먹을 식) 反(돌이킬 반)

- 朝飯(조반) : 아침밥
- 飯店(반점) : 중국 음식을 파는 대중적인 음식점

자원으로 한자 알기

* 지붕(　) 처럼 꼬리를 덮고 있는 털(毛)
* 풀(　)에 물(氵)을 크게(甫) 마디마디(寸) 엷게 뿌리니
* 하얗게(白) 질려 뛰어(　) 달아날 정도로 핍박하니
* 먹을(　) 것 중에서 반복(反)하여 먹는 밥

169 般 (舟, 4획) — 일반, 옮길 반

일반적으로 배(舟)는 몽둥이(殳) 같은 노를 저어 옮기니

舟(배 주) 殳(몽둥이 수)

- 一般(일반) : 한 모양이나 마찬가지의 상태
- 全般(전반) : 어떤 일이나 부문에 대하여 그것에 관계되는 전체

170 盤 (皿, 10획) — 소반 반

음식을 옮길(般) 때 쓰는 그릇(皿)은 소반이니

般(옮길 반) 皿(그릇 명)

- 小盤(소반) : 자그마한 밥상
- 盤石(반석) : 넓고 평평한 큰 돌

자원으로 한자 알기

* 일반적으로 배(   )는 몽둥이(殳) 같은 노를 저어 옮기니
* 음식을 옮길(般) 때 쓰는 그릇(   )은 소반이니

一思多得

黑	+	犬	=	默(잠잠할 묵)	검은(黑) 밤에는 개(犬)도 짖지 않고 잠잠하니
	+	土	=	墨(먹 묵)	검은(黑) 흙(土)으로 만든 먹

食	+	欠	=	飮(마실 음)	밥(食) 먹듯 입 벌려(欠) 마시니
	+	官	=	館(집 관)	먹고(食) 잘 수 있도록 관청(官)에서 지은 집
	+	反	=	飯(밥 반)	먹을(食) 것 중에서 반복(反)하여 먹는 밥

舟	+	几 口	=	船(배 선)	배(舟) 안의 사무를 책상(几)에서 처리하고 입(口)으로 통솔하는 큰 배
	+	殳	=	般(일반 반)	일반적으로 배(舟)는 몽둥이(殳) 같은 노를 저어 옮기니

다음 한자를 나누고 **자원**을 쓰면서 익히세요.

墨 먹 묵	=		+					
紋 무늬 문	=		+					
勿 없앨 물	=		+		+			
微 작을 미	=		+		+		+		+	
尾 꼬리 미	=		+					
薄 엷을 박	=		+		+		+		
迫 핍박할 박	=		+					
飯 밥 반	=		+					
般 일반 반	=		+					
盤 소반 반	=		+					

154

다음 한자어의 **독음**을 쓰세요.

墨畫	墨香	波紋	指紋
勿論	勿驚	微量	輕微
末尾	薄德	薄氷	迫害
壓迫	朝飯	飯店	一般
全般	小盤	盤石	

 다음 한자어를 **한자**로 쓰세요.

먹 묵	그림 화	물결 파	무늬 문	말 물	논할 론	적을 미	용량 량
끝 말	꼬리 미	엷을 박	덕 덕	핍박할 박	해할 해	아침 조	밥 반
한 일	일반 반	작을 소	소반 반	먹 묵	향기 향	손가락 지	무늬 문
말 물	놀랄 경	가벼울 경	작을 미	엷을 박	얼음 빙	누를 압	핍박할 박
밥 반	가게 점	온전할 전	일반 반	소반 반	돌 석		

예문으로 한자어 익히기 (한자로 쓰인 단어의 뜻을 써보세요.)

1. **墨畫**가 걸려 있다.

2. 문갑을 열더니 **墨香**마저 그대로 살아 있던 하얀 봉서 한 통을 마루에 내던졌다.

3. 잔잔한 물결이 불빛에 차랑차랑 **波紋**을 그려 나간다.

4. 형사는 범행 현장에서 범인의 것으로 보이는 **指紋**을 채취했다.

5. 아이들은 남녀를 **勿論**하고, 글자를 모르는 아이가 거의 하나도 없게 되었건만….

6. 혼자 멍하니 공상에 잠기는 버릇만 늘더니 **勿驚** 십 등이나 석차가 떨어지고 만 것이다.

7. 독은 **微量**의 섭취로도 치명적일 수 있다.

8. **輕微**한 부상을 당하다.

9. **末尾**에는 일일이 가족들의 안부를 전했다.

10. 오직 짐이 **薄德**해서 어려운 때를 당했으나 상제가 돌보시어 안정으로 돌려주셨다.

11. 이번 시합에서는 우리 팀이 **薄氷**의 우위를 지켜 가고 있다.

12. 그는 모진 **迫害**를 피해 이웃 나라로 망명했다.

13. 우리 민족은 외세의 오랜 **壓迫**과 억압에도 굴하지 않은 강인한 민족성을 가졌다.

14. **朝飯** 드셨습니까?

15. **飯店**에서는 자장과 짬뽕이 가장 많이 팔린다.

16. 이러나저러나 죽기는 **一般**이니 나라를 위해 용감하게 싸우다 죽으리라 다짐해본다.

17. 성 차별을 뿌리 뽑기 위해서는 먼저 사회 구조의 **全般**적 변화가 필요하다.

18. 아이들이 그릇 하나씩을 차지하고 **小盤**도 없이 식사를 하고 있었다.

19. 절벽 위 **盤石**에 정자를 세웠다.

171 拔 (뽑을 발) 5획

손(扌)과 손(ナ)을 삐치고(丿) 파여(乀) 점(丶)을 뽑으니

扌(손 수) ナ(손 우) 丿(삐침 별) 乀(파임 불) 丶(점 주)

- 拔取(발취) : 물건이나 글 가운데서 뽑아냄
- 拔群(발군) : 여럿 가운데에서 특별히 뛰어남

172 芳 (꽃다울 향기 방) 4획

풀(艹)에서 사방(方)으로 꽃다운 향기가 나니

艹(풀 초) 方(사방 방)

- 芳香(방향) : 꽃다운 향기
- 綠陰芳草(녹음방초) : 여름철의 자연경관을 이르는 말

173 排 (밀칠 배) 8획

손(扌)으로 아니(非)라며 밀치니

扌(손 수) 非(아닐 비)   *손으로 제 것이 아니라고 밀쳐낸다는 뜻입니다.

- 排出(배출) : 안에서 밖으로 밀어 내보냄
- 排擊(배격) : 어떤 사상, 의견, 물건 따위를 물리침

174 輩 (무리 배) 8획

정상이 아닐(非) 정도로 수레(車)에 많이 탄 무리

非(아닐 비) 車(수레 거)   *차에 정원을 초과하여 사람들이 많이 탔다는 뜻입니다.

- 同年輩(동년배) : 나이가 같은 또래인 사람
- 先輩(선배) : 학교나 직장을 먼저 거친 사람

자원으로 한자 알기

* 손(   )과 손(ナ)을 삐치고(丿) 파여(乀) 점(丶)을 뽑으니
* 풀(   )에서 사방(方)으로 꽃다운 향기가 나니
* 손(   )으로 아니(非)라며 밀치니
* 정상이 아닐(非) 정도로 수레(   )에 많이 탄 무리

175 培 북돋울 배	土 8획	땅(土)에 서(立) 입(口)으로 말하여 사기를 **북돋우니** 土(땅 토) 立(설 립) 口(입 구) *말하여 기운이나 정신 따위를 더욱 높여 준다는 뜻입니다. · 培根(배근) : 뿌리를 북돋움 · 培養(배양) : 식물을 북돋아 기름
176 伯 맏 백	亻 5획	사람(亻) 중에서 머리가 흰(白) 사람이 **맏**이니 亻(사람 인) 白(흰 백) *맏이는 나이가 남보다 많기에 머리가 흰 사람이 맏이라는 뜻입니다. · 伯父(백부) : 큰아버지 · 畫伯(화백) : 화가를 높여 이르는 말
177 繁 번성할 번	糸 11획	매양(每) 베틀을 치며(攵) 실(糸)을 짜면 **번성하니** 每(매양 매) 攵(칠 복) 糸(실 사) *항상 쉬지 않고 베를 짜서 파니 번성한다는 뜻입니다. · 繁榮(번영) : 번성하고 영화롭게 됨 · 繁盛(번성) : 한창 성하게 일어나 퍼짐
178 凡 무릇 평범할 범	几 1획	책상(几)에 있는 점(丶)은 **무릇** 흔하니 几(책상 궤) 丶(점 주) *공부를 하거나 사무를 보는 책상에 점이 찍힘은 흔한 일이라는 뜻입니다. * 凡(무릇 범) : 대체로 헤아려 생각하건대 · 非凡(비범) : 보통이 아니고 아주 뛰어남

자원으로 한자 알기

* 땅(　)에 서(立) 입(口)으로 말하여 사기를 **북돋우니**
* 사람(　) 중에서 머리가 흰(白) 사람이 **맏**이니
* 매양(每) 베틀을 치며(攵) 실(　)을 짜면 **번성하니**
* 책상(　)에 있는 점(丶)은 **무릇** 흔하니

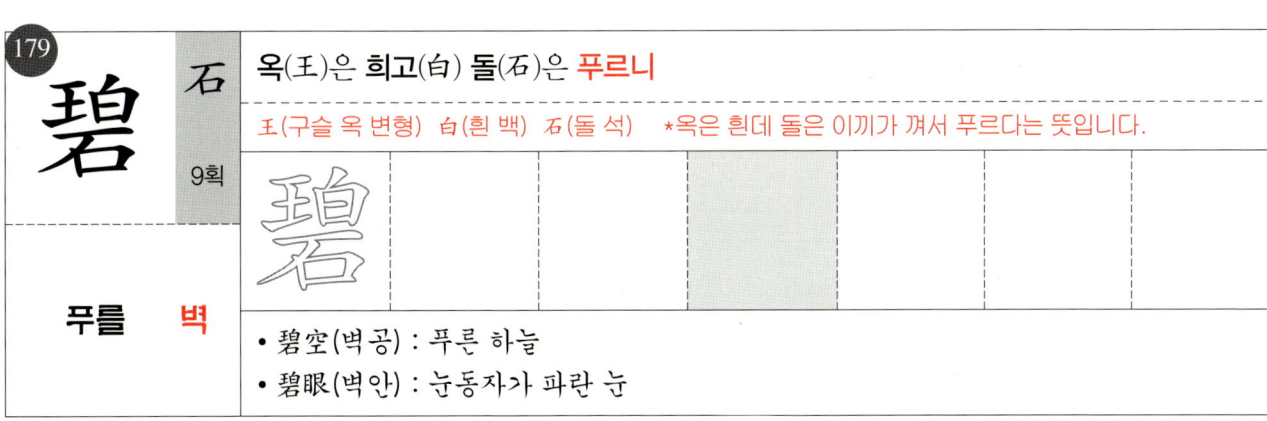

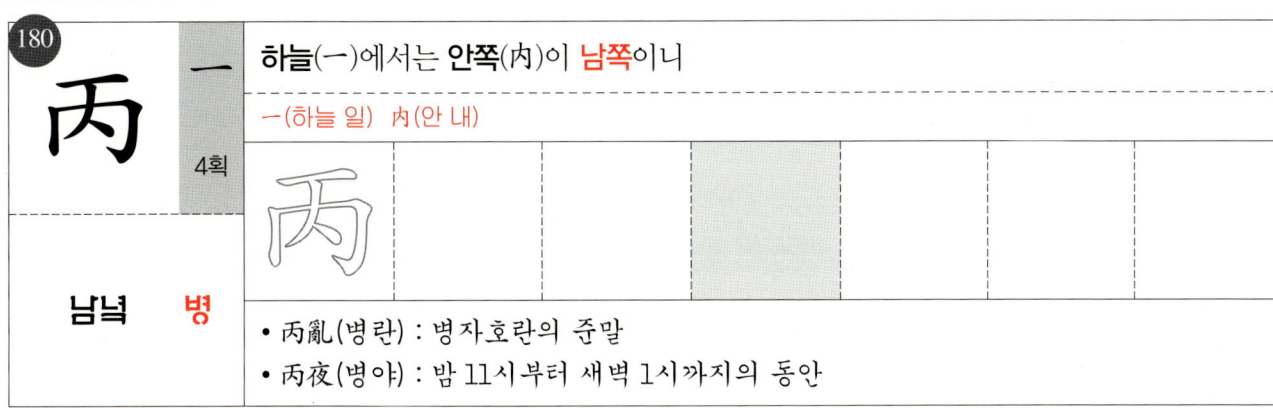

자원으로 한자 알기

* 옥(王)은 희고(白) 돌(　)은 푸르니　　　　☞
* 하늘(　)에서는 안쪽(內)이 남쪽이니　　　　☞

一思多得

175 培(북돋울 배)　倍(곱 배) 잘 구별하세요.

　培(북돋울 배) : **땅**(土)에 **서**(立) **입**(口)으로 말하여 사기를 **북돋우니**

　倍(곱 배) : **사람**(亻)이 **서**(立) **입**(口)으로 외치면 구경꾼이 **곱**으로 늘어나니

扌	+	= 拍(손뼉 칠 박)	손(扌)으로 아뢰려고(白) 손뼉 치니
辶	+ 白	= 迫(핍박할 박)	하얗게(白) 질려 뛰어(辶) 달아날 정도로 핍박하니
亻	+	= 伯(맏 백)	사람(亻) 중에서 머리가 흰(白) 사람이 맏이니

177 繁(번성할 번)　緊(긴할 긴) 잘 구별하세요.

　繁(번성할 번) : **매양**(每) 베틀을 **치며**(攵) **실**(糸)을 짜면 **번성하니**

　緊(긴할 긴) : **신하**(臣)가 **또**(又) **실**(糸)을 **긴하게 얽으니**

159

다음 한자를 나누고 **자원**을 쓰면서 익히세요.

拔 뽑을 발	=		+		+		+		+	
芳 꽃다울 방	=		+	
排 밀칠 배	=		+	
輩 무리 배	=		+	
培 북돋울 배	=		+		+	
伯 맏 백	=		+	
繁 번성할 번	=		+		+	
凡 무릇 범	=		+	
碧 푸를 벽	=		+		+	
丙 남녘 병	=		+	

160

다음 한자어의 **독음**을 쓰세요.

拔取	拔群	芳香	排出

排擊	先輩	培根	培養

伯父	畫伯	繁榮	繁盛

非凡	碧空	碧眼	丙亂

丙夜

 다음 한자어를 **한자**로 쓰세요.

뽑을 발 취할 취	꽃다울 방 향기 향	밀칠 배 날 출	먼저 선 무리 배

북돋울 배 뿌리 근	맏 백 아비 부	번성할 번 영화 영	아닐 비 평범할 범

푸를 벽 하늘 공	천간 병 어지러울 란	뽑을 발 무리 군	밀칠 배 칠 격

북돋울 배 기를 양	그림 화 뛰어날 백	번성할 번 성할 성	푸를 벽 눈 안

남녘 병 밤 야

예문으로 한자어 익히기(한자로 쓰인 단어의 뜻을 써보세요.)

1. 그는 신문에서 자기 일과 관련되는 기사를 꼭 **拔取**해 둔다.

2. 그는 동료 가운데에서 실력이 **拔群**하여 초고속 승진을 거듭하였다.

3. 숱이 많아 탐스러운 그녀의 머리에서 샴푸 냄새인지 모를 은은한 **芳香**이 풍겨 나왔다.

4. 쓰레기 종량제가 실시되자 쓰레기의 **排出**이 크게 줄었다.

5. 자기 생각과 다르다고 해서 무조건 **排擊**을 하는 건 옳지 않다.

6. 동아리 **先輩**와 점심을 먹었다.

7. **培根**작업을 하였다.

8. 세균을 **培養**하는 실험은 매우 조심스럽다.

9. 이번 주말에 **伯父**댁에 인사드리러 갈 계획이다.

10. 김**畫伯**은 아내 생일에 자신이 직접 그린 그림을 선물했다.

11. 민족이 고도로 **繁榮**하다.

12. 온 산에 초목이 **繁盛**하게 자라 있다.

13. 그는 **非凡**한 재주를 가졌다.

14. **碧空**에 흰 구름 하나가 떠 있다.

15. 처음 보는 **碧眼**의 선교사를 보자 백성들은 신기한 듯 그를 에워싸고 구경했다.

16. 조선 인조 14년, 청나라가 군신관계를 요구하며 침입해 **丙亂**이 일어났다.

17. 서울에 가신 아버지는 **丙夜**가 되어서야 돌아오셨다.

181 補 기울 도울 보	衤 7획	옷(衤)에 난 **큰**(甫) 구멍을 **기우니**
		衤(옷 의) 甫(클 보) *깁다 : 떨어지거나 해어진 곳에 다른 조각을 대거나 또는 그대로 꿰매다.
		• 補強(보강) : 보태거나 채워서 본디보다 더 튼튼하게 함 • 補完(보완) : 모자라거나 부족한 것을 보충하여 완전하게 함

182 譜 족보 보	言 12획	**말**(言)하며 혈연을 **널리**(普) 찾기 위하여 살피는 **족보**
		言(말씀 언) 普(넓을 보) *널리 혈연을 찾기 위해 말하며 족보를 살핀다는 뜻입니다.
		• 族譜(족보) : 한 가문의 계통과 혈통 관계를 적어 기록한 책 • 系譜(계보) : 조상 때부터 내려오는 혈통과 집안의 역사를 적은 책

183 腹 배 복	月 9획	**몸**(月) 중에서 **사람**(亠)들은 **해**(日)가 지면 **서서히**(夂) **배**고픔을 느끼니
		月(몸 월) 亠(사람 인) 日(해 일) 夂(뒤져 올 치)
		• 腹部(복부) : 배의 부분 • 空腹(공복) : 배 속이 비어 있는 상태

184 覆 다시 복 덮을 부	襾 12획	**덮어**(襾) 뚜껑으로 **다시**(復) **덮으니**
		襾(덮을 아) 復(다시 부) *안을 덮고 그 위를 뚜껑으로 다시 덮는다는 뜻입니다.
		• 覆蓋(복개) : 덮개 • 覆考(복고) : 이리저리 뒤집어가며 거듭 생각함

자원으로 한자 알기

* 옷(   )에 난 **큰**(甫) 구멍을 **기우니**
* 말(   )하며 혈연을 **널리**(普) 찾기 위하여 살피는 **족보**
* 몸(   ) 중에서 **사람**(亠)들은 **해**(日)가 지면 **서서히**(夂) **배**고픔을 느끼니
* 덮어(   ) 뚜껑으로 **다시**(復) **덮으니**

185 封 / 寸 / 6획 / 봉할 봉

땅(土)과 땅(土)을 나누어 **규칙**(寸)에 따라 제후를 **봉하니**

土(땅 토) 寸(규칙 촌) *옛날에는 왕이 신하에게 규칙에 따라 땅을 내려 주고 영주로 봉했습니다.

* 封(봉할 봉) : 임금이 신하에게 일정 정도의 땅을 내려 주고 영주로 삼다.
* 封地(봉지) : 제후를 봉하여 준 땅

186 逢 / 辶 / 7획 / 만날 봉

만나려고(夆) 뛰어(辶)가 서로 **만나니**

夂(천천히 걸을 쇠) 三(석 삼) ㅣ(뚫을 곤) 辶(뛸 착)

* 夆(만날 봉) : 천천히 걸어(夂)가 세(三) 개를 뚫고(ㅣ) 만나니
* 相逢(상봉) : 서로 만남

187 峯 / 山 / 7획 / 봉우리 봉

산(山)이 만나(夆) 이루어진 **봉우리**

山(산 산) 夆(만날 봉) *봉우리 : 산에서 뾰족하게 높이 솟은 부분

* 高峯(고봉) : 높은 산봉우리
* 峯雲(봉운) : 산봉우리에 끼여 있는 구름

188 鳳 / 鳥 / 3획 / 봉황새 봉

무릇(凡) 새(鳥) 중의 으뜸은 **봉황새니**

凡(무릇 범) 鳥(새 조) *봉황 : 새 중의 으뜸으로 상서로움을 상징하는 상상의 새

* 鳳鳥(봉조) : 봉황
* 鳳德(봉덕) : 성인군자의 덕

자원으로 한자 알기

* 땅(土)과 땅(土)을 나누어 **규칙**(　) 에 따라 제후를 **봉하니**
* 만나려고(夆) 뛰어(　)가 서로 **만나니**
* 산(　)이 만나(夆) 이루어진 **봉우리**
* 무릇(凡) 새(　) 중의 으뜸은 **봉황새니**

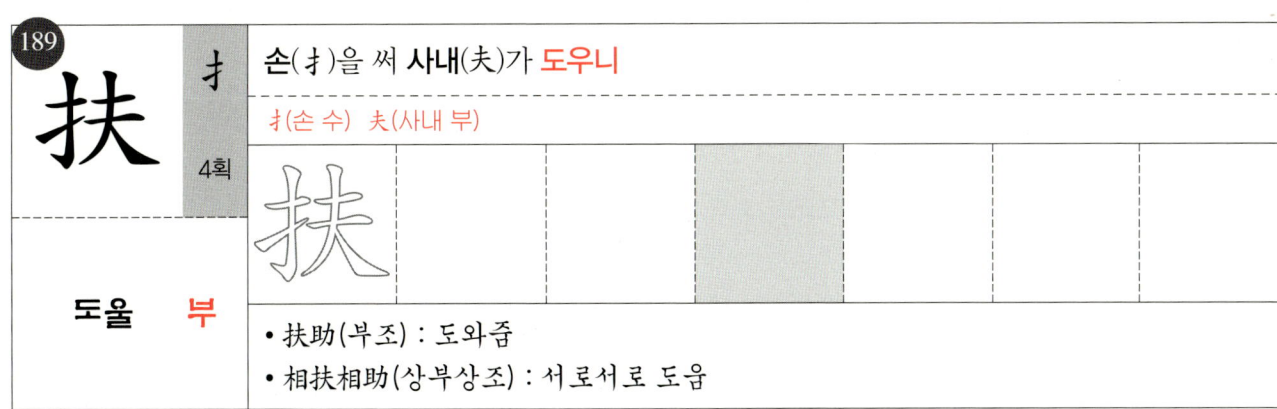

189 扶 4획	扌	손(扌)을 써 사내(夫)가 도우니
		扌(손 수) 夫(사내 부)
도울 **부**		• 扶助(부조) : 도와줌 • 相扶相助(상부상조) : 서로서로 도움

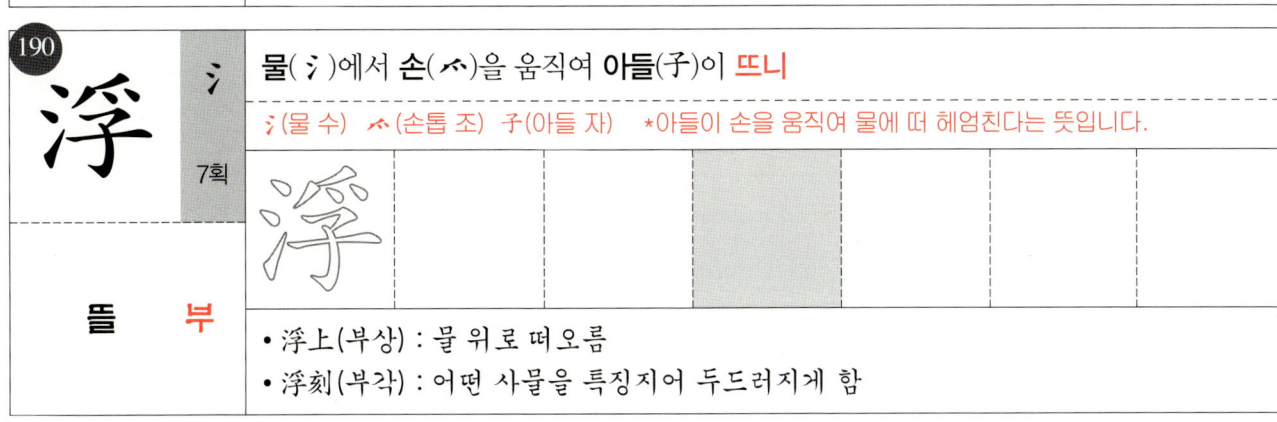

190 浮 7획	氵	물(氵)에서 손(爫)을 움직여 아들(子)이 뜨니
		氵(물 수) 爫(손톱 조) 子(아들 자) *아들이 손을 움직여 물에 떠 헤엄친다는 뜻입니다.
뜰 **부**		• 浮上(부상) : 물 위로 떠오름 • 浮刻(부각) : 어떤 사물을 특징지어 두드러지게 함

자원으로 한자 알기

* 손(   )을 써 **사내**(夫)가 **도우니**   ☞
* 물(   )에서 **손**(爫)을 움직여 **아들**(子)이 **뜨니**   ☞

一思多得

183 腹(배 복) 複(겹칠 복) 復(다시 부, 돌아올 복) 잘 구별하세요.

腹(배 복) : **몸**(月) 중에서 **사람**(亻)들은 **해**(日)가 지면 **서서히**(夂) 배고픔을 느끼니
複(겹칠 복) : **옷**(衤)을 **사람**(亻)들이 **해**(日)가 져 추워지자 **서서히**(夂) **겹쳐** 입으니
復(다시 부, 돌아올 복) : **걸어서**(彳) **사람**(亻)들이 **해**(日)가 지자 **천천히 걸어**(夂) **다시 돌아오니**

木	+		=	村(마을 촌)	나무(木)로 규칙(寸)에 따라 집을 지은 **마을**
而	+	寸	=	耐(견딜 내)	수염(而)이 마디마디(寸) 잘리는 모욕을 참고 **견디니**
土 土	+		=	封(봉할 봉)	땅(土)과 땅(土)을 나누어 규칙(寸)에 따라 제후를 **봉하니**

다음 한자를 나누고 **자원**을 쓰면서 익히세요.

補 기울 보 = ☐ + ☐

譜 족보 보 = ☐ + ☐

腹 배 복 = ☐ + ☐ + ☐ + ☐

覆 다시 복 = ☐ + ☐

封 봉할 봉 = ☐ + ☐ + ☐

逢 만날 봉 = ☐ + ☐

峯 봉우리 봉 = ☐ + ☐

鳳 봉황새 봉 = ☐ + ☐

扶 도울 부 = ☐ + ☐

浮 뜰 부 = ☐ + ☐ + ☐

다음 한자어의 **독음**을 쓰세요.

補 強	補 完	族 譜	系 譜
腹 部	空 腹	覆 蓋	覆 考
封 地	相 逢	高 峯	峯 雲
鳳 鳥	鳳 德	扶 助	浮 上
浮 刻			

 다음 한자어를 **한자**로 쓰세요.

도울 보 강할 강	겨레 족 족보 보	배 복 부분 부	엎어질 복 덮개 개
봉할 봉 땅 지	서로 상 만날 봉	높을 고 봉우리 봉	봉황새 봉 새 조
도울 부 도울 조	뜰 부 윗 상	도울 보 완전할 완	혈통 계 족보 보
빌 공 배 복	다시 복 생각할 고	봉우리 봉 구름 운	봉황새 봉 덕 덕
뜰 부 새길 각			

예문으로 **한자어** 익히기(한자로 쓰인 단어의 뜻을 써보세요.)

1. 그 회사는 전문 인력을 補強할 예정이다.

2. 이 법의 시행에 허점이 있어 제도적으로 대폭 補完이 필요하다.

3. 族譜를 따지다.

4. 제삿날이면 아버지와 나는 김씨 系譜를 차근차근 살펴본다.

5. 상대선수의 腹部를 겨냥해 펀치를 날렸다.

6. 이 약은 하루에 한번 空腹에 드시오.

7. 지난해 하천 覆蓋 공사로 지금은 넓은 주차장이 생겼다.

8. 사형수를 覆考하는 법을 내렸다.

9. 그대가 내 땅에 머물러 살기를 청하면 천 리를 베어 그대의 封地로 주겠다.

10. 두 모자는 십 년 만의 相逢에 목이 메어 울음을 그칠 줄을 몰랐다.

11. 히말라야 산맥의 高峯을 오르는 게 내 목표이자 꿈이다.

12. 峯雲에 싸여 있는 산봉우리의 모습이 마치 한 폭의 산수화 같다.

13. 鳳鳥에 닭을 비교한다.

14. 공자의 鳳德을 기리다.

15. 지폐가 흔하지 않던 시절에는 이웃에게 주로 쌀을 扶助했다.

16. 그의 소설이 일약 베스트셀러로 浮上하였다.

17. 실업 문제는 우리 사회의 가장 큰 문제로 浮刻되고 있다.

191	付	亻 3획	사람(亻)들에게 규칙(寸)에 따라 주니
			亻(사람 인) 寸(규칙 촌)
줄	부		• 交付(교부) : 내어 줌 • 配付(배부) : 나누어 줌

192	符	竹 5획	대(竹)에 글을 써 주어(付) 부호로 삼으니
			竹(대 죽) 付(줄 부) *종이가 발명되기 전에는 대를 쪼개 엮어서 글을 썼다고 합니다.
부호 들어맞을	부		• 符號(부호) : 일정한 뜻을 나타내기 위하여 따로 정하여 쓰는 기호 • 符合(부합) : 사물이나 현상이 서로 꼭 들어맞음

193	附	阝 5획	언덕(阝)에서 정을 주고(付) 받으며 붙어사니
			阝(언덕 부) 付(줄 부) *사람들이 언덕에 집을 짓고 서로 정을 주고받으며 붙어산다는 뜻입니다.
붙을	부		• 附錄(부록) : 끝에 덧붙이는 기록 • 附着(부착) : 떨어지지 아니하게 붙음

194	簿	竹 13획	대(竹)를 물(氵)에 불려 크게(甫) 펴 마디마디(寸) 글을 기록한 문서
			竹(대 죽) 氵(물 수) 甫(클 보) 寸(마디 촌)
문서	부		• 簿記(부기) : 재산의 출납, 변동의 기입을 똑똑히 하여 장부에 정리하는 일 • 名簿(명부) : 어떤 일에 관련된 사람의 이름, 주소, 직업 따위를 적어 놓은 장부

자원으로 한자 알기

* 사람(   )들에게 규칙(寸)에 따라 주니
* 대(   )에 글을 써 주어(付) 부호로 삼으니
* 언덕(   )에서 정을 주고(付) 받으며 붙어사니
* 대(   )를 물(氵)에 불려 크게(甫) 펴 마디마디(寸) 글을 기록한 문서

195 腐 썩을 부	肉 8획	관청(府)의 고기(肉)가 **썩으니**
		府(관청 부) 肉(고기 육) *백성들은 굶주리는데 관청의 창고는 넘쳐나 썩는다는 뜻입니다.
		• 腐敗(부패) : 정치, 사상, 의식 따위가 타락함 • 腐葉土(부엽토) : 풀이나 낙엽 따위가 썩어서 된 흙

196 賦 매길 부세 부	貝 8획	돈(貝)으로 군사(武) 비용을 조달하기 위하여 세금을 **매기니**
		貝(돈 패) 武(군사 무) *부세 : 세금을 매겨서 부과하는 일
		• 賦與(부여) : 지니거나 갖도록 해 줌 • 賦課(부과) : 세금이나 부담금 따위를 매기어 부담하게 함

197 奔 달릴 분	大 6획	크게(大) 열(十) 명이 두 손 잡고(廾) **달리니**
		大(큰 대) 十(열 십) 廾(두 손 잡을 공)
		• 奔走(분주) : 몹시 바쁘게 뛰어다님 • 奔放(분방) : 규칙이나 규범 따위에 구애받지 아니하고 제멋대로임

198 奮 떨칠 분	大 13획	크게(大) 새(隹)가 날개 치며 밭(田)에서 위엄을 **떨치며** 나니
		大(큰 대) 隹(새 추) 田(밭 전)
		• 奮起(분기) : 분발하여 일어남 • 興奮(흥분) : 어떤 자극을 받아 감정이 북받쳐 일어남

자원으로 한자 알기

* 관청(府)의 고기(   )가 **썩으니**
* 돈(   )으로 군사(武) 비용을 조달하기 위하여 세금을 **매기니**
* 크게(   ) 열(十) 명이 두 손 잡고(廾) **달리니**
* 크게(   ) 새(隹)가 날개 치며 밭(田)에서 위엄을 **떨치며** 나니

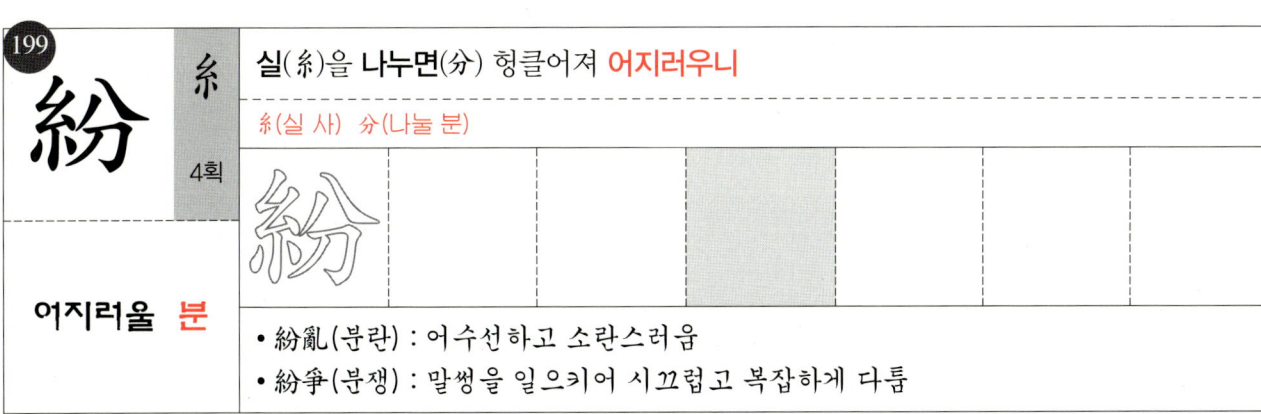

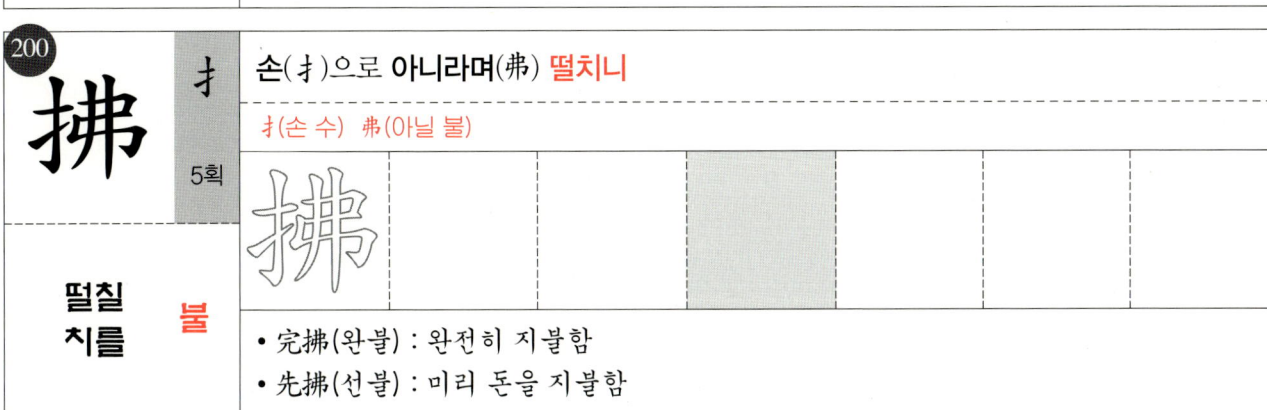

자원으로 한자 알기

* 실(   )을 나누면(分) 헝클어져 어지러우니
* 손(   )으로 아니라며(弗) 떨치니

一思多得

194 簿(문서 부) 薄(엷을 박) 잘 구별하세요.

簿(문서 부) : 대(竹)를 물(氵)에 불려 크게(甫) 펴 마디마디(寸) 글을 기록한 **문서**

薄(엷을 박) : 풀(艹)에 물(氵)을 크게(甫) 마디마디(寸) **엷게** 뿌리니

糸	+	文	=	紋(무늬 문)	실(糸)로 글(文)을 써 새긴 **무늬**
	+	分	=	紛(어지러울 분)	실(糸)을 나누면(分) 헝클어져 **어지러우니**

亻	+	弗	=	佛(부처 불)	사람(亻)이 아닌(弗) 듯 도를 깨우친 **부처**
扌	+		=	拂(떨칠 불)	손(扌)으로 아니라며(弗) **떨치니**

다음 한자를 나누고 **자원**을 쓰면서 익히세요.

付 = ☐ + ☐
줄 부

符 = ☐ + ☐
부호 부

附 = ☐ + ☐
붙을 부

簿 = ☐ + ☐ + ☐ + ☐
문서 부

腐 = ☐ + ☐
썩을 부

賦 = ☐ + ☐
매길 부

奔 = ☐ + ☐ + ☐
달릴 분

奮 = ☐ + ☐ + ☐
떨칠 분

紛 = ☐ + ☐
어지러울 분

拂 = ☐ + ☐
떨칠 불

다음 한자어의 **독음**을 쓰세요.

交付	配付	符號	符合
附錄	附着	簿記	名簿
腐敗	賦與	賦課	奔走
奔放	奮起	興奮	紛亂
紛爭	完拂	先拂	

다음 한자어를 **한자**로 쓰세요.

건넬 교 / 줄 부	부호 부 / 부호 호	붙을 부 / 기록할 록	문서 부 / 기록할 기
썩을 부 / 패할 패	매길 부 / 줄 여	달릴 분 / 달릴 주	떨칠 분 / 일어날 기
어지러울 분 / 어지러울 란	완전할 완 / 치를 불	나눌 배 / 줄 부	들어맞을 부 / 합할 합
붙을 부 / 붙을 착	이름 명 / 문서 부	매길 부 / 부과할 과	달릴 분 / 방자할 방
일 흥 / 떨칠 분	어지러울 분 / 다툴 쟁	먼저 선 / 치를 불	

예문으로 한자어 익히기 (한자로 쓰인 단어의 뜻을 써보세요.)

1. 대학 입시 원서 **交付**가 오늘부터 시작되었다.

2. 입사 원서 **配付**는 희망자에 한해 무상으로 합니다.

3. 그는 수첩을 꺼내 자기만 알 수 있는 **符號**를 더듬어 보며 빙긋 웃곤 한다.

4. 그의 추리는 사실과 잘 **符合**된 것이었다.

5. 여성 고객을 잡기위해 그 잡지는 연말 **附錄**으로 가계부를 준다.

6. 가슴에 이름표를 **附着**하세요.

7. 자산, 자본, 부채의 수지·증감 따위를 밝히는 기장법을 **簿記**라 한다.

8. 포교는 동임이 가져온 동네 사람들 **名簿**를 들고 호명을 했다.

9. 조정의 **腐敗**한 정사를 생각한다면 실로 통탄하기 짝이 없는 일이었다.

10. 우리 팀에 중요한 업무가 **賦與**되었다.

11. 정부는 생필품의 수출입에는 관세 **賦課**를 없앨 예정이다.

12. 오늘 하루 **奔走**하게 지냈다.

13. 종교적 수행으로 격류처럼 용솟음치는 정열의 **奔放**을 제어했다.

14. 주민들은 부당한 처사에 **奮起**하여 일제히 구청으로 몰려갔다.

15. 온 궁궐 안이 경사스러운 소식을 접하고 **興奮**에 빠져들었다.

16. 경선을 할 것인가를 놓고 당 내부에서 적잖은 **紛亂**이 일어났다.

17. 기독교는 이슬람교와 종교 문제로 오랫동안 **紛爭**하였다.

18. 물품 대금이 아직 **完拂**되지 않은 채로 남아 있다.

19. 사장은 상을 당한 직원에게 월급을 **先拂**해 주었다.

자원으로 한자 알기.

151. 없어진(莫) 후에야 마음(   )에 그리워하니

152. 말(   )하여 아무(某) 일이나 꾀하니

153. 사나운 짐승(   )처럼 흰(白) 탈을 쓰고 걷는 사람(儿)의 모양

154. 눈(   )을 바라보며 언덕(坴)에서 화목하게 지내니

155. 물(   )에 싸여(勹) 또(又) 빠지니

156. 풀(艹) 속에서 그물(罒)을 덮고(冖) 저녁(   )에 자면서 꿈꾸니

157. 풀(   )에 덮여(冖) 있는 한(一) 마리의 돼지(豕)처럼 어리석으니

158. 풀(   )이 무성하니(戊)

159. 토끼(卯)를 돈(   )과 바꾸어 무역하니

160. 검은(   ) 밤에는 개(犬)도 짖지 않고 잠잠하니

161. 검은(黑) 흙(   )으로 만든 먹

162. 실(   )로 글(文)을 써 새긴 무늬

163. 물건을 싸(   ) 끈(丿)과 끈(丿)을 교차시켜 묶어 없애니

164. 걸어가(   ) 산(山)에서 하나(一)의 책상(几)을 만들려고 작은 나무를 치니(攵)

165. 지붕(   )처럼 꼬리를 덮고 있는 털(毛)

166. 풀(   )에 물(氵)을 크게(甫) 마디마디(寸) 엷게 뿌리니

167. 하얗게(白) 질려 뛰어(   ) 달아날 정도로 핍박하니

168. 먹을(   ) 것 중에서 반복(反)하여 먹는 밥

169. 일반적으로 배(   )는 몽둥이(殳) 같은 노를 저어 옮기니

170. 음식을 옮길(般) 때 쓰는 그릇(   )은 소반이니

171. 손(   )과 손(ナ)을 삐치고(丿) 파여(乀) 점(丶)을 뽑으니

172. 풀(   )에서 사방(方)으로 꽃다운 향기가 나니

173. 손(   )으로 아니(非)라며 밀치니

174. 정상이 아닐(非) 정도로 수레(   )에 많이 탄 무리

175. 땅(   )에 서(효) 입(口)으로 말하여 사기를 북돋우니

175

 **자원**으로 한자 알기.

176. **사람**( ) 중에서 머리가 **흰**(白) 사람이 **맏**이니

177. **매양**(每) 베틀을 **치며**(攵) **실**( )을 짜면 **번성하니**

178. **책상**( )에 있는 **점**(丶)은 **무릇** 흔하니

179. **옥**(王)은 **희고**(白) **돌**( )은 **푸르니**

180. **하늘**( )에서는 **안쪽**(內)이 **남쪽**이니

181. **옷**( )에 난 **큰**(甫) 구멍을 **기우니**

182. **말**( )하며 혈연을 **널리**(普) 찾기 위하여 살피는 **족보**

183. **몸**( ) 중에서 **사람**(人)들은 **해**(日)가 지면 **서서히**(夂) 배고픔을 느끼니

184. **덮어**( ) 뚜껑으로 **다시**(復) 덮으니

185. **땅**(土)과 **땅**(土)을 나누어 **규칙**( )에 따라 제후를 **봉하니**

186. **만나려고**(夆) **뛰어**( )가 서로 **만나니**

187. **산**( )이 **만나**(夆) 이루어진 **봉우리**

188. **무릇**(凡) **새**( ) 중의 으뜸은 **봉황새**니

189. **손**( )을 써 **사내**(夫)가 **도우니**

190. **물**( )에서 **손**(爫)을 움직여 **아들**(子)이 **뜨니**

191. **사람**( )들에게 **규칙**(寸)에 따라 **주니**

192. **대**( )에 글을 써 **주어**(付) **부호**로 삼으니

193. **언덕**( )에서 정을 **주고**(付) 받으며 **붙어사니**

194. **대**( )를 **물**(氵)에 불려 **크게**(甫) 펴 마디**마디**(寸) 글을 기록한 **문서**

195. **관청**(府)의 **고기**( )가 **썩으니**

196. **돈**( )으로 **군사**(武) 비용을 조달하기 위하여 세금을 **매기니**

197. **크게**( ) **열**(十) 명이 두 손 잡고(廾) **달리니**

198. **크게**( ) **새**(隹)가 날개 치며 **밭**(田)에서 위엄을 **떨치며** 나니

199. **실**( )을 **나누면**(分) 헝클어져 **어지러우니**

200. **손**( )으로 **아니라며**(弗) **떨치니**

176

다음 한자의 **뜻**과 **음**을 쓰세요.

慕	謀	貌	睦	沒	夢	蒙
茂	貿	默	墨	紋	勿	微
尾	薄	迫		飯	般	盤
拔	芳				排	輩
培						伯

3Ⅱ 151-200번 형성평가

繁	凡				碧	丙
補	譜	腹		覆	封	逢
峯	鳳	扶	浮	付	符	附
簿	腐	賦	奔	奮	紛	拂

다음 뜻과 음을 지닌 **한자**를 쓰세요.

그릴 모	꾀할 모	모양 모	화목할 목	빠질 몰	꿈 몽	어리석을 몽
무성할 무	무역할 무	잠잠할 묵	먹 묵	무늬 문	말 물	작을 미
꼬리 미	엷을 박	핍박할 박		밥 반	일반 반	소반 반
뽑을 발	꽃다울 방				밀칠 배	무리 배
북돋울 배			3Ⅱ 151-200번 형성평가			맏 백
번성할 번	무릇 범				푸를 벽	남녘 병
기울 보	족보 보	배 복		다시 복	봉할 봉	만날 봉
봉우리 봉	봉황새 봉	도울 부	뜰 부	줄 부	부호 부	붙을 부
문서 부	썩을 부	부세 부	달릴 분	떨칠 분	어지러울 분	떨칠 불

201 妃 왕비 비	女 3획	여자(女)의 몸(己)으로 왕비가 되니
		女(계집 녀) 己(몸 기)
		• 王妃(왕비) : 임금의 아내 • 大妃(대비) : 선왕의 후비

202 卑 낮을 비	十 6획	끈(ノ)으로 갑옷(甲)을 묶어서 입은 열(十) 명은 지위가 낮으니
		ノ(끈 별) 甲(갑옷 갑) 十(열 십) *지위의 높고 낮음에 따라 띠를 가죽과 끈으로 하였습니다.
		• 卑下(비하) : 업신여겨 낮춤 • 卑賤(비천) : 지위나 신분이 낮고 천함

203 婢 계집종 비	女 8획	여자(女) 중에서 신분이 낮은(卑) 계집종
		女(계집 녀) 卑(낮을 비)
		• 婢女(비녀) : 계집종 • 奴婢(노비) : 사내종과 계집종을 아울러 이르는 말

204 肥 살찔 비	月 4획	몸(月)이 땅(巴)에서 난 음식물을 먹어 살찌니
		月(몸 월) 巴(땅이름 파) *제 땅에서 난 농산물을 먹고 몸이 살찐다는 뜻입니다.
		• 肥滿(비만) : 살이 쪄서 몸이 뚱뚱함 • 肥大(비대) : 몸에 살이 쪄서 크고 뚱뚱함

자원으로 한자 알기

* 여자(　)의 몸(己)으로 왕비가 되니
* 끈(ノ)으로 갑옷(甲)을 묶어서 입은 열(　) 명은 지위가 낮으니
* 여자(　) 중에서 신분이 낮은(卑) 계집종
* 몸(　)이 땅(巴)에서 난 음식물을 먹어 살찌니

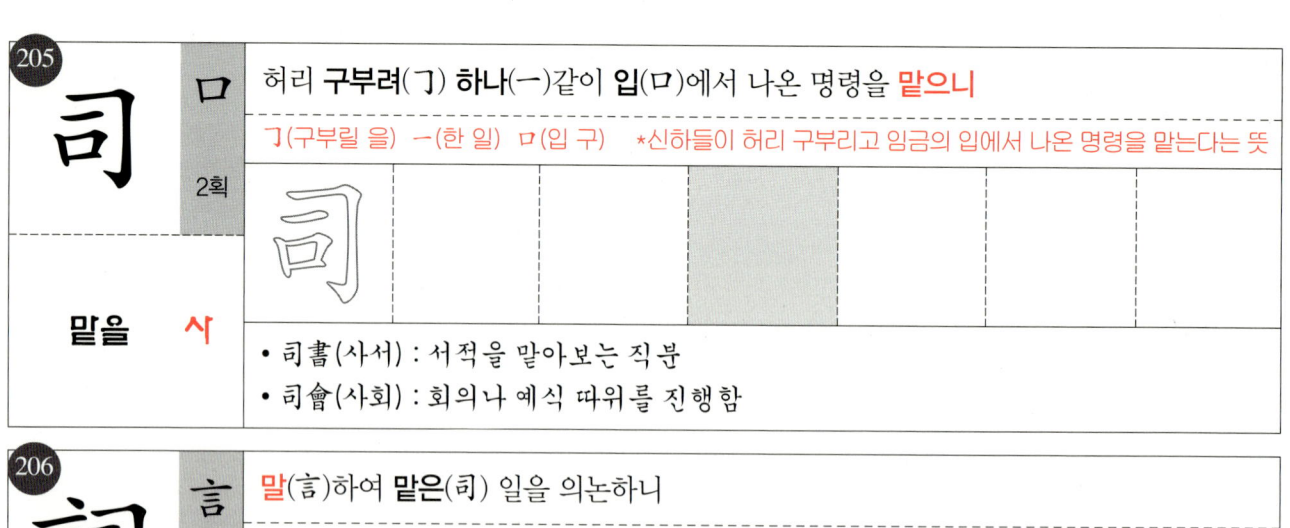

205 司 (말을 사) — 2획

허리 **구부려(勹) 하나(一)**같이 **입(口)**에서 나온 명령을 **맡으니**

勹(구부릴 을) 一(한 일) 口(입 구)   *신하들이 허리 구부리고 임금의 입에서 나온 명령을 맡는다는 뜻

- 司書(사서): 서적을 맡아보는 직분
- 司會(사회): 회의나 예식 따위를 진행함

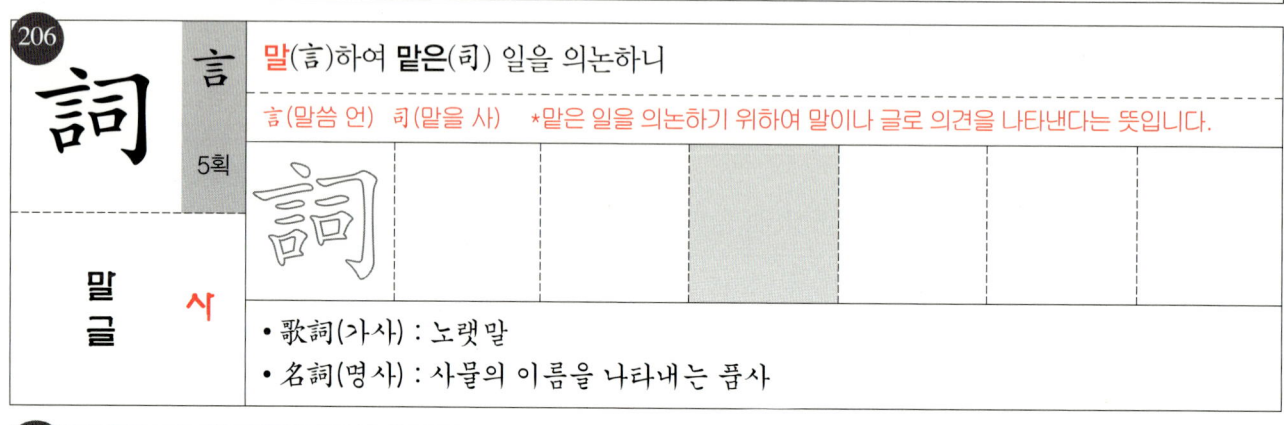

206 詞 (말글 사) — 5획

말(言)하여 **맡은(司)** 일을 의논하니

言(말씀 언) 司(맡을 사)   *맡은 일을 의논하기 위하여 말이나 글로 의견을 나타낸다는 뜻입니다.

- 歌詞(가사): 노랫말
- 名詞(명사): 사물의 이름을 나타내는 품사

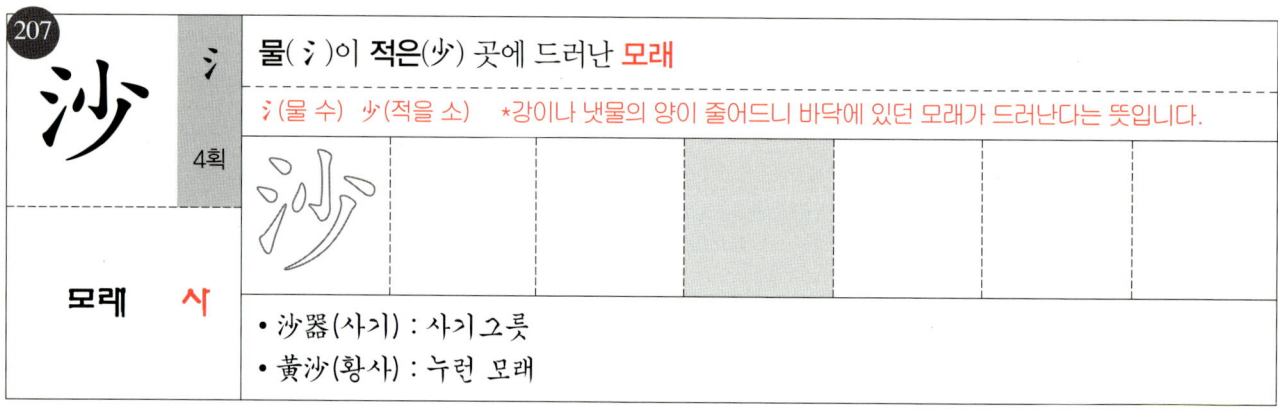

207 沙 (모래 사) — 4획

물(氵)이 **적은(少)** 곳에 드러난 **모래**

氵(물 수) 少(적을 소)   *강이나 냇물의 양이 줄어드니 바닥에 있던 모래가 드러난다는 뜻입니다.

- 沙器(사기): 사기그릇
- 黃沙(황사): 누런 모래

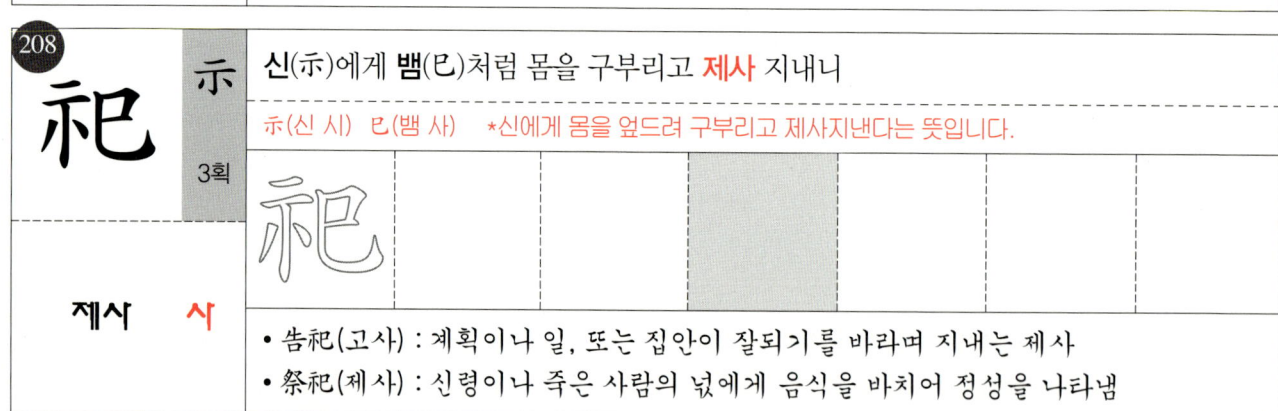

208 祀 (제사 사) — 3획

신(示)에게 **뱀(巳)**처럼 몸을 구부리고 **제사** 지내니

示(신 시) 巳(뱀 사)   *신에게 몸을 엎드려 구부리고 제사지낸다는 뜻입니다.

- 告祀(고사): 계획이나 일, 또는 집안이 잘되기를 바라며 지내는 제사
- 祭祀(제사): 신령이나 죽은 사람의 넋에게 음식을 바치어 정성을 나타냄

자원으로 한자 알기

* 허리 **구부려(勹) 하나(一)**같이 **입(   )**에서 나온 명령을 **맡으니**   ☞
* **말(   )**하여 **맡은(司)** 일을 의논하니   ☞
* **물(   )**이 **적은(少)** 곳에 드러난 **모래**   ☞
* **신(   )**에게 **뱀(巳)**처럼 몸을 구부리고 **제사** 지내니   ☞

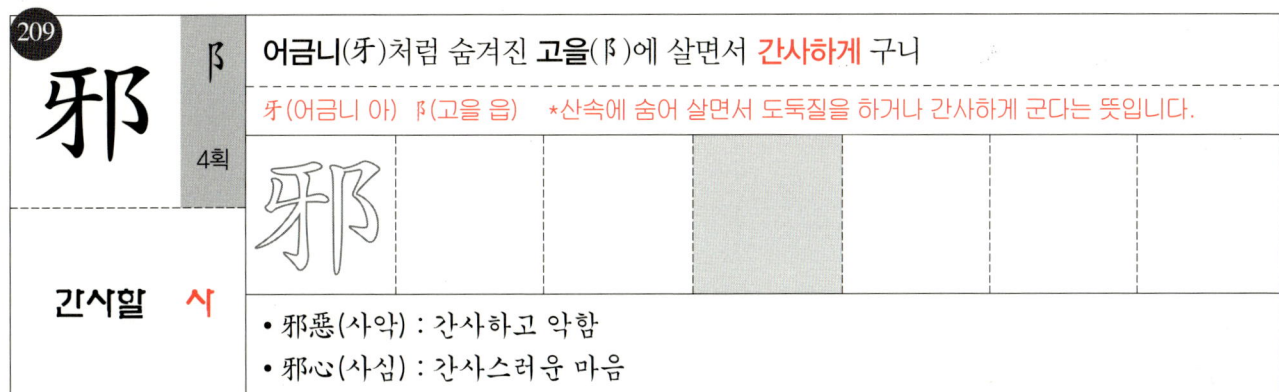

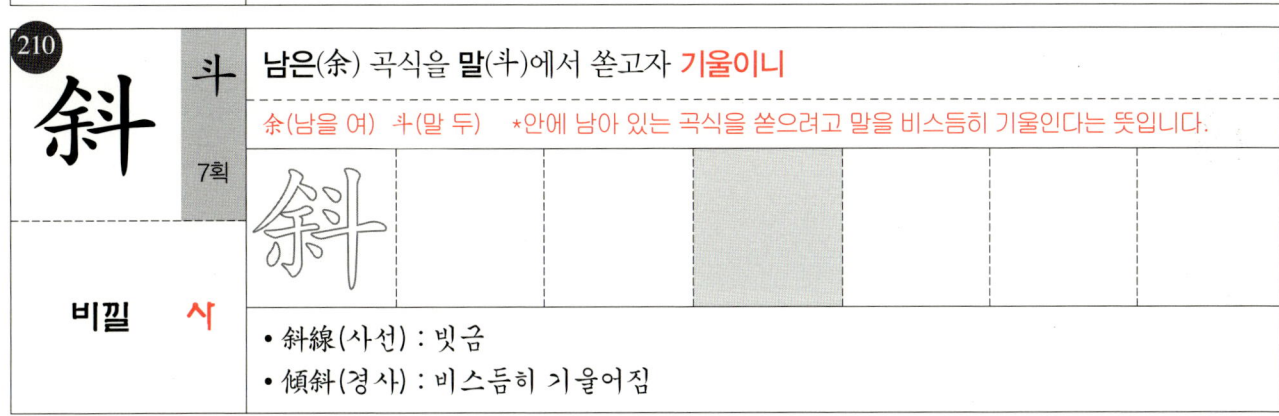

자원으로 한자 알기

* 어금니(牙)처럼 숨겨진 **고을**(　　)에 살면서 **간사하게** 구니　　☞
* 남은(余) 곡식을 **말**(　　)에서 쏟고자 **기울이니**　　☞

一思多得

石	+	卑	= 碑(비석 비)	돌(石)을 깎아 **낮게**(卑) 세운 **비석**
女	+		= 婢(계집종 비)	**여자**(女) 중에서 신분이 **낮은**(卑) **계집종**

者	+	阝	= 都(도읍 도)	**사람**(者)들이 많이 모여 사는 **고을**(阝)은 **도읍**이니
牙	+		= 邪(간사할 사)	어금니(牙)처럼 숨겨진 **고을**(阝)에 살면서 **간사하게** 구니

禾	+	斗	= 科(과목 과)	**벼**(禾)를 **말**(斗)로 헤아려 구분하듯 구분해 놓은 **과목**
米	+		= 料(헤아릴 료)	**쌀**(米)의 양을 **말**(斗)로 **헤아려 값**을 정하니
余	+		= 斜(비낄 사)	남은(余) 곡식을 **말**(斗)에서 쏟고자 **기울이니**

다음 한자를 나누고 **자원**을 쓰면서 익히세요.

妃 왕비 비 = ☐ + ☐

卑 낮을 비 = ☐ + ☐ + ☐

婢 계집종 비 = ☐ + ☐

肥 살찔 비 = ☐ + ☐

司 맡을 사 = ☐ + ☐ + ☐

詞 말 사 = ☐ + ☐

沙 모래 사 = ☐ + ☐

祀 제사 사 = ☐ + ☐

邪 간사할 사 = ☐ + ☐

斜 비낄 사 = ☐ + ☐

다음 한자어의 **독음**을 쓰세요.

王妃	大妃	卑下	卑賤

婢女	奴婢	肥滿	肥大

司書	司會	歌詞	名詞

沙器	黃沙	告祀	祭祀

邪惡	邪心	斜線	傾斜

 다음 한자어를 **한자**로 쓰세요.

임금 왕	왕비 비	낮을 비	아래 하	계집종 비	계집 녀	살찔 비	찰 만
맡을 사	책 서	노래 가	말 사	모래 사	그릇 기	고할 고	제사 사
간사할 사	악할 악	비낄 사	줄 선	큰 대	왕비 비	낮을 비	천할 천
종 노	계집종 비	살찔 비	큰 대	맡을 사	모임 회	이름 명	말 사
누를 황	모래 사	제사 제	제사 사	간사할 사	마음 심	기울 경	비낄 사

예문으로 한자어 익히기 (한자로 쓰인 단어의 뜻을 써보세요.)

1. 후궁을 **王妃**로 책봉하다.

2. 임금이 어려 **大妃**가 수렴청정을 하였다.

3. 지나친 **卑下**는 스스로를 위해서도 좋은 일이 아니다.

4. 질병의 재난에 생활고까지 겹쳐 먹고사는 데 여념이 없는 **卑賤**한 생활로 전락해 갔다.

5. 집안이 어려워지자 **婢女**로 팔려갔다.

6. 조선시대의 **奴婢**는 사람이라기보다는 마소와 같은 취급을 받아왔다.

7. **肥滿**을 치료하다.

8. 그토록 **肥大**하던 그의 몸이 지금은 몰라보리만큼 여위고 피폐했다.

9. 그녀는 학교 도서관에서 **司書**로 일하고 있다.

10. 친구의 결혼식 때 **司會**를 맡기로 했다.

11. 노래의 **歌詞**를 외우다.

12. 특정한 사람이나 물건에 쓰이는 이름을 고유 **名詞**라 한다.

13. 하얀 **沙器** 접시에 소담스럽게 담긴 김치가 참 맛있어 보였다.

14. 봄철만 되면 중국에서 넘어오는 모래, 먼지로 **黃沙** 현상이 매년 심각해지고 있다.

15. 터주에게 **告祀**를 드리다.

16. **祭祀**보다 젯밥에 정신이 있다.

17. 인현 왕후는 장희빈의 **邪惡**이 백일하에 드러나는 바람에 다시 복위 되었다.

18. 전쟁은 어떤 명목으로든 **邪心**으로 빚어진 인류 최대의 죄악이자 최대의 형벌이다.

19. 두 줄기의 강한 헤드라이트 불빛 속에 **斜線**으로 뿌리는 빗줄기가 보기에도 시원하다.

20. 그 산은 **傾斜**가 급해서 오르기가 힘들다.

211 蛇 긴 뱀 사	虫 5획	벌레(虫)처럼 집(宀)에 구부리고(乚) 있는 긴 뱀
		虫(벌레 충) 宀(집 면) 乚(구부릴 비)
		蛇
		• 蛇毒(사독) : 뱀독 • 蛇足(사족) : 쓸데없는 일을 함

212 削 깎을 삭	刂 7획	작게(小) 몸(月)체를 칼(刂)로 깎으니
		小(작을 소) 月(몸 월) 刂(칼 도) *어떤 형체를 보고 닮도록 나무나 돌을 칼로 깎는다는 뜻입니다.
		削
		• 削減(삭감) : 깎아서 줄임 • 削髮(삭발) : 머리털을 깎음

213 森 수풀 빽빽할 삼	木 8획	나무(木)가 수풀(林)처럼 빽빽하게 우거지니
		木(나무 목) 林(수풀 림)
		森
		• 森林(삼림) : 나무가 많이 우거진 숲 • 森嚴(삼엄) : 무서우리만큼 질서가 바로 서고 엄숙함

214 喪 잃을 상	口 9획	잃어버려 하나(一)같이 입(口)과 입(口)으로 엉엉 울며 옷(衣)으로 눈물을 닦으니
		一(한 일) 口(입 구) 衣(옷 의 변형) *잃고 슬퍼서 옷으로 눈물을 닦으며 입으로 엉엉 운다는 뜻
		喪
		• 喪失(상실) : 어떤 것이 아주 없어지거나 사라짐 • 喪心(상심) : 근심 걱정으로 마음이 산란하고 맥이 빠짐

자원으로 한자 알기

* 벌레(   )처럼 집(宀)에 구부리고(乚) 있는 긴 뱀   ☞
* 작게(小) 몸(月)체를 칼(   )로 깎으니   ☞
* 나무(   )가 수풀(林)처럼 빽빽하게 우거지니   ☞
* 잃어버려 하나(一)같이 입(   )과 입(口)으로 엉엉 울며 옷(衣)으로 눈물을 닦으니   ☞

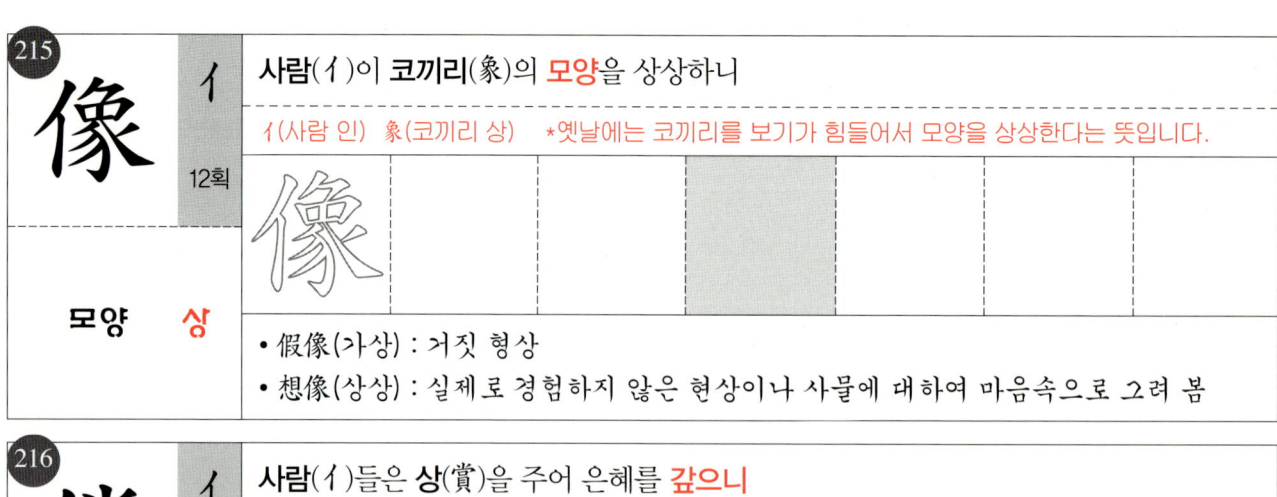

215 像 (12획) — 모양 상

사람(亻)이 코끼리(象)의 **모양**을 상상하니

亻(사람 인) 象(코끼리 상) *옛날에는 코끼리를 보기가 힘들어서 모양을 상상한다는 뜻입니다.

- 假像(가상) : 거짓 형상
- 想像(상상) : 실제로 경험하지 않은 현상이나 사물에 대하여 마음속으로 그려 봄

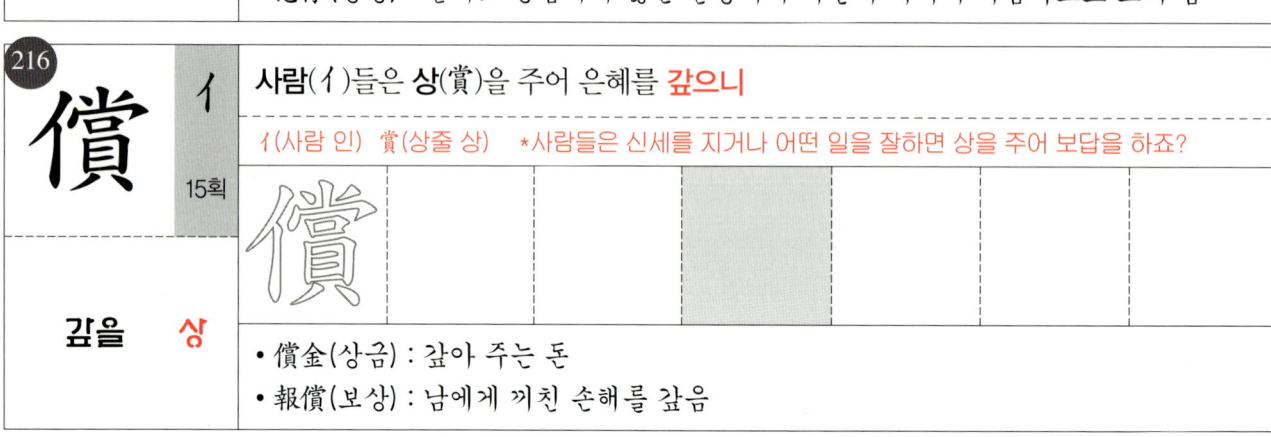

216 償 (15획) — 갚을 상

사람(亻)들은 상(賞)을 주어 은혜를 **갚으니**

亻(사람 인) 賞(상줄 상) *사람들은 신세를 지거나 어떤 일을 잘하면 상을 주어 보답을 하죠?

- 償金(상금) : 갚아 주는 돈
- 報償(보상) : 남에게 끼친 손해를 갚음

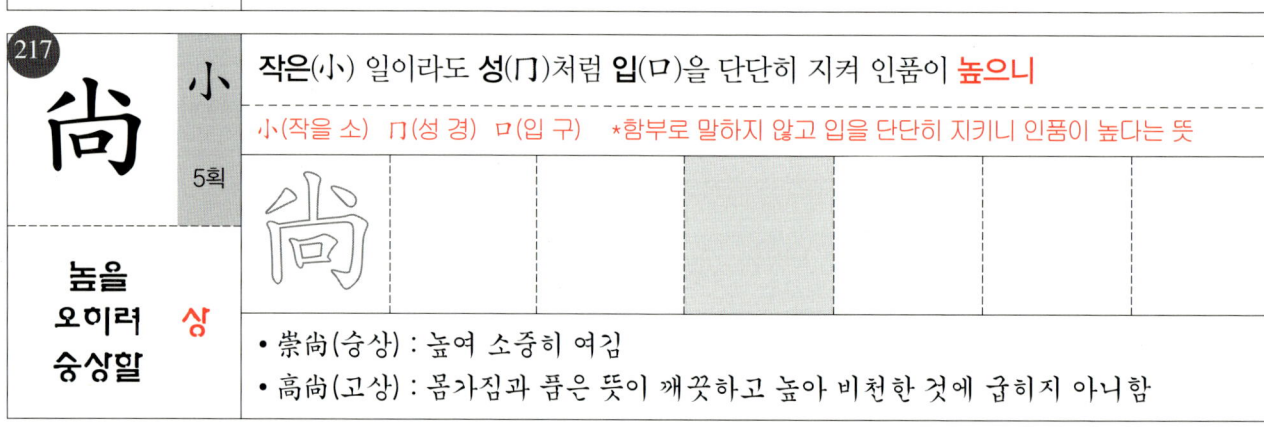

217 尙 (5획) — 높을 오히려 숭상할 상

작은(小) 일이라도 성(冂)처럼 입(口)을 단단히 지켜 인품이 **높으니**

小(작을 소) 冂(성 경) 口(입 구) *함부로 말하지 않고 입을 단단히 지키니 인품이 높다는 뜻

- 崇尙(숭상) : 높여 소중히 여김
- 高尙(고상) : 몸가짐과 품은 뜻이 깨끗하고 높아 비천한 것에 굽히지 아니함

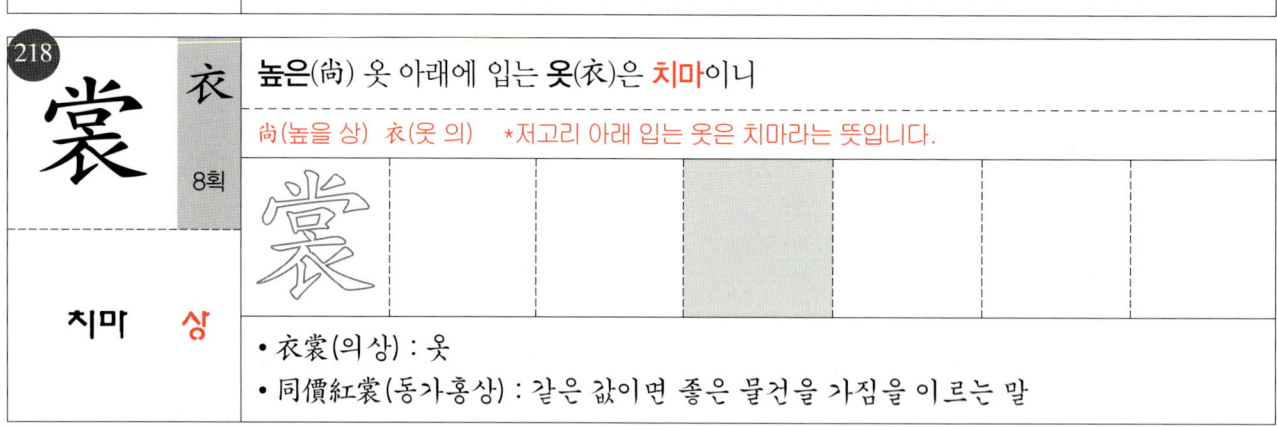

218 裳 (8획) — 치마 상

높은(尙) 옷 아래에 입는 옷(衣)은 **치마**이니

尙(높을 상) 衣(옷 의) *저고리 아래 입는 옷은 치마라는 뜻입니다.

- 衣裳(의상) : 옷
- 同價紅裳(동가홍상) : 같은 값이면 좋은 물건을 가짐을 이르는 말

자원으로 한자 알기

* 사람(　) 이 **코끼리**(象)의 **모양**을 상상하니　☞
* 사람(　) 들은 **상**(賞)을 주어 은혜를 **갚으니**　☞
* 작은(　) 일이라도 **성**(冂)처럼 **입**(口)을 단단히 지켜 인품이 **높으니**　☞
* 높은(尙) 옷 아래에 입는 **옷**(　)은 **치마**이니　☞

219 詳 (자세할 상)

言	말(言)을 순한 양(羊)처럼 참으며 **자세히** 하니
6획	言(말씀 언) 羊(양 양) *순한 양처럼 성질을 참으며 말을 자세하게 한다는 뜻입니다.

- 詳細(상세) : 자세하고 세밀함
- 未詳(미상) : 자세하지 아니함

220 霜 (서리 상)

雨	수증기가 **비**(雨)처럼 **서로**(相) 얽혀 이루어진 **서리**
9획	雨(비 우) 相(서로 상)

- 風霜(풍상) : 바람과 서리
- 秋霜(추상) : 가을의 찬 서리

자원으로 한자 알기

* 말(　　)을 순한 양(羊)처럼 참으며 **자세히** 하니
* 수증기가 비(　　)처럼 서로(相) 얽혀 이루어진 **서리**

一思多得

氵	+	羊	= 洋(큰 바다 양)	물(氵)이 양(羊) 떼처럼 출렁이는 **큰 바다**
魚	+		= 鮮(고울 선)	물고기(魚)와 양(羊)은 **곱고 싱싱해야** 하니
言	+		= 詳(자세할 상)	말(言)을 순한 양(羊)처럼 참으며 **자세히** 하니

다음 한자를 나누고 **자원**을 쓰면서 익히세요.

蛇 긴 뱀 사 = ☐ + ☐ + ☐

削 깎을 삭 = ☐ + ☐ + ☐

森 빽빽할 삼 = ☐ + ☐

喪 잃을 상 = ☐ + ☐ + ☐ + ☐

像 모양 상 = ☐ + ☐

償 갚을 상 = ☐ + ☐

尚 높을 상 = ☐ + ☐ + ☐

裳 치마 상 = ☐ + ☐

詳 자세할 상 = ☐ + ☐

霜 서리 상 = ☐ + ☐

다음 한자어의 **독음**을 쓰세요.

蛇　毒	蛇　足	削　減	削　髮
森　林	森　嚴	喪　失	喪　心
假　像	想　像	償　金	報　償
崇　尙	高　尙	衣　裳	詳　細
未　詳	風　霜	秋　霜	

다음 한자어를 **한자**로 쓰세요.

긴 뱀 사	독 독	깎을 삭	덜 감	수풀 삼	수풀 림	잃을 상	잃을 실
거짓 가	모양 상	갚을 상	돈 금	높을 숭	높을 상	옷 의	치마 상
자세할 상	자세할 세	바람 풍	서리 상	긴 뱀 사	발 족	깎을 삭	터럭 발
빽빽할 삼	엄할 엄	잃을 상	마음 심	생각 상	모양 상	갚을 보	갚을 상
높을 고	높을 상	아닐 미	자세할 상	가을 추	서리 상		

예문으로 한자어 익히기 (한자로 쓰인 단어의 뜻을 써보세요.)

1. 그는 뱀에게 물려 **蛇毒**이 온몸에 퍼지는 바람에 죽을 뻔 했다.

2. **蛇足**은 빼고 용건만 간단히 말해라.

3. 경제가 어려워지자 임금을 **削減**하는 기업이 늘고 있다.

4. **削髮**을 한 머리에는 어렸을 때의 헌데 자국으로 엄지손톱만 한 자국이 있었다.

5. 인구가 늘고 산업이 발달하면서 **森林**과 농경지가 줄어들고 있다.

6. **森嚴**한 경비 태세를 갖추다.

7. 가까스로 찾은 선택의 기회가 사라지자 그는 모든 의욕을 **喪失**했다.

8. 기회는 또 있으니 시험에 낙방한 일에 너무 **喪心**하지 마라.

9. **假像**에 현혹되지 말라.

10. 우리나라는 6·25 전쟁의 폐허 속에서 **想像**하기조차 힘든 경제 발전을 이룩하였다.

11. **償金**을 지급하였다.

12. 유통업자는 소비자에게 유통 과정 중에 발생한 제품의 손실을 **報償**해 주어야 한다.

13. 실용적 학문을 **崇尙**한다.

14. 거실에 양탄자를 깔았더니 집안 분위기가 한층 **高尙**해진 느낌이다.

15. 한복은 우리 민족 고유의 **衣裳**이다.

16. 주임은 이미 전화로 보고된 사항들을 다시 한 번 **詳細**하게 반복했다.

17. 그 속의 것이 액수 **未詳**의 지폐일 거라는 감촉은 손끝에 짜릿한 경련을 일으켰다.

18. 차림은 누추하고, 몰골은 온갖 **風霜**에 찌들어 있었다.

19. 사또의 호령이 **秋霜**같이 떨어졌다.

221 桑 뽕나무 상	木 6획	여러 손(又)들이 잎을 따 누에를 먹이는 **뽕나무**(木)
		又(손 우) 木(나무 목) *누에를 먹이기 위해 뽕잎을 따려고 뽕나무에 손이 자주 간다는 뜻입니다.
		桑
		• 桑葉(상엽) : 뽕나무 잎 • 桑田碧海(상전벽해) : 세상일의 변천이 심함을 비유적으로 이르는 말

222 索 찾을 색 동아줄 삭	糸 4획	열(十) 손가락으로 덮여(冖) 있는 실(糸)을 **찾아** 동아줄을 꼬니
		十(열 십) 冖(덮을 멱) 糸(실 사)
		索
		• 索出(색출) : 찾아냄 • 檢索(검색) : 검사하여 찾음

223 塞 막힐 색 변방 새	土 10획	집(宀)에 있는 우물(井) 하나(一)를 팔(八)방에서 흙(土)을 퍼와 **막으니**
		宀(집 면) 井(우물 정) 一(한 일) 八(여덟 팔) 土(흙 토)
		塞
		• 窮塞(궁색) : 아주 가난함 • 要塞(요새) : 군사적으로 중요한 곳에 튼튼하게 만들어 놓은 방어 시설

224 徐 천천히 서	彳 7획	걸어서(彳) 남은(余) 거리를 **천천히** 가니
		彳(걸을 척) 余(남을 여)
		徐
		• 徐行(서행) : 천천히 감 • 徐來(서래) : 천천히 옴

자원으로 한자 알기

* 여러 **손**(又)들이 잎을 따 누에를 먹이는 **뽕나무**(   )
* **열**(十) 손가락으로 **덮여**(冖) 있는 **실**(   )을 **찾아** 동아줄을 꼬니
* **집**(宀)에 있는 **우물**(井) **하나**(一)를 **팔**(八)방에서 **흙**(   )을 퍼와 **막으니**
* **걸어서**(   ) **남은**(余) 거리를 **천천히** 가니

225 恕 (용서할 서) — 心, 6획

상대편과 **같은**(如) **마음**(心)이 되어 **용서하니**

如(같을 여) 心(마음 심) *상대방 심정이 되어 이해를 하고 용서를 한다는 뜻입니다.

- 忠恕(충서) : 충성과 용서라는 뜻으로, 충직하고 동정심이 많음
- 容恕(용서) : 죄나 잘못한 일에 대하여 꾸짖거나 벌하지 아니하고 덮어 줌

226 緖 (실마리 서) — 糸, 9획

실(糸)로 바느질 하려는 **사람**(者)이 찾는 **실마리**

糸(실 사) 者(사람 자) *사람이 바느질 하려고 헝클어진 실의 첫머리를 찾는다는 뜻입니다.

* 緖(실마리 서) : 감겨 있거나 헝클어진 실의 첫머리
- 緖論(서론) : 논의를 하기 위한 실마리가 되는 부분

227 署 (관청 서) — 罒, 9획

법망(罒)으로 **사람**(者)들을 다스리는 **관청**

罒(법망 망) 者(사람 자) *관청에서 법에 따라 사람들을 다스리며 국가의 사무를 집행하죠?

- 部署(부서) : 사무의 각 부문
- 署長(서장) : 관서의 우두머리

228 惜 (아낄 석) — 忄, 8획

마음(忄)으로 **옛**(昔) 것을 소중히 여기고 **아끼니**

忄(마음 심) 昔(예 석)

- 愛惜(애석) : 사랑하고 아깝게 여김
- 惜別(석별) : 서로 애틋하게 이별함

자원으로 한자 알기

* 상대편과 **같은**(如) **마음**(   )이 되어 **용서하니**
* 실(   )로 바느질 하려는 **사람**(者)이 찾는 **실마리**
* 법망(   )으로 **사람**(者)들을 다스리는 **관청**
* 마음(   )으로 **옛**(昔) 것을 소중히 여기고 **아끼니**

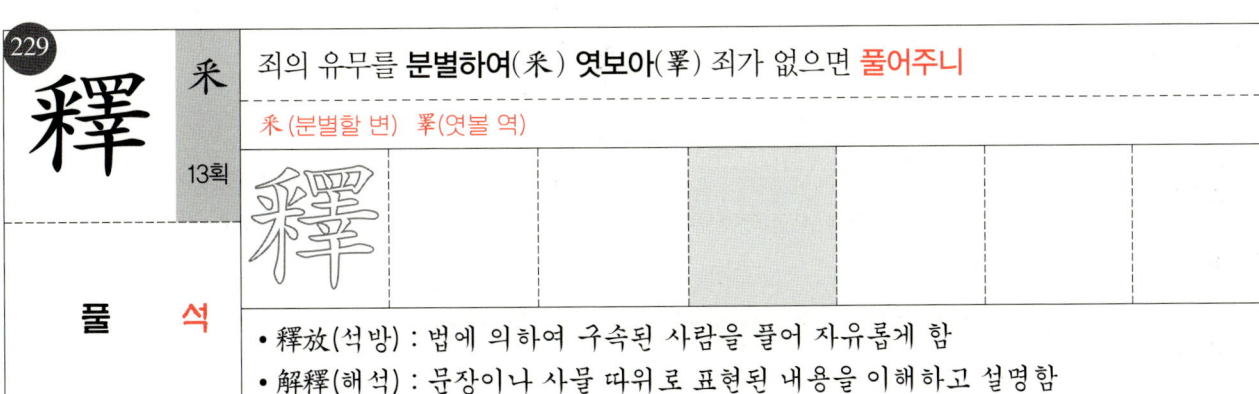

229 釋	采	죄의 유무를 **분별하여**(采) **엿보아**(睪) 죄가 없으면 **풀어주니**
		采(분별할 변) 睪(엿볼 역)
	13획	
풀 석		• 釋放(석방) : 법에 의하여 구속된 사람을 풀어 자유롭게 함 • 解釋(해석) : 문장이나 사물 따위로 표현된 내용을 이해하고 설명함

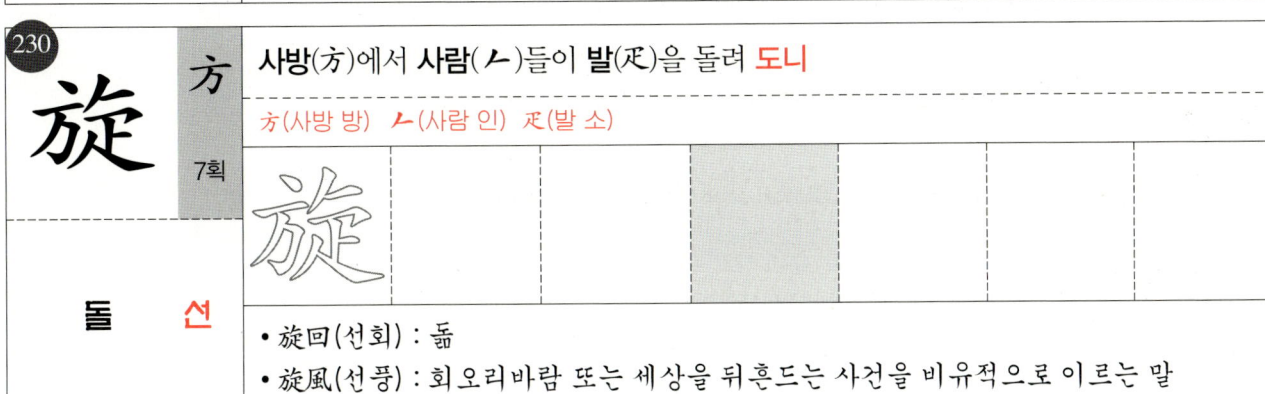

230 旋	方	**사방**(方)에서 **사람**(ㅅ)들이 **발**(疋)을 돌려 **도니**
		方(사방 방) ㅅ(사람 인) 疋(발 소)
	7획	
돌 선		• 旋回(선회) : 돎 • 旋風(선풍) : 회오리바람 또는 세상을 뒤흔드는 사건을 비유적으로 이르는 말

자원으로 한자 알기

* 죄의 유무를 **분별하여**(　) **엿보아**(睪) 죄가 없으면 **풀어주니**　☞
* **사방**(　)에서 **사람**(ㅅ)들이 **발**(疋)을 돌려 **도니**　☞

一思多得

223 塞(막힐 색)　寒(찰 한) 잘 구별하세요.

　　塞(막힐 색) : **집**(宀)에 있는 **우물**(井) **하나**(一)를 팔(八)방에서 **흙**(土)을 퍼와 **막으니**
　　寒(찰 한) : **집**(宀)의 **우물**(井)이 **한결**(一)같이 팔(八)도로 **얼음**(冫)처럼 **차니**

食	+		=	餘(남을 여)	먹을(食) 것을 **남기니**(余)
阝	+	余	=	除(없앨 제)	**언덕**(阝)에 **남아**(余) 있는 적을 **없애니**
辶	+		=	途(길 도)	**여유**(余) 있게 여러 사람이 **뛰어**(辶) 다닐 수 있도록 만든 **길**
彳	+		=	徐(천천히 서)	**걸어서**(彳) **남은**(余) 거리를 **천천히** 가니

다음 한자를 나누고 **자원**을 쓰면서 익히세요.

桑 (뽕나무 상) = ☐ + ☐

索 (찾을 색) = ☐ + ☐ + ☐

塞 (막힐 색) = ☐ + ☐ + ☐ + ☐ + ☐

徐 (천천히 서) = ☐ + ☐

恕 (용서할 서) = ☐ + ☐

緒 (실마리 서) = ☐ + ☐

署 (관청 서) = ☐ + ☐

惜 (아낄 석) = ☐ + ☐

釋 (풀 석) = ☐ + ☐

旋 (돌 선) = ☐ + ☐ + ☐

다음 한자어의 **독음**을 쓰세요.

桑葉	索出	檢索	窮塞
要塞	徐行	徐來	忠恕
容恕	緖論	部署	署長
愛惜	惜別	釋放	解釋
旋回	旋風		

다음 한자어를 **한자**로 쓰세요.

뽕나무 상 잎 엽	찾을 색 날 출	궁할 궁 막힐 색	천천히 서 다닐 행
충성 충 용서할 서	실마리 서 논할 론	부서 부 관청 서	사랑 애 아낄 석
풀 석 놓을 방	돌 선 돌 회	검사할 검 찾을 색	중요할 요 성채 새
천천히 서 올 래	용납할 용 용서할 서	관청 서 우두머리 장	애처로울 석 이별할 별
풀 해 풀 석	돌 선 바람 풍		

예문으로 한자어 익히기 (한자로 쓰인 단어의 뜻을 써보세요.)

1. 누에에 줄 **桑葉**을 따러 뽕밭에 갔다.

2. 경찰은 이번 사태의 주동자를 **索出**해 중징계할 방침이다.

3. 자료를 **檢索**하다.

4. 어머니는 아버지가 돌아가신 후 **窮塞**한 살림을 꾸려 나가셨다.

5. 적의 **要塞**를 점령하다.

6. 간밤에 온 폭설로 도로의 차들이 제 속도를 내지 못하고 **徐行**하고 있다.

7. 얼핏 보매, 울긋불긋한 떼거지인데 앞에 광목천을 감은 지프차가 **徐來**하고 있었다.

8. **忠恕**의 마음을 가져야 한다.

9. 어머니는 잘못을 뉘우치는 동생을 **容恕**해 주셨다.

10. 지금까지 내가 한 얘기는 아직 **緖論**에 불과하다.

11. 우리 **部署**에서는 기획 업무를 맡고 있다.

12. 경찰서 **署長**이 새로 부임해 왔다.

13. 헤어진 여인에 대한 **愛惜**의 정을 글로써 토로했다.

14. 그들은 **惜別**의 눈물을 흘리며 이별을 아쉬워했다.

15. 정부는 이번 특사에 백 명 정도를 **釋放**하기로 결정했다.

16. 그들의 제안은 극단적인 대립을 중단하고 타협을 원하는 것이라고 **解釋**될 수도 있다.

17. 지렁이 한 마리를 물고 온 꾀꼬리는 주변을 **旋回**할 뿐 결국 새끼를 둔 채 사라지고 말았다.

18. 이 자동차는 출시되자마자 **旋風**적인 인기를 누리고 있다.

231 禪 / 示 / 12획 / 선 선

신(示) 앞에 **홀로**(單) **참선**하니

示(신 시) 單(홀 단)

* 禪(선 선) : 마음을 한곳에 모아 고요히 생각하는 일
- 參禪(참선) : 좌선하여 선도를 수행함

232 疏 / 疋 / 7획 / 소통할 성길 소

발(疋)로 머리(亠)에 갓 쓰고 **사사로이**(厶) 걸어 다니며 **냇물**(川)처럼 **소통하니**

疋(발 소) 亠(머리 두) 厶(사사로울 사) 川(내 천)

- 疏通(소통) : 막히지 아니하고 잘 통함
- 疏遠(소원) : 사이가 두텁지 아니하고 거리가 있어서 서먹서먹함

233 蘇 / 艹 / 16획 / 깨어날 소

약초(艹)와 **물고기**(魚)와 **벼**(禾)를 넣은 음식을 먹고 **깨어나니**

艹(풀 초) 魚(물고기 어) 禾(벼 화)

- 蘇生(소생) : 다시 살아남
- 蘇復(소복) : 원기가 회복됨

234 訴 / 言 / 5획 / 호소할 소

말(言)하여 억울한 일을 **물리치기**(斥) 위하여 **호소하니**

言(말씀 언) 斤(도끼 근) 丶(불꽃 주)

* 斥(물리칠 척) : 도끼(斤)를 들고 불꽃(丶)이 튀듯 휘둘러 물리치니
- 告訴(고소) : 고하여 하소연함

자원으로 한자 알기

* 신(   ) 앞에 **홀로**(單) **참선**하니 ☞

* 발(   )로 머리(亠)에 갓 쓰고 **사사로이**(厶) 걸어 다니며 **냇물**(川)처럼 **소통하니** ☞

* 약초(   )와 **물고기**(魚)와 **벼**(禾)를 넣은 음식을 먹고 **깨어나니** ☞

* 말(   )하여 억울한 일을 **물리치기**(斥) 위하여 **호소하니** ☞

235 燒 사를 소	火 12획	불(火)을 여러 땅(土)에 한(一) 명의 걷는 사람(儿)이 다니며 **사르니**
		火(불 화) 土(땅 토) 一(한 일) 儿(걷는 사람 인) *불을 땅 여기저기에 걸어 다니며 사른다는 뜻
		• 燒失(소실) : 불에 타서 사라짐 • 全燒(전소) : 남김없이 다 타 버림

236 訟 송사할 송	言 4획	말(言)하여 공평하게(公) **송사하니**
		言(말씀 언) 公(공평할 공) *한쪽으로 치우침이 없이 공평하게 말하여 재판한다는 뜻입니다.
		• 訴訟(소송) : 재판을 걺 • 訟事(송사) : 분쟁이 있을 때 관부에 호소하여 판결을 구하던 일

237 刷 인쇄할 쇄	刂 6획	지붕(尸)을 헝겊(巾)으로 닦고 칼(刂)로 새겨 **인쇄하니**
		尸(지붕 시) 巾(헝겊 건) 刂(칼 도)
		• 刷新(쇄신) : 나쁜 폐단이나 묵은 것을 버리고 새롭게 함 • 印刷(인쇄) : 판면에 그려져 있는 글이나 그림 따위를 종이, 천 따위에 박아 냄

238 鎖 쇠사슬 봉할 쇄	金 10획	쇠(金)로 작은(⺌) 조개(貝) 껍데기를 꿰어 엮듯이 만든 **쇠사슬**
		金(쇠 금) ⺌(작을 소 변형) 貝(조개 패)
		• 閉鎖(폐쇄) : 문 따위를 닫아걸거나 막아 버림 • 鎖國(쇄국) : 다른 나라와의 통상과 교역을 금지함

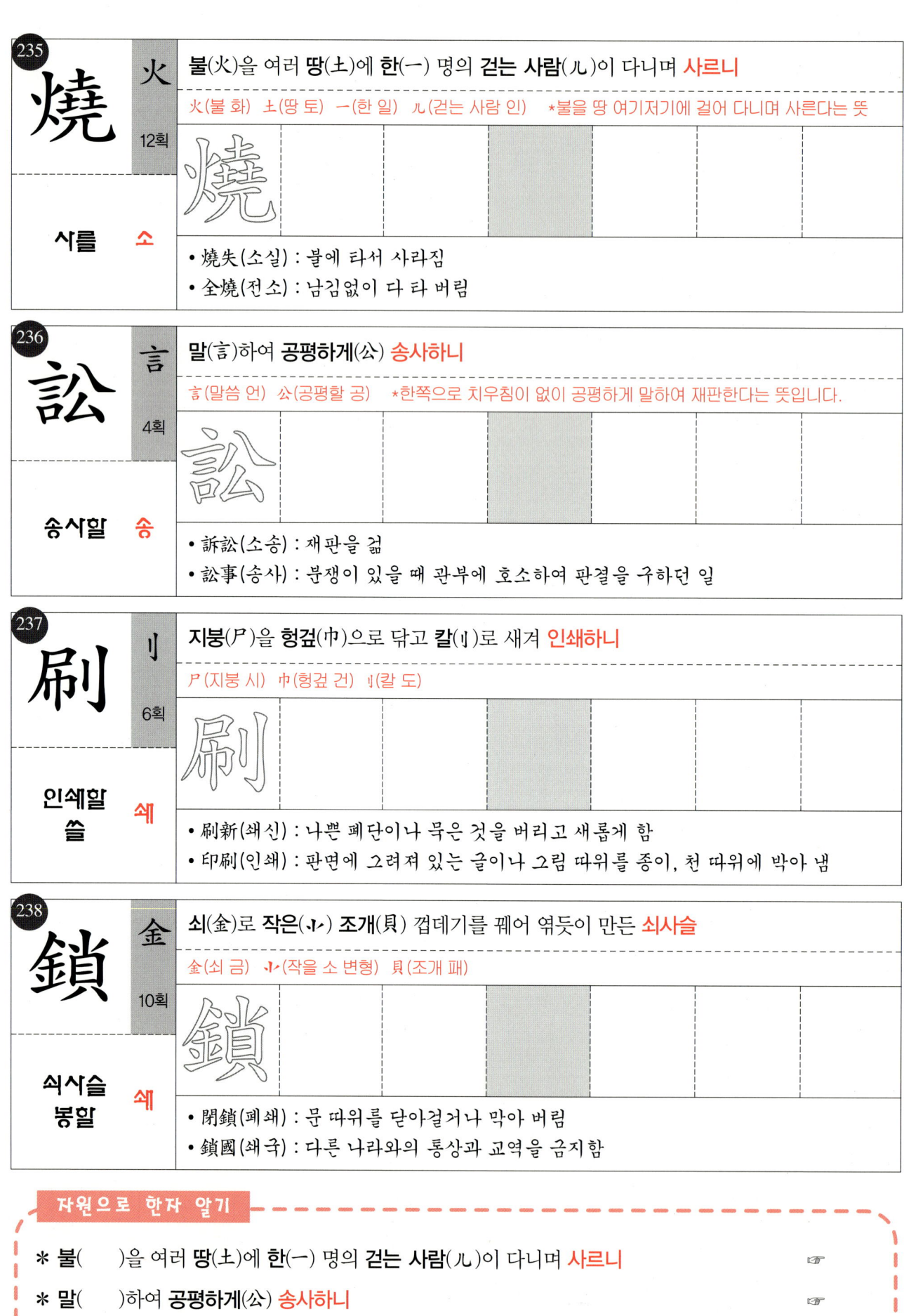

자원으로 한자 알기

* 불(　)을 여러 땅(土)에 한(一) 명의 걷는 사람(儿)이 다니며 **사르니**　☞
* 말(　)하여 공평하게(公) **송사하니**　☞
* 지붕(尸)을 헝겊(巾)으로 닦고 칼(　)로 새겨 **인쇄하니**　☞
* 쇠(　)로 작은(⺌) 조개(貝) 껍데기를 꿰어 엮듯이 만든 **쇠사슬**　☞

239 衰 4획	衣	옷(衣)으로 눈물을 닦고 입(口)으로 한(一) 번 소리 내어 울면 기운이 **쇠하니**
		衣(옷 의) 口(입 구) 一(한 일) *옷으로 눈물을 닦으면서 울며 슬퍼하고 나면 기운이 빠진다는 뜻
쇠할 쇠		• 衰弱(쇠약) : 힘이 쇠하고 약함 • 老衰(노쇠) : 늙어서 쇠약하고 기운이 별로 없음

240 壽 11획	士	선비(士)도 하나(一) 장인(工)도 하나(一)의 입(口)으로 마디마디(寸) 이어가는 **목숨**
		士(선비 사) 一(한 일) 工(장인 공) 口(입 구) 寸(마디 촌) *모두 입으로 먹고 산다는 뜻입니다.
목숨 수		• 長壽(장수) : 오래도록 삶 • 壽命(수명) : 생물이 살아 있는 연한

자원으로 한자 알기

* 옷(　)으로 눈물을 닦고 **입**(口)으로 **한**(一) 번 소리 내어 울면 기운이 **쇠하니**　☞
* 선비(　)도 하나(一) 장인(工)도 하나(一)의 입(口)으로 마디마디(寸) 이어가는 **목숨**　☞

一思多得

木	+	公	=	松(소나무 송)	나무(木) 중에서 널리 **공평하게**(公) 쓰이는 **소나무**
言	+		=	訟(송사할 송)	말(言)하여 **공평하게**(公) **송사하니**

232 疏(소통할 소)　流(흐를 류) 잘 구별하세요.

　　疏(소통할 소) : 발(疋)로 머리(亠)에 갓 쓰고 **사사로이**(厶) 걸어 다니며 **냇물**(川)처럼 **소통하니**
　　流(흐를 류) : 물(氵)이 머리(亠)에 갓 쓴 내(厶) 앞으로 내(川)처럼 **흐르니**

다음 한자를 나누고 **자원**을 쓰면서 익히세요.

禪 선 선	=		+						
疏 소통할 소	=		+		+		+		
蘇 깨어날 소	=		+		+				
訴 호소할 소	=		+						
燒 사를 소	=		+		+		+		
訟 송사할 송	=		+						
刷 인쇄할 쇄	=		+		+				
鎖 쇠사슬 쇄	=		+		+				
衰 쇠할 쇠	=		+		+				
壽 목숨 수	=		+		+		+		+		+	

다음 한자어의 **독음**을 쓰세요.

參禪　　疏通　　疏遠　　蘇生

蘇復　　告訴　　燒失　　全燒

訴訟　　訟事　　刷新　　印刷

閉鎖　　鎖國　　衰弱　　老衰

長壽　　壽命

 다음 한자어를 **한자**로 쓰세요.

| 참여할 참 | 선 선 | 소통할 소 | 통할 통 | 깨어날 소 | 살 생 | 고할 고 | 호소할 소 |

| 사를 소 | 잃을 실 | 호소할 소 | 송사할 송 | 쓸 쇄 | 새 신 | 닫을 폐 | 봉할 쇄 |

| 쇠할 쇠 | 약할 약 | 오랠 장 | 목숨 수 | 성길 소 | 멀 원 | 깨어날 소 | 회복할 복 |

| 오로지 전 | 사를 소 | 송사할 송 | 일 사 | 도장 인 | 인쇄할 쇄 | 봉할 쇄 | 나라 국 |

| 늙을 로 | 쇠할 쇠 | 목숨 수 | 목숨 명 |

예문으로 한자어 익히기(한자로 쓰인 단어의 뜻을 써보세요.)

1. 산사에서 **參禪**을 하였다.

2. 적어도 우정을 나누는 친구끼리는 서로 뜻이 **疏通**되는 면이 있어야 한다.

3. 무엇 하나라도 제대로 해 보려고 하니 다른 것에는 **疏遠**하게 되었다.

4. 꺼져 가는 생명의 불꽃이 **蘇生**되기를 바라며 열심히 기도를 했다.

5. 그 환자는 수술 후 빠른 속도로 **蘇復**하여 퇴원하게 되었다.

6. 검찰에 사기꾼을 **告訴**하다.

7. 행랑채가 깡그리 **燒失**되고 지금 머슴방은 우사 옆에 새로 달아 낸 방이었다.

8. 어젯밤에 불이 나서 가게가 **全燒**되었다.

9. 요즘 불법 복제에 대한 **訴訟**이 잇따라 제기되고 있다.

10. 한편 말만 듣고는 **訟事**를 못하는 법이기는 하다고 합니다.

11. 국민들의 의식이 **刷新**되어야 나라가 산다.

12. 상표가 상자 안쪽에 **印刷**되어 있다.

13. 지하 차도 두 곳이 연말까지 **閉鎖**돼 통행할 수 없게 된다.

14. 흥선 대원군은 **鎖國**을 강력하게 추진했다.

15. 그는 몸의 **衰弱** 때문에 외출도 삼가야 했다.

16. 스물여섯의 나이에 벌써 **老衰** 현상이라면 이건 어처구니가 없다는 생각이 뒤따랐다.

17. 그 **長壽** 노인은 죽기 서너 해 전부터 만나는 사람마다 손을 잡고 유언했다.

18. 신제품은 기존 제품보다 **壽命**이 5년은 더 길다.

241 帥 장수 우두머리 수	巾 6획	언덕(𠂤)에서 헝겊(巾)을 들고 지휘하는 **장수**
		𠂤(언덕 부) 巾(헝겊 건)
		帥
		• 總帥(총수) : 전군을 지휘하는 사람 • 將帥(장수) : 군사를 거느리는 우두머리

242 愁 근심 수	心 9획	가을(秋)이면 마음(心)에 생기는 **근심**
		秋(가을 추) 心(마음 심) *가을에 사람들은 왠지 외롭거나 쓸쓸하게 느낀다는 뜻입니다.
		愁
		• 愁心(수심) : 근심하는 마음 • 鄕愁(향수) : 고향을 그리워하는 마음이나 시름

243 殊 다를 수	歹 6획	죽은(歹) 것은 붉은(朱)색으로 **다르게** 표시하니
		歹(죽을 사 변) 朱(붉을 주) *보통 검정색으로 글씨를 쓰죠? 죽은 것은 붉은색으로 한다는 뜻
		殊
		• 特殊(특수) : 특별히 다름 • 殊常(수상) : 좋지 않은 점에서 의심이 가는 상태

244 獸 짐승 수	犬 15획	입(口)과 입(口)을 밭(田)에 대고 한(一) 입(口)에 개(犬)처럼 먹는 **짐승**
		口(입 구) 田(밭 전) 一(한 일) 犬(개 견) *밭에 있는 곡식을 먹는 짐승을 뜻합니다.
		獸
		• 鳥獸(조수) : 새와 짐승 • 猛獸(맹수) : 사나운 짐승

자원으로 한자 알기

* 언덕(𠂤)에서 헝겊(   )을 들고 지휘하는 **장수**
* 가을(秋)이면 마음(   )에 생기는 **근심**
* 죽은(   ) 것은 붉은(朱)색으로 **다르게** 표시하니
* 입(口)과 입(口)을 밭(田)에 대고 한(一) 입(口)에 개(   )처럼 먹는 **짐승**

245 輸 9획 보낼 수	車	수레(車)를 통하여(俞) 실어 **보내니**
		車(수레 거) 入(들 입) 一(한 일) 月(달 월) 巛(내 천 생략자) *수레에 짐을 실어 보낸다는 뜻입니다.
		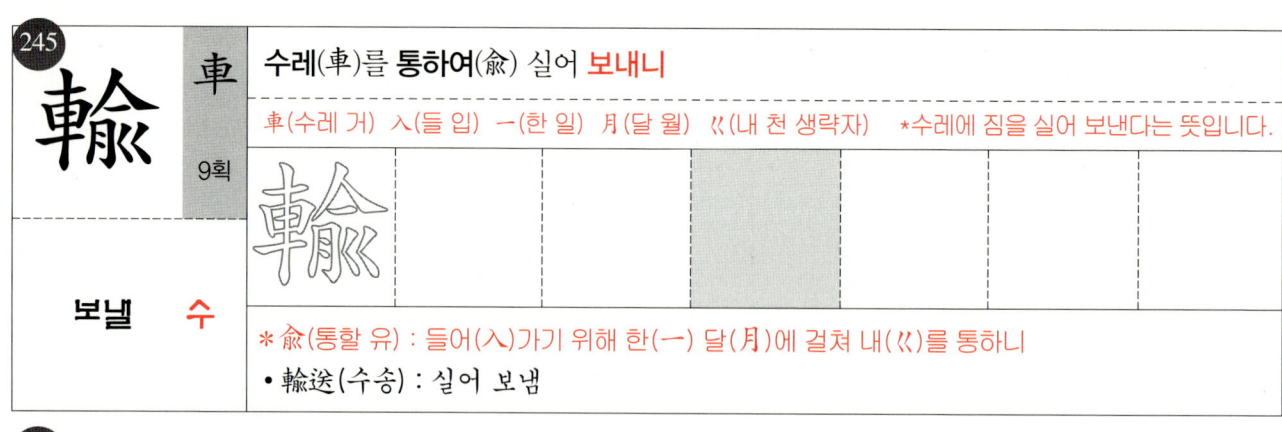
		*俞(통할 유) : 들어(入)가기 위해 한(一) 달(月)에 걸쳐 내(巛)를 통하니 • 輸送(수송) : 실어 보냄

246 隨 13획 따를 수	阝	언덕(阝)까지 왼쪽(左)에서 몸(月)을 뛰어(辶) **따르니**
		阝(언덕 부) 左(왼쪽 좌) 月(몸 월) 辶(뛸 착) *언덕까지 왼쪽에서 뛰어 따라간다는 뜻입니다.
		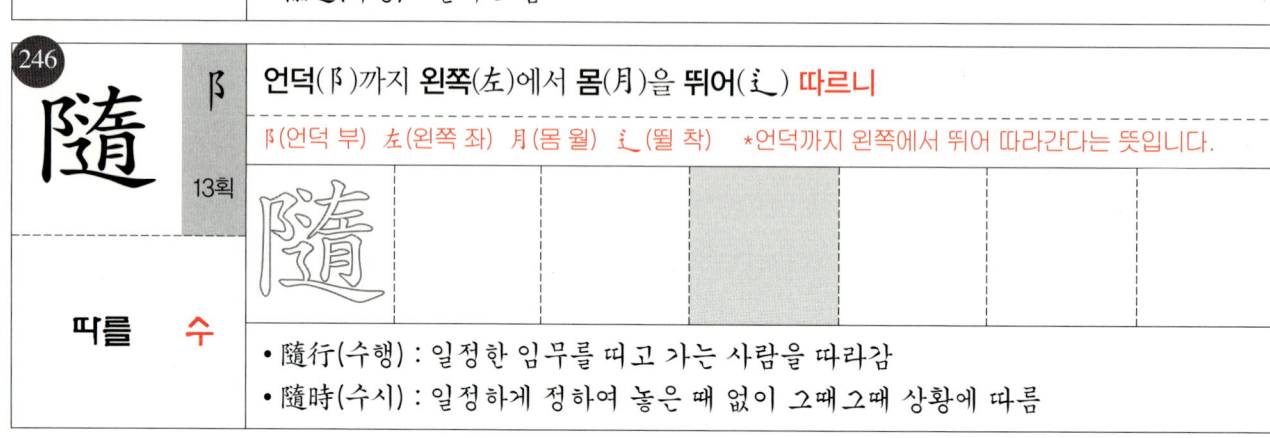
		• 隨行(수행) : 일정한 임무를 띠고 가는 사람을 따라감 • 隨時(수시) : 일정하게 정하여 놓은 때 없이 그때그때 상황에 따름

247 需 6획 구할 쓰일 수	雨	비(雨)가 말 이어지듯(而) 계속 내리면 **구하여 쓰니**
		雨(비 우) 而(말 이을 이) *비가 계속해서 내리면 빗물을 받아서 쓴다는 뜻입니다.
		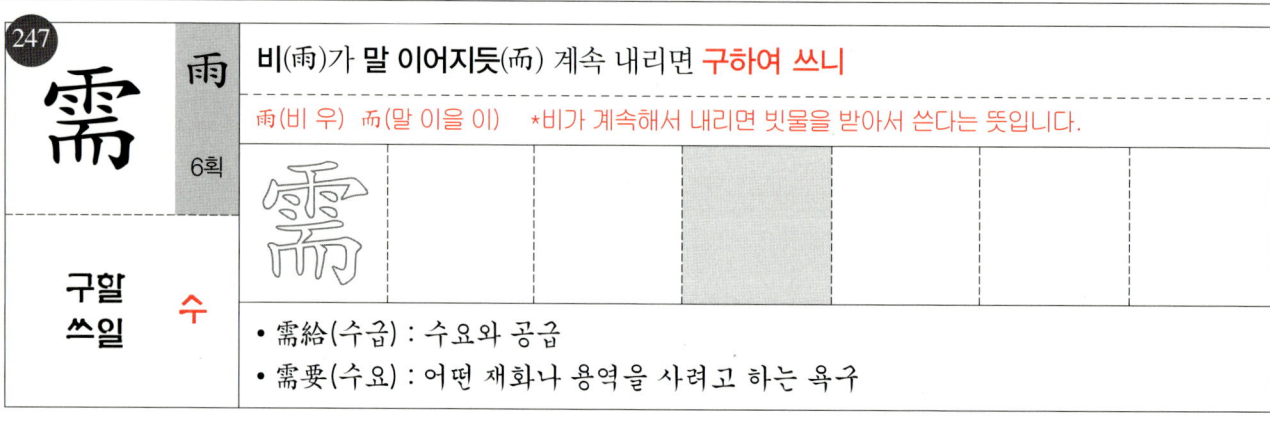
		• 需給(수급) : 수요와 공급 • 需要(수요) : 어떤 재화나 용역을 사려고 하는 욕구

248 垂 5획 드리울 수	土	끈(丿)처럼 하나(一)같이 풀(艹)이 땅(土)에 **드리우니**
		丿(끈 별) 一(한 일) 艹(풀 초) 土(땅 토) *풀잎이 땅에 비스듬히 늘어져 있다는 뜻입니다.
		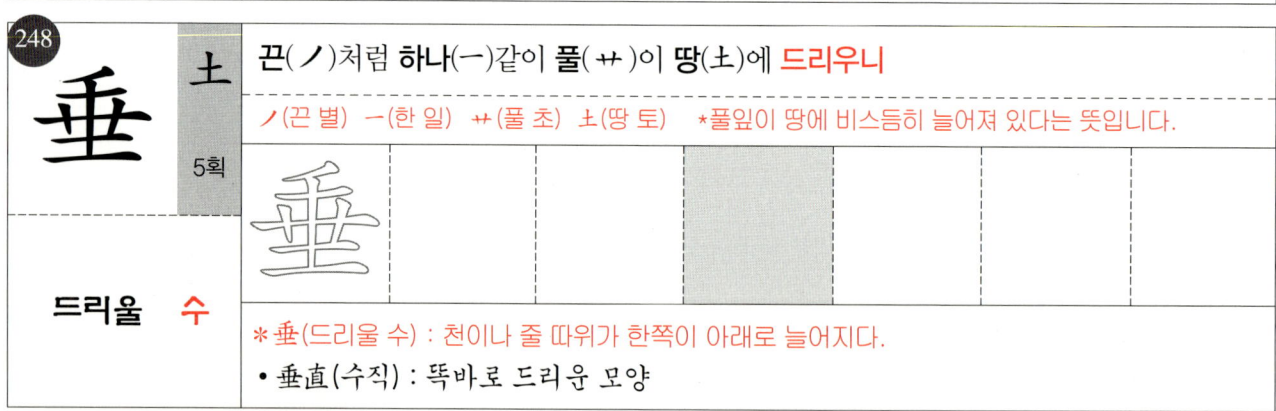
		*垂(드리울 수) : 천이나 줄 따위가 한쪽이 아래로 늘어지다. • 垂直(수직) : 똑바로 드리운 모양

자원으로 한자 알기

* 수레(   )를 통하여(俞) 실어 **보내니**
* 언덕(   )까지 왼쪽(左)에서 몸(月)을 뛰어(辶) **따르니**
* 비(   )가 말 이어지듯(而) 계속 내리면 **구하여 쓰니**
* 끈(丿)처럼 하나(一)같이 풀(艹)이 땅(   )에 **드리우니**

249 淑 맑을 숙	氵 8획	물(氵)처럼 아재비(叔) 성품이 맑으니
		氵(물 수) 叔(아재비 숙) *아재비 : 아저씨 또는 작은아버지를 일컫는 경상도 지방의 말
		• 靜淑(정숙) : 태도가 조용하고 마음이 맑음 • 淑女(숙녀) : 교양과 예의와 품격을 갖춘 현숙한 여자

250 熟 익힐 숙	灬 11획	누구(孰)나 불(灬)에 익혀 먹으니
		享(누릴 향) 丸(둥글 환) 灬(불 화)
		*孰(누구 숙) : 평안을 누리며(享) 둥글둥글(丸) 살기를 누구나 원하니 • 熟練(숙련) : 연습을 많이 하여 능숙하게 익힘

자원으로 한자 알기

* 물(　)처럼 아재비(叔) 성품이 맑으니
* 누구(孰)나 불(　)에 익혀 먹으니

一思多得

自	+	一 巾	=	師(스승 사)	언덕(自)에서 하나(一)의 수건(巾)을 들고 가르치는 스승
	+	巾	=	帥(장수 수)	언덕(自)에서 헝겊(巾)을 들고 지휘하는 장수

車	+	侖	=	輪(바퀴 륜)	수레(車)에 모여(侖) 있는 바퀴
	+	俞	=	輸(보낼 수)	수레(車)를 통하여(俞) 실어 보내니

雨	+	彐	=	雪(눈 설)	비(雨)로 또(彐) 눈처럼 희게 씻으니
	+	路	=	露(이슬 로)	비(雨)처럼 길(路)가의 풀잎에 맺힌 이슬
	+	田	=	雷(우레 뢰)	비(雨)올 때 밭(田)이 떠내려갈 정도로 치는 우레
	+	相	=	霜(서리 상)	수증기가 비(雨)처럼 서로(相) 얽혀 이루어진 서리
	+	而	=	需(쓰일 수)	비(雨)가 말 이어지듯(而) 계속 내리면 구하여 쓰니

다음 한자를 나누고 **자원**을 쓰면서 익히세요.

다음 한자어의 **독음**을 쓰세요.

總帥	將帥	愁心	鄉愁
特殊	殊常	鳥獸	猛獸
輸送	隨行	隨時	需給
需要	垂直	靜淑	淑女
熟練			

 다음 한자어를 **한자**로 쓰세요.

거느릴 총 우두머리 수	근심 수 마음 심	특별할 특 다를 수	새 조 짐승 수
보낼 수 보낼 송	따를 수 다닐 행	구할 수 줄 급	드리울 수 곧을 직
고요할 정 맑을 숙	익을 숙 익힐 련	장수 장 우두머리 수	고향 향 근심 수
다를 수 평소 상	사나울 맹 짐승 수	따를 수 때 시	쓰일 수 구할 요
맑을 숙 계집 녀			

예문으로 한자어 익히기 (한자로 쓰인 단어의 뜻을 써보세요.)

1 그가 드디어 삼군의 **總帥**가 되었다.

2 용맹스러운 **將帥** 앞에 나약한 군사는 있을 수 없는 것이다.

3 남기고 온 가족 때문에 늘 아버지는 **愁心**에 차 있으면서도 내색을 안 했다.

4 풀벌레의 울음소리가 새삼 **鄕愁**를 일깨웠다.

5 방음을 위해 **特殊**하게 만들어진 창문을 달았다.

6 며칠 전부터 골목 입구에서 **殊常**한 사람이 우리를 감시하고 있다.

7 **鳥獸**를 잘 보호해야 합니다.

8 조련사는 **猛獸**를 애완동물처럼 쉽게 다루었다.

9 귀성객 **輸送**을 위해 임시 열차가 편성되었다.

10 국회의원의 지역구 방문에 보좌관들이 국회의원을 **隨行**하였다.

11 **隨時**로 인원을 보충하였다.

12 우리 회사는 올해 인력 **需給**에 막대한 차질을 빚고 있다.

13 그 상품은 청소년들 사이에서 **需要**가 급증하고 있다.

14 바람 한 점 없는 후덥지근한 날씨여서 연기는 하늘을 향해 **垂直**으로 피어오르고 있다.

15 이날 밤 모화의 얼굴에는 평소에 볼 수 없던 **靜淑**하고 침착한 빛이 서려 있었다.

16 그녀는 용모와 재주가 비상하고 성정이 또한 온순하여 **淑女**의 풍도가 있다.

17 **熟練**을 요하는 작업이다.

🐷 자원으로 한자 알기.

201. 여자(   )의 몸(己)으로 왕비가 되니

202. 끈(丿)으로 갑옷(甲)을 묶어서 입은 열(   ) 명은 지위가 낮으니

203. 여자(   ) 중에서 신분이 낮은(卑) 계집종

204. 몸(   )이 땅(巴)에서 난 음식물을 먹어 살찌니

205. 허리 구부려(勹) 하나(一)같이 입(   )에서 나온 명령을 맡으니

206. 말(   )하여 맡은(司) 일을 의논하니

207. 물(   )이 적은(少) 곳에 드러난 모래

208. 신(   )에게 뱀(巳)처럼 몸을 구부리고 제사 지내니

209. 어금니(牙)처럼 숨겨진 고을(   )에 살면서 간사하게 구니

210. 남은(余) 곡식을 말(   )에서 쏟고자 기울이니

211. 벌레(   )처럼 집(宀)에 구부리고(匕) 있는 긴 뱀

212. 작게(小) 몸(月)체를 칼(   )로 깎으니

213. 나무(   )가 수풀(林)처럼 빽빽하게 우거지니

214. 잃어버려 하나(一)같이 입(   )과 입(口)으로 엉엉 울며 옷(衣)으로 눈물을 닦으니

215. 사람(   )이 코끼리(象)의 모양을 상상하니

216. 사람(   )들은 상(賞)을 주어 은혜를 갚으니

217. 작은(   ) 일이라도 성(冂)처럼 입(口)을 단단히 지켜 인품이 높으니

218. 높은(尙) 옷 아래에 입는 옷(   )은 치마이니

219. 말(   )을 순한 양(羊)처럼 참으며 자세히 하니

220. 수증기가 비(   )처럼 서로(相) 얽혀 이루어진 서리

221. 여러 손(又)들이 잎을 따 누에를 먹이는 뽕나무(   )

222. 열(十) 손가락으로 덮여(冖) 있는 실(   )을 찾아 동아줄을 꼬니

223. 집(宀)에 있는 우물(井) 하나(一)를 팔(八)방에서 흙(   )을 퍼와 막으니

224. 걸어서(   ) 남은(余) 거리를 천천히 가니

225. 상대편과 같은(如) 마음(   )이 되어 용서하니

209

 자원으로 한자 알기.

226. 실(   )로 바느질 하려는 **사람**(者)이 찾는 **실마리**

227. **법망**(   )으로 **사람**(者)들을 다스리는 **관청**

228. **마음**(   )으로 **옛**(昔) 것을 소중히 여기고 **아끼니**

229. 죄의 유무를 **분별하여**(   ) **엿보아**(睪) 죄가 없으면 **풀어주니**

230. **사방**(   )에서 **사람**(ㅅ)들이 **발**(疋)을 돌려 **도니**

231. **신**(   ) 앞에 **홀로**(單) **참선**하니

232. **발**(   )로 머리(亠)에 갓 쓰고 **사사로이**(厶) 걸어 다니며 **냇물**(川)처럼 **소통하니**

233. **약초**(   )와 **물고기**(魚)와 **벼**(禾)를 넣은 음식을 먹고 **깨어나니**

234. **말**(   )하여 억울한 일을 **물리치기**(斥) 위하여 **호소하니**

235. **불**(   )을 여러 **땅**(土)에 **한**(一) 명의 **걷는 사람**(儿)이 다니며 **사르니**

236. **말**(   )하여 **공평하게**(公) **송사하니**

237. **지붕**(尸)을 **헝겊**(巾)으로 닦고 **칼**(   )로 새겨 **인쇄하니**

238. **쇠**(   )로 **작은**(小) **조개**(貝) 껍데기를 꿰어 엮듯이 만든 **쇠사슬**

239. **옷**(   )으로 눈물을 닦고 **입**(口)으로 **한**(一) 번 소리 내어 울면 기운이 **쇠하니**

240. **선비**(   )도 하나(一) **장인**(工)도 하나(一)의 **입**(口)으로 마디**마디**(寸) 이어가는 **목숨**

241. **언덕**(自)에서 **헝겊**(   )을 들고 지휘하는 **장수**

242. **가을**(秋)이면 **마음**(   )에 생기는 **근심**

243. **죽은**(   ) 것은 **붉은**(朱)색으로 **다르게** 표시하니

244. **입**(口)과 **입**(口)을 **밭**(田)에 대고 **한**(一) **입**(口)에 **개**(   )처럼 먹는 **짐승**

245. **수레**(   )를 **통하여**(俞) 실어 **보내니**

246. **언덕**(   )까지 **왼쪽**(㞢)에서 **몸**(月)을 **뛰어**(辶) **따르니**

247. **비**(   )가 말 이어지듯(而) 계속 내리면 **구하여 쓰니**

248. **끈**(丿)처럼 하나(一)같이 **풀**(艹)이 **땅**(   )에 **드리우니**

249. **물**(   )처럼 **아재비**(叔) 성품이 **맑으니**

250. **누구**(孰)나 **불**(   )에 **익혀** 먹으니

다음 한자의 **뜻**과 **음**을 쓰세요.

妃 卑 婢 肥 司 詞 沙
祀 邪 斜 蛇 削 森 喪
像 償 尚　　裳 詳 霜
桑 索　　　　塞 徐
恕　　　　　　　緒
　　　3Ⅱ 201-250번
　　　형성평가
署 惜　　　　釋 旋
禪 疏 蘇　　訴 燒 訟
刷 鎖 衰 壽 帥 愁 殊
獸 輸 隨 需 垂 淑 熟

다음 뜻과 음을 지닌 **한자**를 쓰세요.

왕비 비	낮을 비	계집종 비	살찔 비	맡을 사	말 사	모래 사
제사 사	간사할 사	비낄 사	긴 뱀 사	깎을 삭	수풀 삼	잃을 상
모양 상	갚을 상	오히려 상		치마 상	자세할 상	서리 상
뽕나무 상	찾을 색				막힐 색	천천히 서
용서할 서			3Ⅱ 201-250번 형성평가			실마리 서
관청 서	아낄 석				풀 석	돌 선
선 선	소통할 소	깨어날 소		호소할 소	사를 소	송사할 송
인쇄할 쇄	쇠사슬 쇄	쇠할 쇠	목숨 수	장수 수	근심 수	다를 수
짐승 수	보낼 수	따를 수	쓰일 수	드리울 수	맑을 숙	익을 숙

212

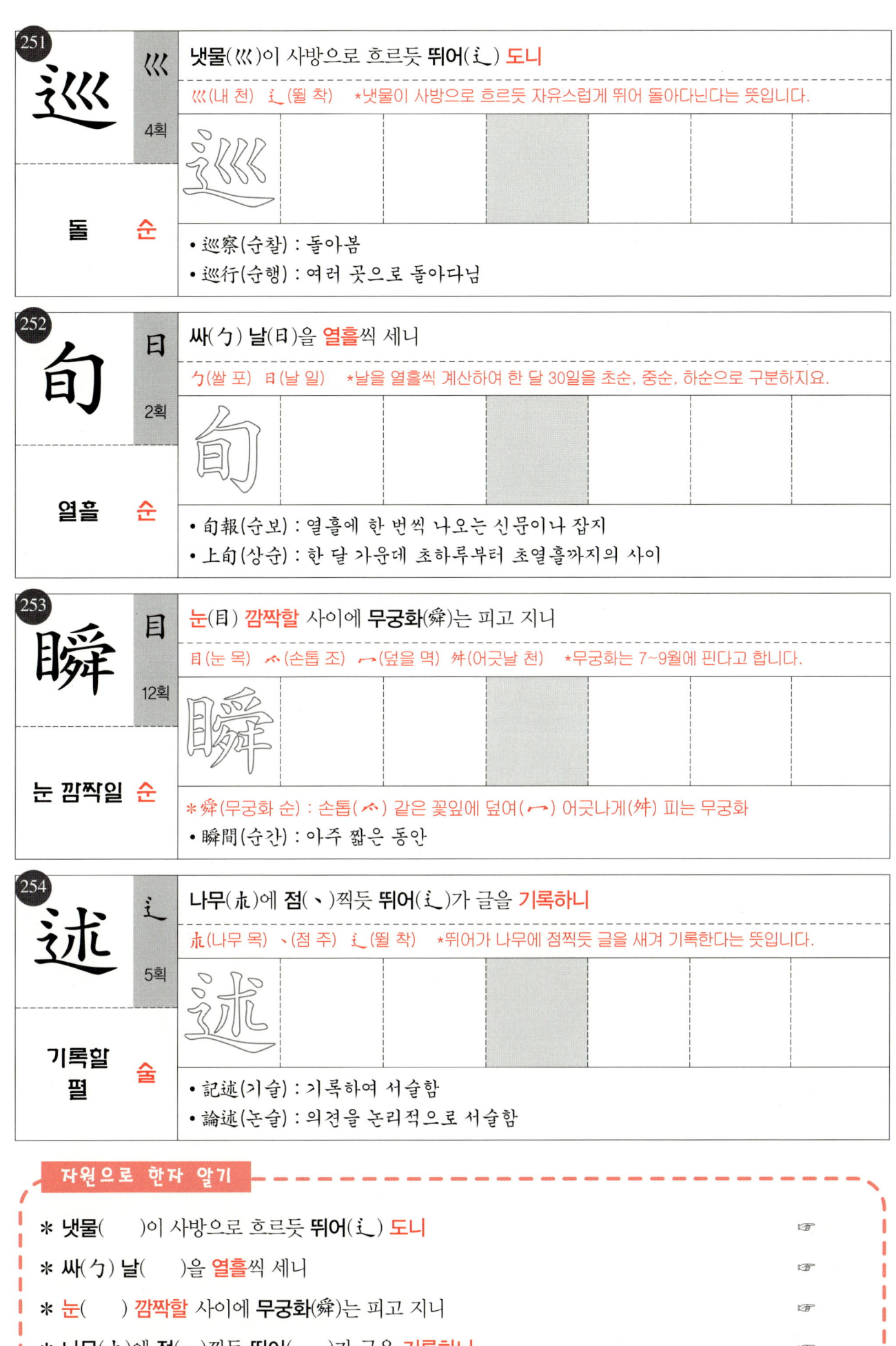

251 巡 / 돌 순 (4획)

냇물(巛)이 사방으로 흐르듯 뛰어(辶) 도니

巛(내 천) 辶(뛸 착) *냇물이 사방으로 흐르듯 자유스럽게 뛰어 돌아다닌다는 뜻입니다.

- 巡察(순찰) : 돌아봄
- 巡行(순행) : 여러 곳으로 돌아다님

252 旬 / 열흘 순 (2획)

쌀(勹) 날(日)을 열흘씩 세니

勹(쌀 포) 日(날 일) *날을 열흘씩 계산하여 한 달 30일을 초순, 중순, 하순으로 구분하지요.

- 旬報(순보) : 열흘에 한 번씩 나오는 신문이나 잡지
- 上旬(상순) : 한 달 가운데 초하루부터 초열흘까지의 사이

253 瞬 / 눈 깜짝일 순 (12획)

눈(目) 깜짝할 사이에 무궁화(舜)는 피고 지니

目(눈 목) 爫(손톱 조) 冖(덮을 멱) 舛(어긋날 천) *무궁화는 7~9월에 핀다고 합니다.

*舜(무궁화 순) : 손톱(爫) 같은 꽃잎에 덮여(冖) 어긋나게(舛) 피는 무궁화
- 瞬間(순간) : 아주 짧은 동안

254 述 / 기록할 펼 술 (5획)

나무(朮)에 점(丶)찍듯 뛰어(辶)가 글을 기록하니

朮(나무 목) 丶(점 주) 辶(뛸 착) *뛰어가 나무에 점찍듯 글을 새겨 기록한다는 뜻입니다.

- 記述(기술) : 기록하여 서술함
- 論述(논술) : 의견을 논리적으로 서술함

자원으로 한자 알기

* 냇물(　)이 사방으로 흐르듯 뛰어(辶) 도니 ☞
* 쌀(勹) 날(　)을 열흘씩 세니 ☞
* 눈(　) 깜짝할 사이에 무궁화(舜)는 피고 지니 ☞
* 나무(朮)에 점(丶)찍듯 뛰어(　)가 글을 기록하니 ☞

255 拾

扌 6획

손(扌)을 합하여(合) 주우니

扌(손 수) 合(합할 합) *두 손을 합하여 줍는다는 뜻입니다. 또 두 손을 합하면 손가락이 열 개죠?

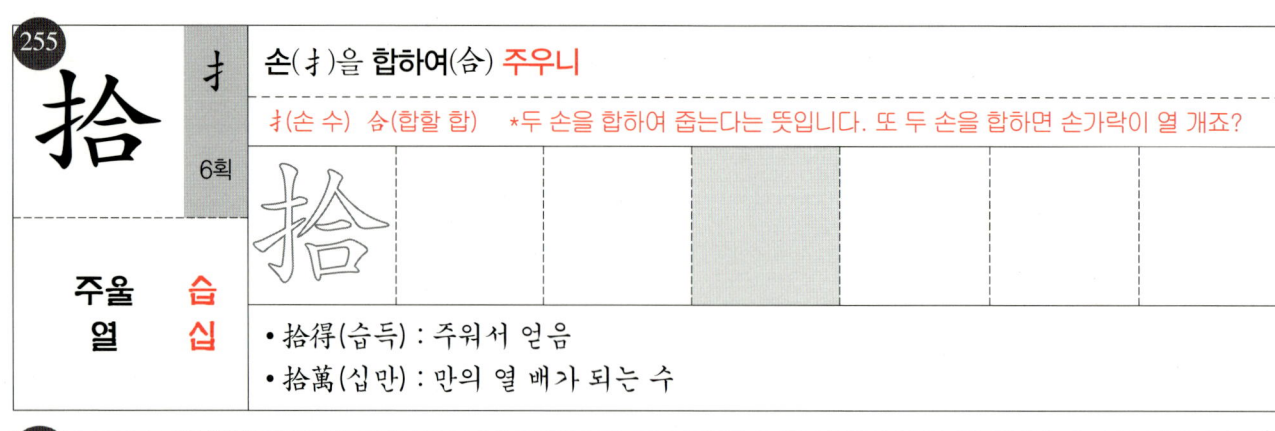

주울 **습**
열 **십**

- 拾得(습득) : 주워서 얻음
- 拾萬(십만) : 만의 열 배가 되는 수

256 襲

衣 16획

용(龍) 같은 옷(衣)을 입고 엄습하니

龍(용 룡) 衣(옷 의) *엄습 : 뜻하지 아니하는 사이에 습격함

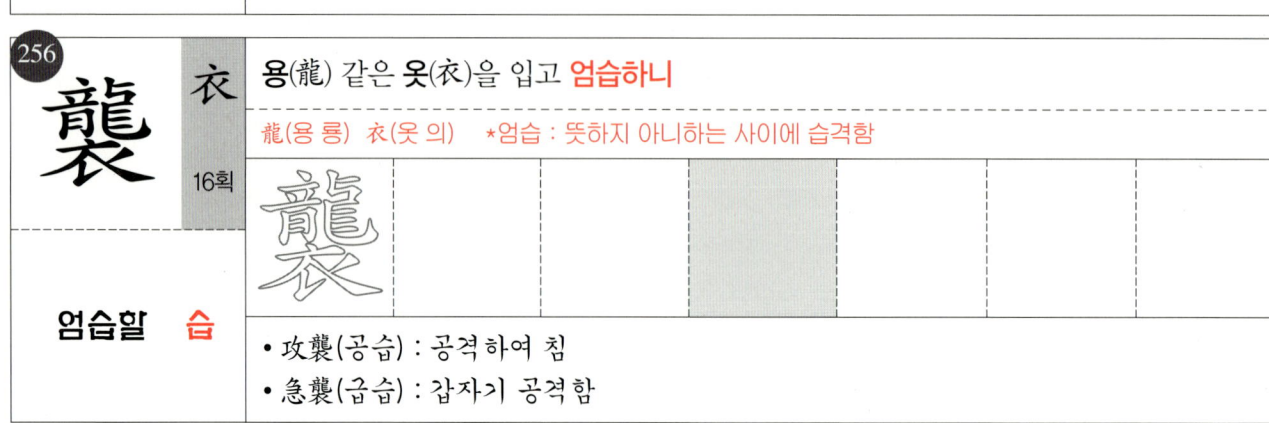

엄습할 **습**

- 攻襲(공습) : 공격하여 침
- 急襲(급습) : 갑자기 공격함

257 濕

氵 14획

물(氵)에 해(日)의 작고(幺) 작은(幺) 불(灬)처럼 서서히 젖으니

氵(물 수) 日(해 일) 幺(작을 요) 灬(불 화) *햇빛이 점점 비치듯 물에 서서히 젖는다는 뜻입니다.

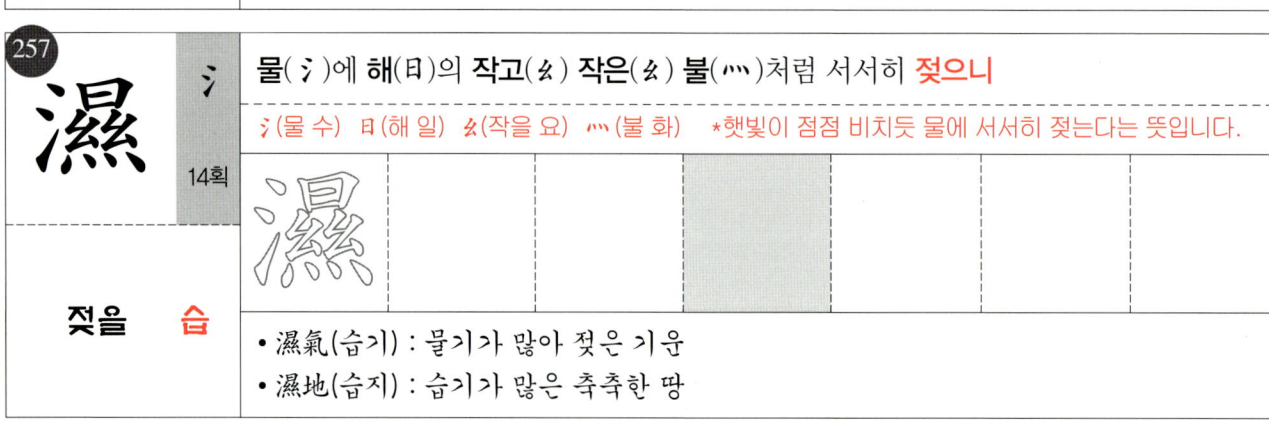

젖을 **습**

- 濕氣(습기) : 물기가 많아 젖은 기운
- 濕地(습지) : 습기가 많은 축축한 땅

258 乘

丿 9획

벼(禾)를 북쪽(北)에 보내려고 수레에 싣고 타니

禾(벼 화) 北(북녘 북) *흉년이 들면 풍년이 든 곳에서 식량을 보내 도와주죠?

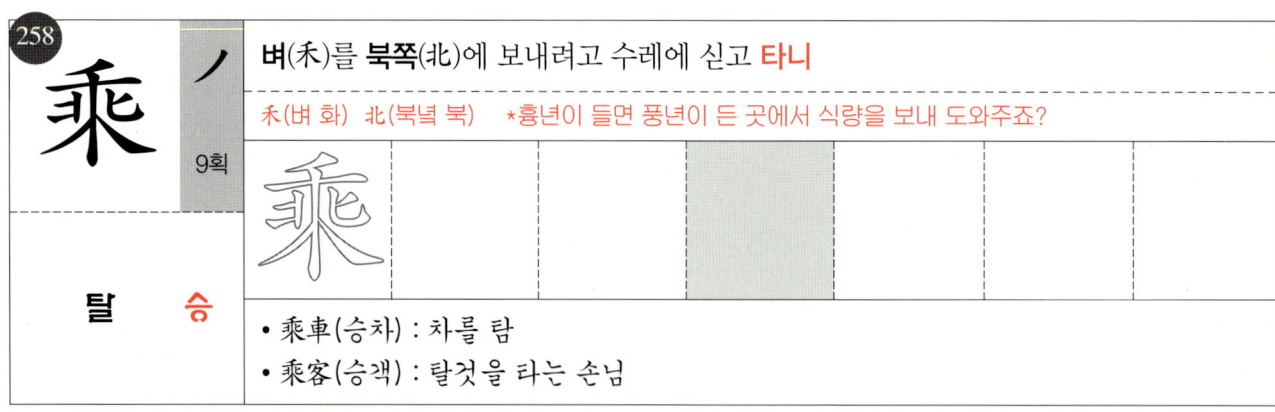

탈 **승**

- 乘車(승차) : 차를 탐
- 乘客(승객) : 탈것을 타는 손님

자원으로 한자 알기

* 손(   )을 합하여(合) **주우니**　　☞
* 용(龍) 같은 옷(   )을 입고 **엄습하니**　　☞
* 물(   )에 해(日)의 작고(幺) 작은(幺) 불(灬)처럼 서서히 **젖으니**　　☞
* 벼(禾)를 북쪽(北)에 보내려고 수레에 싣고 **타니**　　☞

259 僧 중 승	亻 12획	사람(亻)이 거듭(曾) 도를 닦아 중이 되니
		亻(사람 인) 曾(거듭 증)
		• 僧服(승복) : 중의 옷 • 高僧(고승) : 덕이 높은 중

260 昇 오를 승	日 4획	해(日)가 떠오르듯 끈(丿)을 두 손으로 잡고(廾) 오르니
		日(해 일) 丿(끈 별) 廾(두 손 잡을 공)
		• 昇級(승급) : 급수나 등급이 오름 • 昇進(승진) : 등급이나 계급이 오름

자원으로 한자 알기

* 사람(　)이 거듭(曾) 도를 닦아 중이 되니　　　　　　　　　　僧
* 해(　)가 떠오르듯 끈(丿)을 두 손으로 잡고(廾) 오르니　　昇

一思多得

勹	+ 口 = 句(글귀 구)	한 묶음의 단위로 싸(勹) 입(口)으로 읽는 글귀
	+ 日 = 旬(열흘 순)	싸(勹) 날(日)을 열흘씩 세니

行	朮	= 術(재주 술)	다니며(行) 나무(朮)를 점(丶)찍듯 심고 가꾸는 재주
辶		= 述(펼 술)	나무(朮)에 점(丶)찍듯 뛰어(辶)가 글을 기록하니

糹	合	= 給(줄 급)	실(糹)을 합하여(合) 넉넉하게 주니
扌		= 拾(주울 습)	손(扌)을 합하여(合) 주우니

다음 한자를 나누고 **자원**을 쓰면서 익히세요.

巛 돌 순 = ☐ + ☐

旬 열흘 순 = ☐ + ☐

瞬 눈 깜짝일 순 = ☐ + ☐

述 펼 술 = ☐ + ☐ + ☐

拾 주울 습 = ☐ + ☐

襲 엄습할 습 = ☐ + ☐

濕 젖을 습 = ☐ + ☐ + ☐ + ☐ + ☐

乘 탈 승 = ☐ + ☐

僧 중 승 = ☐ + ☐

昇 오를 승 = ☐ + ☐ + ☐

다음 한자어의 **독음**을 쓰세요.

巡察	巡行	旬報	上旬
瞬間	記述	論述	拾得
拾萬	攻襲	急襲	濕氣
濕地	乘車	乘客	僧服
高僧	昇級	昇進	

 다음 한자어를 **한자**로 쓰세요.

돌 순	살필 찰	열흘 순	알릴 보	눈깜짝일 순	사이 간	기록할 기	기록할 술
주울 습	얻을 득	칠 공	엄습할 습	젖을 습	기운 기	탈 승	차 차
중 승	옷 복	오를 승	등급 급	돌 순	다닐 행	윗 상	열흘 순
논할 론	기록할 술	열 십	일만 만	급할 급	엄습할 습	젖을 습	땅 지
탈 승	손 객	높을 고	중 승	오를 승	나아갈 진		

예문으로 한자어 익히기 (한자로 쓰인 단어의 뜻을 써보세요.)

1. 우범 지역의 巡察을 크게 강화하였다.

2. 심신을 수련하기 위하여 여러 곳을 巡行하였다.

3. 소식지는 旬報로 발행된다.

4. 이달 上旬까지 해주기로 약속하였다.

5. 그는 어머니를 보는 瞬間에 참았던 울음이 쏟아졌다.

6. 이 역사책은 사료에 대한 철저한 해석과 객관적인 記述로 유명하다.

7. 그는 국가는 국민 개개인에 대하여 책임을 져야 한다고 論述했다.

8. 그는 길에서 拾得한 돈을 파출소에 맡겼다.

9. 그곳에 모인 사람이 拾萬이나 된다.

10. 어젯밤에 적의 攻襲이 있었다.

11. 동문 안까지 수로를 타고 들어가서 문 지키는 병사들을 急襲하여 성문을 열 계획이다.

12. 북쪽에서 오는 바람은 濕氣를 많이 띠고 서늘하였다.

13. 강변에 濕地가 발달하다.

14. 버스에 乘車하기 전에 호주머니에서 버스비를 꺼냈다.

15. 버스는 마침내 멈추고 우리는 십여 명도 안 되는 다른 乘客들과 함께 차에서 내렸다.

16. 무릎을 꿇고 두 손을 모아 합장한 僧服의 사내가 언덕을 오르는 자세로 엎드려 있다.

17. 원효대사는 신라의 高僧이다.

18. 나는 소대장 근무를 시작한 지 삼 개월도 안 되어 부대장으로 昇級을 했습니다.

19. 그는 과장에서 부장으로 昇進했다.

| 261 侍
모실 시 | 亻
6획 | 사람(亻)이 절(寺)에서 부처를 모시니
亻(사람 인) 寺(절 사)
• 侍女(시녀) : 시중을 드는 여자
• 近侍(근시) : 웃어른을 가까이 모심 |

| 262 飾
꾸밀 식 | 食
5획 | 음식(食)을 차려 놓고 사람(㇇)이 헝겊(巾)으로 덮어 꾸미니
食(밥 식) ㇇(사람 인) 巾(헝겊 건)
• 修飾(수식) : 겉모양을 꾸밈
• 假飾(가식) : 말이나 행동 따위를 거짓으로 꾸밈 |

| 263 愼
삼갈 신 | 忄
10획 | 마음(忄)을 참(眞)되게 하려고 삼가니
忄(마음 심) 眞(참 진)   *삼가다 : 몸가짐이나 언행을 조심하다.
• 愼重(신중) : 매우 조심스러움
• 愼慮(신려) : 신중하게 생각함 |

| 264 審
살필 심 | 宀
12획 | 집(宀)을 차례(番)대로 살피니
宀(집 면) 番(차례 번)   *집에 매겨 놓은 번지를 알려고 차례대로 살핀다는 뜻입니다.
• 審理(심리) : 사실을 자세히 조사하여 처리함
• 審査(심사) : 자세하게 조사하여 등급이나 당락 따위를 결정함 |

자원으로 한자 알기

* 사람(   )이 절(寺)에서 부처를 모시니
* 음식(   )을 차려 놓고 사람(㇇)이 헝겊(巾)으로 덮어 꾸미니
* 마음(   )을 참(眞)되게 하려고 삼가니
* 집(   )을 차례(番)대로 살피니

265 甚 (심할 심) 4획

그(其) 상자(ㄴ)는 **심히** 크니

其(그 기) ㄴ(상자 방)

- 甚大(심대) : 매우 큼
- 極甚(극심) : 몹시 심함

266 雙 (두 쌍) 10획

새(隹) **두** 마리를 손(又)에 쥐고 있으니

隹(새 추) 又(손 우, 또 우)

- 雙方(쌍방) : 양방
- 雙眼鏡(쌍안경) : 두 눈으로 볼 수 있게 만든 망원경

267 亞 (버금 아) 6획

두(二) 곱사등이(屮)가 마주 선 모양으로 건강한 사람에 **버금**가니

二(둘 이) 屮(곱사등이 모양)　*곱사등이 : 등이 굽고 큰 혹 같은 것이 불룩 튀어나온 사람

- *亞(버금 아) : 으뜸의 바로 아래. 또는 그런 지위에 있는 사람이나 물건
- 亞流(아류) : 둘째가는 사람이나 사물

268 我 (나 아) 3획

손(手)에 창(戈)을 들고 **나**를 지키니

手(손 수) 戈(창 과)

- 我軍(아군) : 우리 편 군대
- 我田引水(아전인수) : 자기에게만 이롭게 되도록 생각하거나 행동함을 이르는 말

자원으로 한자 알기

* 그(其) 상자(ㄴ)는 **심히** 크니
* 새(　) **두** 마리를 손(又)에 쥐고 있으니
* 두(　) 곱사등이(屮)가 마주 선 모양으로 건강한 사람에 **버금**가니
* 손(手)에 창(　)을 들고 **나**를 지키니

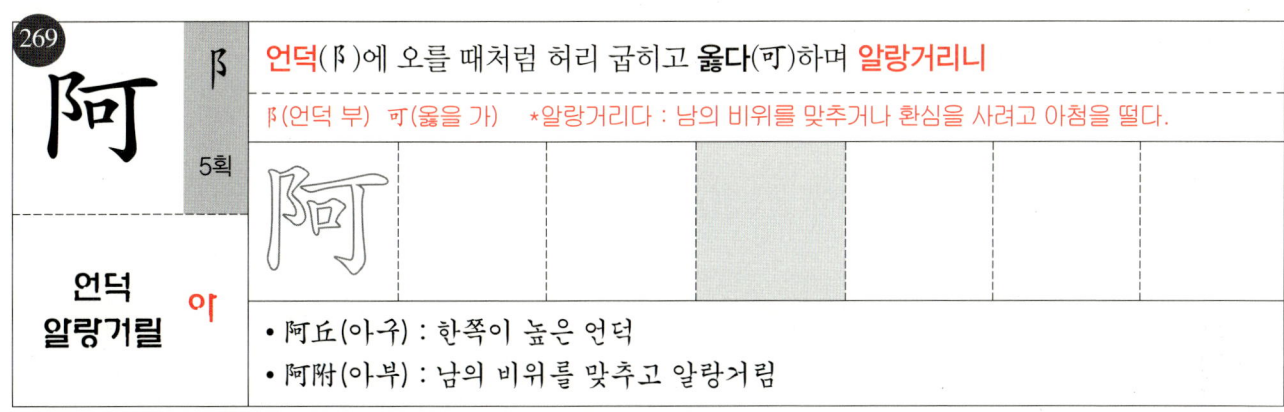

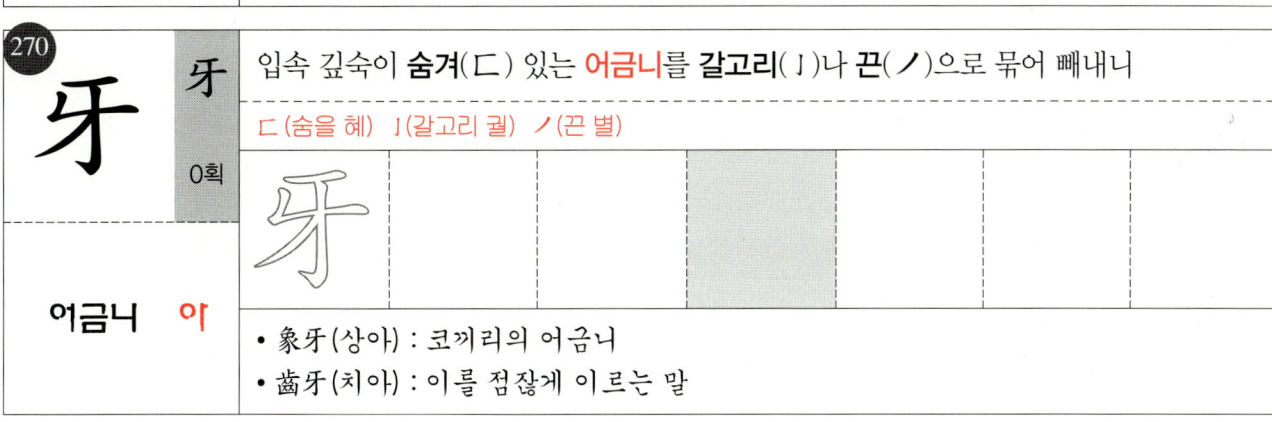

자원으로 한자 알기

* 언덕(　)에 오를 때처럼 허리 굽히고 **옳다**(可)하며 **알랑거리니** ☞
* 입속 깊숙이 **숨겨**(ㄷ) 있는 **어금니**를 갈고리(ㅣ)나 끈(ノ)으로 묶어 빼내니 ☞

一思多得

日	+		= 時(때 시)	해(日)의 위치를 보고 **관청**(寺)에서 **때**를 알리니
彳	+		= 待(기다릴 대)	**걸어가**(彳) **관청**(寺)에서 차례를 **기다리니**
牜	+	寺	= 特(특별할 특)	**소**(牜)가 **절**(寺)에 있어 **특별하니**
言	+		= 詩(시 시)	감정을 **말**(言)로 표현하여 **절**(寺)처럼 경건하게 읊는 **시**
亻	+		= 侍(모실 시)	**사람**(亻)이 **절**(寺)에서 부처를 **모시니**

다음 한자를 나누고 **자원**을 쓰면서 익히세요.

侍 모실 시 = ☐ + ☐

飾 꾸밀 식 = ☐ + ☐ + ☐

愼 삼갈 신 = ☐ + ☐

審 살필 심 = ☐ + ☐

甚 심할 심 = ☐ + ☐

雙 두 쌍 = ☐ + ☐

亞 버금 아 = ☐ + ☐

我 나 아 = ☐ + ☐

阿 언덕 아 = ☐ + ☐

牙 어금니 아 = ☐ + ☐ + ☐

222

다음 한자어의 **독음**을 쓰세요.

侍女	近侍	修飾	假飾
愼重	愼慮	審理	審査
甚大	極甚	雙方	亞流
我軍	阿丘	阿附	象牙
齒牙			

 다음 한자어를 **한자**로 쓰세요.

모실 시	계집 녀	닦을 수	꾸밀 식	삼갈 신	조심할 중	살필 심	다스릴 리
심할 심	큰 대	두 쌍	쪽 방	버금 아	갈래 류	나 아	군대 군
언덕 아	언덕 구	코끼리 상	어금니 아	가까울 근	모실 시	거짓 가	꾸밀 식
삼갈 신	생각할 려	살필 심	조사할 사	심할 극	심할 심	알랑거릴 아	붙을 부
이 치	어금니 아						

예문으로 한자어 익히기(한자로 쓰인 단어의 뜻을 써보세요.)

1. 그는 부인을 마치 侍女처럼 부린다.

2. 혼자서 대조전을 지키고 있던 태공은, 近侍하는 신하들을 불러들였다.

3. 주성분을 修飾하여 뜻을 더해 주는 성분을 부속 성분이라 한다.

4. 예가 지나치면 假飾이 될 수 있다.

5. 그는 매사에 愼重하여 무리하게 일을 진행하지 않는다.

6. 그는 진로에 대하여 愼慮한 끝에 최종 결단을 내렸다.

7. 첫 공판이 민사 합의 1부 審理로 열렸다.

8. 신청 접수순으로 열 명을 골라 審査한 끝에 두세 명의 후보를 정해서 교제했다.

9. 사업에 실패하여 금전적인 손해가 甚大하다.

10. 서른 가까운 나이에 초산이라 그 산고가 길고도 차마 볼 수 없을 만큼 極甚하다.

11. 이 분규는 雙方의 이해와 협조로 잘 해결되었다.

12. 그는 피카소의 亞流에 불과하다.

13. 우리는 이번 작전에서 我軍이 승리하리라고 믿었다.

14. 阿丘에 서서 살펴보았다.

15. 약점을 가진 자는 강한 자에게 阿附하기 마련이라는 것입니다.

16. 코끼리의 象牙는 악기, 도장, 물부리 따위의 공예품을 만드는 데 쓴다.

17. 齒牙가 가지런하다.

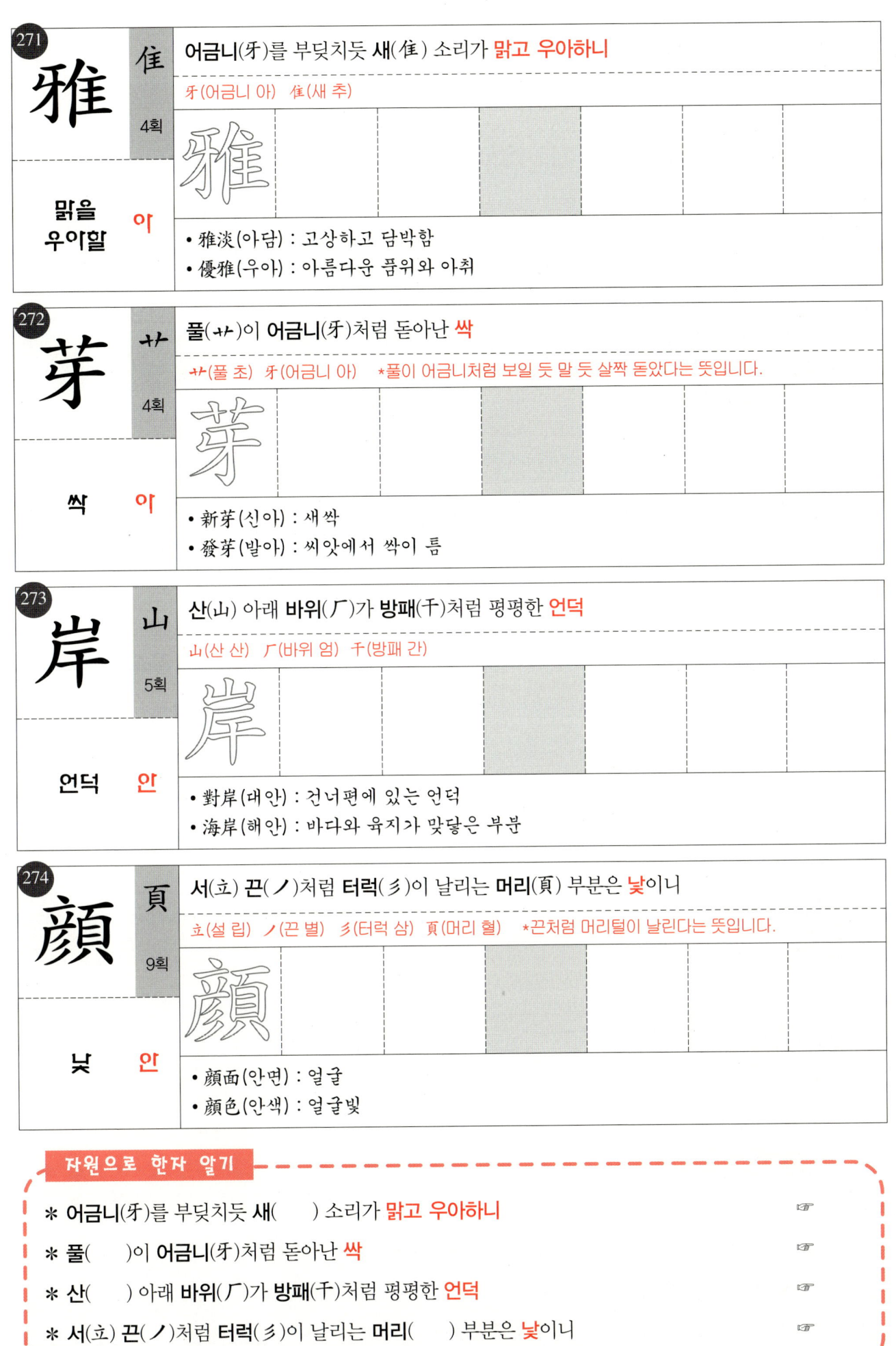

271 雅 (맑을 우아할 아) - 4획
어금니(牙)를 부딪치듯 새(隹) 소리가 **맑고 우아하니**
牙(어금니 아) 隹(새 추)
- 雅淡(아담) : 고상하고 담박함
- 優雅(우아) : 아름다운 품위와 아취

272 芽 (싹 아) - 4획
풀(艹)이 어금니(牙)처럼 돋아난 **싹**
艹(풀 초) 牙(어금니 아) *풀이 어금니처럼 보일 듯 말 듯 살짝 돋았다는 뜻입니다.
- 新芽(신아) : 새싹
- 發芽(발아) : 씨앗에서 싹이 틈

273 岸 (언덕 안) - 5획
산(山) 아래 바위(厂)가 방패(干)처럼 평평한 **언덕**
山(산 산) 厂(바위 엄) 干(방패 간)
- 對岸(대안) : 건너편에 있는 언덕
- 海岸(해안) : 바다와 육지가 맞닿은 부분

274 顔 (낯 안) - 9획
서(立) 끈(丿)처럼 터럭(彡)이 날리는 머리(頁) 부분은 **낯**이니
立(설 립) 丿(끈 별) 彡(터럭 삼) 頁(머리 혈) *끈처럼 머리털이 날린다는 뜻입니다.
- 顔面(안면) : 얼굴
- 顔色(안색) : 얼굴빛

자원으로 한자 알기

* 어금니(牙)를 부딪치듯 새(   ) 소리가 **맑고 우아하니**
* 풀(   )이 어금니(牙)처럼 돋아난 **싹**
* 산(   ) 아래 바위(厂)가 방패(干)처럼 평평한 **언덕**
* 서(立) 끈(丿)처럼 터럭(彡)이 날리는 머리(   ) 부분은 **낯**이니

275 巖 (바위 암)
山 20획

산(山)에 엄한(嚴) 모습으로 있는 **바위**

山(산 산) 嚴(엄할 엄) *산에 바위가 위엄 있게 있다는 뜻입니다.

- 巖石(암석) : 바위
- 巖壁(암벽) : 깎아지른 듯 높이 솟은 벽 모양의 바위

276 仰 (우러를 앙)
亻 4획

사람(亻)들이 뛰어난 **사람**(𠂉)을 **무릎 꿇고**(卩) **우러르니**

亻(사람 인) 𠂉(사람 인 변형) 卩(무릎 꿇을 절)

*仰(우러를 앙) : 위를 향하여 고개를 정중히 쳐들다.
- 信仰(신앙) : 믿고 받드는 일

277 央 (가운데 앙)
大 2획

성(冂)을 크게(大) 쌓고 **가운데를 지키니**

冂(성 경) 大(큰 대) *적의 침입을 막으려고 성을 크게 쌓고 가운데를 지킨다는 뜻입니다.

*夬(터질 쾌) : 央(가운데 앙)에서 한쪽이 터져 있는 모양
- 中央(중앙) : 사방의 중심이 되는 한가운데

278 哀 (슬플 애)
口 6획

옷(衣)으로 눈물을 닦으며 **입**(口)으로 **슬프게** 우니

衣(옷 의) 口(입 구)

- 哀歌(애가) : 슬픈 심정을 읊은 노래
- 哀歡(애환) : 슬픔과 기쁨을 아울러 이르는 말

자원으로 한자 알기

* 산(　　)에 엄한(嚴) 모습으로 있는 **바위**
* 사람(　　)들이 뛰어난 **사람**(𠂉)을 **무릎 꿇고**(卩) **우러르니**
* 성(冂)을 크게(　　) 쌓고 **가운데를 지키니**
* 옷(衣)으로 눈물을 닦으며 **입**(　　)으로 **슬프게** 우니

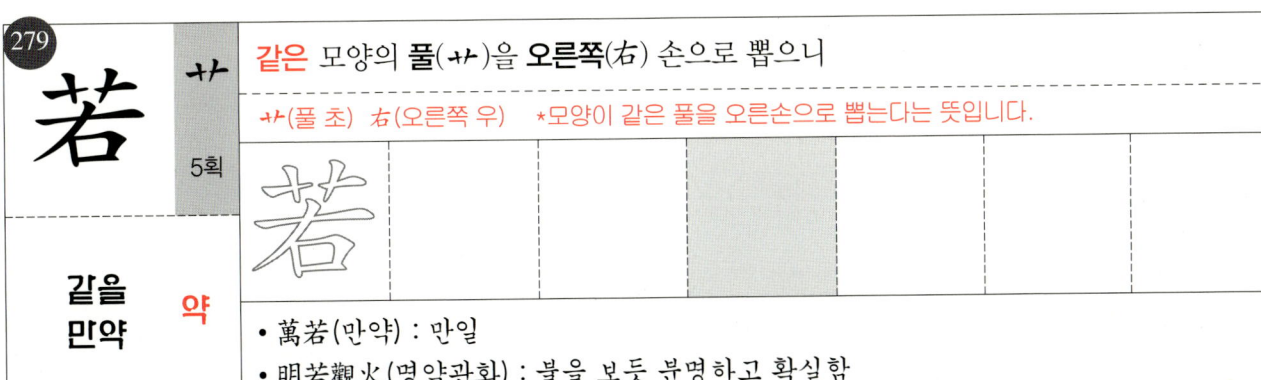

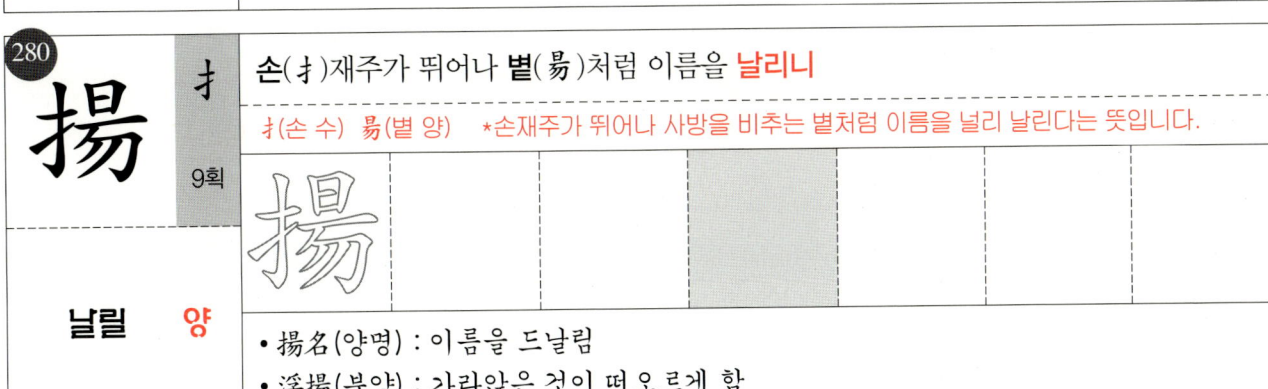

자원으로 한자 알기

* 같은 모양의 풀( )을 오른쪽(右) 손으로 뽑으니
* 손( )재주가 뛰어나 볕(昜)처럼 이름을 날리니

一思多得

牙	+	阝	=	邪(간사할 사)	어금니(牙)처럼 숨겨진 고을(阝)에 살면서 간사하게 구니
	+	隹	=	雅(맑을 아)	어금니(牙)를 부딪치듯 새(隹) 소리가 맑고 우아하니

276 仰(우러를 앙) 迎(맞을 영) 잘 구별하세요.

仰(우러를 앙) : 사람(亻)들이 뛰어난 사람(⺈)을 무릎 꿇고(卩) 우러르니

迎(맞을 영) : 사람(⺈)들을 무릎 꿇은(卩) 듯 뛰어(辶)가 맞이하니

土	+		=	場(마당 장)	땅(土)에 볕(昜)이 잘 드는 곳은 마당이니
阝	+	昜	=	陽(볕 양)	언덕(阝)을 비추는 볕(昜)
月	+		=	腸(창자 장)	몸(月)에 볕(昜)처럼 구석구석 퍼져 있는 창자
扌	+		=	揚(날릴 양)	손(扌)재주가 뛰어나 볕(昜)처럼 이름을 날리니

다음 한자를 나누고 **자원**을 쓰면서 익히세요.

雅 맑을 아	=	+		
芽 싹 아	=	+		
岸 언덕 안	=	+	+	
顔 낯 안	=	+	+	+
巖 바위 암	=	+		
仰 우러를 앙	=	+	+	
央 가운데 앙	=	+		
哀 슬플 애	=	+		
若 같을 약	=	+		
揚 날릴 양	=	+		

228

다음 한자어의 **독음**을 쓰세요.

雅淡	優雅	新芽	發芽
對岸	海岸	顔面	顔色
巖石	巖壁	信仰	中央
哀歌	哀歡	萬若	揚名
浮揚			

 다음 한자어를 **한자**로 쓰세요.

맑을 아 맑을 담	새 신 싹 아	대할 대 언덕 안	낯 안 얼굴 면
바위 암 돌 석	믿을 신 우러를 앙	가운데 중 가운데 앙	슬플 애 노래 가
일만 만 만약 약	날릴 양 이름 명	뛰어날 우 우아할 아	필 발 싹 아
바다 해 언덕 안	낯 안 빛 색	바위 암 벽 벽	슬플 애 기쁠 환
뜰 부 날릴 양			

예문으로 한자어 익히기 (한자로 쓰인 단어의 뜻을 써보세요.)

1. 언덕위에 있는 집이 참 **雅談**하여 보기 좋다.

2. 백제의 미술은 **優雅**하고 세련되었다.

3. 봄이면 파릇파릇 **新芽**가 돋아난다.

4. 며칠 전 심은 콩이 드디어 **發芽**하기 시작했다.

5. 배가 서서히 **對岸**에 이르렀다.

6. **海岸**에 배를 정박하다.

7. 그동안 그토록 친하게 지냈던 사람들이 사업이 망하자 대번에 **顔面**을 바꾸어 버렸다.

8. 늦게 귀가한 동생은 오자마자 아버지의 **顔色**을 살폈다.

9. 풍화 작용으로 **巖石**이 깎였다.

10. 한편으로는 **巖壁** 사이로 흘러내린 물이 고랑을 만들고 있었다.

11. 자식을 어떡하든지 서울에서 길러야 되겠다는 것은 엄마의 숨은 **信仰**이었다.

12. 사무실 **中央**에 회의용 탁자를 놓았다.

13. 라디오에서 흘러나오는 **哀歌**가 구슬프다.

14. 소설은 삶의 **哀歡**을 담고 있다.

15. **萬若** 내일 비가 온다면 손꼽아 기다리던 소풍이 취소된다.

16. 세상이 어지러워 기개 있는 선비들이 어찌 **揚名**하겠소.

17. 침체된 증권 시장을 **浮揚**시켜야 경제가 산다.

281 壤 흙덩이 양	土 17획	땅(土)이 농사짓기에 도움(襄)이 되는 고운 **흙덩이**로 되어 있으니
		土(땅 토) 衣(옷 의) 口(입 구) 井(우물 정) 一(한 일)
		壤
		*襄(도울 양) : 옷(衣)으로 입(口)들을 가리고 우물(井)에서 하나(一)같이 도우니 • 土壤(토양) : 흙

282 讓 사양할 양	言 17획	말(言)하여 도와(襄) 주겠다는 것을 **사양하니**
		言(말씀 언) 襄(도울 양)
		讓
		• 讓步(양보) : 사양하여 물러나는 것 • 謙讓(겸양) : 겸손한 태도로 남에게 양보하거나 사양함

283 御 다스릴 임금 어	彳 8획	걸어가(彳) 사람(ㄥ)들을 하나(一)같이 그치게(止) 하고 무릎 꿇려(卩) **다스리니**
		彳(걸을 척) ㄥ(사람 인) 一(한 일) 止(그칠 지) 卩(무릎 꿇을 절)
		御
		• 制御(제어) : 상대편을 억눌러서 제 마음대로 다룸 • 御命(어명) : 임금의 명령을 이르던 말

284 憶 생각할 억	忄 13획	마음(忄)에 품은 뜻(意)을 **생각하니**
		忄(마음 심) 意(뜻 의)
		憶
		• 記憶(기억) : 지난 일을 잊지 아니함 • 憶念(억념) : 마음속에 단단히 기억하여 잊지 아니함

자원으로 한자 알기

* 땅(　)이 농사짓기에 도움(襄)이 되는 고운 **흙덩이**로 되어 있으니　☞
* 말(　)하여 도와(襄) 주겠다는 것을 **사양하니**　☞
* 걸어가(　) 사람(ㄥ)들을 하나(一)같이 그치게(止) 하고 무릎 꿇려(卩) **다스리니**　☞
* 마음(　)에 품은 뜻(意)을 **생각하니**　☞

285 抑 (4획) 누를 역	扌	손(扌)으로 사람(亻)이 무릎 꿇고(卩) 누르니
		扌(손 수) 亻(사람 인 변형) 卩(무릎 꿇을 절)
		• 抑壓(억압) : 억제하여 압박함 • 抑留(억류) : 억지로 머무르게 함

286 亦 (4획) 또 역	亠	머리(亠)가 불(火)덩이처럼 또 뜨거우니
		亠(머리 두) 火(불 화)
		• 亦是(역시) : 또한 • 亦然(역연) : 또한 그러함

287 役 (4획) 부릴 직무 역	彳	걸어(彳) 다니며 일꾼을 치고(殳) 부리는 직무
		彳(걸을 척) 殳(칠 수) *일꾼을 부리는 직무를 담당한다는 뜻입니다.
		• 主役(주역) : 주된 역할 • 兵役(병역) : 군사적 의무

288 疫 (4획) 전염병 역	疒	병(疒)이 창(殳)으로 찌르듯 아프게 전염되는 병
		疒(병질 엄) 殳(창 수) *창으로 찌르듯 아픈 병이 전염된다는 뜻입니다.
		• 防疫(방역) : 전염병의 발생을 미리 막음 • 疫病(역병) : 농작물의 유행병의 하나 또는 악성 전염병

자원으로 한자 알기

* 손(   )으로 사람(亻)이 무릎 꿇고(卩) 누르니
* 머리(   )가 불(火)덩이처럼 또 뜨거우니
* 걸어(   ) 다니며 일꾼을 치고(殳) 부리는 직무
* 병(   )이 창(殳)으로 찌르듯 아프게 전염되는 병

289 譯 (번역할 역) - 13획

言 | 말(言)을 **엿보아**(睪) 번역하니
言(말씀 언) 睪(엿볼 역) *한쪽 말을 듣고 있다가 다른 말로 번역한다는 뜻입니다.

- 譯書(역서) : 번역한 책이나 글
- 國譯(국역) : 다른 나라 말로 된 것을 자기 나라 말로 번역함

290 驛 (역 역) - 13획

馬 | 말(馬)을 **엿보아**(睪) 살피는 역
馬(말 마) 睪(엿볼 역) *역 : 대개 30리마다 두어 벼슬아치의 여행과 부임 때 말을 공급하던 곳

- 驛前(역전) : 역 앞
- 驛長(역장) : 역의 책임자

자원으로 한자 알기

* 말(   )을 **엿보아**(睪) 번역하니
* 말(   )을 **엿보아**(睪) 살피는 역

一思多得

亻	+	=	億(억 억)	사람(亻)의 뜻(意)은 억 수로 많으니
忄	+ 意 =	憶(생각할 억)	마음(忄)에 품은 뜻(意)을 생각하니

285 抑(누를 억) 仰(우러를 앙) 잘 구별하세요.

抑(누를 억) : 손(扌)으로 **사람**(𠂉)이 **무릎 꿇고**(卩) 누르니
仰(우러를 앙) : **사람**(亻)들이 뛰어난 **사람**(𠂉)을 **무릎 꿇고**(卩) 우러르니

扌	+	=	投(던질 투)	손(扌)에 창(殳)을 들고 던지니
彳	+ 殳 =	役(부릴 역)	걸어(彳) 다니며 일꾼을 치고(殳) 부리는 직무
疒	+ =	疫(전염병 역)	병(疒)이 창(殳)으로 찌르듯 아프게 전염되는 병

다음 한자를 나누고 **자원**을 쓰면서 익히세요.

壤 (흙덩이 양)	=		+							
讓 (사양할 양)	=		+							
御 (다스릴 어)	=		+		+		+		+	
憶 (생각할 억)	=		+							
抑 (누를 억)	=		+		+					
亦 (또 역)	=		+							
役 (부릴 역)	=		+							
疫 (전염병 역)	=		+							
譯 (번역할 역)	=		+							
驛 (역 역)	=		+							

다음 한자어의 **독음**을 쓰세요.

土 壤　讓 步　謙 讓　制 御

御 命　記 憶　憶 念　抑 壓

抑 留　亦 是　亦 然　主 役

兵 役　防 疫　疫 病　譯 書

國 譯　驛 前　驛 長

다음 한자어를 **한자**로 쓰세요.

흙 토　흙덩이 양　사양할 양　행위 보　억제할 제　다스릴 어　기억할 기　생각할 억

누를 억　누를 압　또 역　이 시　주될 주　직무 역　막을 방　전염병 역

번역할 역　책 서　역 역　앞 전　겸손할 겸　사양할 양　임금 어　명령할 명

생각할 억　생각 념　누를 억　머무를 류　또 역　그럴 연　병사 병　직무 역

전염병 역　병 병　나라 국　번역할 역　역 역　어른 장

예문으로 한자어 익히기 (한자로 쓰인 단어의 뜻을 써보세요.)

1. 비옥한 **土壤**이 아닌 데서 어떻게 좋은 수확물을 많이 얻을 수 있겠소.

2. 그녀는 다섯 살 위인 오빠에게 항상 모든 것을 **讓步**하며 살아야 했다.

3. 사람이 마음과 행동을 **謙讓**할 때 아름다운 생활을 누릴 수 있다.

4. 그들의 무분별한 행동은 누군가에 의해서 꼭 **制御**되어야 한다.

5. 그는 **御命**을 받들어 잠행을 나온 암행어사였다.

6. 쥐불 넣은 깡통을 돌리며 신이 나서 달집 주위를 뛰어다니던 일은 지금도 **記憶**에 생생하다.

7. 선생님의 말씀을 **憶念**하겠습니다.

8. 유럽 중세 시대는 합리적인 과학 이론이 교회의 사고방식과 다르다는 이유로 **抑壓**되었다.

9. 그는 인질로 장기간 **抑留** 생활을 하다가 무사히 본국으로 귀환하였다.

10. 그날도 **亦是** 그는 7시에 집을 나와 20분쯤에 전철을 탔다.

11. 내 의견도 **亦然**하다.

12. 그녀는 치열한 경쟁 끝에 이번에 공연될 오페라의 **主役**을 따 냈다.

13. 그는 **兵役**을 마친 뒤 취업했다.

14. 전염병의 발생으로 **防疫** 조치가 취해졌다.

15. 길거리는 인적이 드물어 흡사 **疫病**이 쓸고 간 마을같이 괴괴했다.

16. 선생님은 생전에 20여 권의 저서와 **譯書**를 남기셨다.

17. 근래에는 옛 문헌의 **國譯** 사업이 활발하다.

18. 우리 부서는 **驛前**에서 10시에 만나 출발하기로 했다.

19. 우리 마을에 있는 기차역의 **驛長**님은 매우 친절하시다.

291 宴

宀 / 7획

집(宀)에서 날(日)을 정해 여자(女)가 잔치를 벌이니

宀(집 면)　日(날 일)　女(계집 녀)　*여자가 음식을 장만하여 집에서 잔치를 한다는 뜻입니다.

잔치 연

- 壽宴(수연) : 장수를 축하하는 잔치
- 宴會(연회) : 여러 사람이 모여 베푸는 잔치

292 沿

氵 / 5획

물(氵)이 나뉘어(八) 입구(口) 가장자리를 따라 흐르니

氵(물 수)　八(여덟 팔, 나눌 팔)　口(어귀 구)

가장자리 물 따라갈 연

- 沿海(연해) : 육지에 가까이 있는 바다
- 沿岸(연안) : 강이나 호수, 바다를 따라 잇닿아 있는 육지

293 軟

車 / 6획

수레(車)가 흠(欠)이 날 정도로 연하니

車(수레 거)　欠(하품 흠, 흠 흠)　*흠 : 어떤 물건의 이지러지거나 깨어지거나 상한 자국

연할 연

- 軟弱(연약) : 연하고 약함
- 軟骨(연골) : 아직 뼈대가 굳지 아니한 어린 나이

294 燕

灬 / 12획

풀(艹) 하나(一)를 입(口)에 물고 북(北)에서 불(灬)처럼 따뜻한 곳으로 오는 제비

艹(풀 초)　一(한 일)　口(입 구)　北(북녘 북)　灬(불 화)　*제비가 따뜻한 남쪽으로 온다는 뜻입니다.

제비 연

- 燕尾(연미) : 제비의 꼬리
- 燕科(연과) : 제비 따위가 딸린 참새목의 한 과

자원으로 한자 알기

* 집(　)에서 날(日)을 정해 여자(女)가 잔치를 벌이니
* 물(　)이 나뉘어(八) 입구(口) 가장자리를 따라 흐르니
* 수레(　)가 흠(欠)이 날 정도로 연하니
* 풀(艹) 하나(一)를 입(口)에 물고 북(北)에서 불(　)처럼 따뜻한 곳으로 오는 제비

295 悅 (기쁠 열) — 忄, 7획

마음(忄)을 바꾸어(兌) **기쁘니**

忄(마음 심) 兌(바꿀 태) *생각과 마음을 긍정적으로 바꾸니 기쁘다는 뜻입니다.

- 喜悅(희열) : 기쁨과 즐거움
- 悅樂(열락) : 기뻐하고 즐거워함

296 染 (물들 염) — 木, 5획(9획)

물(氵)에 아홉(九) 번이나 나무(木)로 저어가며 **물들이니**

氵(물 수) 九(아홉 구) 木(나무 목) *천을 나무로 여러 번 저어가며 물들인다는 뜻입니다.

- 傳染(전염) : 병이 남에게 옮음
- 染色(염색) : 실이나 천 따위에 물을 들임

297 炎 (더울/불꽃 염) — 火, 4획(8획)

불(火)과 불(火)이 겹쳐 **덥게 타오르는 불꽃**

火(불 화) *불이 겹쳐 있지요?

- 老炎(노염) : 늦더위
- 炎天(염천) : 몹시 더운 날씨

298 鹽 (소금 염) — 鹵, 13획

신하(臣)된 사람(⺈)이 소금(鹵) 밭에서 그릇(皿)에 퍼 살피는 **소금**

臣(신하 신) ⺈(사람 인) 卜(점칠 복) 口(에울 위) ※(점의 모양) 皿(그릇 명)

*鹵(소금 로) : 날씨를 점쳐(卜) 울타리(口) 안에 거두는 점(※) 같은 소금
- 食鹽(식염) : 소금

자원으로 한자 알기

* 마음(　)을 바꾸어(兌) **기쁘니**　☞
* 물(氵)에 아홉(九) 번이나 나무(　)로 저어가며 **물들이니**　☞
* 불(　)과 불(火)이 겹쳐 **덥게 타오르는 불꽃**　☞
* 신하(臣)된 사람(⺈)이 소금(　) 밭에서 그릇(皿)에 퍼 살피는 **소금**　☞

299  12획 그림자 영	彡	볕(景)에 터럭(彡)까지 그림자가 생기니
		景(볕 경) 彡(터럭 삼)

		• 投影(투영) : 물체의 그림자를 어떤 물체 위에 비추는 일 • 影像(영상) : 빛의 굴절이나 반사에 의하여 물체의 상이 비추어진 것

300  14획 기릴 예	言	더불어(與) 함께 말(言)하여 기리니
		與(더불 여) 言(말씀 언) *여기저기서 사람들이 모두 뛰어난 업적을 추어서 말한다는 뜻입니다.

		*譽(기릴 예) : 뛰어난 업적이나 바람직한 정신, 위대한 사람 따위를 추어서 말함 • 名譽(명예) : 어떤 사람의 공로나 권위를 높이 기리어 특별히 수여하는 칭호

자원으로 한자 알기

* 볕(景)에 터럭(   )까지 그림자가 생기니
* 더불어(與) 함께 말(   )하여 기리니

一思多得

二	+	欠	=	次(다음 차)	피곤하여 두(二) 번이나 하품(欠)하고 다음으로 미루니
車	+		=	軟(연할 연)	수레(車)가 흠(欠)이 날 정도로 연하니

言	+	兌	=	說(말씀 설)	말(言)을 바꾸어(兌) 말씀하여 달래니
禾	+		=	稅(세금 세)	벼(禾)로 바꾸어(兌) 내는 세금
月	+		=	脫(벗을 탈)	몸(月)에 옷을 바꾸어(兌) 입으려고 벗으니
忄	+		=	悅(기쁠 열)	마음(忄)을 바꾸어(兌) 기쁘니

與	+	手	=	擧(들 거)	더불어(與) 손(手)을 드니
	+	言	=	譽(기릴 예)	더불어(與) 함께 말(言)하여 기리니

다음 한자를 나누고 **자원**을 쓰면서 익히세요.

宴 잔치 연	=		+		+					
沿 물 따라갈 연	=		+		+					
軟 연할 연	=		+							
燕 제비 연	=		+		+		+		+	
悅 기쁠 열	=		+							
染 물들 염	=		+		+					
炎 불꽃 염	=		+							
鹽 소금 염	=		+		+		+			
影 그림자 영	=		+							
譽 기릴 예	=		+							

240

다음 한자어의 **독음**을 쓰세요.

壽宴	宴會	沿海	沿岸
軟弱	軟骨	燕尾	燕科
喜悅	悅樂	傳染	染色
老炎	炎天	食鹽	投影
影像	名譽		

 다음 한자어를 **한자**로 쓰세요.

목숨 수	잔치 연	가장자리 연	바다 해	연할 연	약할 약	제비 연	꼬리 미
기쁠 희	기쁠 열	전할 전	물들 염	늙을 로	더위 염	먹을 식	소금 염
던질 투	그림자 영	이름 명	기릴 예	잔치 연	모임 회	가장자리 연	언덕 안
연할 연	뼈 골	제비 연	과목 과	기쁠 열	즐길 락	물들 염	빛 색
더울 염	날씨 천	그림자 영	모양 상				

241

예문으로 한자어 익히기(한자로 쓰인 단어의 뜻을 써보세요.)

1. 그는 모친의 **壽宴**을 더욱 경사롭게 하기 위하여 아들의 장가까지 들이고 싶었다.

2. 아버지는 딸의 생일을 축하해주기 위해 **宴會**를 열었다.

3. 몇 해리 안의 **沿海**에서는 해양 폐기물 배출이 금지돼 있다.

4. 썰물이 많이 져 있어서 배는 **沿岸** 안으로 들어갈 수가 없었다.

5. 몸은 **軟弱**하고 병객이지만 마음만은 무한히 착한 세자이다.

6. 백두산 속에서 들짐승같이 자랄 때 **軟骨**에 배운 걸음 덕에 일행 중에 앞설 때가 많다.

7. 면사포를 쓴 신부와 **燕尾**복을 입은 신랑이 나란히 팔을 끼고 입장을 하였다.

8. **燕科**는 철을 따라 이리저리 옮겨 다니며 사는 새다.

9. 그녀는 춤을 추는 무당의 **喜悅**에 차 있는 얼굴에 초점을 맞추었다.

10. 결혼하던 그날까지 모든 **悅樂**과 행복을 한없이 누렸다.

11. 신종 플루가 인근 지역으로 계속 **傳染**되어 방역 당국에 비상이 걸렸다.

12. 세탁할 때 나일론은 **染色**된 다른 직물과 분리해서 취급하여야 한다.

13. 복더위보다 짜증스럽던 **老炎**이 맥없이 수그러들면서 바람이 샘물처럼 청량해졌다.

14. 소나기 한줄기 없이 햇빛만 쨍쨍하게 내리쪼이는 칠월 **炎天** 더위가 계속되고 있다.

15. 생선에 **食鹽**을 뿌려 염장하다.

16. 그 드라마는 인간의 원초적인 욕망을 상징적으로 **投影**하고 있다.

17. 거울에 비친 **影像**

18. 이번 전국 축구 대항전에 학교의 **名譽**를 걸고 출전한다.

자원으로 한자 알기.

251. 냇물(　)이 사방으로 흐르듯 뛰어(辶) 도니

252. 싸(勹) 날(　)을 열흘씩 세니

253. 눈(　) 깜짝할 사이에 무궁화(舜)는 피고 지니

254. 나무(朩)에 점(丶)찍듯 뛰어(　)가 글을 기록하니

255. 손(　)을 합하여(合) 주우니

256. 용(龍) 같은 옷(　)을 입고 엄습하니

257. 물(　)에 해(日)의 작고(幺) 작은(幺) 불(灬)처럼 서서히 젖으니

258. 벼(禾)를 북쪽(北)에 보내려고 수레에 싣고 타니

259. 사람(　)이 거듭(曾) 도를 닦아 중이 되니

260. 해(　)가 떠오르듯 끈(丿)을 두 손으로 잡고(廾) 오르니

261. 사람(　)이 절(寺)에서 부처를 모시니

262. 음식(　)을 차려 놓고 사람(人)이 헝겊(巾)으로 덮어 꾸미니

263. 마음(　)을 참(眞)되게 하려고 삼가니

264. 집(　)을 차례(番)대로 살피니

265. 그(其) 상자(乚)는 심히 크니

266. 새(　) 두 마리를 손(又)에 쥐고 있으니

267. 두(　) 곱사등이(屮)가 마주 선 모양으로 건강한 사람에 버금가니

268. 손(手)에 창(　)을 들고 나를 지키니

269. 언덕(　)에 오를 때처럼 허리 굽히고 옳다(可)하며 알랑거리니

270. 입속 깊숙이 숨겨(匸) 있는 어금니를 갈고리(亅)나 끈(丿)으로 묶어 빼내니

271. 어금니(牙)를 부딪치듯 새(　) 소리가 맑고 우아하니

272. 풀(　)이 어금니(牙)처럼 돋아난 싹

273. 산(　) 아래 바위(厂)가 방패(干)처럼 평평한 언덕

274. 서(彑) 끈(丿)처럼 터럭(彡)이 날리는 머리(　) 부분은 낯이니

275. 산(　)에 엄한(嚴) 모습으로 있는 바위

 **자원**으로 한자 알기.

276. 사람(   )들이 뛰어난 사람(𠂉)을 무릎 꿇고(㔾) 우러르니

277. 성(冂)을 크게(   ) 쌓고 가운데를 지키니

278. 옷(衣)으로 눈물을 닦으며 입(   )으로 슬프게 우니

279. 같은 모양의 풀(   )을 오른쪽(右) 손으로 뽑으니

280. 손(   )재주가 뛰어나 볕(昜)처럼 이름을 날리니

281. 땅(   )이 농사짓기에 도움(襄)이 되는 고운 흙덩이로 되어 있으니

282. 말(   )하여 도와(襄) 주겠다는 것을 사양하니

283. 걸어가(   ) 사람(𠂉)들을 하나(一)같이 그치게(止) 하고 무릎 꿇려(㔾) 다스리니

284. 마음(   )에 품은 뜻(意)을 생각하니

285. 손(   )으로 사람(𠂉)이 무릎 꿇고(㔾) 누르니

286. 머리(   )가 불(火)덩이처럼 또 뜨거우니

287. 걸어(   ) 다니며 일꾼을 치고(攴) 부리는 직무

288. 병(   )이 창(殳)으로 찌르듯 아프게 전염되는 병

289. 말(   )을 엿보아(睪) 번역하니

290. 말(   )을 엿보아(睪) 살피는 역

291. 집(   )에서 날(日)을 정해 여자(女)가 잔치를 벌이니

292. 물(   )이 나뉘어(八) 입구(口) 가장자리를 따라 흐르니

293. 수레(   )가 흠(欠)이 날 정도로 연하니

294. 풀(艹) 하나(一)를 입(口)에 물고 북(北)에서 불(   )처럼 따뜻한 곳으로 오는 제비

295. 마음(   )을 바꾸어(兌) 기쁘니

296. 물(氵)에 아홉(九) 번이나 나무(   )로 저어가며 물들이니

297. 불(   )과 불(火)이 겹쳐 덥게 타오르는 불꽃

298. 신하(臣)된 사람(𠂉)이 소금(   ) 밭에서 그릇(皿)에 퍼 살피는 소금

299. 볕(景)에 터럭(   )까지 그림자가 생기니

300. 더불어(與) 함께 말(   )하여 기리니

244

다음 한자의 **뜻**과 **음**을 쓰세요.

巡	旬	瞬	述	拾	襲	濕
乘	僧	昇	侍	飾	愼	審
甚	雙	亞		我	阿	牙
雅	芽				岸	顔
巖						仰

3Ⅱ 251-300번
형성평가

央	哀				若	揚
壤	讓	御		憶	抑	亦
役	疫	譯	驛	宴	沿	軟
燕	悅	染	炎	鹽	影	譽

245

다음 뜻과 음을 지닌 **한자**를 쓰세요.

돌 순	열흘 순	눈 깜짝일 순	펼 술	주울 습	엄습할 습	젖을 습
탈 승	중 승	오를 승	모실 시	꾸밀 식	삼갈 신	살필 심
심할 심	두 쌍	버금 아		나 아	언덕 아	어금니 아
맑을 아	싹 아				언덕 안	낯 안
바위 암						우러를 앙
가운데 앙	슬플 애				같을 약	날릴 양
흙덩이 양	사양할 양	다스릴 어		생각할 억	누를 억	또 역
부릴 역	전염병 역	번역할 역	역 역	잔치 연	물 따라갈 연	연할 연
제비 연	기쁠 열	물들 염	불꽃 염	소금 염	그림자 영	기릴 예

3Ⅱ 251-300번
형성평가

301 悟 (깨달을 오) 7획

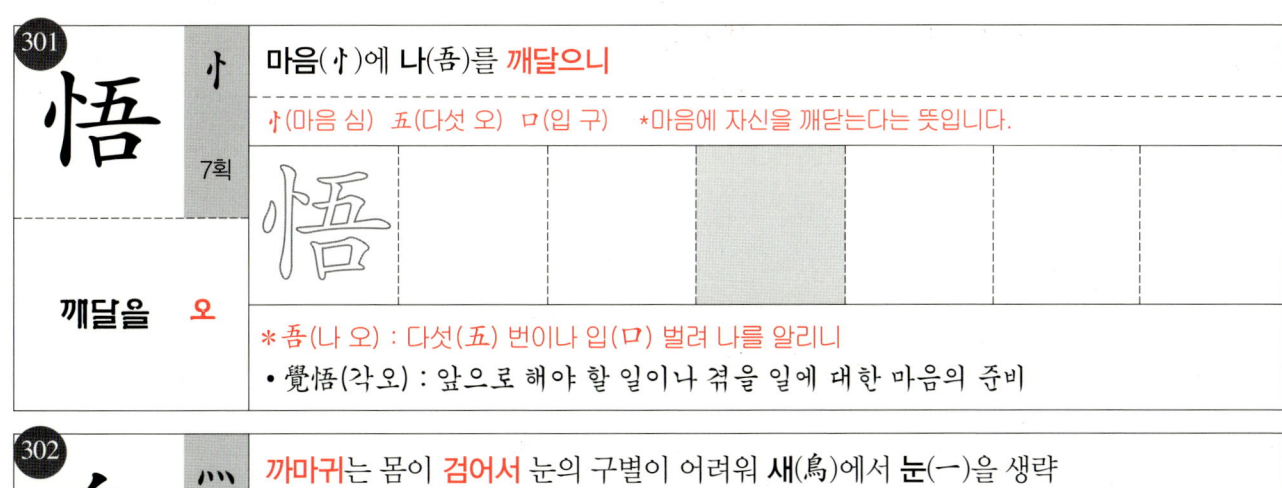

마음(忄)에 나(吾)를 깨달으니

忄(마음 심) 五(다섯 오) 口(입 구)   *마음에 자신을 깨닫는다는 뜻입니다.

* 吾(나 오) : 다섯(五) 번이나 입(口) 벌려 나를 알리니
* 覺悟(각오) : 앞으로 해야 할 일이나 겪을 일에 대한 마음의 준비

302 烏 (까마귀 검을 오) 6획

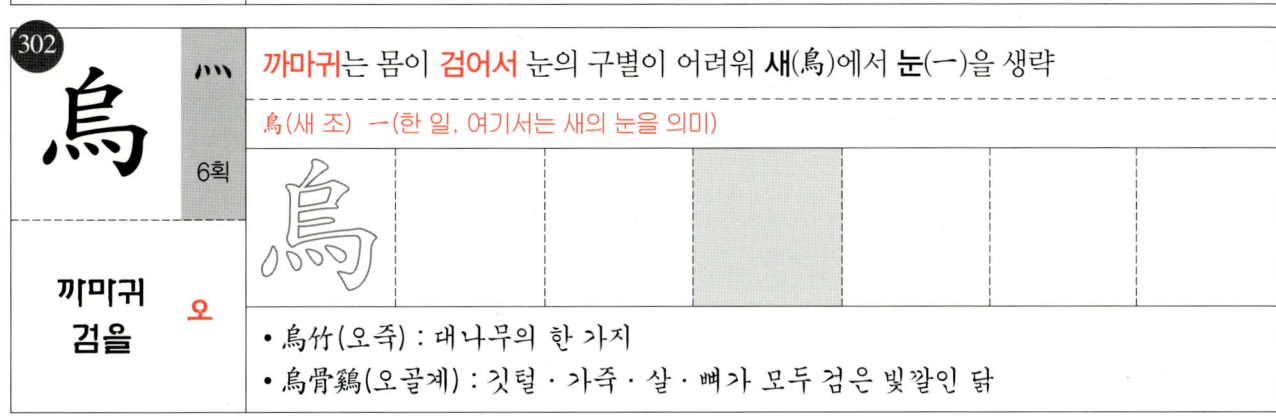

까마귀는 몸이 검어서 눈의 구별이 어려워 새(鳥)에서 눈(一)을 생략

鳥(새 조) 一(한 일, 여기서는 새의 눈을 의미)

* 烏竹(오죽) : 대나무의 한 가지
* 烏骨鷄(오골계) : 깃털·가죽·살·뼈가 모두 검은 빛깔인 닭

303 獄 (감옥 옥) 10획

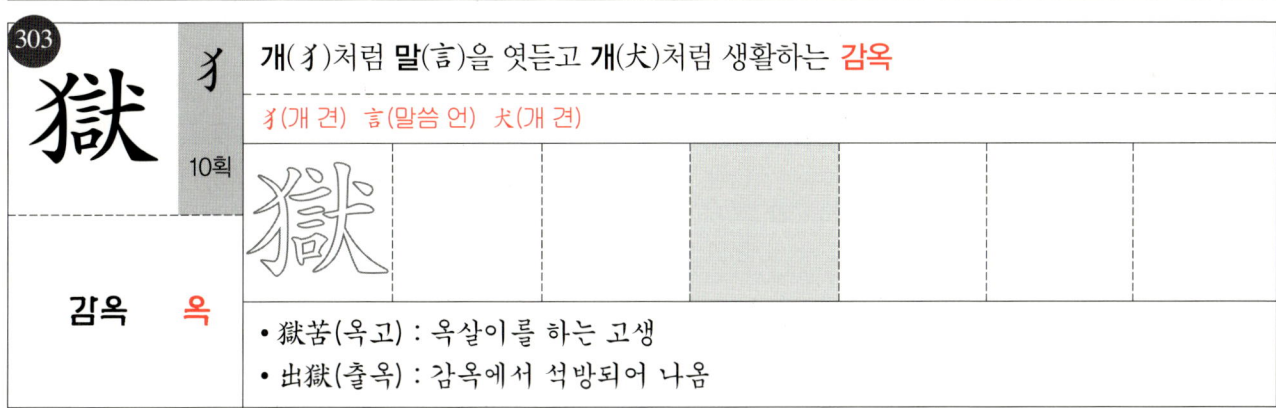

개(犭)처럼 말(言)을 엿듣고 개(犬)처럼 생활하는 감옥

犭(개 견) 言(말씀 언) 犬(개 견)

* 獄苦(옥고) : 옥살이를 하는 고생
* 出獄(출옥) : 감옥에서 석방되어 나옴

304 瓦 (기와 와) 0획

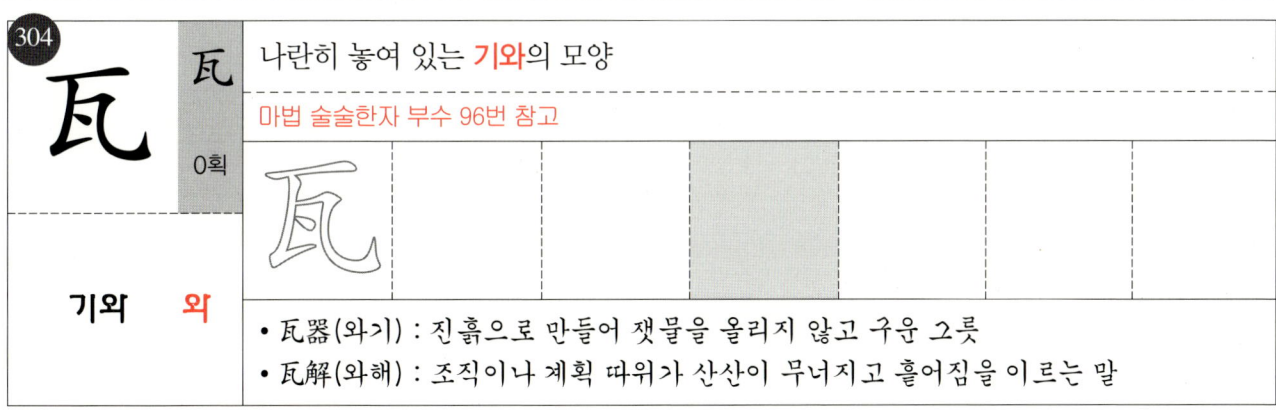

나란히 놓여 있는 기와의 모양

마법 술술한자 부수 96번 참고

* 瓦器(와기) : 진흙으로 만들어 잿물을 올리지 않고 구운 그릇
* 瓦解(와해) : 조직이나 계획 따위가 산산이 무너지고 흩어짐을 이르는 말

자원으로 한자 알기

* 마음(　　)에 나(吾)를 깨달으니
* 까마귀는 몸이 검어서 눈의 구별이 어려워 새(鳥)에서 눈(一)을 생략
* 개(　　)처럼 말(言)을 엿듣고 개(犬)처럼 생활하는 감옥
* 나란히 놓여 있는 기와의 모양

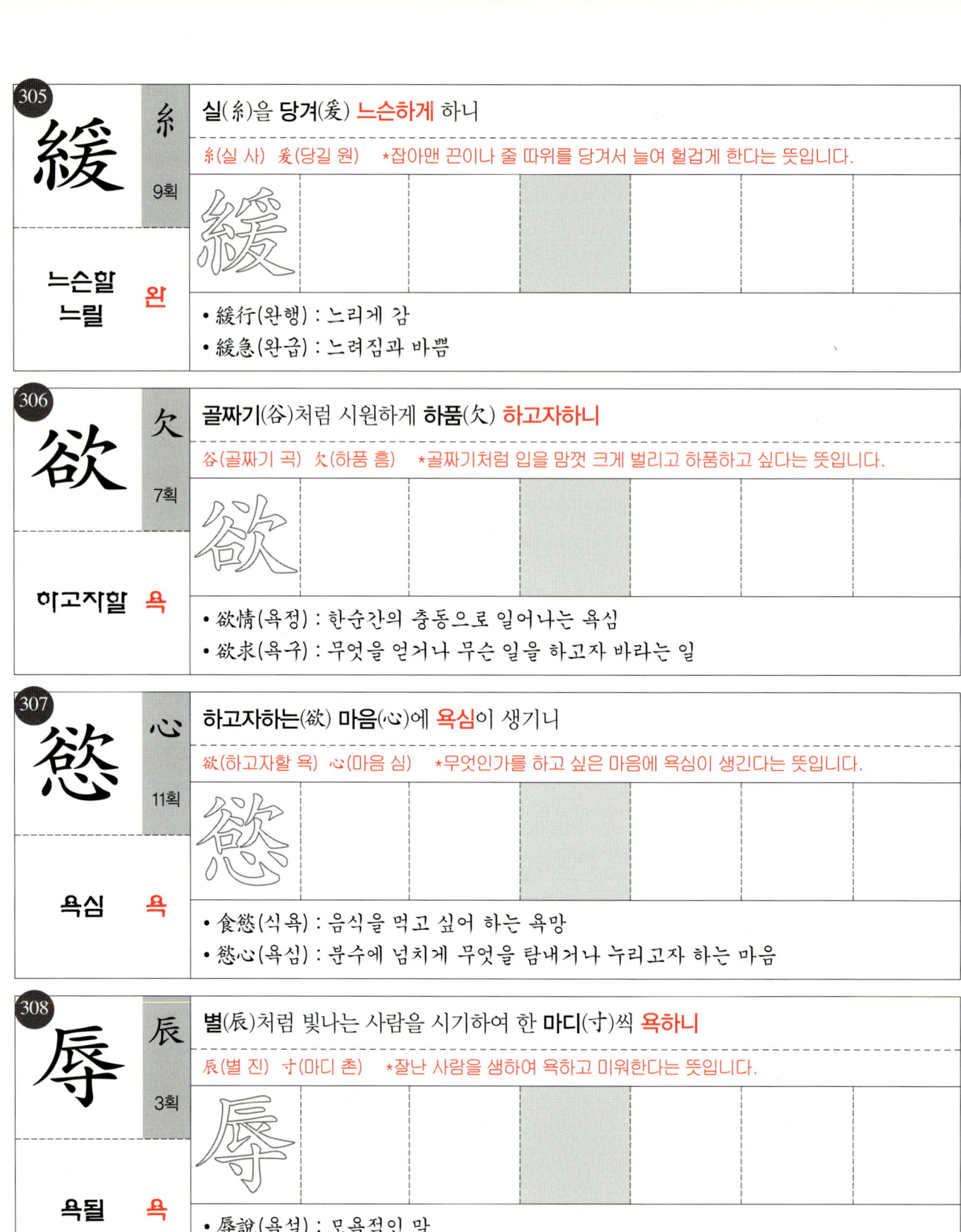

자원으로 한자 알기

* 실(　)을 당겨(爰) **느슨하게** 하니
* 골짜기(谷)처럼 시원하게 하품(　) **하고자하니**
* 하고자하는(欲) 마음(　)에 **욕심**이 생기니
* 별(　)처럼 빛나는 사람을 시기하여 한 마디(寸)씩 **욕하니**

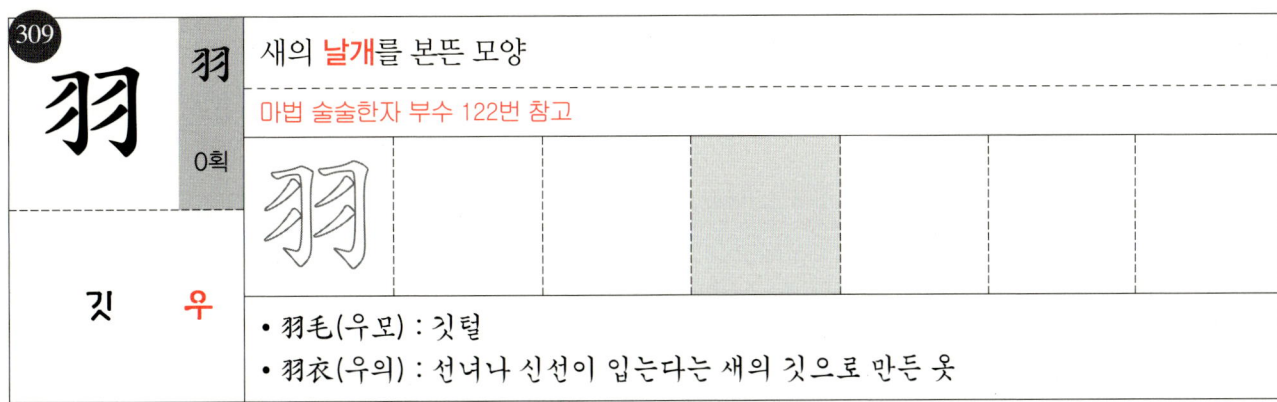

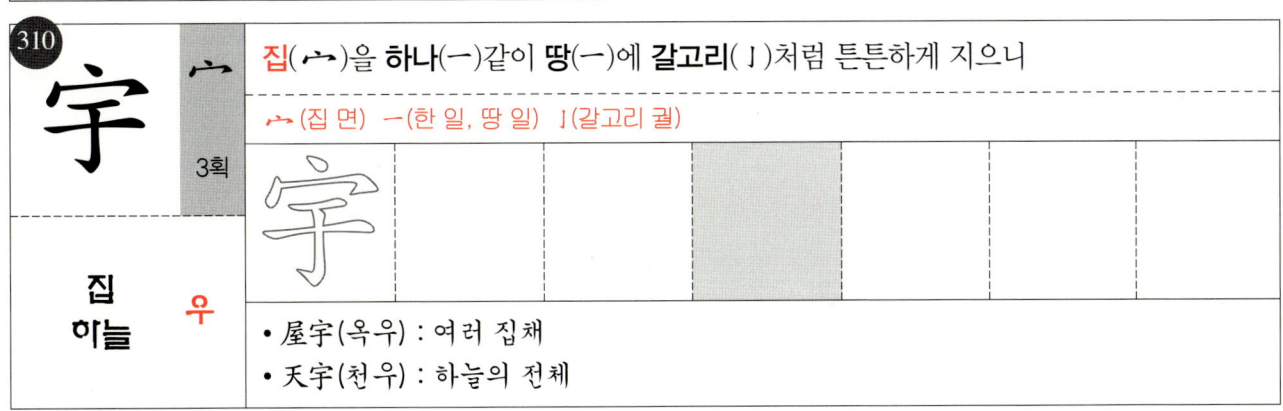

자원으로 한자 알기

* 새의 **날개**를 본뜬 모양 ☞
* **집**(   )을 **하나**(一)같이 **땅**(一)에 **갈고리**(亅)처럼 튼튼하게 지으니 ☞

一思多得

言	+	吾	=	語(말씀 어)	같은 **말**(言)을 **다섯**(五) 번이나 **입**(口)으로 **말씀**하여 강조하니
忄	+		=	悟(깨달을 오)	**마음**(忄)에 **나**(吾)를 **깨달으니**

302 烏(까마귀 오)　鳥(새 조) 잘 구별하세요.

　烏(까마귀 오) : **까마귀**는 몸이 **검어서** 눈의 구별이 어려워 **새**(鳥)에서 **눈**(一)을 생략
　鳥(새 조) : 꽁지가 긴 **새**의 모양

日	+		=	暖(따뜻할 난)	**해**(日) 있는 쪽으로 **당겨**(爰) **따뜻하니**
扌	+	爰	=	援(도울 원)	**손**(扌)을 내밀어 **당겨**(爰) **도우니**
糸	+		=	緩(느슨할 완)	**실**(糸)을 **당겨**(爰) **느슨하게** 하니

249

다음 한자를 나누고 **자원**을 쓰면서 익히세요.

悟 깨달을 오	=		+		
烏 까마귀 오	=		−		
獄 감옥 옥	=		+		+	
瓦 기와 와	=				
緩 느슨할 완	=		+		
欲 하고자할 욕	=		+		
慾 욕심 욕	=		+		
辱 욕될 욕	=		+		
羽 깃 우	=				
宇 집 우	=		+		+		+	

다음 한자어의 **독음**을 쓰세요.

改悟	覺悟	烏竹	獄苦
出獄	瓦器	瓦解	緩行
緩急	欲情	欲求	食慾
慾心	辱說	榮辱	羽毛
羽衣	屋宇	天宇	

다음 한자어를 **한자**로 쓰세요.

고칠 개	깨달을 오	검을 오	대 죽	감옥 옥	괴로울 고	기와 와	그릇 기
느릴 완	다닐 행	하고자할 욕	뜻 정	먹을 식	욕심 욕	욕될 욕	말씀 설
깃 우	털 모	집 옥	집 우	깨달을 각	깨달을 오	날 출	감옥 옥
기와 와	풀 해	느릴 완	급할 급	하고자할 욕	구할 구	욕심 욕	마음 심
영화 영	욕될 욕	깃 우	옷 의	하늘 천	하늘 우		

예문으로 한자어 익히기 (한자로 쓰인 단어의 뜻을 써보세요.)

1. 그는 뒤늦게 改悟했다.

2. 군인들은 싸움터에서 죽을 覺悟로 싸웠다.

3. 오죽헌은 뜰 안에 烏竹이 있어 이 이름을 붙였다.

4. 춘향이는 장기간의 獄苦로 심신이 피폐해졌다.

5. 그는 형무소 생활 5년을 겪고 해방과 동시에 出獄했다.

6. 고분에서 瓦器가 대량으로 출토되었다.

7. 경찰은 지속적인 단속으로 대부분의 폭력 조직을 瓦解시켰다.

8. 좁은 대합실은 잠시 뒤 도착할 마산행 緩行을 기다리는 여행객들로 붐비고 있었다.

9. 사안의 緩急에 따라 행정관서의 지원에 차별이 있을 수 있다.

10. 欲情에 사로잡히다.

11. 사회가 발전할수록 복지에 대한 국민의 欲求가 점점 커지고 있다.

12. 더위를 먹으면 食慾도 떨어지고 병도 잘 난다는데….

13. 그는 자기 몫에 만족을 못하고 남의 것까지 慾心을 냈다.

14. 닷새마다 서는 장날이 아니라도 저녁이면 주정꾼의 辱說과 노랫가락이 그칠 날이 없다.

15. 아버지는 격동의 시절을 살아오면서 민족의 榮辱과 성쇠를 지켜보았다.

16. 羽毛를 휘날리다.

17. 羽衣를 걸친 신선

18. 屋宇가 나란히 맞닿아 있다.

19. 天宇에 구름 한 점 없다.

311 偶 9획 짝 우연 우	亻	사람(亻)과 원숭이(禺)는 **짝**처럼 **우연**히도 닮으니
		亻(사람 인) 禺(원숭이 우) *사람과 원숭이가 닮았다는 뜻입니다.
		• 配偶(배우) : 부부가 될 짝 • 偶然(우연) : 뜻하지 아니하게 일어난 일

312 愚 9획 어리석을 우	心	원숭이(禺)처럼 마음(心)을 쓰면 **어리석으니**
		禺(원숭이 우) 心(마음 심)
		• 愚直(우직) : 어리석고 고지식함 • 愚弄(우롱) : 사람을 어리석게 보고 함부로 대하거나 웃음거리로 만듦

313 憂 11획 근심 우	心	하나(一)같이 흰(白) 것을 덮고(冖) 마음(心)에 뒤져올(夊) 일을 **근심**하니
		一(한 일) 白(흰 백) 冖(덮을 멱) 心(마음 심) 夊(뒤져 올 치)
		• 憂愁(우수) : 근심과 걱정을 아울러 이르는 말 • 憂患(우환) : 집안에 복잡한 일이나 환자가 생겨서 나는 걱정이나 근심

314 韻 10획 운 운	音	소리(音)를 질러 관원(員)이 **운**을 떼니
		音(소리 음) 員(관원 원) *운 : 각 시행의 동일한 위치에 규칙적으로 쓰인 음조가 비슷한 글자
		• 韻律(운율) : 시문의 음성적 형식 • 音韻(음운) : 말의 뜻을 구별하여 주는 소리의 가장 작은 단위

자원으로 한자 알기

* 사람(   )과 원숭이(禺)는 짝처럼 **우연**히도 닮으니
* 원숭이(禺)처럼 마음(   )을 쓰면 **어리석으니**
* 하나(一)같이 흰(白) 것을 덮고(冖) 마음(   )에 뒤져올(夊) 일을 **근심**하니
* 소리(   )를 질러 관원(員)이 운을 떼니

315 越 (넘을 월) - 5획

적을 치려고 **달리어**(走) **도끼**(戉)를 들고 경계를 **넘으니**

走(달릴 주) 戉(도끼 월) *戊(무성할 무) 戌(개 술) 戉(도끼 월) 잘 구별하세요.

- 越冬(월동) : 겨울을 남
- 越權(월권) : 권한 밖의 일

316 僞 (거짓 위) - 12획

사람(亻)이 억지로 **하는**(爲) 일에는 **거짓**이 있으니

亻(사람 인) 爲(할 위) *사람이 하기 싫은 일을 억지로 마지못해 꾸며서 한다는 뜻입니다.

- 眞僞(진위) : 참과 거짓
- 僞善(위선) : 겉으로만 착한 체함

317 胃 (밥통 위) - 5획

밭(田)처럼 **몸**(月)에 음식물을 저장하는 **밥통**

田(밭 전) 月(몸 월) *밥통 : 위를 속되게 이르는 말

- 健胃(건위) : 튼튼한 위
- 胃壁(위벽) : 위의 안쪽을 형성하는 벽

318 謂 (이를 위) - 9획

말(言)을 **위**(胃)가 음식을 소화시키듯 이해되게 **이르니**

言(말씀 언) 胃(밥통 위) *이르다 : 무엇이라고 말하다.

- 所謂(소위) : 이른바
- 云謂(운위) : 일러 말함

자원으로 한자 알기

* 적을 치려고 **달리어**(   ) **도끼**(戉)를 들고 경계를 **넘으니** ☞
* **사람**(   )이 억지로 **하는**(爲) 일에는 **거짓**이 있으니 ☞
* **밭**(田)처럼 **몸**(   )에 음식물을 저장하는 **밥통** ☞
* **말**(   )을 **위**(胃)가 음식을 소화시키듯 이해되게 **이르니** ☞

319 幼 (어릴 유) — 2획

작은(幺) 힘(力)을 가진 어린아이

幺(작을 요) 力(힘 력) *어린아이는 힘이 약하다는 뜻입니다.

- 幼年(유년) : 어린 나이
- 幼兒(유아) : 생후 1년부터 만 6세까지의 어린아이

320 幽 (그윽할 유) — 6획

산(山) 속에 작고(幺) 작은(幺) 골짜기들이 숨어 있는 것처럼 그윽하니

山(산 산) 幺(작을 요) *그윽하다 : 깊숙하여 아늑하고 고요하다.

- 幽靈(유령) : 죽은 사람의 혼령
- 深山幽谷(심산유곡) : 깊은 산속의 으슥한 골짜기

자원으로 한자 알기

* 작은(　) 힘(力)을 가진 어린아이 ☞
* 산(山) 속에 작고(　) 작은(幺) 골짜기들이 숨어 있는 것처럼 그윽하니 ☞

一思多得

| 辶 | + | 禺 | = | 遇(만날 우) | 원숭이(禺)처럼 뛰어(辶)가 만나니 |
| 亻 | + | | = | 偶(짝 우) | 사람(亻)과 원숭이(禺)는 짝처럼 우연히도 닮으니 |

313 憂(근심 우)　優(넉넉할 우) 잘 구별하세요.

憂(근심 우) : 하나(一)같이 흰(白) 것을 덮고(冖) 마음(心)에 뒤져올(夊) 일을 근심하니

優(넉넉할 우) : 사람(亻)은 앞일을 미리 근심(憂)하고 대비하면 넉넉하고 뛰어나니

| 走 | + | 取 | = | 趣(재미 취) | 달리는(走) 것을 취하여(取) 재미 삼으니 |
| | + | 戉 | = | 越(넘을 월) | 적을 치려고 달리어(走) 도끼(戉)를 들고 경계를 넘으니 |

다음 한자를 나누고 **자원**을 쓰면서 익히세요.

偶 짝 우 = ☐ + ☐

愚 어리석을 우 = ☐ + ☐

憂 근심 우 = ☐ + ☐ + ☐ + ☐ + ☐

韻 운 운 = ☐ + ☐

越 넘을 월 = ☐ + ☐

僞 거짓 위 = ☐ + ☐

胃 밥통 위 = ☐ + ☐

謂 이를 위 = ☐ + ☐

幼 어릴 유 = ☐ + ☐

幽 그윽할 유 = ☐ + ☐ + ☐

다음 한자어의 **독음**을 쓰세요.

配偶　　偶然　　愚直　　愚弄

憂愁　　憂患　　韻律　　音韻

越冬　　越權　　眞僞　　僞善

健胃　　胃壁　　所謂　　云謂

幼年　　幼兒　　幽靈

다음 한자어를 **한자**로 쓰세요.

짝 배　짝 우　　어리석을 우　곧을 직　　근심 우　근심 수　　운 운　음률 율

넘을 월　겨울 동　　참 진　거짓 위　　건강할 건　밥통 위　　바 소　이를 위

어릴 유　나이 년　　그윽할 유　혼령 령　　우연 우　그럴 연　　어리석을 우　희롱할 롱

근심 우　근심 환　　소리 음　운 운　　넘을 월　권세 권　　거짓 위　착할 선

밥통 위　벽 벽　　이를 운　이를 위　　어릴 유　아이 아

예문으로 한자어 익히기 (한자로 쓰인 단어의 뜻을 써보세요.)

1. **配偶**자의 선택은 신중을 기해야 한다.

2. 다리가 붕괴되고 아파트가 붕괴되는 것을 **偶然**으로 볼 수는 없다.

3. 요령 피울 줄도 모르고 그저 **愚直**하게 일한다.

4. **愚弄**을 당하다.

5. 그의 노래는 음유시인 특유의 **憂愁**가 짙게 배 있었다.

6. 일껏 재산을 모아 놓았는데 그 재산 때문에 **憂患**을 당하는 일이 있었다.

7. **韻律**에 맞추어 시를 낭송하다.

8. 우리말의 'ㄹ'을 영어에서는 'L'과 'R'의 두 개의 **音韻**으로 인식한다.

9. 두루미는 초겨울이면 우리나라로 날아와 비무장 지대에서 **越冬**을 한다.

10. 우리의 인사 정책에까지 일본 공사가 참견을 하는 것은 지나친 **越權**이다.

11. 새로 발굴되었다는 유물의 **眞僞**에 대하여 학계에서 논란이 일고 있다.

12. 정부의 보조금을 빼돌린 **僞善**적인 고아원 원장의 행태가 경찰에 발각되었다.

13. **健胃** 소화제를 먹었다.

14. **胃壁**은 근육층, 점막, 장액막으로 이루어지며 펩신, 염산을 분비한다.

15. 이 지방에서는 보기 드문, **所謂** 귀부인 두 여자가 병원 문을 밀고 들어섰다.

16. 하루 아이를 돌보고 육아의 어려움을 **云謂**할 자격은 없다.

17. 아련히 떠오르는 **幼年** 시절의 추억은 언제나 아름답게 느껴진다.

18. 어머니의 등에 업혀 있는 **幼兒**가 방긋 웃는다.

19. 나는 **幽靈**의 존재를 믿지 않는다.

321	悠	心 7획	아득히(攸) 마음(心)이 멀어지니
			攸(아득할 유) 心(마음 심)
	아득할 유		• 悠久(유구) : 아득하게 오래됨 • 悠悠自適(유유자적) : 속세를 떠나 아무 속박 없이 조용하고 편안하게 삶

322	柔	木 5획	창(矛)을 나무(木)처럼 부드럽게 다루니
			矛(창 모) 木(나무 목)
	부드러울 유		• 柔軟(유연) : 부드럽고 연함 • 柔弱(유약) : 부드럽고 약함

323	猶	犭 9획	개(犭) 같은 두목(酋) 앞에서는 오히려 머뭇거리니
			犭(개 견) 八(나눌 팔) 酉(술 유) *말과 행동을 두목 앞에서는 오히려 머뭇거린다는 뜻입니다.
	오히려 머뭇거릴 유		*酋(두목 추) : 나누어(八) 부하들에게 술(酉)을 따라주는 두목 • 猶豫(유예) : 망설여 일을 결행하지 아니함

324	維	糸 8획	실(糸)로 새(隹)를 매니
			糸(실 사) 隹(새 추) *실로 새가 날지 못하도록 맨다는 뜻입니다.
	맬 벼리 유		• 維持(유지) : 지탱하여 감 • 維新(유신) : 낡은 제도를 고쳐 새롭게 함

자원으로 한자 알기

* 아득히(攸) 마음(　　)이 멀어지니
* 창(矛)을 나무(　　)처럼 부드럽게 다루니
* 개(　　) 같은 두목(酋) 앞에서는 오히려 머뭇거리니
* 실(　　)로 새(隹)를 매니

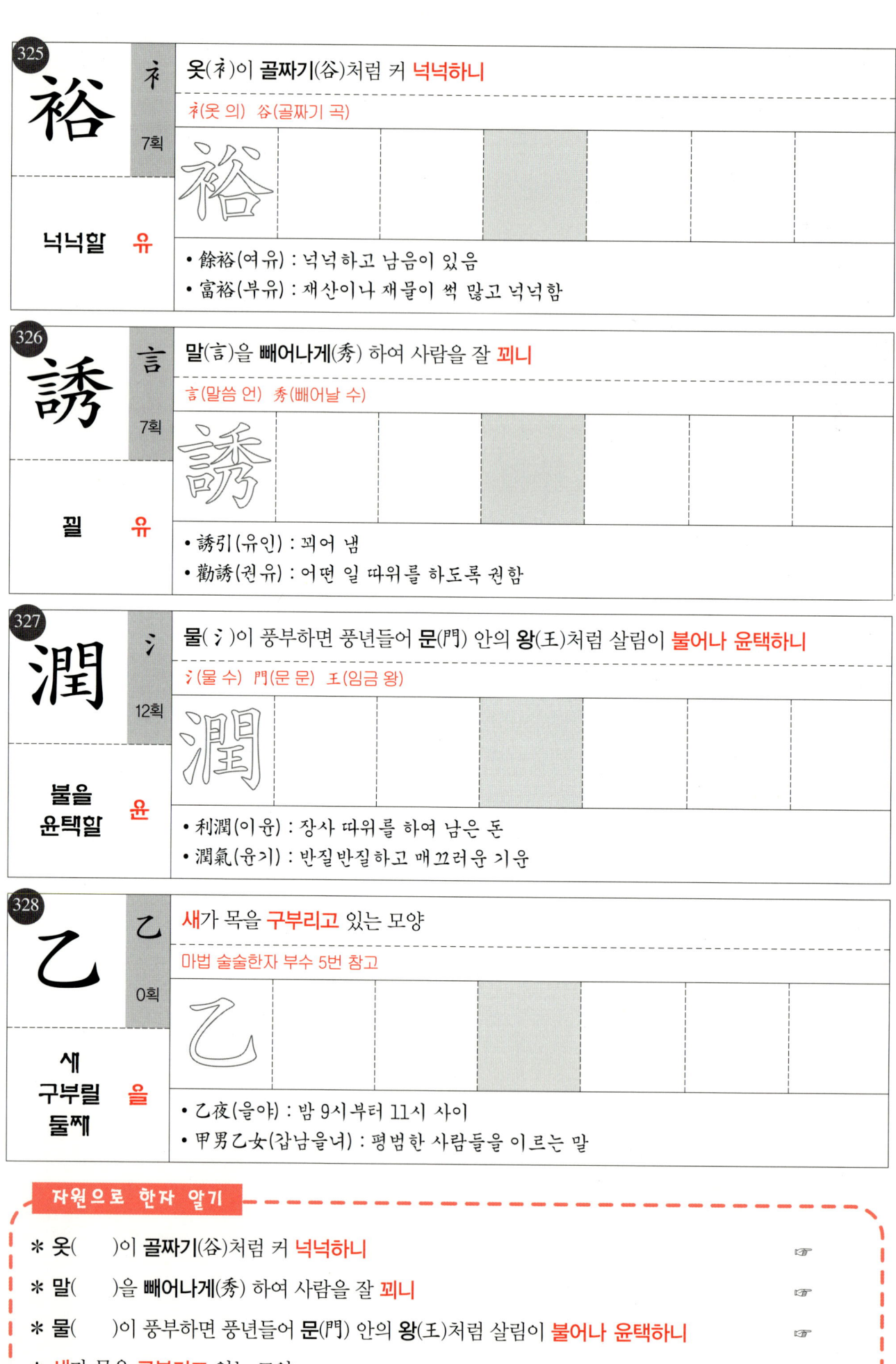

329 淫 8획 음란할 음	氵	물(氵)을 손톱(爫)에 들이고 **아첨하는**(壬) 모습이 **음란하니**
		氵(물 수) 爫(손톱 조) 壬(아첨할 임) *손톱을 물들이고 아첨하는 모습이 음란하다는 뜻입니다.
	• 淫行(음행) : 음란한 짓을 함 • 淫亂(음란) : 음탕하고 난잡함	

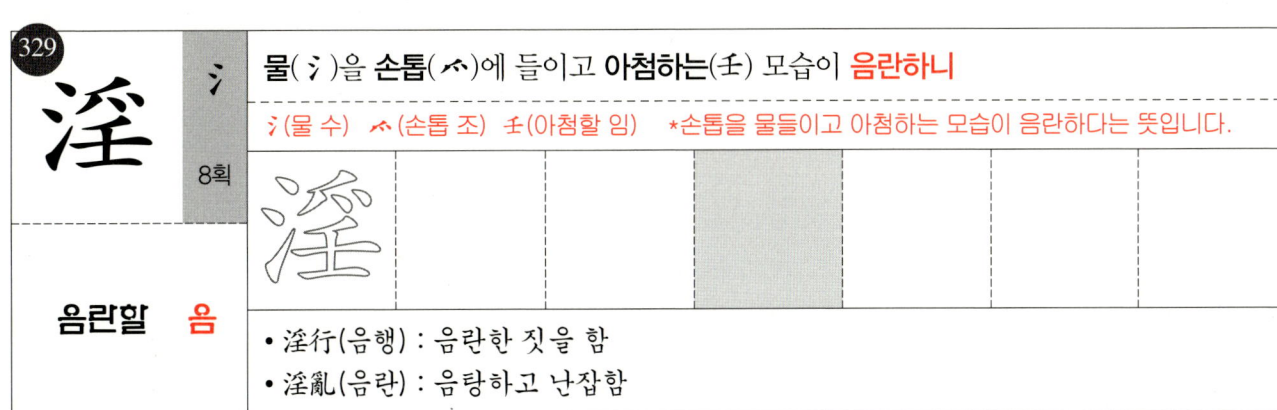

330 已 0획 이미 이	己	몸(己)은 **이미** 다 성장했으니
		己(몸 기) *마법 술술한자 부수 47번 참고
	• 已往(이왕) : 지금보다 이전 • 不得已(부득이) : 하는 수 없이	

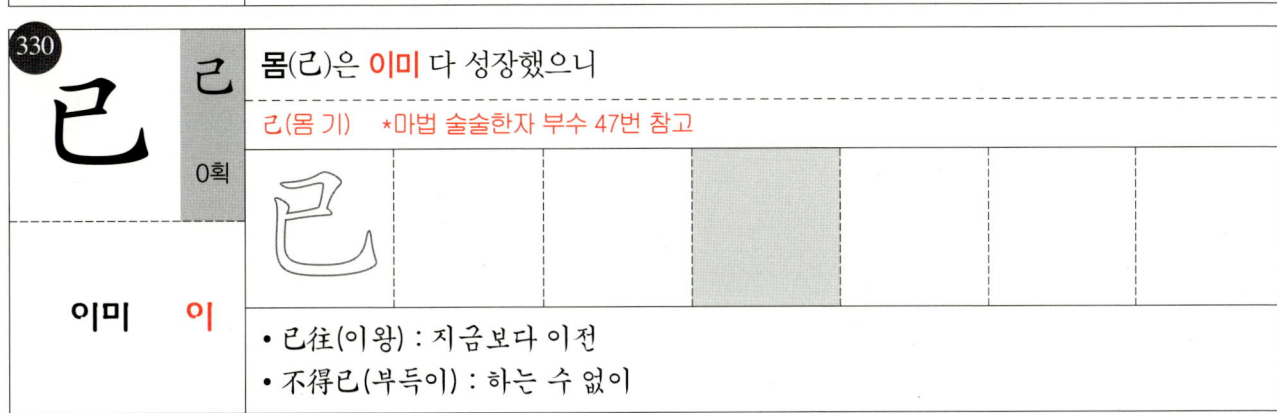

자원으로 한자 알기

* 물( )을 손톱(爫)에 들이고 **아첨하는**(壬) 모습이 **음란하니**
* 몸(己)은 **이미** 다 성장했으니

一思多得

攸	+	木	=	條(가지 조)	아득히(攸) 나무(木)에서 뻗어나간 **가지**
	+	心	=	悠(멀 유)	아득히(攸) 마음(心)이 **멀어지니**

辶	+		=	進(나아갈 진)	새(隹)처럼 뛰어(辶) **나아가니**
扌	+	隹	=	推(밀 추)	손(扌)으로 새(隹)처럼 **밀어내니**
糹	+		=	維(맬 유)	실(糹)로 새(隹)를 **매니**

氵	+		=	浴(목욕할 욕)	물(氵)이 있는 골짜기(谷)에서 **목욕하니**
衤	+	谷	=	裕(넉넉할 유)	옷(衤)이 골짜기(谷)처럼 커 **넉넉하니**

다음 한자를 나누고 **자원**을 쓰면서 익히세요.

悠 (멀 유) = ☐ + ☐

柔 (부드러울 유) = ☐ + ☐

猶 (오히려 유) = ☐ + ☐

維 (맬 유) = ☐ + ☐

裕 (넉넉할 유) = ☐ + ☐

誘 (꾈 유) = ☐ + ☐

潤 (불을 윤) = ☐ + ☐ + ☐

乙 (새 을) =

淫 (음란할 음) = ☐ + ☐ + ☐

已 (이미 이) = ☐

다음 한자어의 **독음**을 쓰세요.

悠 久	柔 軟	柔 弱	猶 豫
維 持	維 新	餘 裕	富 裕
誘 引	勸 誘	利 潤	潤 氣
乙 夜	淫 行	淫 亂	已 往

 다음 한자어를 **한자**로 쓰세요.

아득할 유 오랠 구	부드러울 유 연할 연	머뭇거릴 유 머뭇거릴 예	맬 유 가질 지
남을 여 넉넉할 유	꾈 유 끌 인	이로울 리 이득 윤	둘째 을 밤 야
음란할 음 행할 행	이미 이 갈 왕	부드러울 유 약할 약	벼리 유 새 신
부자 부 넉넉할 유	권할 권 꾈 유	윤택할 윤 기운 기	음란할 음 어지러울 란

예문으로 한자어 익히기(한자로 쓰인 단어의 뜻을 써보세요.)

1. **悠久**하게 흘러온 반만 년의 역사를 간직하고 있다.

2. 새가 나뭇가지에 **柔軟**하게 내려앉았다.

3. 그는 기질이 **柔弱**해서 쉽게 좌절하는 경향이 있다.

4. 지금 사태가 너무나 위급해서 잠시도 일을 **猶豫**할 수 없다.

5. 아름다운 몸매를 **維持**하기 위해서는 규칙적인 운동을 해야 한다.

6. 사회가 부패하니 **維新**이 필요하다.

7. 마음에 **餘裕**를 두고 잘 생각해 보아라.

8. **富裕**했던 집안이 아버지의 사업 실패로 먹고살기도 힘들어졌다.

9. 적군은 아무것도 모르는 채 아군이 매복해 있는 곳으로 **誘引**되었다.

10. 그는 나에게 새로운 사업에 도전해 보기를 **勸誘**했다.

11. 한 푼이라도 더 싸게 팔면서 **利潤**을 높이기 위해서는 직접 물건을 떼 오는 것이다.

12. 그 아이는 구두를 **潤氣**가 나도록 닦았다.

13. 지금은 **乙夜**를 조금 넘긴 시각이다.

14. 그 녀석은 **淫行**을 일삼기만 하고 제대로 일할 생각은 하지 않는다.

15. 그는 **淫亂**을 조장하였다는 죄목으로 입건되었다.

16. **已往** 그렇게 된 일, 후회해 봤자 소용없다.

331 翼 날개 익	羽 11획	깃(羽)을 좌우 양쪽으로 방향을 달리한(異) 날개
		羽(깃 우) 異(다를 이)
		翼
		• 鳥翼(조익) : 새의 날개 • 左翼(좌익) : 새나 비행기 따위의 왼쪽 날개

332 忍 참을 인	心 3획	칼날(刃) 앞에 마음(心)을 참으니
		刀(칼 도) 丶(점 주) 心(마음 심)
		忍
		*刃(칼날 인) : 칼(刀)에 점(丶)을 찍어 날이 있는 곳을 가리킴 • 忍耐(인내) : 참고 견딤

333 逸 숨을 편안할 일	辶 8획	토끼(兔)처럼 약한 짐승은 뛰어(辶) 달아나 숨는 것이 편안하니
		兔(토끼 토) 辶(뛸 착)
		逸
		*兔(토끼 토) : 앉아 있는 토끼의 모양 • 逸話(일화) : 세상에 널리 알려지지 아니한 흥미 있는 이야기

334 壬 간사할 아첨할 북방 임	士 1획	마음이 토라진(丿) 선비(士)는 간사하니
		丿(삐침 별) 士(선비 사) *마음이 바르지 못한 선비는 간사하다는 뜻입니다.
		壬
		• 壬人(임인) : 간사하고 아첨 잘하는 소인 • 壬方(임방) : 이십사방위의 하나

자원으로 한자 알기

* 깃(   )을 좌우 양쪽으로 방향을 달리한(異) 날개 ☞
* 칼날(刃) 앞에 마음(   )을 참으니 ☞
* 토끼(兔)처럼 약한 짐승은 뛰어(   ) 달아나 숨는 것이 편안하니 ☞
* 마음이 토라진(丿) 선비(   )는 간사하니 ☞

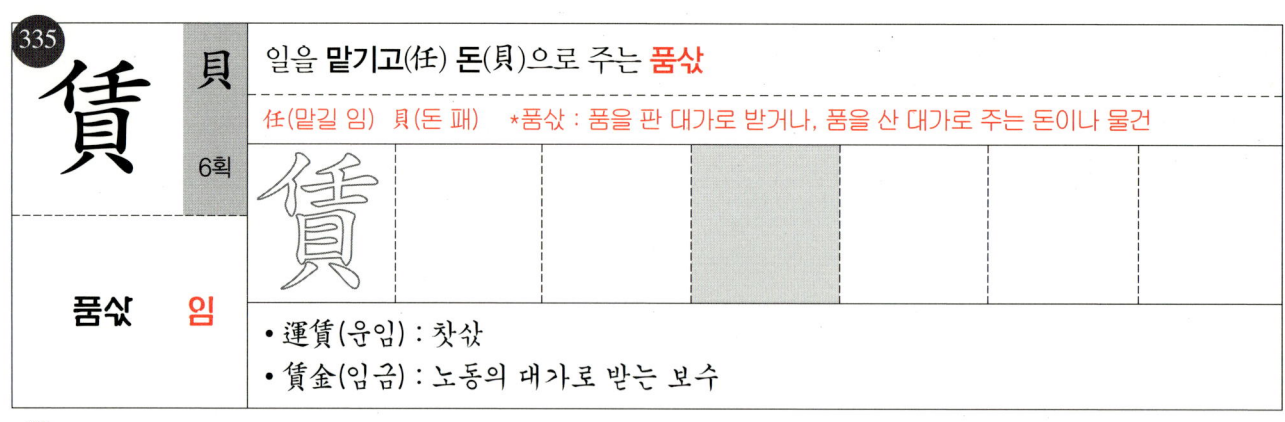

335 賃 — 품삯 임

貝 / 6획

일을 맡기고(任) 돈(貝)으로 주는 **품삯**

任(맡길 임) 貝(돈 패) *품삯 : 품을 판 대가로 받거나, 품을 산 대가로 주는 돈이나 물건

- 運賃(운임) : 찻삯
- 賃金(임금) : 노동의 대가로 받는 보수

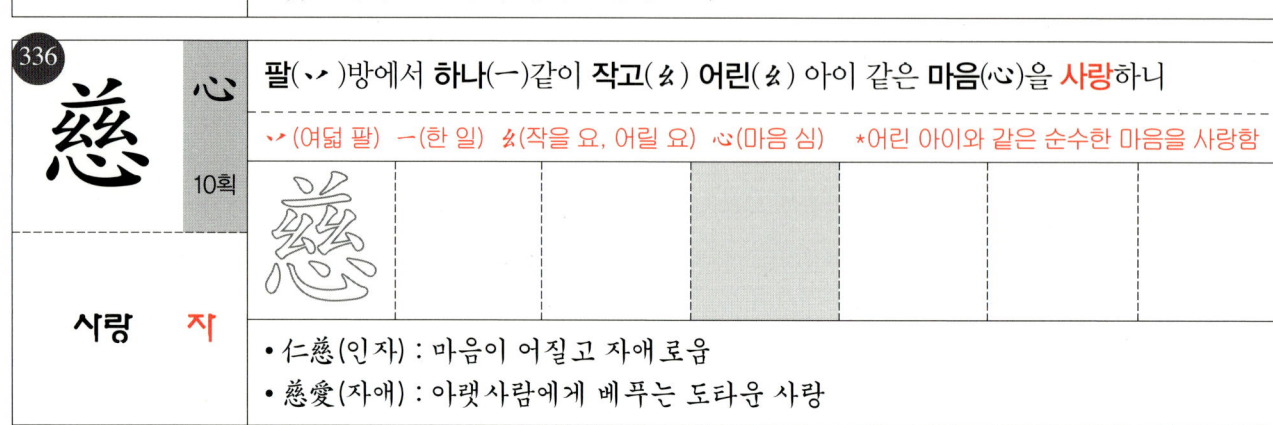

336 慈 — 사랑 자

心 / 10획

팔(八)방에서 하나(一)같이 작고(幺) 어린(幺) 아이 같은 마음(心)을 **사랑**하니

八(여덟 팔) 一(한 일) 幺(작을 요, 어릴 요) 心(마음 심) *어린 아이와 같은 순수한 마음을 사랑함

- 仁慈(인자) : 마음이 어질고 자애로움
- 慈愛(자애) : 아랫사람에게 베푸는 도타운 사랑

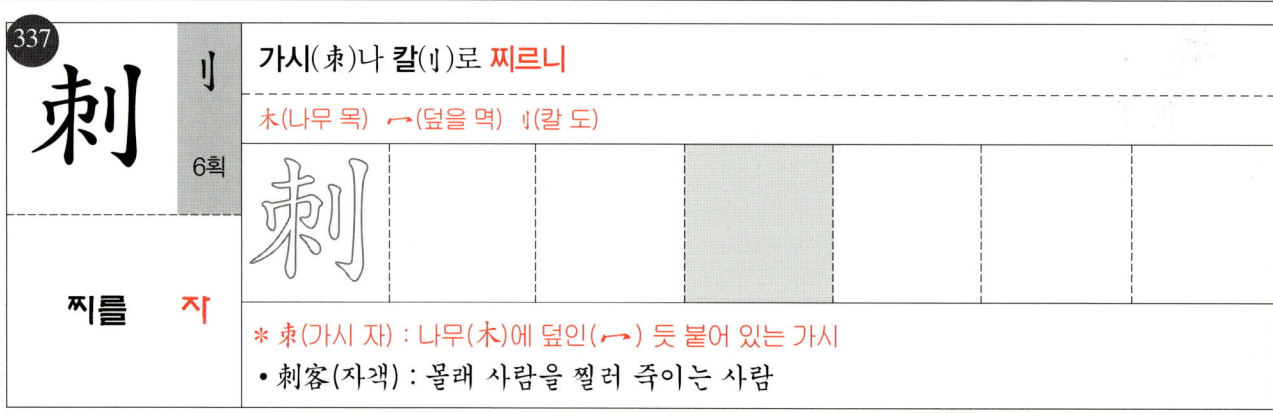

337 刺 — 찌를 자

刂 / 6획

가시(朿)나 칼(刂)로 **찌르니**

朿(나무 목) 冖(덮을 멱) 刂(칼 도)

* 朿(가시 자) : 나무(木)에 덮인(冖) 듯 붙어 있는 가시
- 刺客(자객) : 몰래 사람을 찔러 죽이는 사람

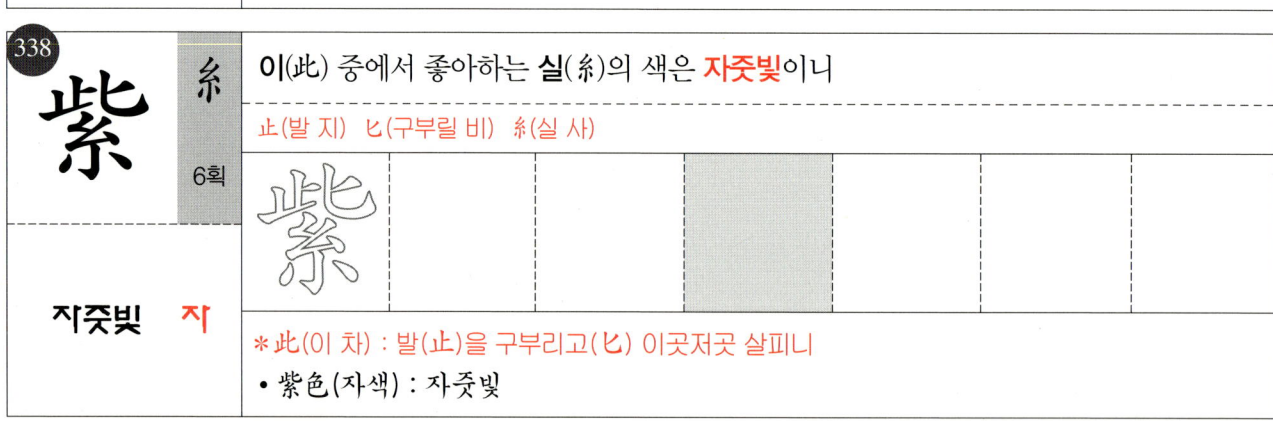

338 紫 — 자줏빛 자

糸 / 6획

이(此) 중에서 좋아하는 실(糸)의 색은 **자줏빛**이니

止(발 지) 匕(구부릴 비) 糸(실 사)

* 此(이 차) : 발(止)을 구부리고(匕) 이곳저곳 살피니
- 紫色(자색) : 자줏빛

자원으로 한자 알기

* 일을 맡기고(任) 돈(　)으로 주는 **품삯**
* 팔(八)방에서 하나(一)같이 작고(幺) 어린(幺) 아이 같은 마음(　)을 **사랑**하니
* 가시(朿)나 칼(　)로 **찌르니**
* 이(此) 중에서 좋아하는 실(　)의 색은 **자줏빛**이니

339 暫 (11획) 잠깐 잠	日	죄인을 **수레**(車)에 매달거나 **도끼**(斤)로 베어 죽이는 **날**(日)은 **잠깐**이니
		車(수레 거) 斤(도끼 근) 日(날 일)
		• 暫時(잠시) : 짧은 시간 • 暫間(잠간) : 얼마 되지 않는 매우 짧은 동안

340 潛 (12획) 잠길 숨길 잠	氵	**물**(氵)에 **이미**(旡) 형체도 **없이**(旡) **말**(日)없이 **잠기니**
		氵(물 수) 旡(이미 기, 없을 무) 日(말할 왈)
		• 潛入(잠입) : 남몰래 숨어듦 • 潛行(잠행) : 남몰래 숨어서 오고 감

자원으로 한자 알기

* 죄인을 **수레**(車)에 매달거나 **도끼**(斤)로 베어 죽이는 **날**(   )은 **잠깐**이니
* **물**(   )에 **이미**(旡) 형체도 **없이**(旡) **말**(日)없이 **잠기니**

一思多得

工 +	貝	=	貢(바칠 공)	무엇인가를 **만들려고**(工) **돈**(貝)을 **바치니**
代 +		=	貸(빌릴 대)	**대신**(代) **돈**(貝) 주고 **빌리니**
任 +		=	賃(품삯 임)	일을 **맡기고**(任) **돈**(貝)으로 주는 **품삯**

禾 +	刂	=	利(이로울 리)	**벼**(禾)를 **칼**(刂)로 베어 수확하면 **이로우니**
朿 +		=	刺(찌를 자)	**가시**(朿)나 **칼**(刂)로 **찌르니**

田 +	糸	=	累(여러 루)	**밭**(田)이랑이 **실**(糸)타래처럼 **여러** 겹으로 **포개어** 보이니
此 +		=	紫(자줏빛 자)	**이**(此) 중에서 좋아하는 **실**(糸)의 색은 **자줏빛**이니

다음 한자를 나누고 **자원**을 쓰면서 익히세요.

翼 날개 익 = ☐ + ☐

忍 참을 인 = ☐ + ☐

逸 편안할 일 = ☐ + ☐

壬 아첨할 임 = ☐ + ☐

賃 품삯 임 = ☐ + ☐

慈 사랑 자 = ☐ + ☐ + ☐ + ☐ + ☐

刺 찌를 자 = ☐ + ☐

紫 자줏빛 자 = ☐ + ☐

暫 잠깐 잠 = ☐ + ☐ + ☐

潛 잠길 잠 = ☐ + ☐ + ☐ + ☐

다음 한자어의 **독음**을 쓰세요.

鳥翼	左翼	忍耐	逸話
壬人	壬方	運賃	賃金
仁慈	慈愛	刺客	紫色
暫時	暫間	潛入	潛行

 다음 한자어를 **한자**로 쓰세요.

새 조	날개 익	참을 인	견딜 내	숨을 일	이야기 화	아첨할 임	사람 인
옮길 운	품삯 임	어질 인	사랑 자	찌를 자	손 객	자줏빛 자	빛 색
잠깐 잠	때 시	숨길 잠	들 입	왼 좌	날개 익	북방 임	방위 방
품삯 임	돈 금	사랑 자	사랑 애	잠깐 잠	사이 간	숨길 잠	다닐 행

예문으로 한자어 익히기 (한자로 쓰인 단어의 뜻을 써보세요.)

1. 들에서 매우 큰 鳥翼을 주웠다.

2. 여객기의 左翼이 부러지는 사건이 일어났다.

3. 그에게는 각박한 현실을 이겨 낼만한 忍耐가 없다.

4. 김 영감에겐 그 주벽이나 주량에 대한 逸話도 남다른 것이 많았다.

5. 그는 처세술에 뛰어난 壬人이다.

6. 정북에서 서로 15도의 방위를 중심으로 한 15도 각도 안의 방향을 壬方이라 한다.

7. 비행기는 빠르고 편리하지만 運賃이 비싸다.

8. 물가는 오르고 賃金은 물가 인상을 따르지 못하니 생활이 어렵다.

9. 어머니의 仁慈한 음성이 들렸다.

10. 선생님께서 학생들을 慈愛가 가득한 눈으로 바라보셨다.

11. 刺客이 요인을 암살하려 한다는 정보가 입수되었다.

12. 紫色 두루마기는 서희의 얼굴을 창백하게 했다.

13. 아들은 어머니 곁을 暫時도 떠나지 않았다.

14. 暫間이라도 좋으니 나를 보고 가시오.

15. 간첩의 潛入으로 경찰들이 분주하게 움직이기 시작하였다.

16. 임금은 암행어사를 潛行하게 하여 부정부패의 실상을 파악하려 했다.

341 丈 2획 어른 장인 장	一	큰(大) **어른**
		大(큰 대) *大(큰 대)와 비교해서 알아두세요.
		丈
		• 丈夫(장부) : 다 자란 씩씩한 남자 • 丈人(장인) : 아내의 아버지

342 掌 8획 손바닥 장	手	높이(尚) 손(手)을 들어 **손바닥**을 보이니
		尚(높을 상) 手(손 수)
		掌
		• 掌風(장풍) : 손바닥으로 일으키는 바람 • 拍掌大笑(박장대소) : 손뼉을 치며 크게 웃음

343 粧 6획 단장할 장	米	쌀(米) 가루를 바르듯 **큰집**(广)에 **흙**(土)을 발라 **단장하니**
		米(쌀 미) 广(큰집 엄) 土(흙 토) *벽의 낙서와 얼룩을 석회를 반죽하여 발라 꾸민다는 뜻입니다.
		粧
		• 粧飾(장식) : 얼굴 따위를 매만져 꾸밈 • 化粧(화장) : 화장품을 바르거나 문질러 얼굴을 곱게 꾸밈

344 莊 7획 장엄할 장	艹	풀(艹)이 씩씩하게(壯) 자라 **장엄하니**
		艹(풀 초) 壯(씩씩할 장) *풀이 무성하게 자라 웅장하며 위엄 있고 엄숙하게 보인다는 뜻입니다.
		莊
		• 莊重(장중) : 장엄하고 무게가 있음 • 莊嚴(장엄) : 씩씩하고 웅장하며 위엄 있고 엄숙함

자원으로 한자 알기

* 큰(大) **어른**
* 높이(尚) 손(　)을 들어 **손바닥**을 보이니
* 쌀(　) 가루를 바르듯 **큰집**(广)에 **흙**(土)을 발라 **단장하니**
* 풀(　)이 씩씩하게(壯) 자라 **장엄하니**

345 藏 14획 감출 보관할 장	⺾	풀(⺾)에 숨겨(臧) **감추어 보관하니**
		⺾(풀 초) 爿(장수 장) 戈(창 과) 臣(신하 신)
		*臧(숨길 장) : 장수(爿)가 창(戈)을 들고 신하(臣)를 숨기고 지키니 • 貯藏(저장) : 물건이나 재화 따위를 모아서 간수함

346 臟 18획 오장 장	月	몸(月)에 감추어진(藏) **오장**
		月(몸 월) 藏(감출 장)　*오장 : 간장, 심장, 비장, 폐장, 신장의 다섯 가지 내장을 통틀어 이르는 말
		• 臟器(장기) : 내장의 여러 기관 • 內臟(내장) : 척추동물의 흉강이나 복강 속에 있는 여러 가지 기관

347 葬 9획 장사지낼 장	⺾	풀(⺾)로 덮어 **죽은**(死) 것을 두 손으로 들고(廾) 가서 **장사지내니**
		⺾(풀 초) 死(죽을 사) 廾(두 손 잡을 공)
		• 葬禮(장례) : 장사를 지내는 일 • 水葬(수장) : 시체를 물속에 넣어 장사 지냄

348 栽 6획 심을 재	木	잡풀을 **자르고**(𢦒) 나무(木)를 **심으니**
		十(열 십) 戈(창 과) 木(나무 목)
		*𢦒(자를 재) : 열(十) 번 정도 창(戈)질하여 자르니 • 植栽(식재) : 초목을 심어 재배함

자원으로 한자 알기

* 풀(　)에 숨겨(臧) **감추어 보관하니**
* 몸(　)에 감추어진(藏) **오장**
* 풀(　)로 덮어 **죽은**(死) 것을 두 손으로 들고(廾) 가서 **장사지내니**
* 잡풀을 **자르고**(𢦒) 나무(　)를 **심으니**

349 載

車 6획

알맞은 크기로 **잘라**(𢦏) 수레(車)에 **실으니**

𢦏(자를 재) 車(수레 거)

실을 재

- 積載(적재) : 물건을 실음
- 連載(연재) : 긴 글이나 만화 따위를 여러 차례로 나누어서 계속하여 실음

350 裁

衣 6획

옷감을 **잘라**(𢦏) 마름질하여 옷(衣)을 **만드니**

𢦏(자를 재) 衣(옷 의) *마름질 : 옷감이나 재목 따위를 치수에 맞도록 재거나 자르는 일

옷 마를 / 만들 / 결정할 재

- 裁斷(재단) : 옷감 따위를 본에 맞추어 자름
- 裁定(재정) : 일의 옳고 그름을 따져서 결정함

자원으로 한자 알기

* 알맞은 크기로 **잘라**(𢦏) 수레(   )에 **실으니**
* 옷감을 **잘라**(𢦏) 마름질하여 옷(   )을 **만드니**

一思多得

尚	+ 土	= 堂(집 당)	**높게**(尙) **땅**(土)에 지은 **집**
	+ 田	= 當(마땅 당)	**높은**(尙) 곳에 **밭**(田)농사를 짓는 것이 **마땅**하니
	+ 貝	= 賞(상줄 상)	공이 **높은**(尙) 자에게 **돈**(貝)을 주어 **상주니**
	+ 黑	= 黨(무리 당)	**높은**(尙) 곳에 사는 **검은**(黑) **무리**들
	+ 巾	= 常(항상 상)	잘 보이도록 **높은**(尙) 곳에 **헝겊**(巾)을 **항상** 달아두니
	+ 衣	= 裳(치마 상)	**높은**(尙) 옷 아래에 입는 **옷**(衣)은 **치마**이니
	+ 手	= 掌(손바닥 장)	**높이**(尙) **손**(手)을 들어 **손바닥**을 보이니

다음 한자를 나누고 **자원**을 쓰면서 익히세요.

丈 어른 장 =

掌 손바닥 장 = +

粧 단장할 장 = + +

莊 장엄할 장 = +

藏 감출 장 = +

臟 오장 장 = +

葬 장사지낼 장 = + +

栽 심을 재 = +

載 실을 재 = +

裁 옷 마를 재 = +

다음 한자어의 **독음**을 쓰세요.

丈夫	丈人	掌風	粧飾

化粧	莊重	莊嚴	貯藏

臟器	內臟	葬禮	水葬

植栽	積載	連載	裁斷

裁定

 다음 한자어를 **한자**로 쓰세요.

어른 장 사내 부	손바닥 장 바람 풍	단장할 장 꾸밀 식	장엄할 장 무거울 중

| 쌓을 저 보관할 장 | 오장 장 기관 기 | 장사지낼 장 예도 례 | 심을 식 심을 재 |

| 쌓을 적 실을 재 | 옷 마를 재 끊을 단 | 장인 장 사람 인 | 변화할 화 꾸밀 장 |

| 장엄할 장 엄할 엄 | 안 내 오장 장 | 물 수 장사지낼 장 | 이을 련 실을 재 |

| 결정할 재 정할 정 |

275

예문으로 한자어 익히기 (한자로 쓰인 단어의 뜻을 써보세요.)

1 丈夫라면 목숨이 아깝건 믿음이 약하건 한번 맺은 마음을 저버릴 수는 없다.

2 丈人 사위가 술 한 상 받아 놓고 앉았으니 뭐가 돼도 되겠지.

3 掌風을 날려 상대를 단번에 무너뜨렸다.

4 그녀와 외출이라도 할라치면 粧飾하는데만 꼬박 한 시간이 걸렸다.

5 무척 고운 피부를 가진 덕분에 化粧을 일부러 피한 듯 볼에 생기가 돈다.

6 이른 새벽 고요를 가르며 울리는 종소리는 莊重하기 그지없었다.

7 태양이 산 너머 광활한 벌판에 불이라도 지른 것처럼 서쪽 하늘이 莊嚴하게 타올랐다.

8 식량은 창고에 충분히 貯藏되어 있다.

9 저의 臟器를 기증할 테니, 제가 죽고 나면 필요한 사람을 위하여 써 주시기 바랍니다.

10 생선 內臟을 꺼내고 소금을 쳐서 냉동실에 넣었다.

11 상여도 없고 명정 같은 것도 하나 없는, 참으로 간단한 葬禮 행렬이었다.

12 배가 침몰하여 수천 명이 水葬되었다.

13 정원에 유실수와 관상수를 천 그루 이상이나 植栽하였다.

14 그 차는 운임도 싸고 積載 능력도 커서 장거리 운송에 적합하다.

15 신문에 한자를 連載하고 있다.

16 새로 만들 원피스의 옷감을 裁斷하였다.

17 우리 회사에서는 공정 거래 위원회의 裁定에 승복하여 사과 광고를 내기로 했다.

자원으로 한자 알기.

301. 마음(   )에 나(吾)를 깨달으니

302. 까마귀는 몸이 검어서 눈의 구별이 어려워 새(鳥)에서 눈(一)을 생략

303. 개(   )처럼 말(言)을 엿듣고 개(犬)처럼 생활하는 감옥

304. 나란히 놓여 있는 기와의 모양

305. 실(   )을 당겨(爰) 느슨하게 하니

306. 골짜기(谷)처럼 시원하게 하품(   ) 하고자하니

307. 하고자하는(欲) 마음(   )에 욕심이 생기니

308. 별(   )처럼 빛나는 사람을 시기하여 한 마디(寸)씩 욕하니

309. 새의 날개를 본뜬 모양

310. 집(   )을 하나(一)같이 땅(一)에 갈고리(亅)처럼 튼튼하게 지으니

311. 사람(   )과 원숭이(禺)는 짝처럼 우연히도 닮으니

312. 원숭이(禺)처럼 마음(   )을 쓰면 어리석으니

313. 하나(一)같이 흰(白) 것을 덮고(冖) 마음(   )에 뒤져올(夂) 일을 근심하니

314. 소리(   )를 질러 관원(員)이 운을 떼니

315. 적을 치려고 달리어(   ) 도끼(戈)를 들고 경계를 넘으니

316. 사람(   )이 억지로 하는(爲) 일에는 거짓이 있으니

317. 밭(田)처럼 몸(   )에 음식물을 저장하는 밥통

318. 말(   )을 위(胃)가 음식을 소화시키듯 이해되게 이르니

319. 작은(   ) 힘(力)을 가진 어린아이

320. 산(山) 속에 작고(   ) 작은(幺) 골짜기들이 숨어 있는 것처럼 그윽하니

321. 아득히(攸) 마음(   )이 멀어지니

322. 창(矛)을 나무(   )처럼 부드럽게 다루니

323. 개(   ) 같은 두목(酋) 앞에서는 오히려 머뭇거리니

324. 실(   )로 새(隹)를 매니

325. 옷(   )이 골짜기(谷)처럼 커 넉넉하니

277

 **자원**으로 한자 알기.

326. 말(　)을 빼어나게(秀) 하여 사람을 잘 꾀니

327. 물(　)이 풍부하면 풍년들어 문(門) 안의 왕(王)처럼 살림이 불어나 윤택하니

328. 새가 목을 구부리고 있는 모양

329. 물(　)을 손톱(爫)에 들이고 아첨하는(壬) 모습이 음란하니

330. 몸(己)은 이미 다 성장했으니

331. 깃(　)을 좌우 양쪽으로 방향을 달리한(異) 날개

332. 칼날(刃) 앞에 마음(　)을 참으니

333. 토끼(兔)처럼 약한 짐승은 뛰어(　) 달아나 숨는 것이 편안하니

334. 마음이 토라진(丿) 선비(　)는 간사하니

335. 일을 맡기고(任) 돈(　)으로 주는 품삯

336. 팔(爫)방에서 하나(一)같이 작고(幺) 어린(幺) 아이 같은 마음(　)을 사랑하니

337. 가시(朿)나 칼(　)로 찌르니

338. 이(此) 중에서 좋아하는 실(　)의 색은 자줏빛이니

339. 죄인을 수레(車)에 매달거나 도끼(斤)로 베어 죽이는 날(　)은 잠깐이니

340. 물(　)에 이미(旡) 형체도 없이(旡) 말(曰)없이 잠기니

341. 큰(大) 어른

342. 높이(尚) 손(　)을 들어 손바닥을 보이니

343. 쌀(　) 가루를 바르듯 큰집(广)에 흙(土)을 발라 단장하니

344. 풀(　)이 씩씩하게(壯) 자라 장엄하니

345. 풀(　)에 숨겨(臧) 감추어 보관하니

346. 몸(　)에 감추어진(藏) 오장

347. 풀(　)로 덮어 죽은(死) 것을 두 손으로 들고(廾) 가서 장사지내니

348. 잡풀을 자르고(裁) 나무(　)를 심으니

349. 알맞은 크기로 잘라(裁) 수레(　)에 실으니

350. 옷감을 잘라(裁) 마름질하여 옷(　)을 만드니

다음 한자의 **뜻**과 **음**을 쓰세요.

悟	烏	獄	瓦	緩	欲	慾
辱	羽	宇	偶	愚	憂	韻
越	偽	胃		謂	幼	幽
悠	柔				猶	維
裕						誘
潤	乙				淫	已
翼	忍	逸		壬	賃	慈
刺	紫	暫	潛	丈	掌	粧
莊	藏	臟	葬	栽	載	裁

3Ⅱ 301~350번 형성평가

다음 뜻과 음을 지닌 **한자**를 쓰세요.

깨달을 오	까마귀 오	감옥 옥	기와 와	느릴 완	하고자할 욕	욕심 욕
욕될 욕	깃 우	집 우	짝 우	어리석을 우	근심 우	운 운
넘을 월	거짓 위	밥통 위		이를 위	어릴 유	그윽할 유
멀 유	부드러울 유			오히려 유	벼리 유
넉넉할 유		3Ⅱ 301-350번 형성평가				꾈 유
불을 윤	새 을			음란할 음	이미 이
날개 익	참을 인	편안할 일		북방 임	품삯 임	사랑 자
찌를 자	자줏빛 자	잠깐 잠	잠길 잠	어른 장	손바닥 장	단장할 장
장엄할 장	감출 장	오장 장	장사지낼 장	심을 재	실을 재	옷 마를 재

351 抵 (扌, 5획) — 막을 저

손(扌)으로 낮은(氐) 곳으로 밀쳐 **막으니**

扌(손 수) 氐(낮을 저)

- 抵當(저당) : 맞서서 겨룸
- 抵抗(저항) : 어떤 힘이나 조건에 굽히지 아니하고 거역하거나 버팀

352 著 (艹, 9획) — 지을, 나타날 저

풀(艹)로 옷을 **지어** 입고 사람(者)이 **나타나니**

艹(풀 초) 者(사람 자)

- 著者(저자) : 책을 지어 낸 사람
- 著名(저명) : 이름이 널리 드러나 있음

353 寂 (宀, 8획) — 고요할, 쓸쓸할 적

집(宀)에 아재비(叔)만 있어 **고요하니**

宀(집 면) 叔(아재비 숙) *아재비 : 아저씨 또는 작은아버지를 일컫는 경상도 지방의 말

- 閑寂(한적) : 한가하고 고요함
- 靜寂(정적) : 고요하고 쓸쓸함

354 摘 (扌, 11획) — 가리킬, 들추어낼 적

손(扌)으로 하나(啇)씩 가리키며 **들추어내니**

扌(손 수) 啇(하나 적)

- 指摘(지적) : 꼭 집어서 가리킴
- 摘發(적발) : 드러나지 아니한 것을 들추어 냄

자원으로 한자 알기

* 손(   )으로 낮은(氐) 곳으로 밀쳐 **막으니**
* 풀(   )로 옷을 **지어** 입고 사람(者)이 **나타나니**
* 집(   )에 아재비(叔)만 있어 **고요하니**
* 손(   )으로 하나(啇)씩 가리키며 **들추어내니**

355 笛

竹 / 5획 / 피리 적

대(⺮)로 말미암아(由) 소리 나도록 만든 **피리**

⺮(대 죽) 由(말미암을 유)　*피리 : 대에 구멍을 뚫고 불어서 소리를 내는 악기

- 警笛(경적) : 주의나 경계를 하도록 소리를 울리는 장치
- 汽笛(기적) : 증기를 내뿜는 힘으로 경적 소리를 내는 장치

356 跡

足 / 6획 / 발자취 적

발(足)로 밟아서 또(亦) 생긴 **발자취**

足(발 족) 亦(또 역)　*발자취 : 발로 밟고 지나갈 때 남는 흔적

- 人跡(인적) : 사람의 발자취
- 遺跡(유적) : 남아 있는 자취

357 蹟

足 / 11획 / 자취 업적 적

발(足)로 책임(責)지고 **자취**를 쫓아가 세운 **업적**

足(발 족) 責(책임 책)　*발자취를 쫓아가 찾아서 업적을 세웠다는 뜻입니다.

- 事蹟(사적) : 사업의 남은 자취
- 古蹟(고적) : 남아 있는 옛날 건물이나 물건

358 殿

殳 / 9획 / 전각 전

지붕(尸) 아래서 함께(共) 창(殳)을 들고 지키는 **전각**

尸(지붕 시) 共(함께 공) 殳(창 수)　*지붕 아래서 함께 창을 들고 궁궐을 지킨다는 뜻입니다.

- 殿閣(전각) : 궁궐
- 殿堂(전당) : 높고 크게 지은 화려한 집

자원으로 한자 알기

* 대(　)로 말미암아(由) 소리 나도록 만든 **피리**
* 발(　)로 밟아서 또(亦) 생긴 **발자취**
* 발(　)로 책임(責)지고 **자취**를 쫓아가 세운 **업적**
* 지붕(尸) 아래서 함께(共) 창(　)을 들고 지키는 **전각**

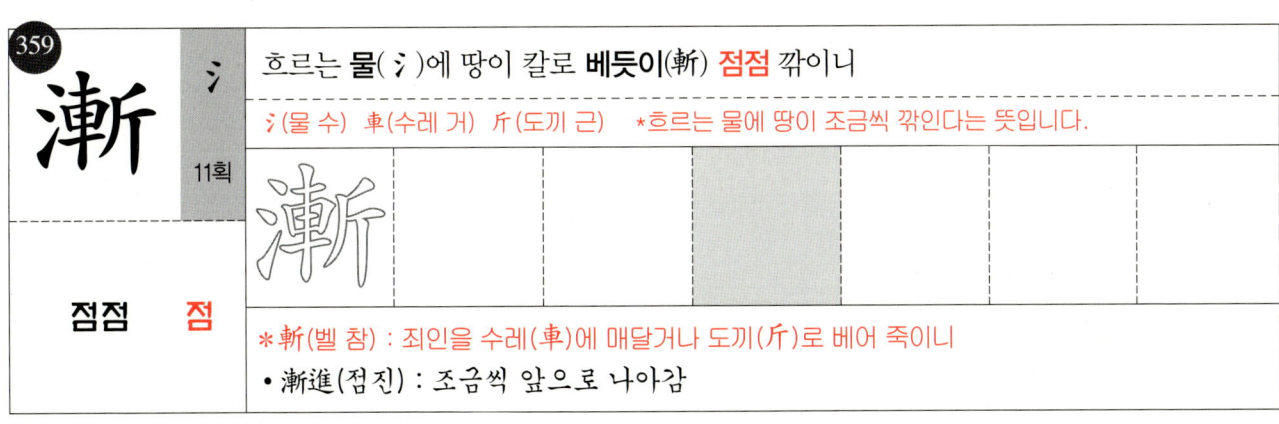

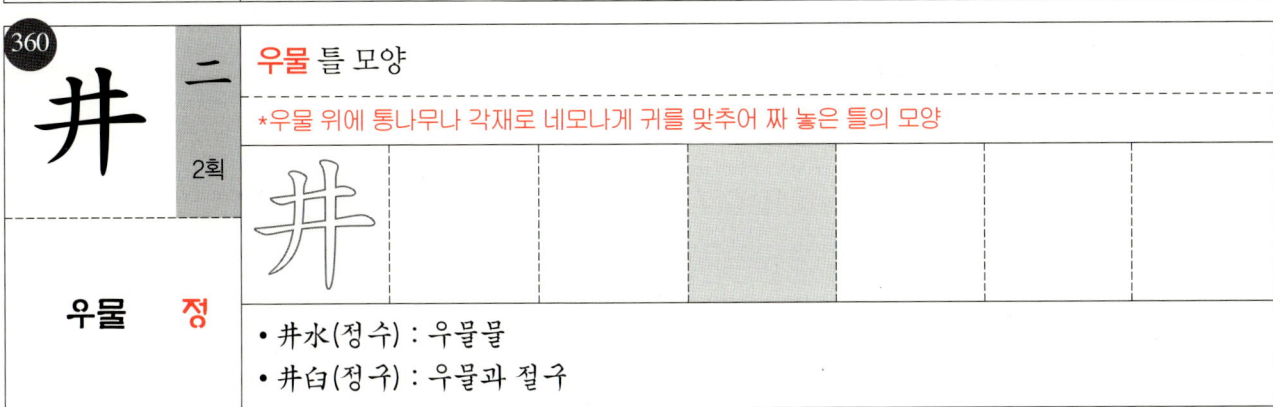

자원으로 한자 알기

* 흐르는 **물**(   )에 땅이 칼로 **베듯이**(斬) **점점** 깎이니 ☞
* **우물** 틀 모양 ☞

一思多得

亻	+		= 低(낮을 저)	**사람**(亻)은 자신을 **낮게**(氏) **낮추어야** 하니
广	+	氏	= 底(밑 저)	**큰집**(广)의 **낮은**(氏) **밑** 부분
扌	+		= 抵(막을 저)	**손**(扌)으로 **낮은**(氏) 곳으로 밀쳐 **막으니**

辶	+	商	= 適(마땅할 적)	**하나**(商)의 목표를 향해 **뛰어**(辶) 감이 **마땅하니**
扌	+		= 摘(가리킬 적)	**손**(扌)으로 **하나**(商)씩 **가리키며 들추어내니**

다음 한자를 나누고 **자원**을 쓰면서 익히세요.

 抵 막을 저 = ☐ + ☐

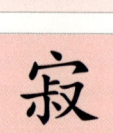 著 나타날 저 = ☐ + ☐

 寂 고요할 적 = ☐ + ☐

 摘 가리킬 적 = ☐ + ☐

 笛 피리 적 = ☐ + ☐

 跡 발자취 적 = ☐ + ☐

 蹟 자취 적 = ☐ + ☐

殿 전각 전 = ☐ + ☐ + ☐

 漸 점점 점 = ☐ + ☐

 井 우물 정 =

284

다음 한자어의 **독음**을 쓰세요.

抵當	抵抗	著者	著名
閑寂	靜寂	指摘	摘發
警笛	汽笛	人跡	遺跡
事蹟	古蹟	殿閣	殿堂
漸進	井水	臼白	

다음 한자어를 **한자**로 쓰세요.

막을 저 마땅 당	지을 저 사람 자	한가할 한 고요할 적	가리킬 지 가리킬 적
깨우칠 경 피리 적	사람 인 발자취 적	일 사 자취 적	전각 전 집 각
점점 점 나아갈 진	우물 정 물 수	막을 저 대항할 항	나타날 저 이름 명
고요할 정 쓸쓸할 적	들추어낼 적 필 발	김 기 피리 적	남길 유 자취 적
예 고 자취 적	전각 전 집 당	우물 정 절구 구	

예문으로 한자어 익히기(한자로 쓰인 단어의 뜻을 써보세요.)

1. 내 시계는 전당포에 **抵當**되어 있다.

2. 사춘기에는 부모에게 **抵抗**하는 아이들이 많다.

3. 이 책은 **著者** 자신의 체험을 그대로 쓴 것이다.

4. 그는 정부 고관에서 시작하여 은행가와 사업주 등의 **著名**한 인사들을 선원으로 채용했다.

5. 평일이라서 놀이동산은 아주 **閑寂**하였다.

6. 교실은 숨소리 하나 들리지 않을 만큼 **靜寂**이 흘렀다.

7. 사장은 일부 사원이 태만하다고 **指摘**하며 분발할 것을 촉구했다.

8. 그 학생은 시험 시간에 부정행위를 하다가 **摘發**되었다.

9. 요란하게 **警笛**을 울리며 자동차가 지나갔다.

10. 역 구내 쪽에서 기관차의 긴 **汽笛** 소리가 두 번 울렸다.

11. 노루와 사슴이 **人跡**에 놀라 달아났다.

12. 선사 시대의 **遺跡**이 발견되어 학계의 비상한 관심이 모아졌다.

13. 그를 지나치게 높인 나머지 그의 **事蹟**을 과장하거나 심하면 왜곡하기까지 했다.

14. 영산에는 성이라든가 성루, 성문, 탑 같은 **古蹟**이 여기저기 많이 있다.

15. 연경궁 드높은 **殿閣** 안엔 완연히 봄빛이 무르녹았다.

16. 여러분의 모교는 앞으로도 여성 교육의 **殿堂**으로 꾸준히 발전할 것입니다.

17. 복지 사회로 **漸進**하다.

18. 지나가는 나그네인데 **井水** 한 모금 부탁하오.

19. **井臼**지역

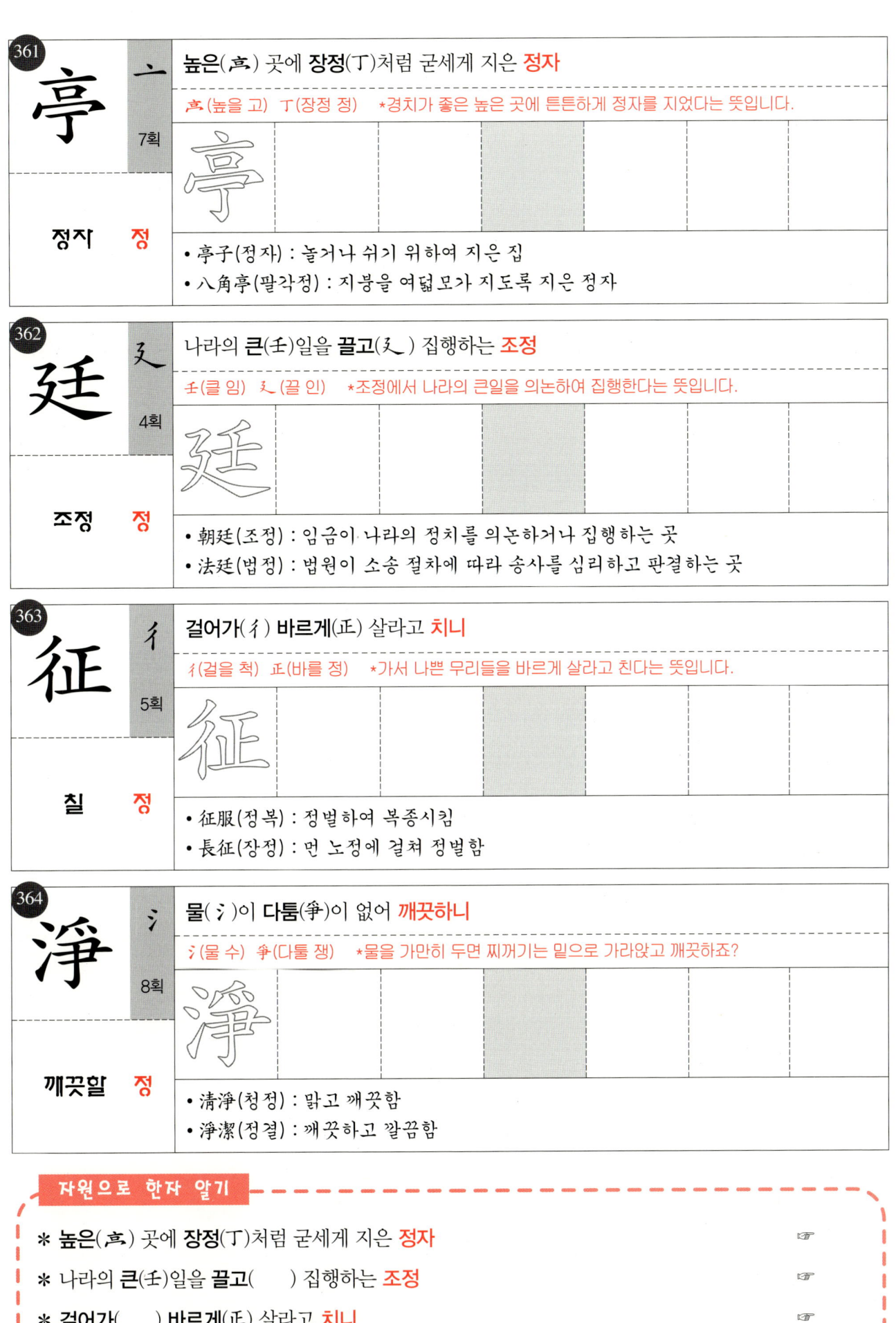

361	亭	亠 7획	높은(亠) 곳에 장정(丁)처럼 굳세게 지은 정자
			亠(높을 고) 丁(장정 정) *경치가 좋은 높은 곳에 튼튼하게 정자를 지었다는 뜻입니다.
	정자 정		• 亭子(정자) : 놀거나 쉬기 위하여 지은 집 • 八角亭(팔각정) : 지붕을 여덟모가 지도록 지은 정자

362	廷	廴 4획	나라의 큰(壬)일을 끌고(廴) 집행하는 조정
			壬(클 임) 廴(끌 인) *조정에서 나라의 큰일을 의논하여 집행한다는 뜻입니다.
	조정 정		• 朝廷(조정) : 임금이 나라의 정치를 의논하거나 집행하는 곳 • 法廷(법정) : 법원이 소송 절차에 따라 송사를 심리하고 판결하는 곳

363	征	彳 5획	걸어가(彳) 바르게(正) 살라고 치니
			彳(걸을 척) 正(바를 정) *가서 나쁜 무리들을 바르게 살라고 친다는 뜻입니다.
	칠 정		• 征服(정복) : 정벌하여 복종시킴 • 長征(장정) : 먼 노정에 걸쳐 정벌함

364	淨	氵 8획	물(氵)이 다툼(爭)이 없어 깨끗하니
			氵(물 수) 爭(다툴 쟁) *물을 가만히 두면 찌꺼기는 밑으로 가라앉고 깨끗하죠?
	깨끗할 정		• 淸淨(청정) : 맑고 깨끗함 • 淨潔(정결) : 깨끗하고 깔끔함

자원으로 한자 알기

* 높은(亠) 곳에 장정(丁)처럼 굳세게 지은 정자
* 나라의 큰(壬)일을 끌고( ) 집행하는 조정
* 걸어가( ) 바르게(正) 살라고 치니
* 물( )이 다툼(爭)이 없어 깨끗하니

365 貞 (곧을 정)

貝 / 2획

점치듯(卜) 앞일을 예상하여 돈(貝)을 씀이 곧으니

卜(점칠 복) 貝(돈 패) *앞일을 예상하여 돈을 씀이 옳다는 뜻입니다.

- 貞潔(정결) : 정조가 굳고 행실이 깨끗함
- 貞淑(정숙) : 여자로서 행실이 곧고 마음씨가 맑고 고움

366 頂 (꼭대기 정수리 정)

頁 / 2획

고무래(丁)처럼 머리(頁) 위로 솟아 있는 꼭대기

丁(고무래 정) 頁(머리 혈) *고무래 : 흙을 고르거나 아궁이의 재를 긁어모으는 데에 쓰는 기구

- 山頂(산정) : 산꼭대기
- 頂上(정상) : 산 따위의 맨 꼭대기

367 諸 (모두 제)

言 / 9획

말(言)을 한 마디씩 사람(者)들이 모두 하니

言(말씀 언) 者(사람 자)

- 諸國(제국) : 여러 나라
- 諸君(제군) : 여러분의 뜻으로 손아랫사람에 대하여 쓰는 말

368 齊 (가지런할 제)

齊 / 0획

곡식의 이삭이 가지런하게 패어 있는 모양

마법 술술한자 부수 198번 참고

- 整齊(정제) : 정돈하여 가지런히 함
- 齊唱(제창) : 여러 사람이 다 같이 큰 소리로 외침

자원으로 한자 알기

* 점치듯(卜) 앞일을 예상하여 돈(　)을 씀이 곧으니　☞
* 고무래(丁)처럼 머리(　) 위로 솟아 있는 꼭대기　☞
* 말(　)을 한 마디씩 사람(者)들이 모두 하니　☞
* 곡식의 이삭이 가지런하게 패어 있는 모양　☞

369 兆	儿 4획	거북의 갈라진 등딱지의 모양으로 **조짐**을 보니
		*옛날에는 거북을 불에 구워 갈라진 등딱지의 모양을 보고 점을 쳤다고 합니다.
조짐 조	조	• 吉兆(길조) : 좋은 조짐 • 億兆(억조) : 억과 조를 아울러 이르는 말

370 照	灬 9획	밝게(昭) 불(灬)이 **비치니**
		日(해 일) 召(부를 소) 灬(불 화)
비칠 조	조	*昭(밝을 소) : 해(日)를 불러(召) 온 듯 밝으니 • 照明(조명) : 광선으로 밝게 비춤

자원으로 한자 알기

* 거북의 갈라진 등딱지의 모양으로 **조짐**을 보니

* 밝게(昭) 불(   )이 **비치니**

一思多得

是	+		= 題(문제 제)	**옳게**(是) **머리**(頁)를 써야 풀리는 **문제**
豆	+		= 頭(머리 두)	**콩**(豆)처럼 둥글둥글한 **머리**(頁)
令	+	頁	= 領(거느릴 령)	**명령**(令)하여 **우두머리**(頁)가 부하를 **거느리니**
原	+		= 願(원할 원)	**들판**(原)에서 하늘에 제사지내며 **머리**(頁)를 숙이고 **원하니**
客	+		= 額(돈 액)	**손님**(客)의 **머리**(頁)수대로 받는 **돈**
丁	+		= 頂(꼭대기 정)	**고무래**(丁)처럼 **머리**(頁) 위로 솟아 있는 **꼭대기**

糸	+	者	= 緖(실마리 서)	**실**(糸)로 바느질 하려는 **사람**(者)이 찾는 **실마리**
言	+		= 諸(모두 제)	**말**(言)을 한 마디씩 **사람**(者)들이 **모두** 하니

다음 한자를 나누고 **자원**을 쓰면서 익히세요.

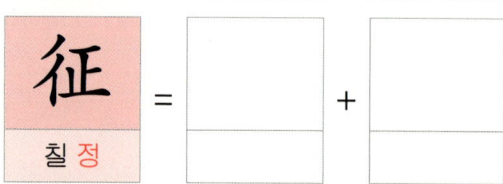

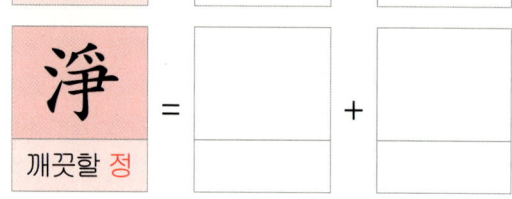

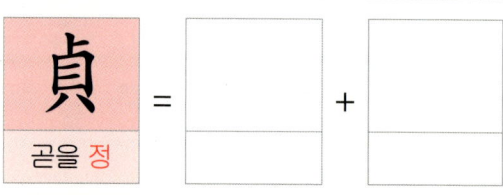

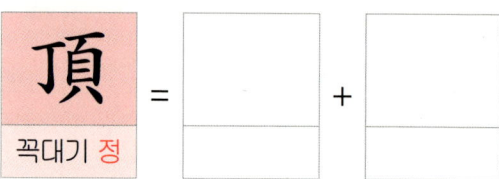

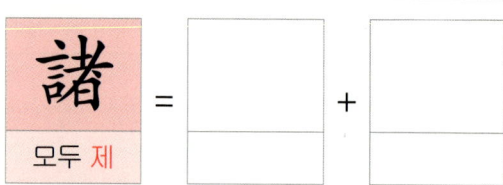

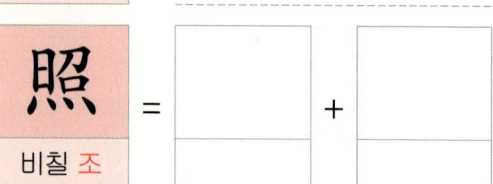

다음 한자어의 **독음**을 쓰세요.

亭 子   朝 廷   法 廷   征 服

長 征   淸 淨   淨 潔   貞 潔

貞 淑   山 頂   頂 上   諸 國

諸 君   整 齊   齊 唱   吉 兆

億 兆   照 明

 다음 한자어를 **한자**로 쓰세요.

| 정자 정 | 접미사 자 | 조정 조 | 조정 정 | 칠 정 | 복종할 복 | 맑을 청 | 깨끗할 정 |

| 곧을 정 | 깨끗할 결 | 산 산 | 꼭대기 정 | 모두 제 | 나라 국 | 가지런할 정 | 가지런할 제 |

| 길할 길 | 조짐 조 | 비칠 조 | 밝을 명 | 법 법 | 조정 정 | 길 장 | 칠 정 |

| 깨끗할 정 | 깨끗할 결 | 곧을 정 | 맑을 숙 | 꼭대기 정 | 윗 상 | 모두 제 | 그대 군 |

| 가지런할 제 | 부를 창 | 억 억 | 조 조 |

예문으로 한자어 익히기(한자로 쓰인 단어의 뜻을 써보세요.)

1 산 정상에 오르니 아담한 **亭子**가 있어 쉬어가기에 참 좋았다.

2 **朝廷**에서는 벼슬의 등급을 중히 여기고 향당에서는 나이의 차례를 중히 여긴다.

3 지금 말한 내용을 **法廷**에서도 진술할 수 있습니까?

4 의학계에서는 머지않아 암이 **征服**될 것이라고 전망했다.

5 **長征**에 올랐다.

6 때 묻지 않은 **淸淨**한 얼굴이 예쁘구나!

7 보도블록이 깔린 골목길에는 이미 **淨潔**하게 비질이 된 위에 물까지 뿌려져 있었다.

8 처신을 **貞潔**히 하다.

9 딸을 **貞淑**하게 키우고 싶다.

10 **山頂**에서 맞는 바람은 마치 빙수처럼 시원했다.

11 한국은 이번 세계 축구 대회에서 **頂上**에 올랐다.

12 **諸國**을 통일하여 통일 국가를 건설하였다.

13 **諸君**과 함께 조선 독립 만세를 부르고 싶은데 어떤가?

14 어머니는 아이들이 어질러 놓은 것을 **整齊**히 하고 손님을 맞았다.

15 학생들이 일제히 애국가를 **齊唱**했다.

16 이번 일의 성사는 앞날의 번영을 기약하는 **吉兆**임에 틀림없다.

17 그들은 농사를 잘 지어서 **億兆** 만금을 벌어들였다.

18 막이 오르자 무대 위에는 여배우 한 명이 **照明**을 받고 서 있었다.

371 租

禾 5획

조세 **조**

벼(禾)로 **또**(且) 바치는 **조세**

禾(벼 화) 且(또 차)   *옛날에는 화폐 대신 벼로도 세금을 내었다고 합니다.

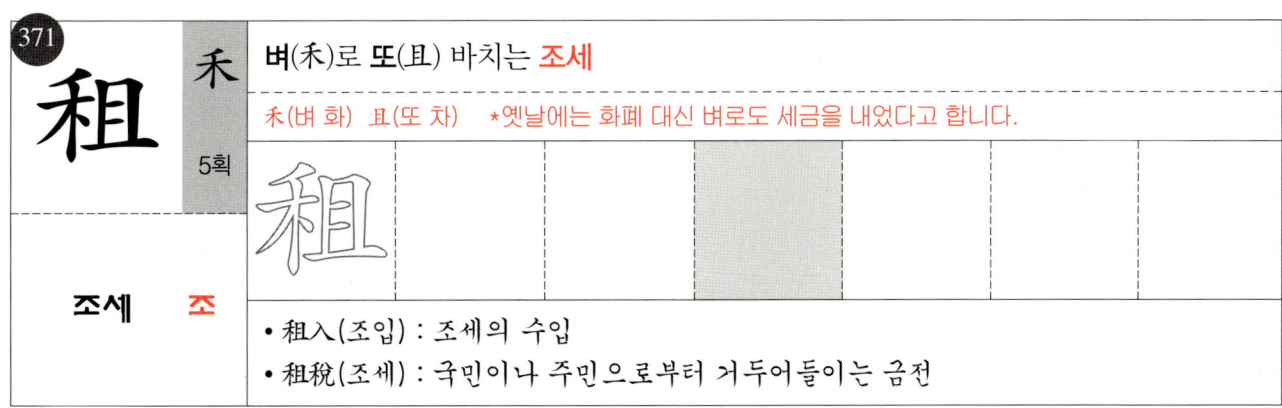

- 租入(조입) : 조세의 수입
- 租稅(조세) : 국민이나 주민으로부터 거두어들이는 금전

372 縱

糸 11획

세로 **종**

실(糸)을 따라(從) **세로**로 서니

糸(실 사) 從(좇을 종)   *운동장에 줄을 그어 사람들을 줄을 따라 서게 하여 오와 열을 맞추죠?

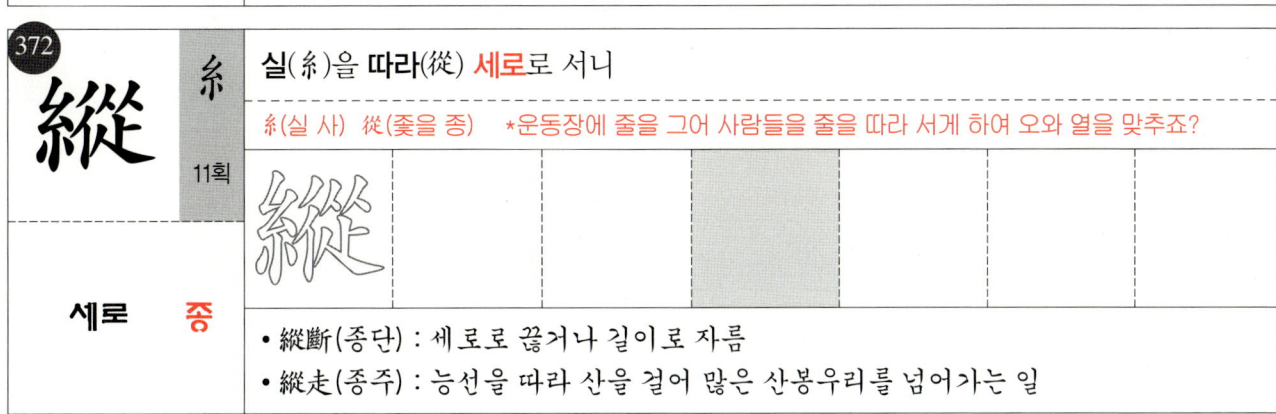

- 縱斷(종단) : 세로로 끊거나 길이로 자름
- 縱走(종주) : 능선을 따라 산을 걸어 많은 산봉우리를 넘어가는 일

373 坐

土 4획

앉을 **좌**

사람(人)과 사람(人)들이 땅(土)에 **앉으니**

人(사람 인) 土(땅 토)

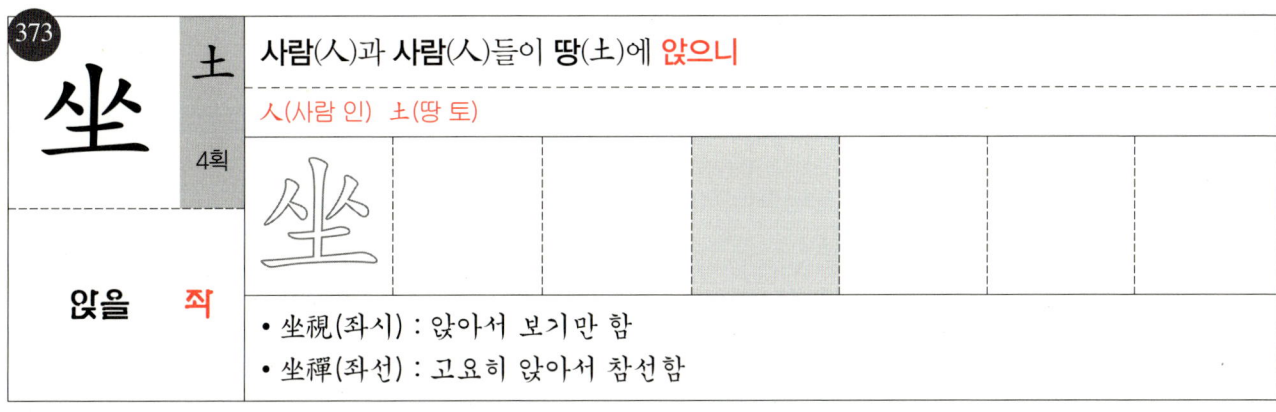

- 坐視(좌시) : 앉아서 보기만 함
- 坐禪(좌선) : 고요히 앉아서 참선함

374 宙

宀 5획

집 하늘 **주**

집(宀)처럼 말미암아(由) 사는 **하늘**

宀(집 면) 由(말미암을 유)   *땅을 베개 삼고 하늘을 이불삼아 잔다는 말이 있지요?

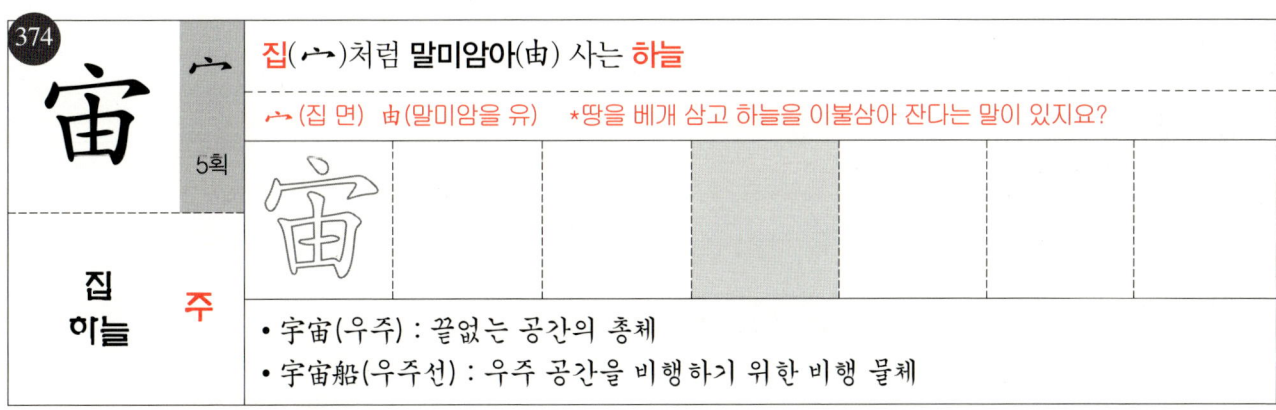

- 宇宙(우주) : 끝없는 공간의 총체
- 宇宙船(우주선) : 우주 공간을 비행하기 위한 비행 물체

자원으로 한자 알기

* 벼(   )로 **또**(且) 바치는 **조세**
* 실(   )을 따라(從) **세로**로 서니
* 사람(人)과 사람(人)들이 땅(   )에 **앉으니**
* 집(   )처럼 **말미암아**(由) 사는 **하늘**

375 柱

木 5획

나무(木)에서 주인(主) 역할을 하는 기둥

木(나무 목) 主(주인 주)

기둥 주

- 電柱(전주) : 전봇대
- 支柱(지주) : 받침대

376 洲

氵 6획

물(氵)로 둘러싸인 고을(州)이면 섬이나 물가니

氵(물 수) 州(고을 주)

섬, 물가 주

- 美洲(미주) : 아메리카
- 三角洲(삼각주) : 강물이 운반하여 온 모래나 흙이 쌓여 이루어진 편평한 지형

377 奏

大 6획

하늘(一)과 땅(一)처럼 큰(大) 일을 하늘(天)에 아뢰듯 연주하니

一(하늘 일, 땅 일) 大(큰 대) 天(하늘 천)

아뢸, 연주할 주

- 奏樂(주악) : 음악을 연주함
- 演奏(연주) : 악기를 다루어 곡을 표현하거나 들려주는 일

378 鑄

金 14획

쇠(金)의 수명(壽)이 다하여 녹여 불리니

金(쇠 금) 壽(목숨 수) *효용이 다하여 쓸모없는 쇠를 녹여 물건을 만든다는 뜻입니다.

쇠 불릴 주

- 鑄造(주조) : 녹인 쇠붙이를 거푸집에 부어 물건을 만듦
- 鑄物(주물) : 쇠붙이를 녹여 거푸집에 부은 다음, 굳혀서 만든 물건

자원으로 한자 알기

* 나무(　)에서 주인(主) 역할을 하는 기둥　　☞
* 물(　)로 둘러싸인 고을(州)이면 섬이나 물가니　　☞
* 하늘(一)과 땅(一)처럼 큰(　) 일을 하늘(天)에 아뢰듯 연주하니　　☞
* 쇠(　)의 수명(壽)이 다하여 녹여 불리니　　☞

379 株 그루터기 그루 주식	木 6획	나무(木)의 붉은(朱) 뿌리 부분만 남은 그루터기
		木(나무 목) 朱(붉을 주) *그루터기 : 풀이나 나무 따위의 아랫동아리
	주	• 株價(주가) : 주식이나 주권의 가격 • 株式(주식) : 주식회사의 자본을 구성하는 단위

380 珠 구슬	玉 6획	옥(玉)으로 만든 붉은(朱) 구슬
		王(구슬 옥 변형) 朱(붉을 주)
	주	• 珠玉(주옥) : 구슬과 옥 • 眞珠(진주) : 진주조개, 대합, 전복 따위의 조가비나 살 속에 생기는 딱딱한 덩어리

자원으로 한자 알기

* 나무(　)의 붉은(朱) 뿌리 부분만 남은 그루터기
* 옥(　)으로 만든 붉은(朱) 구슬

一思多得

示	+		= 祖(할아비 조)	보이면(示) 또(且) 절해야 하는 할아버지
糸	+	且	= 組(짤 조)	실(糸)로 또(且) 짜니
禾	+		= 租(조세 조)	벼(禾)로 또(且) 바치는 조세

竹	+	由	= 笛(피리 적)	대(竹)로 말미암아(由) 소리 나도록 만든 피리
宀	+		= 宙(하늘 주)	집(宀)처럼 말미암아(由) 사는 하늘

歹	+		= 殊(다를 수)	죽은(歹) 것은 붉은(朱) 색으로 다르게 표시하니
木	+	朱	= 株(그루터기 주)	나무(木)의 붉은(朱) 뿌리 부분만 남은 그루터기
王	+		= 珠(구슬 주)	옥(王)으로 만든 붉은(朱) 구슬

다음 한자를 나누고 **자원**을 쓰면서 익히세요.

租 (조세 조) = ☐ + ☐

縱 (세로 종) = ☐ + ☐

坐 (앉을 좌) = ☐ + ☐ + ☐

宙 (하늘 주) = ☐ + ☐

柱 (기둥 주) = ☐ + ☐

洲 (물가 주) = ☐ + ☐

奏 (아뢸 주) = ☐ + ☐ + ☐ + ☐

鑄 (쇠 불릴 주) = ☐ + ☐

株 (그루터기 주) = ☐ + ☐

珠 (구슬 주) = ☐ + ☐

296

다음 한자어의 **독음**을 쓰세요.

租 入	租 稅	縱 斷	縱 走
坐 視	坐 禪	宇 宙	電 柱
支 柱	美 洲	奏 樂	演 奏
鑄 造	鑄 物	株 價	株 式
珠 玉	眞 珠		

 다음 한자어를 **한자**로 쓰세요.

조세 조	들 입	세로 종	끊을 단	앉을 좌	볼 시	하늘 우	하늘 주
전기 전	기둥 주	아름다울 미	물가 주	아뢸 주	음악 악	쇠 불릴 주	만들 조
주식 주	값 가	구슬 주	구슬 옥	조세 조	세금 세	세로 종	달릴 주
앉을 좌	선 선	지탱할 지	기둥 주	펼 연	연주할 주	쇠 불릴 주	물건 물
주식 주	법 식	참 진	구슬 주				

297

예문으로 한자어 익히기(한자로 쓰인 단어의 뜻을 써보세요.)

1. 국가의 경제가 발전할수록 租入은 늘어난다.

2. 정부는 재해민에게 租稅를 감면해 주었다.

3. 그들은 온갖 고생을 겪으며 대륙을 縱斷하는데 성공했다.

4. 우리는 이번 가을 지리산의 노고단과 천왕봉을 縱走할 계획이다.

5. 정국의 혼란에 대해 坐視하고 있을 수만은 없지 않겠습니까?

6. 坐禪은 인도에서 석가모니 이전부터 행하던 수행법으로 석가모니가 발전시켰다.

7. 광활한 宇宙에 관하여 연구하다.

8. 골목에는 전선을 늘여 맨 電柱가 드문드문 서 있었다.

9. 아버지는 내 일생의 정신적 支柱이셨다.

10. 큰아버지는 가족 모두를 데리고 美洲로 이민을 가셨다.

11. 풍악이 앞을 인도하였는데 형조 앞길에 이르러 奏樂을 그치게 하였다.

12. 관현악단이 교향곡을 演奏하기 시작했다.

13. 올림픽 기념주화를 鑄造하다.

14. 처음 한 일은 쇠로 만든 손수레에 鑄物을 넣어 나르는 것이었다.

15. 株價가 떨어지다.

16. 그는 우리 회사의 株式을 반 이상이나 소유하였다.

17. 그의 소설은 구절구절이 다 珠玉같이 아름답다.

18. 그녀는 웨딩드레스를 眞珠로 장식했다.

381 仲	亻 4획	사람(亻)들 가운데(中) 끼어 **중개하니**
		亻(사람 인) 中(가운데 중) *두 당사자 사이에 끼어서 일이 잘되도록 주선한다는 뜻입니다.
중개할 버금	중	仲
		• 仲介(중개) : 두 당사자 사이에 서서 일을 주선함
		• 仲媒(중매) : 결혼이 이루어지도록 중간에서 소개하는 일

382 卽	卩 7획	흰(白) 비수(匕) 앞에 **곧바로** 무릎 꿇으니(卩)
		白(흰 백) 匕(비수 비) 卩(무릎 꿇을 절) *칼을 들이대니 곧바로 무릎 꿇는다는 뜻입니다.
곧	즉	卽
		• 卽時(즉시) : 어떤 일이 행하여지는 바로 그때
		• 卽席(즉석) : 어떤 일이 진행되는 바로 그 자리

383 曾	曰 8획	여덟(八) 명이 울타리(口)인 마음(忄)을 열고 말(曰)을 **거듭**하니
		八(여덟 팔) 口(에울 위) 忄(마음 심) 曰(말할 왈)
거듭	증	曾
		• 曾孫(증손) : 증손자
		• 曾思(증사) : 거듭 깊이 생각함

384 憎	忄 12획	섭섭한 마음(忄)이 거듭(曾)되어 생기는 **미움**
		忄(마음 심) 曾(거듭 증) *서운한 마음이 거듭되어 생기면 미워지겠죠?
미울	증	憎
		• 憎惡(증오) : 아주 사무치게 미워함
		• 愛憎(애증) : 사랑과 미움을 아울러 이르는 말

자원으로 한자 알기

* 사람(   )들 가운데(中) 끼어 **중개하니** ☞
* 흰(白) 비수(匕) 앞에 **곧바로** 무릎 꿇으니(   ) ☞
* 여덟(八) 명이 울타리(口)인 마음(忄)을 열고 말(   )을 **거듭**하니 ☞
* 섭섭한 마음(   )이 거듭(曾)되어 생기는 **미움** ☞

385 症 (5획) 증세 증

병(疒)을 바르게(正) 판단할 수 있는 **증세**

疒(병질 엄)　正(바를 정)　*증세를 알아야 병을 바르게 판단하죠?

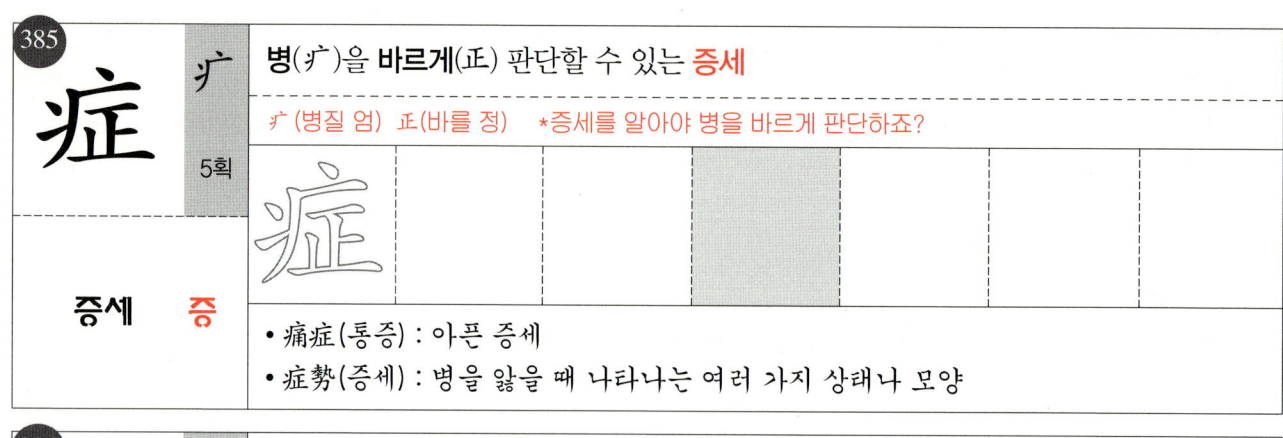

- 痛症(통증) : 아픈 증세
- 症勢(증세) : 병을 앓을 때 나타나는 여러 가지 상태나 모양

386 蒸 (10획) 찔 증

풀(艹) 한(一) 근을 물(水)에 넣고 한(一) 번 불(灬)로 **찌니**

艹(풀 초)　一(한 일)　水(물 수)　灬(불 화)　*약초를 물에 넣고 불로 다린다는 뜻입니다.

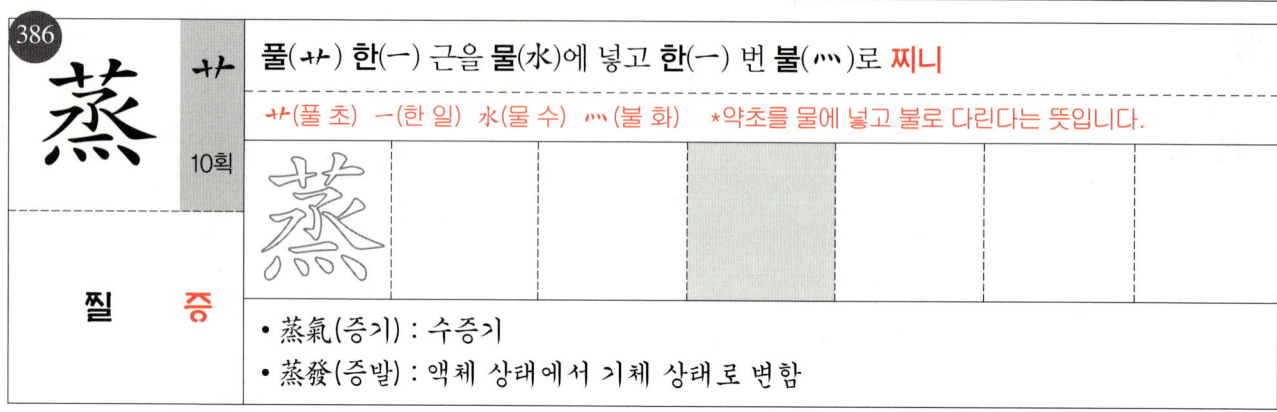

- 蒸氣(증기) : 수증기
- 蒸發(증발) : 액체 상태에서 기체 상태로 변함

387 之 (3획) 갈 지

풀이 점(丶)처럼 여기저기서 **구부리고(乙) 자라 가는** 모양

丶(점 주)　乙(구부릴 을)

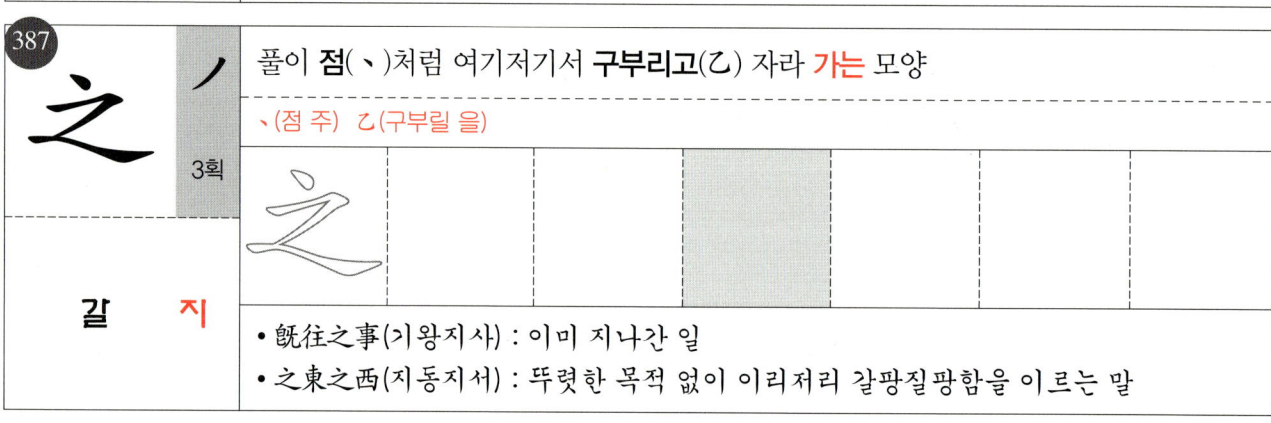

- 旣往之事(기왕지사) : 이미 지나간 일
- 之東之西(지동지서) : 뚜렷한 목적 없이 이리저리 갈팡질팡함을 이르는 말

388 池 (3획) 못 지

물(氵)이 많이 고이면 **또한(也) 연못**을 이루니

氵(물 수)　也(또한 야)　*넓고 오목하게 팬 땅에 물이 고이면 못이 되지요.

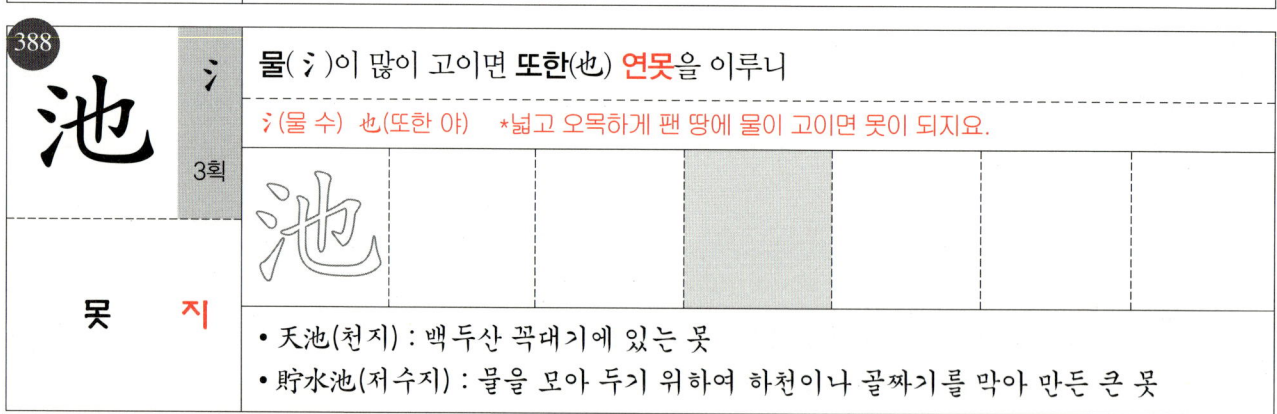

- 天池(천지) : 백두산 꼭대기에 있는 못
- 貯水池(저수지) : 물을 모아 두기 위하여 하천이나 골짜기를 막아 만든 큰 못

자원으로 한자 알기

* 병(　)을 바르게(正) 판단할 수 있는 **증세**
* 풀(　) 한(一) 근을 물(水)에 넣고 한(一) 번 불(灬)로 **찌니**
* 풀이 점(丶)처럼 여기저기서 **구부리고(乙) 자라 가는** 모양
* 물(　)이 많이 고이면 **또한(也) 연못**을 이루니

389 枝 가지 지	木 4획	나무(木)에서 **갈라져**(支) 나온 **가지** 木(나무 목) 支(가를 지)

		• 枝葉(지엽) : 가지와 잎 • 金枝玉葉(금지옥엽) : 임금의 자손이나 매우 귀한 집의 자손

390 鎭 진압할 진	金 10획	쇠(金)를 들고 **참**(眞)되게 살라고 **진압하니** 金(쇠 금) 眞(참 진) *쇠로 무기를 만들어 악한 무리들을 참되게 살라고 친다는 뜻입니다.

		• 鎭火(진화) : 불이 난 것을 끔 • 鎭壓(진압) : 강압적인 힘으로 억눌러 진정시킴

자원으로 한자 알기

✽ 나무(　)에서 **갈라져**(支) 나온 **가지**　　　☞

✽ 쇠(　)를 들고 **참**(眞)되게 살라고 **진압하니**　☞

一思多得

土	+	曾	=	增(더할 증)	흙(土)을 거듭(曾) 쌓아 **더하니**
亻	+		=	僧(중 승)	사람(亻)이 거듭(曾) 도를 닦아 **중**이 되니
忄	+		=	憎(미울 증)	섭섭한 마음(忄)이 거듭(曾)되어 생기는 **미움**

土	+	也	=	地(땅 지)	흙(土) 또한(也) **땅**이니
亻	+		=	他(다를 타)	사람(亻) 또한(也) 모두 **다르니**
氵	+		=	池(못 지)	물(氵)이 많이 고이면 또한(也) **연못**을 이루니

| 忄 | + | 眞 | = | 愼(삼갈 신) | 마음(忄)을 참(眞)되게 하려고 **삼가니** |
| 金 | + | | = | 鎭(진압할 진) | 쇠(金)를 들고 참(眞)되게 살라고 **진압하니** |

301

다음 한자를 나누고 **자원**을 쓰면서 익히세요.

仲 중개할 중 = ☐ + ☐

卽 곧 즉 = ☐ + ☐ + ☐

曾 거듭 증 = ☐ + ☐ + ☐ + ☐

憎 미울 증 = ☐ + ☐

症 증세 증 = ☐ + ☐

蒸 찔 증 = ☐ + ☐ + ☐ + ☐ + ☐

之 갈 지 = ☐ + ☐

池 못 지 = ☐ + ☐

枝 가지 지 = ☐ + ☐

鎭 진압할 진 = ☐ + ☐

다음 한자어의 **독음**을 쓰세요.

仲 介	仲 媒	卽 時	卽 席
曾 孫	曾 思	憎 惡	愛 憎
痛 症	症 勢	蒸 氣	蒸 發
天 池	枝 葉	鎭 火	鎭 壓

다음 한자어를 **한자**로 쓰세요.

중개할 중	낄 개	곧 즉	때 시	거듭 증	손자 손	미울 증	미워할 오
아플 통	증세 증	찔 증	기운 기	하늘 천	못 지	가지 지	잎 엽
진압할 진	불 화	중개할 중	중매 매	곧 즉	자리 석	거듭 증	생각할 사
사랑 애	미울 증	증세 증	형세 세	찔 증	필 발	진압할 진	누를 압

예문으로 한자어 익히기 (한자로 쓰인 단어의 뜻을 써보세요.)

1. 노인들 몇 분이 조그만 복덕방을 차려 놓고 집을 팔고 사는 일을 **仲介**하여 용돈을 버신다.

2. 그는 튼튼하고 마음씨 고운 이웃 마을 처녀한테 **仲媒**를 넣어 청혼을 했다.

3. 소문은 **卽時** 온 동네로 퍼졌다.

4. 사진을 찍자마자 **卽席**으로 나오는 사진기도 있다.

5. 내색은 별로 안 했지만 김 영감은 **曾孫**의 탄생을 그 누구보다도 기뻐하였다.

6. 중요한 내용일수록 **曾思**해라.

7. 싸움이 있은 후 그는 나의 **憎惡**의 대상이 되었다.

8. **愛憎**이 엇갈리는 복합된 감정은 때때로 묘한 작용을 한다.

9. 그는 몸을 일으키려 하다가 옆구리의 **痛症** 때문에 얼굴을 찡그리며 다시 눕고 말았다.

10. 영양 부족으로 일어나는 이상 **症勢**를 우리는 경험했다.

11. 물이 끓기 시작하자 주전자 주둥이로 **蒸氣**가 뿜어져 나왔다.

12. 그릇에 남아있던 물이 **蒸發**하여 양이 줄어들었다.

13. **天池**에서 압록강, 두만강이 시작한다.

14. **枝葉**에만 매달림으로써 나무를 보고 숲을 보지 못하는 우를 범하지 말라.

15. 화재 신고를 받고 출동한 소방관들이 **鎭火** 작업에 나섰다.

16. 피아간에 많은 사상자만 내고 폭동은 허망하게 **鎭壓**되었다.

391 辰 별 진 날 신	辰 0획	바위(厂) 밑에 사방으로 뻗어 있는 **하나**(一)의 **뿌리**(氏)처럼 흩어져 있는 **별**
		厂(바위 엄) 一(한 일) 氏(뿌리 씨) *사방으로 뻗어 있는 뿌리처럼 여기저기 흩어져 있는 별을 뜻함
		• 辰時(진시) : 오전 7시부터 9시까지 • 生辰(생신) : 생일을 높여 이르는 말

392 振 떨칠 진동할 진	扌 7획	**손**(扌)재주가 뛰어나 **별**(辰)처럼 이름을 **떨치니**
		扌(손 수) 辰(별 진) *손재주가 뛰어나 세상에 별처럼 반짝반짝 이름을 떨친다는 뜻입니다.
		• 振興(진흥) : 떨치어 일어남 • 振動(진동) : 흔들려 움직임

393 震 우레 진	雨 7획	**비**(雨) 올 때 **별**(辰)처럼 번쩍이며 치는 **우레**
		雨(비 우) 辰(별 진) *우레 : 뇌성과 번개를 동반하는 대기 중의 방전 현상
		• 震怒(진노) : 존엄한 존재가 크게 노함 • 地震(지진) : 땅이 흔들리고 갈라지는 지각변동 현상

394 陳 벌여 놓을 베풀 진	阝 8획	**언덕**(阝) **동쪽**(東)에서 햇살이 퍼지듯 **벌여 놓으니**
		阝(언덕 부) 東(동녘 동) *동쪽에서 해가 떠오르며 햇살이 사방으로 퍼지듯 벌여 놓는다는 뜻
		• 陳列(진열) : 물건을 죽 벌여 놓음 • 陳述(진술) : 일이나 상황에 대하여 자세하게 이야기함

자원으로 한자 알기

* 바위(厂) 밑에 사방으로 뻗어 있는 **하나**(一)의 **뿌리**(氏)처럼 흩어져 있는 **별**
* 손( )재주가 뛰어나 **별**(辰)처럼 이름을 **떨치니**
* 비( ) 올 때 **별**(辰)처럼 번쩍이며 치는 **우레**
* 언덕( ) **동쪽**(東)에서 햇살이 퍼지듯 **벌여 놓으니**

395 疾 (병 질) — 5획

疒 병(疒)중 화살(矢)처럼 빨리 번지는 **병**이니

疒(병질 엄) 矢(화살 시) *병중에서 화살처럼 빨리 번지는 병은 이 글자를 씁니다.

- 疾患(질환) : 질병
- 疾病(질병) : 몸의 온갖 병

396 秩 (차례, 녹봉 질) — 5획

禾 벼(禾)를 잃지(失) 않으려고 **차례**를 따르니

禾(벼 화) 失(잃을 실) *벼를 수확하는 때를 잃지 않으려고 계절의 차례를 따른다는 뜻입니다.

- 秩序(질서) : 사물의 순서나 차례
- 秩高(질고) : 관직이나 녹봉이 높음

397 執 (처리할, 잡을 집) — 8획

土 다행히(幸) 좋은 환(丸)약을 구해 병을 **처리하여 잡으니**

幸(다행 행) 丸(둥글 환) *환약 : 약재를 가루로 만들어 반죽하여 작고 둥글게 빚은 약

- 執行(집행) : 실제로 시행함
- 執權(집권) : 권세나 정권을 잡음

398 徵 (부를 징) — 12획

彳 걸어가(彳) 산(山)에서 한(一) 명의 왕(王)이 적을 **치려고**(攵) 군사를 **부르니**

彳(걸을 척) 山(산 산) 一(한 일) 王(임금 왕) 攵(칠 복)

- 徵收(징수) : 나라에서 세금이나 그 밖의 돈이나 물건을 거둬들임
- 徵用(징용) : 국가의 권력으로 국민을 강제적으로 일정한 업무에 종사시키는 일

자원으로 한자 알기

* 병(   )중 화살(矢)처럼 빨리 번지는 **병**이니
* 벼(   )를 잃지(失) 않으려고 **차례**를 따르니
* 다행히(幸) 좋은 환(丸)약을 구해 병을 **처리하여 잡으니**
* 걸어가(   ) 산(山)에서 한(一) 명의 왕(王)이 적을 **치려고**(攵) 군사를 **부르니**

399 此	止 2획	발(止)을 구부리고(匕) 이곳저곳 살피니
		止(발 지) 匕(구부릴 비)
이 차		• 此後(차후) : 지금부터 이후 • 此際(차제) : 때마침 주어진 기회

400 借	亻 8획	사람(亻)이 옛날(昔)부터 알고 지내는 사이면 돈도 빌려주고 빌리니
		亻(사람 인) 昔(예 석)
빌릴 차		• 借名(차명) : 빌린 이름 • 借用(차용) : 돈이나 물건 따위를 빌려서 씀

자원으로 한자 알기

* 발(   )을 **구부리고**(匕) **이곳**저곳 살피니 ☞
* 사람(   )이 **옛날**(昔)부터 알고 지내는 사이면 돈도 빌려주고 **빌리니** ☞

一思多得

曲	+	辰	=	農(농사 농)	몸을 **구부리고**(曲) **별**(辰)이 뜨는 밤까지 **농사**를 지으니
雨	+		=	震(우레 진)	비(雨) 올 때 **별**(辰)처럼 번쩍이며 치는 **우레**

冫	+	東	=	凍(얼 동)	얼음(冫)이 동쪽(東)에서 해가 뜨지 않아 **어니**
阝	+		=	陳(벌여 놓을 진)	언덕(阝) 동쪽(東)에서 햇살이 퍼지듯 **벌여 놓으니**

疒	+	役	=	疫(전염병 역)	병(疒)이 창(役)으로 찌르듯 아프게 **전염되는 병**
	+	正	=	症(증세 증)	병(疒)을 바르게(正) 판단할 수 있는 **증세**
	+	矢	=	疾(병 질)	병(疒)중 화살(矢)처럼 빨리 번지는 **병**이니

398 徵(부를 징) 微(작을 미) 잘 구별하세요.

　徵(부를 징) : 걸어가(彳) 산(山)에서 한(一) 명의 왕(王)이 적을 **치려고**(攵) 군사를 **부르니**
　微(작을 미) : 걸어가(彳) 산(山)에서 하나(一)의 **책상**(几)을 만들려고 **작은** 나무를 **치니**(攵)

다음 한자를 나누고 **자원**을 쓰면서 익히세요.

| 辰 별 진 | = | | + | | + | | |

| 振 떨칠 진 | = | | + | | |

| 震 우레 진 | = | | + | | |

| 陳 벌여 놓을 진 | = | | + | | |

| 疾 병 질 | = | | + | | |

| 秩 차례 질 | = | | + | | |

| 執 잡을 집 | = | | + | | |

| 徵 부를 징 | = | | + | | + | | + | | + | | |

| 此 이 차 | = | | + | | |

| 借 빌릴 차 | = | | + | | |

308

다음 한자어의 **독음**을 쓰세요.

辰時	生辰	振興	振動
震怒	地震	陳列	陳述
疾患	疾病	秩序	秩高
執行	執權	徵收	徵用
此後	此際	借名	借用

 다음 한자어를 **한자**로 쓰세요.

별 진	때 시	떨칠 진	일 흥	우레 진	성낼 노	벌여 놓을 진	벌릴 렬
병 질	병 환	차례 질	차례 서	처리할 집	행할 행	부를 징	거둘 수
이 차	뒤 후	빌릴 차	이름 명	날 생	날 신	진동할 진	움직일 동
땅 지	지진 진	베풀 진	말할 술	병 질	병 병	녹봉 질	높을 고
잡을 집	권세 권	부를 징	쓸 용	이 차	때 제	빌릴 차	쓸 용

예문으로 한자어 익히기 (한자로 쓰인 단어의 뜻을 써보세요.)

1. **辰時** 때가 되자 해가 뜨고 안개가 걷히기 시작한다.

2. **生辰**을 축하드립니다.

3. 미력하나마 앞으로는 우리 농촌의 **振興**을 위해서 진력하겠다.

4. 기차가 철교 위로 올라서자, 차체의 **振動**과 금속성 마찰음이 한결 드세어졌다.

5. 아담과 하와는 하나님의 **震怒**를 받았다.

6. 일본에 진도 5의 **地震**이 발생하여 큰 피해를 입었다.

7. 점원은 새로 들어온 상품을 곳곳에 **陳列**하느라 분주했다.

8. 경찰은 피의자로부터 범행을 했다는 **陳述**을 받아냈다.

9. 할아버지는 노인성 **疾患**으로 오랫동안 고생을 하시다 돌아가셨다.

10. 저는 커서 사람들의 **疾病**을 치료하는 의사가 될 겁니다.

11. 동물의 세계에도 엄격한 **秩序**가 있다.

12. 그는 같은 또래에 비해 **秩高**하다.

13. 새해를 맞아 각종 사업을 **執行**하였다.

14. 임오군란으로 민씨 세력이 다시 **執權**하게 되었다.

15. 국가는 국민들로부터 세금을 공정하게 **徵收**한다.

16. 할아버지께서는 일제의 **徵用**에 끌려가서 전투를 하다 만주에서 돌아가셨다.

17. **此後**에 또 이런 실수를 저지르면 안 된다.

18. 요즘 들어 건방져진 놈들의 콧대를 **此際**에 한번 확 꺾어 놓아야 하겠다.

19. **借名** 계좌로 입금했다.

20. 은행에서 사업 자금을 **借用**했다.

자원으로 한자 알기.

351. 손(   )으로 낮은(氐) 곳으로 밀쳐 막으니

352. 풀(   )로 옷을 지어 입고 사람(者)이 나타나니

353. 집(   )에 아재비(叔)만 있어 고요하니

354. 손(   )으로 하나(商)씩 가리키며 들추어내니

355. 대(   )로 말미암아(由) 소리 나도록 만든 피리

356. 발(   )로 밟아서 또(亦) 생긴 발자취

357. 발(   )로 책임(責)지고 자취를 쫓아가 세운 업적

358. 지붕(尸) 아래서 함께(共) 창(   )을 들고 지키는 전각

359. 흐르는 물(   )에 땅이 칼로 베듯이(斬) 점점 깎이니

360. 우물 틀 모양

361. 높은(高) 곳에 장정(丁)처럼 굳세게 지은 정자

362. 나라의 큰(壬)일을 끌고(   ) 집행하는 조정

363. 걸어가(   ) 바르게(正) 살라고 치니

364. 물(   )이 다툼(爭)이 없어 깨끗하니

365. 점치듯(卜) 앞일을 예상하여 돈(   )을 씀이 곧으니

366. 고무래(丁)처럼 머리(   ) 위로 솟아 있는 꼭대기

367. 말(   )을 한 마디씩 사람(者)들이 모두 하니

368. 곡식의 이삭이 가지런하게 패어 있는 모양

369. 거북의 갈라진 등딱지의 모양으로 조짐을 보니

370. 밝게(昭) 불(   )이 비치니

371. 벼(   )로 또(且) 바치는 조세

372. 실(   )을 따라(從) 세로로 서니

373. 사람(人)과 사람(人)들이 땅(   )에 앉으니

374. 집(   )처럼 말미암아(由) 사는 하늘

375. 나무(   )에서 주인(主) 역할을 하는 기둥

 자원으로 한자 알기.

376. 물(   )로 둘러싸인 고을(州)이면 섬이나 물가니

377. 하늘(一)과 땅(一)처럼 큰(   ) 일을 하늘(天)에 아뢰듯 연주하니

378. 쇠(   )의 수명(壽)이 다하여 녹여 불리니

379. 나무(   )의 붉은(朱) 뿌리 부분만 남은 그루터기

380. 옥(   )으로 만든 붉은(朱) 구슬

381. 사람(   )들 가운데(中) 끼어 중개하니

382. 흰(白) 비수(匕) 앞에 곧바로 무릎 꿇으니(   )

383. 여덟(八) 명이 울타리(冂)인 마음(忄)을 열고 말(   )을 거듭하니

384. 섭섭한 마음(   )이 거듭(曾)되어 생기는 미움

385. 병(   )을 바르게(正) 판단할 수 있는 증세

386. 풀(   ) 한(一) 근을 물(水)에 넣고 한(一) 번 불(灬)로 찌니

387. 풀이 점(丶)처럼 여기저기서 구부리고(乙) 자라 가는 모양

388. 물(   )이 많이 고이면 또한(也) 연못을 이루니

389. 나무(   )에서 갈라져(支) 나온 가지

390. 쇠(   )를 들고 참(眞)되게 살라고 진압하니

391. 바위(厂) 밑에 사방으로 뻗어 있는 하나(一)의 뿌리(K)처럼 흩어져 있는 별

392. 손(   )재주가 뛰어나 별(辰)처럼 이름을 떨치니

393. 비(   ) 올 때 별(辰)처럼 번쩍이며 치는 우레

394. 언덕(   ) 동쪽(東)에서 햇살이 퍼지듯 벌여 놓으니

395. 병(   )중 화살(矢)처럼 빨리 번지는 병이니

396. 벼(   )를 잃지(失) 않으려고 차례를 따르니

397. 다행히(幸) 좋은 환(丸)약을 구해 병을 처리하여 잡으니

398. 걸어가(   ) 산(山)에서 한(一) 명의 왕(王)이 적을 치려고(攵) 군사를 부르니

399. 발(   )을 구부리고(匕) 이곳저곳 살피니

400. 사람(   )이 옛날(昔)부터 알고 지내는 사이면 돈도 빌려주고 빌리니

312

다음 한자의 **뜻**과 **음**을 쓰세요.

抵	著	寂	摘	笛	跡	蹟
殿	漸	井	亭	廷	征	淨
貞	頂	諸		齊	兆	照
租	縱				坐	宙
柱						洲
奏	鑄				株	珠
仲	卽	曾		憎	症	蒸
之	池	枝	鎭	辰	振	震
陳	疾	秩	執	徵	此	借

3Ⅱ 351-400번 형성평가

313

다음 뜻과 음을 지닌 **한자**를 쓰세요.

막을 저	나타날 저	고요할 적	가리킬 적	피리 적	발자취 적	자취 적
전각 전	점점 점	우물 정	정자 정	조정 정	칠 정	깨끗할 정
곧을 정	정수리 정	모두 제		가지런할 제	조짐 조	비칠 조
조세 조	세로 종				앉을 좌	집 주
기둥 주						물가 주
아뢸 주	쇠 불릴 주				그루 주	구슬 주
버금 중	곧 즉	거듭 증		미울 증	증세 증	찔 증
갈 지	못 지	가지 지	진압할 진	별 진	떨칠 진	우레 진
베풀 진	병 질	차례 질	잡을 집	부를 징	이 차	빌릴 차

3Ⅱ 351-400번
형성평가

401 錯 어긋날 착	金 8획	쇠(金)는 오래(昔)되면 녹슬고 **어긋나니**
		金(쇠 금) 昔(예 석) *쇠로 만든 물건은 오래되면 녹슬고 어긋난다는 뜻입니다.
		錯
		• 錯誤(착오) : 착각을 하여 잘못함 • 錯覺(착각) : 사실을 실제와 다르게 지각하거나 생각함

402 贊 도울 찬	貝 12획	누구보다 먼저(先) 앞서(先) 돈(貝)을 주어 **도우니**
		先(먼저 선) 貝(돈 패)
		贊
		• 贊助(찬조) : 어떤 일의 뜻에 찬동하여 도와줌 • 贊成(찬성) : 어떤 행동이나 견해, 제안 따위가 옳거나 좋다고 판단하여 수긍함

403 倉 곳집 창	人 8획	사람(人)이 점(丶) 같은 작은 문(尸)을 달고 입구(口)를 낸 **곳집**
		人(사람 인) 丶(점 주) 尸(문 호 변형) 口(어귀 구)
		倉
		*倉(곳집 창) : 곳간(창고)로 쓰려고 지은 집 • 倉庫(창고) : 물건이나 자재를 저장하거나 보관하는 건물

404 蒼 푸를 창	艹 10획	풀(艹)이 창고(倉)에 가득 찰 만큼 무성하게 자라 **푸르니**
		艹(풀 초) 倉(곳집 창)
		蒼
		• 蒼空(창공) : 푸른 하늘 • 蒼白(창백) : 얼굴빛이나 살빛이 핏기가 없고 푸른 기가 돌 만큼 해쓱함

자원으로 한자 알기

* 쇠(　)는 오래(昔)되면 녹슬고 **어긋나니**
* 누구보다 먼저(先) 앞서(先) 돈(　)을 주어 **도우니**
* 사람(　)이 점(丶) 같은 작은 문(尸)을 달고 입구(口)를 낸 **곳집**
* 풀(　)이 창고(倉)에 가득 찰 만큼 무성하게 자라 **푸르니**

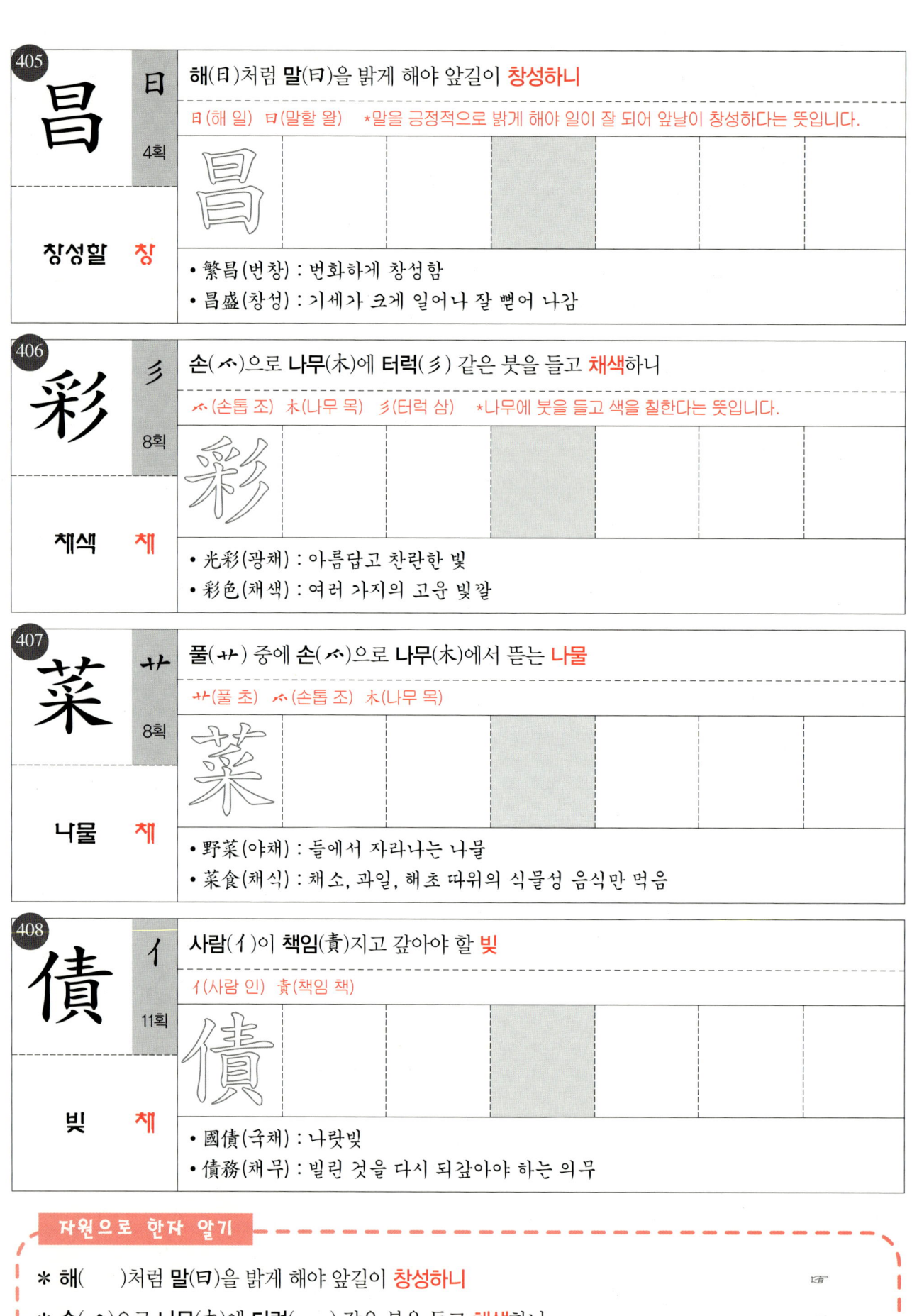

자원으로 한자 알기

* 해(　　)처럼 **말**(日)을 밝게 해야 앞길이 **창성하니**　☞
* 손(爫)으로 **나무**(木)에 터럭(　　) 같은 붓을 들고 **채색**하니　☞
* 풀(　　) 중에 손(爫)으로 **나무**(木)에서 뜯는 **나물**　☞
* 사람(　　)이 **책임**(責)지고 갚아야 할 **빚**　☞

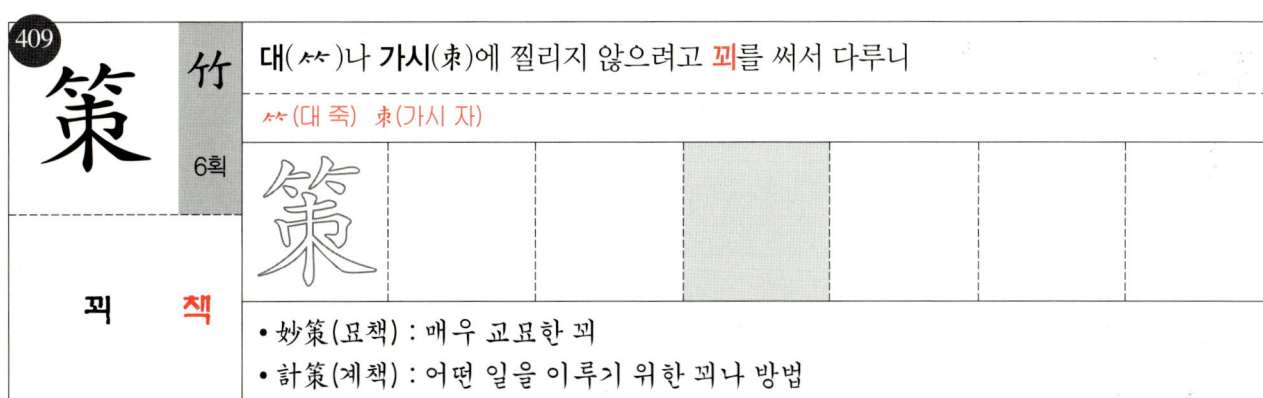

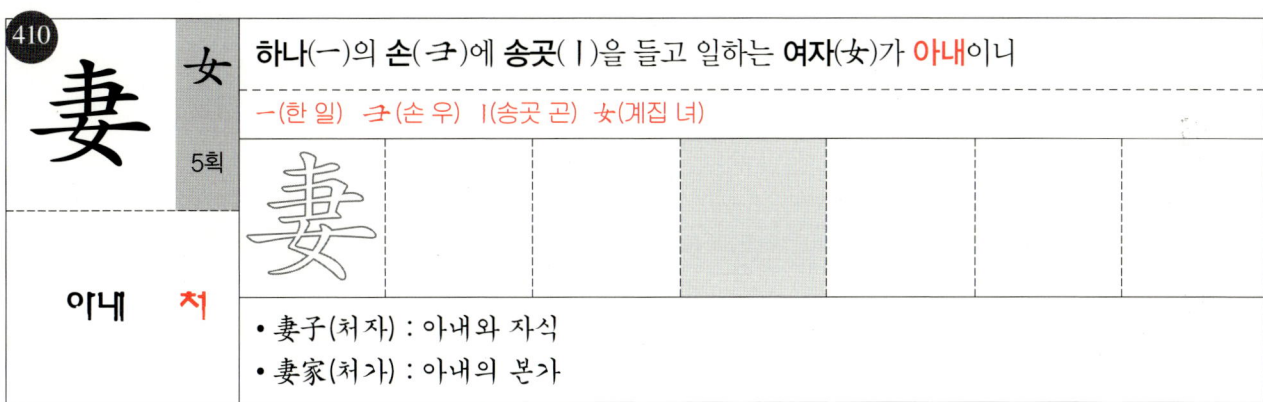

자원으로 한자 알기

* 대(　　)나 가시(朿)에 찔리지 않으려고 꾀를 써서 다루니
* 하나(一)의 손(彐)에 송곳(丨)을 들고 일하는 여자(　　)가 아내이니

一思多得

忄	+	昔	= 惜(아낄 석)	마음(忄)으로 옛(昔) 것을 소중히 여기고 아끼니
亻	+		= 借(빌릴 차)	사람(亻)이 옛날(昔)부터 알고 지내는 사이면 돈도 빌려주고 빌리니
金	+		= 錯(어긋날 착)	쇠(金)는 오래(昔)되면 녹슬고 어긋나니

禾	+	責	= 積(쌓을 적)	벼(禾)를 수확하여 책임(責)지고 쌓으니
糸	+		= 績(길쌈 적)	실(糸)을 뽑아 책임(責)지고 길쌈하니
足	+		= 蹟(자취 적)	발(足)로 책임(責)지고 자취를 쫓아가 세운 업적
亻	+		= 債(빚 채)	사람(亻)이 책임(責)지고 갚아야 할 빚

다음 한자를 나누고 **자원**을 쓰면서 익히세요.

錯 어긋날 착 = ☐ + ☐

贊 도울 찬 = ☐ + ☐ + ☐

倉 곳집 창 = ☐ + ☐ + ☐ + ☐

蒼 푸를 창 = ☐ + ☐

昌 창성할 창 = ☐ + ☐

彩 채색 채 = ☐ + ☐ + ☐

菜 나물 채 = ☐ + ☐ + ☐

債 빚 채 = ☐ + ☐

策 꾀 책 = ☐ + ☐

妻 아내 처 = ☐ + ☐ + ☐ + ☐

318

다음 한자어의 **독음**을 쓰세요.

錯誤	錯覺	贊助	贊成
倉庫	蒼空	蒼白	繁昌
昌盛	光彩	彩色	野菜
菜食	國債	債務	妙策
計策	妻子	妻家	

다음 한자어를 **한자**로 쓰세요.

어긋날 착 그르칠 오	도울 찬 도울 조	곳집 창 곳집 고	푸를 창 하늘 공
번성할 번 창성할 창	빛 광 채색 채	들 야 나물 채	나라 국 빛 채
묘할 묘 꾀 책	아내 처 자식 자	어긋날 착 깨달을 각	도울 찬 이룰 성
푸를 창 흰 백	창성할 창 성할 성	채색 채 빛 색	나물 채 먹을 식
빛 채 힘쓸 무	꾀할 계 꾀 책	아내 처 집 가	

예문으로 한자어 익히기 (한자로 쓰인 단어의 뜻을 써보세요.)

1. 담당자의 **錯誤**로 문제가 발생하였다.

2. 그녀는 내 동생과 너무 닮아서 가끔 내 동생으로 **錯覺**되기도 한다.

3. 이번 선거에선 특정 후보를 **贊助**하여 선거 운동을 할 수 없다.

4. 우리는 그녀가 보궐 선거에 출마하는 것을 만장일치로 **贊成**하였다.

5. **倉庫**에 곡식이 산더미처럼 쌓여 있다.

6. 동쪽으로는 삼학도가 바닷물을 박차고 **蒼空**으로 날아오르는 학의 모습으로 떠 있다.

7. **蒼白**하게 굳은 얼굴로 그녀는 방을 나갔다.

8. 이 항구는 일찍부터 대외 무역이 **繁昌**하던 곳이었다.

9. 한 나라의 **昌盛**은 국민의 의지와 노력에 달려 있다.

10. 그 그림자 언저리에는 무지갯빛 **光彩**가 동그랗게 번졌다.

11. 파란색 페인트가 이곳 담장에 **彩色**되면 주변 환경과 잘 어울릴 것이다.

12. 고기에 **野菜**를 곁들여 먹으면 소화가 잘된다.

13. 언니는 날씬해지고 싶다고 **菜食**을 시작했다.

14. 경제가 좋아지면서 **國債**가 많이 줄어들었다.

15. **債務**를 불이행하다.

16. 아무리 곰곰 생각해 보아도 **妙策**이 떠오르지 않는다.

17. 임금을 물러나게 **計策**하다.

18. 그는 **妻子**를 거느리고 만주 땅으로 떠났다.

19. 지난 주말 **妻家**에 다녀왔다.

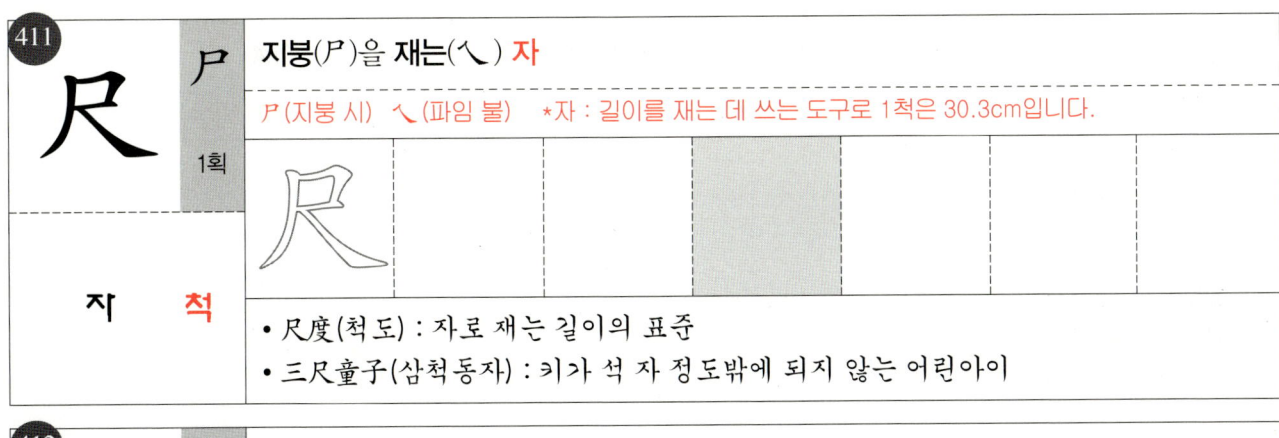

411 尺 (자 척) ― 1획

지붕(尸)을 재는(乁) 자

尸(지붕 시) 乁(파임 불)   *자 : 길이를 재는 데 쓰는 도구로 1척은 30.3cm입니다.

- 尺度(척도) : 자로 재는 길이의 표준
- 三尺童子(삼척동자) : 키가 석 자 정도밖에 되지 않는 어린아이

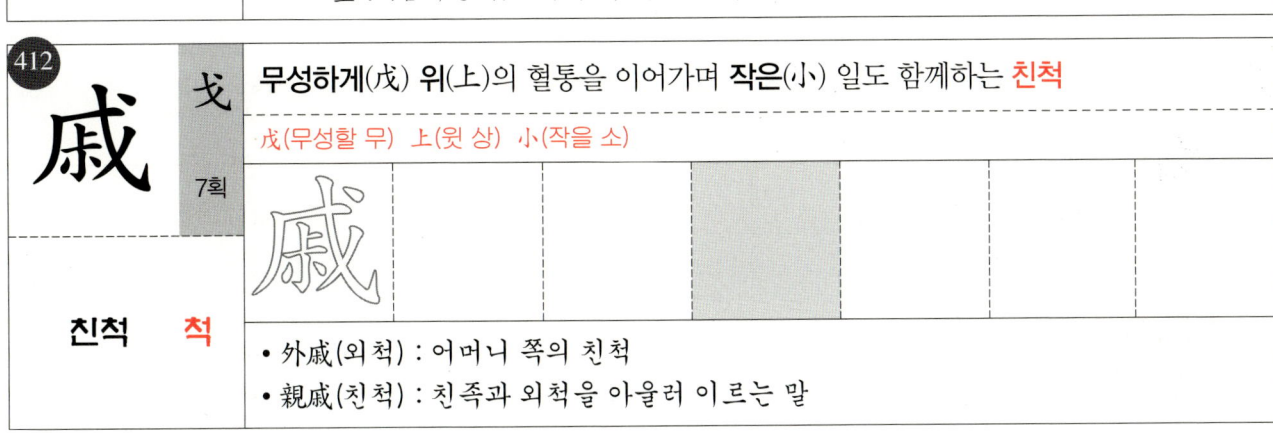

412 戚 (친척 척) ― 7획

무성하게(戊) 위(上)의 혈통을 이어가며 작은(小) 일도 함께하는 친척

戊(무성할 무) 上(윗 상) 小(작을 소)

- 外戚(외척) : 어머니 쪽의 친척
- 親戚(친척) : 친족과 외척을 아울러 이르는 말

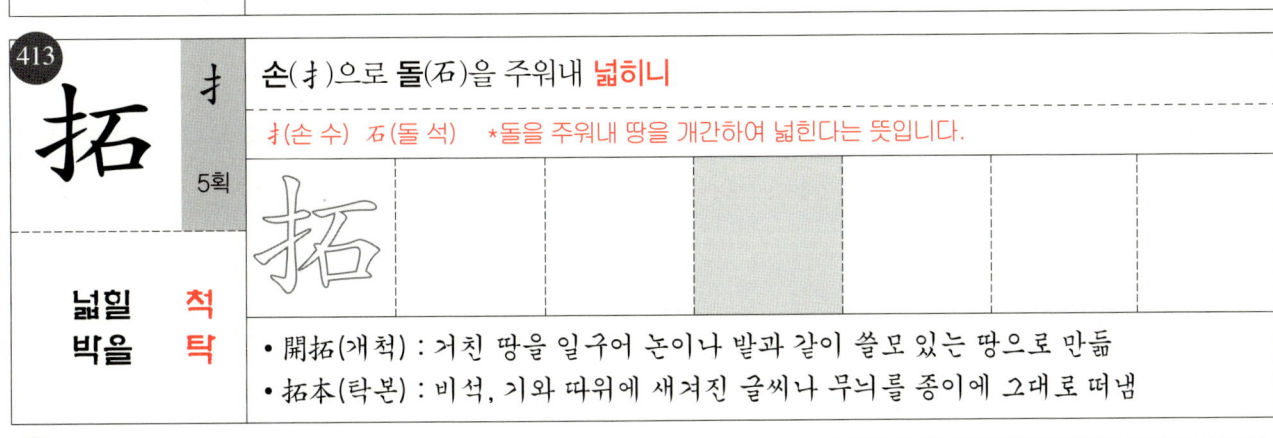

413 拓 (넓힐 척 / 박을 탁) ― 5획

손(扌)으로 돌(石)을 주워내 넓히니

扌(손 수) 石(돌 석)   *돌을 주워내 땅을 개간하여 넓힌다는 뜻입니다.

- 開拓(개척) : 거친 땅을 일구어 논이나 밭과 같이 쓸모 있는 땅으로 만듦
- 拓本(탁본) : 비석, 기와 따위에 새겨진 글씨나 무늬를 종이에 그대로 떠냄

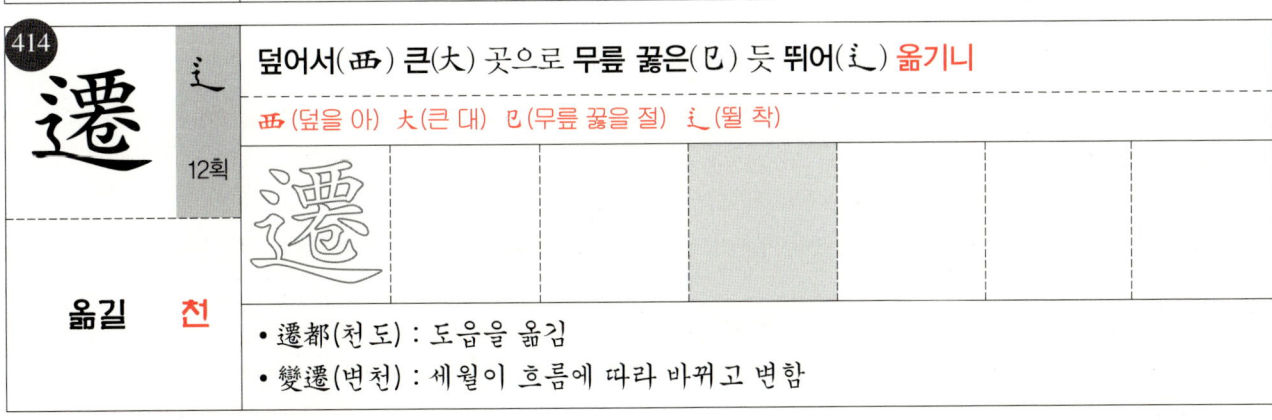

414 遷 (옮길 천) ― 12획

덮어서(襾) 큰(大) 곳으로 무릎 꿇은(巳) 듯 뛰어(辶) 옮기니

襾(덮을 아) 大(큰 대) 巳(무릎 꿇을 절) 辶(뛸 착)

- 遷都(천도) : 도읍을 옮김
- 變遷(변천) : 세월이 흐름에 따라 바뀌고 변함

자원으로 한자 알기

* 지붕(   )을 재는(乁) 자
* 무성하게(戊) 위(上)의 혈통을 이어가며 작은(小) 일도 함께하는 친척
* 손(   )으로 돌(石)을 주워내 넓히니
* 덮어서(襾) 큰(大) 곳으로 무릎 꿇은(巳) 듯 뛰어(   ) 옮기니

415 淺 (얕을 천) — 氵, 8획

물(氵)이 창(戈)과 창(戈)을 포갠 것보다 **얕으니**

氵(물 수) 戈(창 과)   *물의 깊이가 창 두 자루를 일렬로 연결한 것보다 얕다는 뜻입니다.

- 深淺(심천) : 깊음과 얕음
- 淺薄(천박) : 학문이나 생각이 얕음

416 賤 (천할 천) — 貝, 8획

재물(貝)이라고는 창(戈)과 창(戈)뿐이라 **천하니**

貝(돈 패) 戈(창 과)

- 賤民(천민) : 천한 백성
- 貴賤(귀천) : 부귀와 빈천

417 踐 (밟을 실천할 천) — 足, 8획

발(足)로 창(戈)과 창(戈)을 **밟으니**

足(발 족) 戈(창 과)

- 踐踏(천답) : 짓밟음
- 實踐(실천) : 생각한 바를 실제로 행함

418 哲 (밝을 철) — 口, 7획

옳고 그름을 꺾어서(折) 입(口)으로 말할 정도로 사리에 **밝으니**

折(꺾을 절) 口(입 구)   *옳고 그름을 똑 부러지게 말할 정도로 사리에 밝다는 뜻입니다.

- 明哲(명철) : 총명하고 사리에 밝음
- 哲學(철학) : 인간과 세계에 대한 근본 원리와 삶의 본질 따위를 연구하는 학문

자원으로 한자 알기

* 물(   )이 창(戈)과 창(戈)을 포갠 것보다 **얕으니**
* 재물(   )이라고는 창(戈)과 창(戈)뿐이라 **천하니**
* 발(   )로 창(戈)과 창(戈)을 **밟으니**
* 옳고 그름을 꺾어서(折) 입(   )으로 말할 정도로 사리에 **밝으니**

419 徹

彳 / 12획 / 통할 철

걸을(彳) 때부터 잘 **기르기**(育) 위해 **치면서**(攵) 가르쳐 사리에 **통하니**

彳(걸을 척) 育(기를 육) 攵(칠 복) *어릴 때부터 잘 인도하고 가르치면 사리에 통한다는 뜻입니다.

- 徹夜(철야) : 밤새움
- 冷徹(냉철) : 생각이나 판단 따위가 감정에 치우치지 않고 침착하며 사리에 밝음

420 滯

氵 / 11획 / 막힐 머무를 체

물(氵)이 띠(帶) 모양의 둑에 **막혀 머무르니**

氵(물 수) 帶(띠 대) *둑 : 하천이나 바닷물의 범람을 막기 위하여 설치하는 구축물

- 延滯(연체) : 정한 기한에 약속을 지키지 못하고 지체함
- 停滯(정체) : 발전하거나 나아가지 못하고 한자리에 머물러 그침

자원으로 한자 알기

* 걸을(   ) 때부터 잘 **기르기**(育) 위해 **치면서**(攵) 가르쳐 사리에 **통하니**
* 물(   )이 띠(帶) 모양의 둑에 **막혀 머무르니**

一思多得

歹	+	戈戈	= 殘(잔인할 잔)	죽도록(歹) 창(戈)과 창(戈)으로 찔러 **잔인하니**
金	+		= 錢(돈 전)	쇠(金)로 창(戈)과 창(戈)을 만들어 번 **돈**
氵	+		= 淺(얕을 천)	물(氵)이 창(戈)과 창(戈)을 포갠 것보다 **얕으니**
貝	+		= 賤(천할 천)	재물(貝)이라고는 창(戈)과 창(戈)뿐이라 **천하니**
㐱	+		= 踐(밟을 천)	발(㐱)로 창(戈)과 창(戈)을 **밟으니**

다음 한자를 나누고 **자원**을 쓰면서 익히세요.

尺 자 척	=		+					
戚 친척 척	=		+		+			
拓 넓힐 척	=		+					
遷 옮길 천	=		+		+		+	
淺 얕을 천	=		+		+			
賤 천할 천	=		+		+			
踐 밟을 천	=		+		+			
哲 밝을 철	=		+					
徹 통할 철	=		+		+			
滯 막힐 체	=		+					

324

다음 한자어의 **독음**을 쓰세요.

尺度　外戚　親戚　開拓

拓本　遷都　變遷　深淺

淺薄　賤民　貴賤　踐踏

實踐　明哲　哲學　徹夜

冷徹　延滯　停滯

 다음 한자어를 **한자**로 쓰세요.

| 자 척 | 법도 도 | 외가 외 | 친척 척 | 열 개 | 넓힐 척 | 옮길 천 | 도읍 도 |

| 깊을 심 | 얕을 천 | 천할 천 | 백성 민 | 밟을 천 | 밟을 답 | 밝을 명 | 밝을 철 |

| 통할 철 | 밤 야 | 늘일 연 | 막힐 체 | 친할 친 | 친척 척 | 박을 탁 | 근본 본 |

| 변할 변 | 옮길 천 | 얕을 천 | 엷을 박 | 귀할 귀 | 천할 천 | 실제 실 | 실천할 천 |

| 밝을 철 | 학문 학 | 찰 랭 | 통할 철 | 머무를 정 | 머무를 체 |

예문으로 한자어 익히기 (한자로 쓰인 단어의 뜻을 써보세요.)

1. 돈을 가치의 **尺度**로 삼다.

2. 대원군 이하응은 대권을 쥐자 **外戚** 세도의 길을 막으려고 노력하였다.

3. 우리는 설 명절 때마다 **親戚** 어른께 두루 세배를 하러 다닌다.

4. 그는 새로운 항공 노선 **開拓**을 위해 노력했다.

5. **拓本**을 뜨다.

6. 신돈이 주장하는 평양 **遷都**는 얼른 진행되지 않은 채 세월은 흘러갔다.

7. 자동차 박람회의 특별 행사에서 자동차의 **變遷** 과정을 보여 주었다.

8. **深淺**을 잘 헤아려 강을 건너라.

9. 그는 생각이 **淺薄**하며 돈 많은 것만 자랑으로 아는 사람이다.

10. 양반은 물론이고 상민들조차 종이나 백정 같은 **賤民**하고는 어울리기 싫어했다.

11. 직업에는 **貴賤**이 없다.

12. 잔디를 **踐踏**하지 마세요.

13. 그는 결심을 **實踐**에 옮기기 위해 노력했다.

14. 소크라테스, 플라톤, 아리스토텔레스는 고대 희랍의 **明哲**이다.

15. 그는 언제나 최선을 다해야 한다는 생활 **哲學**을 가지고 살아간다.

16. 시간 차이 때문에 올림픽 개막식이 **徹夜**로 중계되었다.

17. 사물을 보는 눈이 **冷徹**하다.

18. 이자를 **延滯**하면 연체료를 물어야 한다.

19. 주말이 되면 이 도로는 교외로 나들이 가는 차량으로 극심한 **停滯**를 이룬다.

421 礎 (13획) 주춧돌 초

돌(石) 중에서 기둥의 무게를 **아프게**(楚) 견디며 바치는 **주춧돌**

石(돌 석) 林(수풀 림) 疋(발 소) *주춧돌 : 기둥 밑에 기초로 받쳐 놓은 돌

* 楚(아플 초) : 숲(林)을 맨발(疋)로 걸어 다녀 아프니
* 礎石(초석) : 주춧돌

422 肖 (3획) 닮을 초

작은(小) **몸**(月)이지만 부모를 **닮으니**

小(작을 소) 月(몸 월) *어린 아이의 몸이 작지만 부모와 닮았다는 뜻입니다.

* 不肖(불초) : 어버이의 덕망이나 유업을 이어받지 못함
* 肖像(초상) : 사진, 그림 따위에 나타낸 사람의 얼굴이나 모습

423 超 (5획) 뛰어넘을 초

달려서(走) **칼**(刀)을 들고 **입**(口)으로 외치며 빨리 가려고 **뛰어넘으니**

走(달릴 주) 刀(칼 도) 口(입 구) *빨리 가려고 달려서 이것저것 뛰어넘는다는 뜻입니다.

* 超過(초과) : 일정한 수나 한도 따위를 넘음
* 超越(초월) : 어떠한 한계나 표준을 뛰어넘음

424 促 (7획) 재촉할 촉

사람(亻)이 **발**(足)을 구르며 **재촉하니**

亻(사람 인) 足(발 족)

* 促求(촉구) : 재촉하여 요구함
* 促進(촉진) : 다그쳐 빨리 나아가게 함

자원으로 한자 알기

* 돌(　) 중에서 기둥의 무게를 **아프게**(楚) 견디며 바치는 **주춧돌**
* 작은(小) 몸(　)이지만 부모를 **닮으니**
* 달려서(　) 칼(刀)을 들고 입(口)으로 외치며 빨리 가려고 **뛰어넘으니**
* 사람(　)이 발(足)을 구르며 **재촉하니**

425 觸

角 / 13획

뿔(角) 같은 뾰족한 것으로 그물(罒)에 싸인(勹) 벌레(虫)를 찌르니

角(뿔 각) 罒(그물 망) 勹(쌀 포) 虫(벌레 충)

찌를 닿을 촉

- 接觸(접촉) : 서로 맞닿음
- 觸覺(촉각) : 물건이 피부에 닿아서 느껴지는 감각

426 催

亻 / 11획

사람(亻)이 산(山)에서 새(隹)를 놓아주려고 새장을 열고 재촉하니

亻(사람 인) 山(산 산) 隹(새 추)

열 재촉할 최

- 開催(개최) : 모임이나 회의 따위를 주최하여 엶
- 主催(주최) : 행사나 모임을 주장하고 기획하여 엶

427 追

辶 / 6획

언덕(𠂤)까지 뛰어(辶)가 쫓으니

𠂤(언덕 부) 辶(뛸 착)

쫓을 추

- 追加(추가) : 더 보탬
- 追從(추종) : 따라서 좇음

428 畜

田 / 5획

검은(玄) 밭(田)에서 기르는 짐승

玄(검을 현) 田(밭 전)

짐승 축

- 家畜(가축) : 집에서 기르는 짐승
- 牧畜(목축) : 가축을 많이 기르는 일

자원으로 한자 알기

* 뿔(   ) 같은 뾰족한 것으로 그물(罒)에 싸인(勹) 벌레(虫)를 찌르니
* 사람(   )이 산(山)에서 새(隹)를 놓아주려고 새장을 열고 재촉하니
* 언덕(𠂤)까지 뛰어(   )가 쫓으니
* 검은(玄) 밭(   )에서 기르는 짐승

429 衝 부딪칠 찌를 충	行 9획	다닐(行) 때 무거운(重) 것을 들고 가다 중심을 잃고 **부딪치니**
		行(다닐 행) 重(무거울 중)
		衝
		• 衝動(충동) : 들쑤셔 움직이게 함 • 衝擊(충격) : 물체에 급격히 가하여지는 힘

430 吹 불 취	口 4획	입(口)을 하품(欠)하듯 벌려 **부니**
		口(입 구) 欠(하품 흠)
		吹
		• 吹入(취입) : 공기 따위를 불어 넣음 • 吹口(취구) : 나팔, 피리, 취관 등의 입김을 불어넣는 구멍

자원으로 한자 알기

* 다닐( ) 때 **무거운**(重) 것을 들고 가다 중심을 잃고 **부딪치니**
* 입( )을 **하품**(欠)하듯 벌려 **부니**

一思多得

扌	+	召	= 招(부를 초)	손(扌)에 칼(刀)을 들고 입(口)으로 **부르니**
走	+		= 超(뛰어넘을 초)	달려서(走) 칼(刀)을 들고 입(口)으로 외치며 빨리 가려고 **뛰어넘으니**

犭	+	蜀	= 獨(홀로 독)	개(犭)를 그물(罒)에 싸인(勹) 벌레(虫)처럼 **홀로** 떼어 놓으니
角	+		= 觸(찌를 촉)	뿔(角) 같은 뾰족한 것으로 그물(罒)에 싸인(勹) 벌레(虫)를 **찌르니**

車	+	欠	= 軟(연할 연)	수레(車)가 흠(欠)이 날 정도로 **연하니**
口	+		= 吹(불 취)	입(口)을 **하품**(欠)하듯 벌려 **부니**

다음 한자를 나누고 **자원**을 쓰면서 익히세요.

礎 주춧돌 초 = ☐ + ☐

肖 닮을 초 = ☐ + ☐

超 뛰어넘을 초 = ☐ + ☐

促 재촉할 촉 = ☐ + ☐

觸 찌를 촉 = ☐ + ☐ + ☐ + ☐

催 재촉할 최 = ☐ + ☐ + ☐

追 쫓을 추 = ☐ + ☐

畜 짐승 축 = ☐ + ☐

衝 부딪칠 충 = ☐ + ☐

吹 불 취 = ☐ + ☐

330

다음 한자어의 **독음**을 쓰세요.

礎石	不肖	肖像	超過
超越	促求	促進	接觸
觸覺	開催	主催	追加
追從	家畜	牧畜	衝動
衝擊	吹入	吹口	

다음 한자어를 **한자**로 쓰세요.

주춧돌 초	돌 석	아닐 불	닮을 초	뛰어넘을 초	지날 과	재촉할 촉	구할 구
이을 접	닿을 촉	열 개	열 최	쫓을 추	더할 가	집 가	짐승 축
부딪칠 충	움직일 동	불 취	들 입	닮을 초	모양 상	뛰어넘을 초	넘을 월
재촉할 촉	나아갈 진	닿을 촉	깨달을 각	주장할 주	열 최	쫓을 추	좇을 종
기를 목	가축 축	부딪칠 충	칠 격	불 취	입 구		

예문으로 한자어 익히기 (한자로 쓰인 단어의 뜻을 써보세요.)

1. 선생의 용력과 지혜라면 가히 새 왕조의 **礎石**을 이룰 만한 것입니다.

2. **不肖** 소생 어머니께 인사 올립니다.

3. 그 사진은 선친이 별세하기 한 해 전 고희를 맞아 찍은 유일한 **肖像**이었다.

4. 이 장치는 제한 시간을 **超過**하면 자동으로 작동을 멈추게 되어 있다.

5. 죽음을 **超越**한 도인다운 풍모가 그대로 내비치고 있었다.

6. 그 단체는 정부에 행정 개혁을 **促求**하였다.

7. 평화 협정으로 양 국가의 화해 기류는 한층 **促進**되었다.

8. 자동차가 급정거하는 바람에 앞에 서 있던 차를 **接觸**하여 사고를 내었다.

9. 손끝의 **觸覺**은 점자를 읽지만 서투른 눈 뜬 사람의 책 읽기보다도 빠르기도 하다.

10. 양국 정상 회담을 성공적으로 **開催**했다.

11. 신문사에서 마라톤 대회를 **主催**하였다.

12. 구내식당에서는 밥, 국, 김치는 무료이고 **追加**되는 반찬에만 돈을 받는다.

13. 그는 컴퓨터 분야에서는 타의 **追從**을 불허한다.

14. **家畜**을 기르다.

15. 이 마을 사람들은 주로 **牧畜**과 농업에 종사하고 있다.

16. 수영장을 보니 뛰어들고 싶은 **衝動**이 든다.

17. 이 물건에 강한 **衝擊**을 주면 부서집니다.

18. 풍선에 공기를 **吹入**하다.

19. 나팔의 **吹口**를 아랫입술에 붙이고 입김을 불었으나, 훅훅 헛바람 소리만 새어 나왔다.

431 醉 (취할 취)

酉 8획

술(酉) 마시고 **마침내**(卒) **취하니**

酉(술 유) 卒(군사 졸, 마칠 졸, 마침내 졸) *술을 마시더니 끝내는 취했다는 뜻입니다.

- 滿醉(만취) : 술에 잔뜩 취함
- 醉氣(취기) : 술에 취하여 얼근하여진 기운

432 側 (곁 측)

亻 9획

사람(亻)을 **법칙**(則)에 따라 뽑아 **곁**에 두고 부리니

亻(사람 인) 則(곧 즉, 법칙 칙) *유능한 사람을 시험을 통해 선발하여 곁에 두고 부린다는 뜻

- 側面(측면) : 옆면
- 側近(측근) : 곁의 가까운 곳

433 値 (값 치)

亻 8획

사람(亻)은 **곧게**(直) 살아야 **값**있는 인생이니

亻(사람 인) 直(곧을 직) *사람은 비뚤어지지 아니하고 올바르게 살아야 가치가 있다는 뜻입니다.

- 數値(수치) : 계산하여 얻은 값
- 價値(가치) : 사물이 지니고 있는 쓸모

434 恥 (부끄러울 치)

心 6획

잘못을 **귀**(耳)로 듣고 **마음**(心)에 **부끄러우니**

耳(귀 이) 心(마음 심)

- 恥辱(치욕) : 수치와 모욕
- 恥事(치사) : 행동이나 말 따위가 째째하고 남부끄러움

자원으로 한자 알기

* 술(　) 마시고 **마침내**(卒) **취하니**
* 사람(　)을 **법칙**(則)에 따라 뽑아 **곁**에 두고 부리니
* 사람(　)은 **곧게**(直) 살아야 **값**있는 인생이니
* 잘못을 **귀**(耳)로 듣고 **마음**(　)에 **부끄러우니**

435 稚 (어릴 치)

禾 / 8획

벼(禾)가 새(隹)의 꽁지만큼 자라 아직 **어리니**

禾(벼 화) 隹(새 추) *벼가 이제 겨우 보일 듯 말 듯 한 새의 꽁지만큼 자라 어리다는 뜻입니다.

- 稚魚(치어) : 어린 물고기
- 幼稚(유치) : 수준이 낮거나 미숙함

436 漆 (옻 칠)

氵 / 11획

물(氵) 같은 진액을 나무(木)에서 사람(人)이 뽑아 물(氺)에 타 **옻칠**하니

氵(물 수) 木(나무 목) 人(사람 인) 氺(물 수)

- *漆(옻 칠) : 가구 따위에 윤을 내기 위하여 옻나무에서 나는 진액을 바르는 일
- 漆器(칠기) : 옻칠하여 만든 그릇

437 沈 (잠길 침, 성 심)

氵 / 4획

물(氵)에 덮여(冖) 걷는 사람(儿)이 **잠기니**

氵(물 수) 冖(덮을 멱) 儿(걷는 사람 인) *물에 걸어가던 사람이 잠겼다는 뜻입니다.

- 沈沒(침몰) : 물속에 가라앉음
- 沈氏(심씨) : 성이 심씨

438 浸 (스며들 잠길 침)

氵 / 7획

물(氵)에 또(彐) 덮여(冖) 또(又) **스며들어 잠기니**

氵(물 수) 彐(손 우, 또 우) 冖(덮을 멱) 又(또 우)

- 浸濕(침습) : 물기에 젖음
- 浸水(침수) : 물에 젖거나 잠김

자원으로 한자 알기

* 벼(   )가 새(隹)의 꽁지만큼 자라 아직 **어리니**
* 물(   ) 같은 진액을 나무(木)에서 사람(人)이 뽑아 물(氺)에 타 **옻칠**하니
* 물(   )에 덮여(冖) 걷는 사람(儿)이 **잠기니**
* 물(   )에 또(彐) 덮여(冖) 또(又) **스며들어 잠기니**

439 奪 11획	大	크게(大) 새(隹)가 날개 치며 **규칙**(寸)에 따라 좋은 자리를 **빼앗으니**
		大(큰 대) 隹(새 추) 寸(규칙 촌) *새들이 크게 날개를 펼치고 좋은 자리를 빼앗는다는 뜻입니다.
빼앗을 **탈**		• 奪取(탈취) : 빼앗아 가짐 • 爭奪(쟁탈) : 서로 다투어 빼앗음

440 塔 10획	土	흙(土)과 풀(艹)을 합(合)하여 쌓은 **탑**
		土(흙 토) 艹(풀 초) 合(합할 합) *흙만으로 쌓으면 단단하지 못하므로 풀을 섞어서 쌓는다는 뜻
탑 **탑**		• 石塔(석탑) : 석재를 이용하여 쌓은 탑 • 金塔(금탑) : 황금으로 만들거나 겉에 도금을 하여 만든 탑

자원으로 한자 알기

* 크게(   ) 새(隹)가 날개 치며 **규칙**(寸)에 따라 좋은 자리를 **빼앗으니**
* 흙(   )과 풀(艹)을 합(合)하여 쌓은 **탑**

一思多得

氵 +	則	= 測(헤아릴 측)	물(氵)의 양을 법칙(則)에 따라 **헤아리니**
亻 +		= 側(곁 측)	사람(亻)을 법칙(則)에 따라 뽑아 **곁**에 두고 부리니

木 +	直	= 植(심을 식)	나무(木)를 곧게(直) **심으니**
亻 +		= 値(값 치)	사람(亻)은 곧게(直) 살아야 **값**있는 인생이니

439 奪(빼앗을 **탈**)　奮(떨칠 **분**) 잘 구별하세요.
　奪(빼앗을 **탈**) : 크게(大) 새(隹)가 날개 치며 **규칙**(寸)에 따라 좋은 자리를 **빼앗으니**
　奮(떨칠 **분**) : 크게(大) 새(隹)가 날개 치며 **밭**(田)에서 위엄을 **떨치며** 나니

다음 한자를 나누고 **자원**을 쓰면서 익히세요.

醉 취할 취 = ☐ + ☐

側 곁 측 = ☐ + ☐

値 값 치 = ☐ + ☐

恥 부끄러울 치 = ☐ + ☐

稚 어릴 치 = ☐ + ☐

漆 옻 칠 = ☐ + ☐ + ☐ + ☐

沈 잠길 침 = ☐ + ☐ + ☐

浸 잠길 침 = ☐ + ☐ + ☐

奪 빼앗을 탈 = ☐ + ☐ + ☐

塔 탑 탑 = ☐ + ☐ + ☐

다음 한자어의 **독음**을 쓰세요.

滿醉	醉氣	側面	側近
數値	價値	恥辱	恥事
稚魚	幼稚	漆器	沈沒
沈氏	浸濕	浸水	奪取
爭奪	石塔	金塔	

 다음 한자어를 **한자**로 쓰세요.

찰 만	취할 취	곁 측	표면 면	셈 수	값 치	부끄러울 치	욕될 욕
어릴 치	물고기 어	옻 칠	그릇 기	잠길 침	빠질 몰	스며들 침	물기 습
빼앗을 탈	가질 취	돌 석	탑 탑	취할 취	기운 기	곁 측	가까울 근
값 가	값 치	부끄러울 치	일 사	어릴 유	어릴 치	성 심	성 씨
잠길 침	물 수	다툴 쟁	빼앗을 탈	금 금	탑 탑		

예문으로 **한자어** 익히기 (한자로 쓰인 단어의 뜻을 써보세요.)

1 술을 좋아해도 **滿醉**가 되도록 마셔야 흡족해하는 습관을 가졌다.

2 술이 몇 순배 돌자 **醉氣**가 올랐다.

3 상대의 **側面**을 공격하다.

4 **側近**에 있는 사람

5 이 표의 **數值**는 표본 조사를 통해 산출한 것이므로 어느 정도 오차가 발생할 수 있다.

6 우리나라의 자연은 외국인에게 자랑할 만한 **價值**가 있다.

7 일제 치하에 있던 그 세월은 우리나라 역사의 **恥辱**이다.

8 **恥事**하게 살려 달라고 매달려 빌고 싶지는 않았다.

9 오늘 방류한 **稚魚**는 몇 년 후에 성어가 되어 이곳을 다시 찾아올 것이다.

10 사람들의 시선을 끌기 위한 그의 행동은 **幼稚**하기 짝이 없다.

11 **漆器** 장수

12 우리의 전통문화가 한꺼번에 밀려들어온 서양 문화에 **沈沒**해 가고 있다.

13 나는 그녀가 **沈氏** 성을 가졌다는 것 외엔 그녀에 대해 아는 것이 전혀 없다.

14 홍수로 집이 물에 잠겨 집안의 모든 물건들이 **浸濕**되었다.

15 태풍 때문에 많은 농경지가 **浸水**하여 농민들의 피해가 극심하였다.

16 열강의 이권 **奪取**에 저항하다.

17 대통령배 **爭奪** 전국 고교 야구 대회에서 우승을 차지했다.

18 전북 익산의 미륵사지 석탑은 우리나라 **石塔** 가운데 가장 오래된 것이다.

19 **金塔**을 만들었다.

441 湯 (끓일 탕)

- 氵 / 9획
- 물(氵)을 볕(昜)처럼 뜨거운 불로 **끓이니**
- 氵(물 수) 昜(볕 양)
- 湯藥(탕약) : 달여서 마시는 한약
- 冷湯(냉탕) : 찬물이 들어 있는 탕

442 殆 (거의 위태할 태)

- 歹 / 5획
- 죽을(歹) 정도로 **사사로이**(厶) 입(口) 벌려 함부로 말하면 **거의 위태하니**
- 歹(죽을 사 변) 厶(사사로울 사) 口(입 구) *입을 함부로 놀리고 말하면 위태롭다는 뜻입니다.
- 殆半(태반) : 거의 절반
- 危殆(위태) : 형세가 매우 어려움

443 泰 (클 편안할 태)

- 氺 / 5획
- 하늘(一)과 땅(一)처럼 크게(大) 물(氺)을 잘 이용하면 살기가 **크게 편안하니**
- 一(하늘 일, 땅 일) 大(큰 대) 氺(물 수)
- 泰山(태산) : 높고 큰 산
- 泰平(태평) : 나라가 안정되어 아무 걱정 없고 평안함

444 澤 (못 은혜 택)

- 氵 / 13획
- 물(氵)을 엿보아(睪) 가두어 만든 **못**
- 氵(물 수) 睪(엿볼 역) *못 : 넓고 오목하게 팬 땅에 물이 괴어 있는 곳
- 德澤(덕택) : 덕분
- 光澤(광택) : 빛의 반사로 물체의 표면에서 반짝거리는 빛

자원으로 한자 알기

* 물(　)을 볕(昜)처럼 뜨거운 불로 **끓이니**　☞
* 죽을(　) 정도로 **사사로이**(厶) 입(口) 벌려 함부로 말하면 **거의 위태하니**　☞
* 하늘(一)과 땅(一)처럼 크게(大) 물(　)을 잘 이용하면 살기가 **크게 편안하니**　☞
* 물(　)을 엿보아(睪) 가두어 만든 **못**　☞

445 兔

- 儿 / 6획
- 토끼 **토**

앉아 있는 **토끼**의 모양

*兎 이렇게도 씁니다.

- 野兔(야토) : 산토끼
- 守株待兔(수주대토) : 고지식하고 융통성이 없어 구습과 전례만 고집함

446 吐

- 口 / 3획
- 토할 말할 **토**

입(口)을 땅(土)에 대고 **토하듯** 다 털어놓고 **말하니**

口(입 구) 土(땅 토)

- 吐說(토설) : 숨겼던 사실을 밝히어 말함
- 實吐(실토) : 거짓 없이 사실대로 다 말함

447 透

- 辶 / 7획
- 통할 **투**

빼어나게(秀) 뛰어(辶)가 **통과하니**

秀(빼어날 수) 辶(뛸 착)   *달리기를 뛰어나게 잘하여 통과했다는 뜻입니다.

- 透明(투명) : 속까지 환히 비치도록 맑음
- 透視(투시) : 막힌 물체를 환히 꿰뚫어 봄

448 版

- 片 / 4획
- 간행할 판목 **판**

조각(片)에 글을 새기고 **돌이켜**(反) 찍어서 **간행하는 판목**

片(조각 편) 反(돌이킬 반)   *나무에 글을 새기고 잉크를 묻혀 뒤집어 종이에 박아낸다는 뜻입니다.

- 木版(목판) : 나무에 글이나 그림 따위를 새긴 인쇄용 판
- 出版(출판) : 서적이나 회화 따위를 인쇄하여 세상에 내놓음

자원으로 한자 알기

* 앉아 있는 **토끼**의 모양
* 입(   )을 땅(土)에 대고 **토하듯** 다 털어놓고 **말하니**
* 빼어나게(秀) 뛰어(   )가 **통과하니**
* 조각(   )에 글을 새기고 **돌이켜**(反) 찍어서 **간행하는 판목**

449 片 0획 조각 편	片	통나무를 세로로 자른 오른쪽의 **조각** 모양
		마법 술술한자 부수 89번 참고
		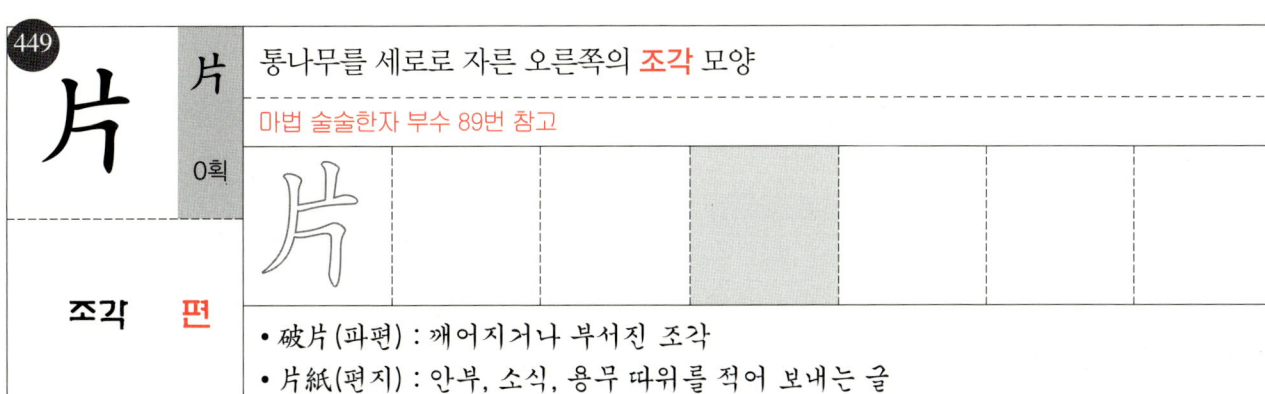
		• 破片(파편) : 깨어지거나 부서진 조각 • 片紙(편지) : 안부, 소식, 용무 따위를 적어 보내는 글

450 偏 9획 치우칠 편	亻	사람(亻)이 집(戶)에서 책(冊)만 읽어 한쪽으로 **치우치니**
		亻(사람 인) 戶(집 호) 冊(책 책)　*세상일에 경험이 없어 한쪽으로 치우친다는 뜻입니다.
		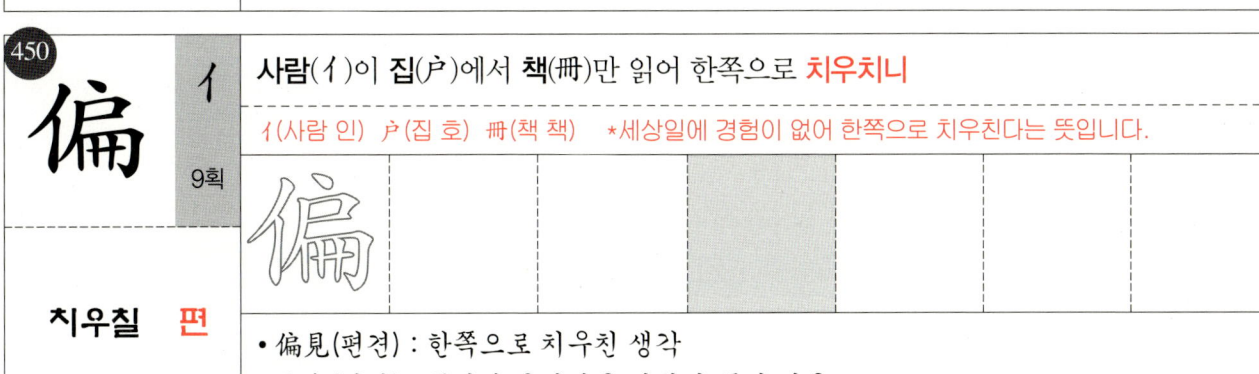
		• 偏見(편견) : 한쪽으로 치우친 생각 • 偏食(편식) : 특정한 음식만을 가려서 즐겨 먹음

자원으로 한자 알기

* 통나무를 세로로 자른 오른쪽의 **조각** 모양　　☞
* **사람**(　)이 **집**(戶)에서 **책**(冊)만 읽어 한쪽으로 **치우치니**　　☞

一思多得

女	+		=	始(비로소 시)	**여자**(女)가 **사사로운**(厶) 일에 **입**(口) 벌려 **비로소 처음** 말하니
歹	+	台	=	殆(거의 태)	**죽을**(歹) 정도로 **사사로이**(厶) **입**(口) 벌려 함부로 말하면 **거의 위태하니**

言	+		=	譯(번역할 역)	**말**(言)을 **엿보아**(睪) **번역하니**
馬	+	睪	=	驛(역 역)	**말**(馬)을 **엿보아**(睪) 살피는 **역**
氵	+		=	澤(못 택)	**물**(氵)을 **엿보아**(睪) 가두어 만든 **못**

言	+		=	誘(꾈 유)	**말**(言)을 **빼어나게**(秀) 하여 사람을 잘 **꾀니**
辶	+	秀	=	透(통할 투)	**빼어나게**(秀) **뛰어**(辶)가 **통과하니**

다음 한자를 나누고 **자원**을 쓰면서 익히세요.

湯 끓일 탕	=		+				
殆 거의 태	=		+		+		
泰 클 태	=		+		+		+	
澤 못 택	=		+				
兎 토끼 토	=						
吐 토할 토	=		+				
透 통할 투	=		+				
版 판목 판	=		+				
片 조각 편	=						
偏 치우칠 편	=		+		+		

342

다음 한자어의 **독음**을 쓰세요.

湯藥	冷湯	殆半	危殆
泰山	泰平	德澤	光澤
野兔	吐說	實吐	透明
透視	木版	出版	破片
片紙	偏見	偏食	

 다음 한자어를 **한자**로 쓰세요.

끓일 탕 약 약	거의 태 반 반	클 태 산 산	덕 덕 은혜 택
들 야 토끼 토	말할 토 말씀 설	통할 투 밝을 명	나무 목 판목 판
깨뜨릴 파 조각 편	치우칠 편 견해 견	찰 랭 목욕간 탕	위태할 위 위태할 태
편안할 태 편안할 평	빛 광 윤 택	실제 실 말할 토	통할 투 볼 시
날 출 간행할 판	조각 편 종이 지	치우칠 편 먹을 식	

343

예문으로 한자어 익히기 (한자로 쓰인 단어의 뜻을 써보세요.)

1. 湯藥에 감초 빠질까.

2. 한겨울에도 冷湯에서 수영을 한다.

3. 아버지께서는 일 년 중 殆半은 외국 출장으로 보내신다.

4. 이번 폭우로 축대가 危殆하다.

5. 말썽꾸러기 아들 녀석 때문에 걱정이 泰山이다.

6. 그들은 해마다 나라의 泰平을 기원한다.

7. 그는 아내의 정성 어린 간호 德澤에 병세가 호전되었다.

8. 그는 부드러운 천으로 구두를 문질러 光澤을 낸다.

9. 野兔는 밤에 풀싹, 나무껍질, 나뭇잎 따위를 갉아 먹고 산다.

10. 자기도 모르게 그만 비밀을 吐說하였다.

11. 어머니에게 잘못을 實吐하고 용서를 구했다.

12. 늦가을의 透明한 하늘에는 무수한 별들과 함께 만월의 둥근 달이 중천에 솟아 있다.

13. 그는 정세를 파악하고 透視하는 능력이 뛰어나다.

14. 경주 불국사 석가탑에서 발견된 다라니경이 세계에서 가장 오래된 木版 인쇄물이다.

15. 시인인 그는 꿈에 그리던 자신의 첫 시집을 出版하고 기뻐서 어쩔 줄을 몰라 했다.

16. 폭탄이 터지자 破片이 수백 미터 밖으로 튀어 나갔다.

17. 기다리던 片紙가 드디어 배달되었다.

18. 偏見에 사로잡히면 올바른 판단을 할 수가 없다.

19. 그의 건강 비결은 음식을 偏食하지 않고 골고루 잘 먹는 데 있다.

 **자원**으로 한자 알기.

401. 쇠(   )는 오래(昔)되면 녹슬고 어긋나니

402. 누구보다 먼저(先) 앞서(先) 돈(   )을 주어 도우니

403. 사람(   )이 점(丶) 같은 작은 문(尸)을 달고 입구(口)를 낸 곳집

404. 풀(   )이 창고(倉)에 가득 찰 만큼 무성하게 자라 푸르니

405. 해(   )처럼 말(曰)을 밝게 해야 앞길이 창성하니

406. 손(爫)으로 나무(木)에 터럭(   ) 같은 붓을 들고 채색하니

407. 풀(   ) 중에 손(爫)으로 나무(木)에서 뜯는 나물

408. 사람(   )이 책임(責)지고 갚아야 할 빚

409. 대(   )나 가시(朿)에 찔리지 않으려고 꾀를 써서 다루니

410. 하나(一)의 손(⺕)에 송곳(丨)을 들고 일하는 여자(   )가 아내이니

411. 지붕(   )을 재는(乀) 자

412. 무성하게(戌) 위(上)의 혈통을 이어가며 작은(小) 일도 함께하는 친척

413. 손(   )으로 돌(石)을 주워내 넓히니

414. 덮어서(襾) 큰(大) 곳으로 무릎 꿇은(巳) 듯 뛰어(   ) 옮기니

415. 물(   )이 창(戈)과 창(戈)을 포갠 것보다 얕으니

416. 재물(   )이라고는 창(戈)과 창(戈)뿐이라 천하니

417. 발(   )로 창(戈)과 창(戈)을 밟으니

418. 옳고 그름을 꺾어서(折) 입(   )으로 말할 정도로 사리에 밝으니

419. 걸을(   ) 때부터 잘 기르기(育) 위해 치면서(攵) 가르쳐 사리에 통하니

420. 물(   )이 띠(帶) 모양의 둑에 막혀 머무르니

421. 돌(   ) 중에서 기둥의 무게를 아프게(楚) 견디며 바치는 주춧돌

422. 작은(小) 몸(   )이지만 부모를 닮으니

423. 달려서(   ) 칼(刀)을 들고 입(口)으로 외치며 빨리 가려고 뛰어넘으니

424. 사람(   )이 발(足)을 구르며 재촉하니

425. 뿔(   ) 같은 뾰족한 것으로 그물(罒)에 싸인(勹) 벌레(虫)를 찌르니

345

자원으로 한자 알기.

426. 사람(   )이 산(山)에서 새(隹)를 놓아주려고 새장을 열고 재촉하니

427. 언덕(自)까지 뛰어(   )가 쫓으니

428. 검은(玄) 밭(   )에서 기르는 짐승

429. 다닐(   ) 때 무거운(重) 것을 들고 가다 중심을 잃고 부딪치니

430. 입(   )을 하품(欠)하듯 벌려 부니

431. 술(   ) 마시고 마침내(卒) 취하니

432. 사람(   )을 법칙(則)에 따라 뽑아 곁에 두고 부리니

433. 사람(   )은 곧게(直) 살아야 값있는 인생이니

434. 잘못을 귀(耳)로 듣고 마음(   )에 부끄러우니

435. 벼(   )가 새(隹)의 꽁지만큼 자라 아직 어리니

436. 물(   ) 같은 진액을 나무(木)에서 사람(人)이 뽑아 물(氺)에 타 옻칠하니

437. 물(   )에 덮여(冖) 걷는 사람(儿)이 잠기니

438. 물(   )에 또(彐) 덮여(冖) 또(又) 스며들어 잠기니

439. 크게(   ) 새(隹)가 날개 치며 규칙(寸)에 따라 좋은 자리를 빼앗으니

440. 흙(   )과 풀(艹)을 합(合)하여 쌓은 탑

441. 물(   )을 볕(昜)처럼 뜨거운 불로 끓이니

442. 죽을(   ) 정도로 사사로이(厶) 입(口) 벌려 함부로 말하면 거의 위태하니

443. 하늘(一)과 땅(一)처럼 크게(大) 물(   )을 잘 이용하면 살기가 크게 편안하니

444. 물(   )을 엿보아(睪) 가두어 만든 못

445. 앉아 있는 토끼의 모양

446. 입(   )을 땅(土)에 대고 토하듯 다 털어놓고 말하니

447. 빼어나게(秀) 뛰어(   )가 통과하니

448. 조각(   )에 글을 새기고 돌이켜(反) 찍어서 간행하는 판목

449. 통나무를 세로로 자른 오른쪽의 조각 모양

450. 사람(   )이 집(戶)에서 책(冊)만 읽어 한쪽으로 치우치니

다음 한자의 뜻과 음을 쓰세요.

錯	贊	倉	蒼	昌	彩	菜
債	策	妻	尺	戚	拓	遷
淺	賤	踐		哲	徹	滯
礎	肖				超	促
觸						催
追	畜				衝	吹
醉	側	値		恥	稚	漆
沈	浸	奪	塔	湯	殆	泰
澤	兎	吐	透	版	片	偏

3Ⅱ 401-450번
형성평가

다음 뜻과 음을 지닌 **한자**를 쓰세요.

어긋날 착	도울 찬	곳집 창	푸를 창	창성할 창	채색 채	나물 채
빚 채	꾀 책	아내 처	자 척	친척 척	넓힐 척	옮길 천
얕을 천	천할 천	밟을 천		밝을 철	통할 철	막힐 체
주춧돌 초	닮을 초				뛰어넘을 초	재촉할 촉
닿을 촉						재촉할 최
쫓을 추	짐승 축			부딪칠 충		불 취
취할 취	곁 측	값 치		부끄러울 치	어릴 치	옻 칠
잠길 침	잠길 침	빼앗을 탈	탑 탑	끓일 탕	거의 태	클 태
못 택	토끼 토	토할 토	통할 투	판목 판	조각 편	치우칠 편

3Ⅱ 401-450번
형성평가

451 編 (9획) — 엮을 편

실(糸)로 집(戶)에서 책(冊)을 엮으니

糸(실 사) 戶(집 호) 冊(책 책)   *옛날에는 책이 귀하여 집에서 베끼어 실로 엮어서 만들었습니다.

- 編入(편입) : 얽거나 짜 넣음
- 改編(개편) : 책이나 과정 따위를 고쳐 다시 엮음

452 弊 (12획) — 폐단 폐

해진(敝) 부분을 두 손으로 잡아(廾) 가려야 하는 폐단

小(작을 소) 冂(성 경) 攵(칠 복) 廾(두 손 잡을 공)

* 敝(해질 폐) : 작은(小) 성(冂)은 조금(小)만 쳐도(攵) 해지니
- 弊端(폐단) : 옳지 못한 경향이나 해로운 현상

453 廢 (12획) — 폐할 폐

큰집(广)을 사람들이 모두 떠나(發) 폐하니

广(큰집 엄) 發(필 발, 떠날 발)   *사람들이 모두 떠나 큰집을 버려두어 낡아 빠졌다는 뜻입니다.

- 廢家(폐가) : 버려두어 낡아 빠진 집
- 廢業(폐업) : 직업이나 영업을 그만둠

454 肺 (4획) — 허파 폐

몸(月)에서 시장(市)처럼 바쁜 허파

月(몸 월) 市(시장 시)   *허파 : 가슴안의 양쪽에 있는 호흡을 하는 기관

- 肺肝(폐간) : 폐와 간
- 肺活量(폐활량) : 허파 속에 최대한도로 공기를 빨아들여 다시 배출하는 양

자원으로 한자 알기

* 실(　)로 집(戶)에서 책(冊)을 엮으니
* 해진(敝) 부분을 두 손으로 잡아(　) 가려야 하는 폐단
* 큰집(　)을 사람들이 모두 떠나(發) 폐하니
* 몸(　)에서 시장(市)처럼 바쁜 허파

455 捕	扌 7획	손(扌)을 크게(甫) 펴 **잡으니**
		扌(손 수) 甫(클 보)
잡을 **포**		• 生捕(생포) : 산 채로 잡음 • 捕手(포수) : 투수가 던지는 공을 받는 선수

456 浦	氵 7획	물(氵)이 크게(甫) 출렁이는 **물가**
		氵(물 수) 甫(클 보)
물가 **포**		• 浦村(포촌) : 갯마을 • 浦口(포구) : 배가 드나드는 개의 어귀

457 楓	木 9획	나무(木)가 찬바람(風)에 **단풍**드니
		木(나무 목) 風(바람 풍)
단풍 **풍**		• 楓葉(풍엽) : 단풍나무의 잎 • 丹楓(단풍) : 식물의 잎이 붉은빛이나 누런빛으로 변하는 현상

458 皮	皮 0획	**가죽**(厂)을 **송곳**(丨)을 **손**(又)에 쥐고 뚫는 모양
		厂(바위 엄, 여기서는 가죽의 모양) 丨(송곳 곤) 又(손 우)
가죽 **피**		• 羊皮(양피) : 양가죽 • 皮骨(피골) : 살가죽과 뼈를 통틀어 이르는 말

자원으로 한자 알기

* 손(　)을 크게(甫) 펴 **잡으니**
* 물(　)이 크게(甫) 출렁이는 **물가**
* 나무(　)가 찬바람(風)에 **단풍**드니
* **가죽**(厂)을 **송곳**(丨)을 **손**(又)에 쥐고 뚫는 모양

459 彼 저 피	彳 5획	걸어가(彳) 가죽(皮)으로 싼 과녁을 **저**편에 세우니
		彳(걸을 척) 皮(가죽 피)
		彼
		• 彼我(피아) : 그와 나 • 彼此(피차) : 저것과 이것을 아울러 이르는 말

460 被 옷 입을 피	衤 5획	옷(衤)을 가죽(皮)으로 지어 **입으니**
		衤(옷 의) 皮(가죽 피)
		被
		• 被服(피복) : 옷 • 被害(피해) : 생명이나 신체, 재산, 명예 따위에 손해를 입음

자원으로 한자 알기

* 걸어가(   ) 가죽(皮)으로 싼 과녁을 **저**편에 세우니   ☞
* 옷(   )을 가죽(皮)으로 지어 **입으니**   ☞

一思多得

彳	+	扁	=	偏(치우칠 편)	사람(亻)이 집(戶)에서 책(冊)만 읽어 한쪽으로 **치우치니**
糸	+		=	編(엮을 편)	실(糸)로 집(戶)에서 책(冊)을 **엮으니**

衤	+	甫	=	補(기울 보)	옷(衤)에 난 큰(甫) 구멍을 **기우니**
扌	+		=	捕(잡을 포)	손(扌)을 크게(甫) 펴 **잡으니**
氵	+		=	浦(물가 포)	물(氵)이 크게(甫) 출렁이는 **물가**

彳	+	皮	=	彼(저 피)	걸어가(彳) 가죽(皮)으로 싼 과녁을 **저**편에 세우니
衤	+		=	被(입을 피)	옷(衤)을 가죽(皮)으로 지어 **입으니**

다음 한자를 나누고 **자원**을 쓰면서 익히세요.

編 (엮을 편) = ☐ + ☐ + ☐

弊 (폐단 폐) = ☐ + ☐

廢 (폐할 폐) = ☐ + ☐

肺 (허파 폐) = ☐ + ☐

捕 (잡을 포) = ☐ + ☐

浦 (물가 포) = ☐ + ☐

楓 (단풍 풍) = ☐ + ☐

皮 (가죽 피) = ☐ + ☐ + ☐

彼 (저 피) = ☐ + ☐

被 (입을 피) = ☐ + ☐

다음 한자어의 **독음**을 쓰세요.

編入　　改編　　弊端　　廢家

廢業　　肺肝　　生捕　　捕手

浦村　　浦口　　楓葉　　丹楓

羊皮　　皮骨　　彼我　　彼此

被服　　被害

다음 한자어를 **한자**로 쓰세요.

엮을 편　들 입　　폐단 폐　조짐 단　　폐할 폐　집 가　　허파 폐　간 간

살 생　잡을 포　　물가 포　마을 촌　　단풍 풍　잎 엽　　양 양　가죽 피

저 피　나 아　　옷 피　옷 복　　고칠 개　엮을 편　　폐할 폐　일 업

잡을 포　사람 수　　물가 포　어귀 구　　붉을 단　단풍 풍　　가죽 피　뼈 골

저 피　이 차　　입을 피　해할 해

예문으로 **한자어** 익히기(한자로 쓰인 단어의 뜻을 써보세요.)

1 중학교 3학년에 **編入**되다.

2 교과서를 새 교과 과정에 맞추어 **改編**하였다.

3 선비들이 그 서원을 근거 삼아 행하는 **弊端**은 여간이 아니었다.

4 남부러울 것 하나 없던 최 부자 댁도 전쟁 통에 **廢家**하였다.

5 일반 소매점은 가격 경쟁력에서 밀리기 때문에 **廢業**하는 사태가 속출하였다.

6 술 담배는 **肺肝**에 해롭다.

7 눈에 파묻혀 허둥대는 짐승을 사병들은 작대기나 맨손으로 어렵지 않게 **生捕**한다.

8 9회 말에 **捕手**가 공을 놓치는 바람에 결승점을 내줘 끝내 패하고 말았다.

9 겨울의 **浦村**의 경치가 아름답다.

10 멀리 **浦口**를 오가는 배의 희미한 불빛이 천천히 움직이고 있었다.

11 곱게 물든 **楓葉**이 온 산을 붉게 물들였다.

12 가을이 되자 온 산에 **丹楓**이 곱게 물들었다.

13 **羊皮**로 만든 장갑은 부드럽다.

14 빨아 갈 수 있는 대로 빨아 가니 백성은 중병 든 것같이 **皮骨**만 남을 수밖에 없었다.

15 갑자기 고지에서 **彼我**를 알 수 없는 병력이 나타나니 양편 모두 겁을 집어먹었다.

16 **彼此**의 처지를 생각해서 우리 말조심합시다.

17 이 세제는 **被服**에는 손상을 입히지 않고 얼룩만 제거해 준다.

18 비록 큰물이 지긴 했지만 알맹이가 생기기 전이라 벼 자체에는 별 **被害**가 없었다.

461 畢 (미칠 필) — 6획

밭(田)의 풀(艹)은 하나(一)같이 시월(十)이 되면 자라기를 **마치니**

田(밭 전) 艹(풀 초) 一(한 일) 十(열 십) *풀은 가을이면 자라기를 마친다는 뜻입니다.

- 畢竟(필경) : 마침내
- 畢讀(필독) : 책읽기를 마침

462 何 (어찌 하) — 5획

사람(亻)이 옳게(可) 살아야지 **어찌** 그러냐?

亻(사람 인) 可(옳을 가)

- 何等(하등) : 아무런
- 何必(하필) : 어찌하여 꼭

463 荷 (짐 멜 하) — 7획

풀(艹)로 사람(亻)이 짐을 옳게(可) 엮어서 **메니**

艹(풀 초) 亻(사람 인) 可(옳을 가) *칡 같은 풀 덩굴로 짐을 묶어서 멘다는 뜻입니다.

- 荷重(하중) : 짐 무게
- 荷役(하역) : 짐을 싣고 내리는 일

464 賀 (하례할 하) — 5획

더하여(加) 재물(貝)까지 주며 **하례하니**

加(더할 가) 貝(돈 패) *하례 : 축하하여 예를 차림

- 賀客(하객) : 축하하는 손님
- 祝賀(축하) : 기뻐하고 즐겁다는 뜻으로 인사함

자원으로 한자 알기

* 밭(　　)의 풀(艹)은 하나(一)같이 시월(十)이 되면 자라기를 **마치니** ☞
* 사람(　　)이 옳게(可) 살아야지 **어찌** 그러냐? ☞
* 풀(　　)로 사람(亻)이 짐을 옳게(可) 엮어서 **메니** ☞
* 더하여(加) 재물(　　)까지 주며 **하례하니** ☞

355

465 鶴 (鳥, 10획) — 학 학

갯벌을 **덮고(冖)** 있는 작은 **새(隹)**나 큰새(鳥)는 모두 **학**이니

冖(덮을 멱) 隹(새 추) 鳥(새 조)   *학 : 우리말로는 두루미라고 합니다.

- 白鶴(백학) : 두루미
- 群鷄一鶴(군계일학) : 많은 사람 가운데서 뛰어난 인물을 이르는 말

466 汗 (氵, 3획) — 땀 한

물(氵)처럼 흘리며 **방패(干)**처럼 더위를 막는 **땀**

氵(물 수) 干(방패 간)   *땀은 99%가 물이고, 체온이 높아졌을 때 땀을 흘려 체온조절을 하죠.

- 發汗(발한) : 땀을 냄
- 汗蒸(한증) : 높은 온도로 몸을 덥게 하여 땀을 내어서 병을 다스리는 일

467 割 (刂, 10획) — 벨 할

해로운(害) 것을 **칼(刂)**로 **베니**

害(해할 해) 刂(칼 도)

- 分割(분할) : 나누어 쪼갬
- 割引(할인) : 일정한 값에서 얼마를 뺌

468 含 (口, 4획) — 머금을 함

지금(今)까지도 **입(口)**에 **머금으니**

今(이제 금) 口(입 구)   *지금까지도 음식을 삼키지 않고 입 속에 넣고 있다는 뜻입니다.

- 含量(함량) : 어떤 성분이 들어 있는 분량
- 含蓄(함축) : 겉으로 드러내지 아니하고 속에 간직함

자원으로 한자 알기

* 갯벌을 **덮고(冖)** 있는 작은 **새(隹)**나 큰새(   )는 모두 **학**이니 ☞
* **물(   )**처럼 흘리며 **방패(干)**처럼 더위를 막는 **땀** ☞
* **해로운(害)** 것을 **칼(   )**로 **베니** ☞
* **지금(今)**까지도 **입(   )**에 **머금으니** ☞

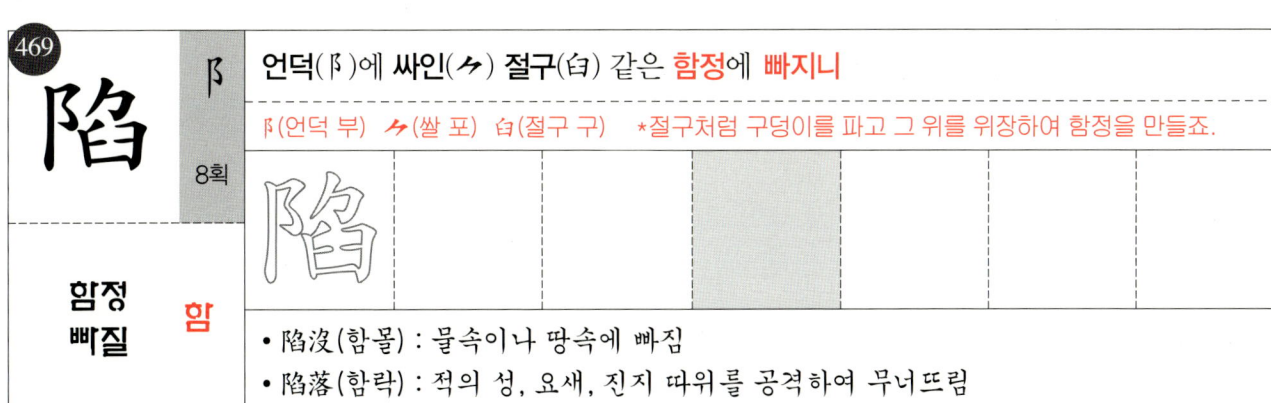

469 陷 8획	阝	언덕(阝)에 싸인(⺈) 절구(臼) 같은 **함정**에 **빠지니**
		阝(언덕 부) ⺈(쌀 포) 臼(절구 구) *절구처럼 구덩이를 파고 그 위를 위장하여 함정을 만들죠.
함정 빠질 **함**		• 陷沒(함몰) : 물속이나 땅속에 빠짐 • 陷落(함락) : 적의 성, 요새, 진지 따위를 공격하여 무너뜨림

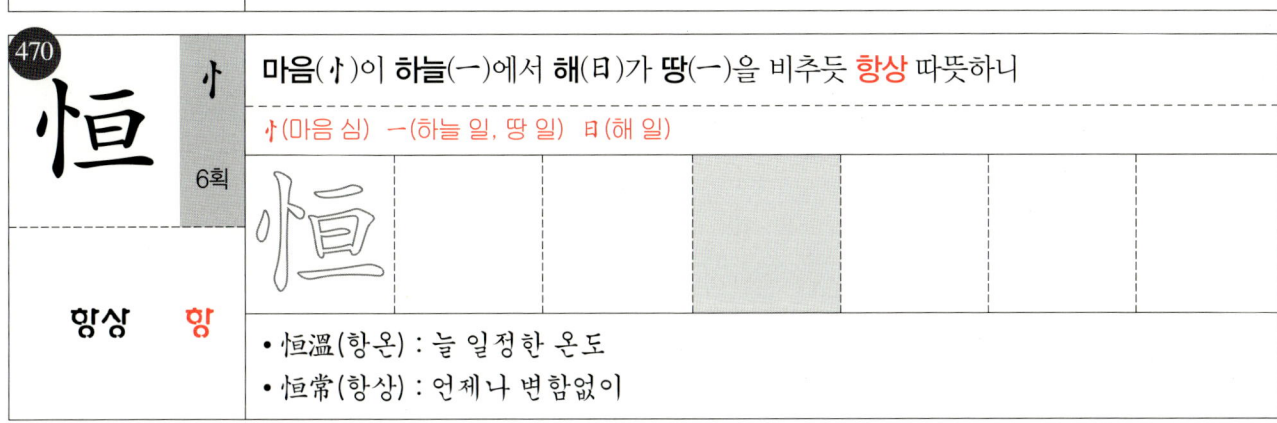

470 恒 6획	忄	마음(忄)이 하늘(一)에서 해(日)가 땅(一)을 비추듯 **항상** 따뜻하니
		忄(마음 심) 一(하늘 일, 땅 일) 日(해 일)
항상 **항**		• 恒溫(항온) : 늘 일정한 온도 • 恒常(항상) : 언제나 변함없이

자원으로 한자 알기

* 언덕(   )에 **싸인**(⺈) **절구**(臼) 같은 **함정**에 **빠지니**
* 마음(   )이 하늘(一)에서 해(日)가 땅(一)을 비추듯 **항상** 따뜻하니

一思多得

氵	+		=	河(강 하)	물(氵)이 옳게(可) 강으로 흐르니
阝	+	可	=	阿(언덕 아)	언덕(阝)에 오를 때처럼 허리 굽히고 **옳다**(可)하며 **알랑거리니**
亻	+		=	何(어찌 하)	사람(亻)이 옳게(可) 살아야지 어찌 그러냐?

加	+	木	=	架(시렁 가)	물건을 더(加) 많이 얹기 위하여 나무(木)를 걸쳐 만든 **시렁**
	+	貝	=	賀(하례할 하)	더하여(加) 재물(貝)까지 주며 **하례하니**

今	+	心	=	念(생각 념)	지금(今)까지 마음(心)에 담아두고 **생각**하니
	+	口	=	含(머금을 함)	지금(今)까지도 입(口)에 **머금으니**

다음 한자를 나누고 **자원**을 쓰면서 익히세요.

畢 마칠 필	=		+		+		+	
何 어찌 하	=		+						
荷 멜 하	=		+		+				
賀 하례할 하	=		+						
鶴 학 학	=		+		+				
汗 땀 한	=		+						
割 벨 할	=		+						
含 머금을 함	=		+						
陷 빠질 함	=		+		+				
恒 항상 항	=		+		+		+	

다음 한자어의 **독음**을 쓰세요.

畢竟	畢讀	何等	何必
荷重	荷役	賀客	祝賀
白鶴	發汗	汗蒸	分割
割引	含量	含蓄	陷沒
陷落	恒溫	恒常	

다음 한자어를 **한자**로 쓰세요.

마칠 필 마침내 경	어찌 하 무리 등	짐 하 무거울 중	하례할 하 손님 객
흰 백 학 학	필 발 땀 한	나눌 분 벨 할	머금을 함 용량 량
빠질 함 빠질 몰	항상 항 온도 온	마칠 필 읽을 독	어찌 하 반드시 필
짐 하 부릴 역	축하할 축 하례할 하	땀 한 찔 증	벨 할 끌 인
머금을 함 모을 축	함락당할 함 떨어뜨릴 락	항상 항 항상 상	

예문으로 한자어 익히기 (한자로 쓰인 단어의 뜻을 써보세요.)

1. 땅을 뺏기고, 집을 뺏기고, **畢竟**엔 외국으로 쫓겨나기까지 했습니다.

2. 이 책을 다음 주 수요일까지 모두 **畢讀**한 뒤에, 자신의 생각을 정리해서 제출하세요.

3. 믿어 주거나 말거나 용서를 하든 안 하든 **何等**의 상관이 없다.

4. **何必** 오늘같이 더운 날 대청소를 할 게 뭐야?

5. 트럭의 **荷重**을 견디지 못해 짓눌린 바퀴

6. 선창에는 화물선이 막 도착해 인부들이 부산하게 화물을 **荷役**하고 있었다.

7. 신랑과 신부는 **賀客**들에게 인사하였다.

8. 그는 순회공연을 성공리에 마치고 귀국하여 많은 **祝賀**를 받았다.

9. 춤을 추면 **白鶴**이 나는 듯 선인이 노니는 듯하다.

10. **發汗**은 체온이 높아졌을 때 일어나는 체온조절 현상이다.

11. **汗蒸**막에 가서 땀을 빼다.

12. 도로에 의해 그 지역이 **分割**되어 동물들의 이동이 차단되었다.

13. 그 가게에서는 물품을 30% **割引**된 가격으로 구입할 수 있다.

14. 멸치는 칼슘 **含量**이 많다.

15. 그 책에 한국의 현대사가 **含蓄**되어 있다.

16. 심한 지진으로 많은 건물이 땅속에 **陷沒**되었다.

17. 적군에게 수도가 **陷落**되었다.

18. **恒溫**을 유지하다.

19. 그는 **恒常** 열심히 공부하는 학생이었다.

471 項	頁 3획	무엇인가를 **만들**(工) 때 **머리**(頁)에 일의 순서를 구분하여 놓은 **항목**
		工(만들 공) 頁(머리 혈) *일을 할 때는 순서를 정해놓고 하지요?
항목 **항**		項
		• 項目(항목) : 조목 • 事項(사항) : 일의 항목이나 내용

472 響	音 13획	**시골**(鄕)에서는 **소리**(音)가 잘 **울리니**
		鄕(시골 향) 音(소리 음) *시골에서는 도시보다 소리가 잘 울립니다. 메아리 쳐 봤죠?
울릴 **향**		響
		• 音響(음향) : 소리의 울림 • 影響(영향) : 어떤 사물의 효과나 작용이 다른 것에 미치는 일

473 獻	犬 16획	**범**(虍) 대신 **솥**(鬲)에 **개**(犬)를 삶아 **드리니**
		虍(범 호) 鬲(솥 력) 犬(개 견)
드릴 **헌**		獻
		• 獻金(헌금) : 돈을 바침 • 獻身(헌신) : 몸과 마음을 바쳐 있는 힘을 다함

474 玄	玄 0획	**머리**(亠)는 **작고**(幺) **검으니**
		亠(머리 두) 幺(작을 요) *몸에서 머리는 다른 부분에 비해 작고 검다는 뜻입니다.
검을 **현**		玄
		• 玄米(현미) : 벼의 걸껍질만 벗겨 낸 쌀 • 玄關(현관) : 건물의 출입문이나 건물에 붙이어 따로 달아낸 문간

자원으로 한자 알기

* 무엇인가를 **만들**(工) 때 **머리**(　)에 일의 순서를 구분하여 놓은 **항목**
* **시골**(鄕)에서는 **소리**(　)가 잘 **울리니**
* **범**(虍) 대신 **솥**(鬲)에 **개**(　)를 삶아 **드리니**
* **머리**(亠)는 **작고**(幺) **검으니**

475 懸 / 달 현 (心, 16획)

고을(縣)에서 본보기를 삼으려고 **마음(心)**이 나쁜 자를 **매다니**

目(눈 목) ㄴ(숨을 혜) 小(작을 소) 系(이을 계) 心(마음 심)

*縣(고을 현) : 눈(目)에 띌까봐 숨어(ㄴ) 작은(小) 혈통을 이어(系)가는 고을
- 懸板(현판) : 글자나 그림을 새겨 문 위나 벽에 다는 널조각

476 穴 / 구멍 혈 (穴, 0획)

집(宀)에 문이나 창문을 내려고 **팔(八)**방으로 뚫은 **구멍**

宀(집 면) 八(여덟 팔) *집에 문이나 창문을 내려고 벽에 구멍을 뚫는다는 뜻입니다.

- 孔穴(공혈) : 구멍
- 穴居(혈거) : 동굴 속에서 삶

477 脅 / 위협할 협 (月, 6획)

여러 **힘(力)**으로 **몸(月)**을 **위협하니**

力(힘 력) 月(몸 월)

- 脅迫(협박) : 을러메서 핍박함
- 威脅(위협) : 힘으로 으르고 협박함

478 衡 / 저울대 형 (行, 10획)

다니며(行) 싸(勹) **밭(田)**에서 농작물을 **큰(大) 저울**에 달아보니

行(다닐 행) 勹(쌀 포) 田(밭 전) 大(큰 대)

- 衡平(형평) : 균형이 맞음
- 均衡(균형) : 어느 한쪽으로 기울거나 치우치지 아니하고 고른 상태

자원으로 한자 알기

* 고을(縣)에서 본보기를 삼으려고 **마음(　)**이 나쁜 자를 **매다니** ☞
* 집(宀)에 문이나 창문을 내려고 **팔(八)**방으로 뚫은 **구멍** ☞
* 여러 **힘(力)**으로 **몸(　)**을 **위협하니** ☞
* 다니며(　) 싸(勹) **밭(田)**에서 농작물을 **큰(大) 저울**에 달아보니 ☞

479 慧 슬기로울 혜	心 11획	비(彗)로 쓸듯 마음(心)의 잡념을 없애면 슬기로우니
		丰(풀 무성할 봉) 크(또 우) 心(마음 심) *마음의 잡념을 없애고 전념하면 슬기롭다는 뜻입니다.
		慧
		*彗(비 혜) : 풀 무성한(丰) 가지 두 개로 또(크) 만든 비 • 智慧(지혜) : 사물의 이치를 빨리 깨닫고 사물을 정확하게 처리하는 정신적 능력

480 浩 넓을 호	氵 7획	물(氵)을 떠놓고 알려야(告) 하는 범위가 넓으니
		氵(물 수) 告(알릴 고) *이른 새벽에 길은 물을 떠놓고 소원을 알리며 빌었죠?
		浩
		• 浩大(호대) : 썩 넓고 큼 • 浩然之氣(호연지기) : 하늘과 땅 사이에 가득 찬 넓고 큰 원기

자원으로 한자 알기

* 비(彗)로 쓸듯 **마음**(   )의 잡념을 없애면 **슬기로우니** ☞
* 물(   )을 떠놓고 **알려야**(告) 하는 범위가 **넓으니** ☞

一思多得

令	+		= 領(거느릴 령)	명령(令)하여 우두머리(頁)가 부하를 거느리니
丁	+	頁	= 項(꼭대기 정)	고무래(丁)처럼 머리(頁) 위로 솟아 있는 꼭대기
工	+		= 項(항목 항)	무엇인가를 만들(工) 때 머리(頁)에 일의 순서를 구분하여 놓은 항목

478 衡(저울대 형) 衝(부딪칠 충) 잘 구별하세요.

　衡(저울대 형) : 다니며(行) 싸(⺈) 밭(田)에서 농작물을 큰(大) 저울에 달아보니
　衝(부딪칠 충) : 다닐(行) 때 무거운(重) 것을 들고 가다 중심을 잃고 부딪치니

辶	+	告	= 造(이룰 조)	계획을 알리고(告) 뛰어(辶)가 일을 이루니
氵	+		= 浩(넓을 호)	물(氵)을 떠놓고 알려야(告) 하는 범위가 넓으니

다음 한자를 나누고 **자원**을 쓰면서 익히세요.

項 (항목 항) = ☐ + ☐

響 (울릴 향) = ☐ + ☐

獻 (드릴 헌) = ☐ + ☐ + ☐

玄 (검을 현) = ☐ + ☐

懸 (달 현) = ☐ + ☐

穴 (구멍 혈) = ☐ + ☐

脅 (위협할 협) = ☐ + ☐

衡 (저울대 형) = ☐ + ☐ + ☐ + ☐

慧 (슬기로울 혜) = ☐ + ☐

浩 (넓을 호) = ☐ + ☐

다음 한자어의 **독음**을 쓰세요.

項目	事項	音響	影響
獻金	獻身	玄米	玄關
懸板	孔穴	穴居	脅迫
威脅	衡平	均衡	智慧
浩大			

 다음 한자어를 **한자**로 쓰세요.

항목 항	조목 목	소리 음	울릴 향	드릴 헌	돈 금	검을 현	쌀 미
달 현	판목 판	구멍 공	구멍 혈	위협할 협	핍박할 박	저울대 형	평평할 평
지혜 지	슬기로울 혜	넓을 호	큰 대	일 사	항목 항	그림자 영	여파 향
드릴 헌	몸 신	검을 현	빗장 관	구멍 혈	살 거	위협할 위	위협할 협
고를 균	저울대 형						

예문으로 한자어 익히기 (한자로 쓰인 단어의 뜻을 써보세요.)

1. 계획안의 다섯 번째 **項目**은 문제가 있어서 삭제하기로 했다.

2. 물건 운반 시 유의할 **事項**을 알려 드리겠습니다.

3. 그 **音響**은 주변의 소음에 함몰되지 않는 독특한 음색을 가지고 있다.

4. 기압골의 **影響**으로 한 두 차례 비가 내릴 것으로 예상된다.

5. 그 단체는 여러 사람이 **獻金**한 돈으로 불우 이웃을 도왔다.

6. 남편은 거동이 불편한 아내를 10여 년 동안 **獻身**으로 시중을 들고 있다.

7. 건강을 위해 우리 집은 밥에 **玄米**를 섞어 먹는다.

8. 초인종이 울리자 모두들 **玄關** 쪽으로 눈을 돌렸다.

9. 교문은 허울뿐이고 돌무더기 한쪽에 교명을 새긴 **懸板** 한 장만 간신히 매달려 있다.

10. 경락과 **孔穴**을 살펴 침을 놓다.

11. 이 **穴居** 부락에 가장 먼저 독립 소식을 전한 사람이 또한 할머니였다.

12. 강도의 **脅迫**에 못 이겨 금품을 내주었다.

13. 도시의 자연 환경은 극심한 공해로 생존의 **威脅**을 받고 있다.

14. 한쪽으로 기울어진 접시저울의 **衡平**을 맞추었다.

15. **均衡**을 유지하다.

16. 문화 유적에는 조상들의 정신과 **智慧**가 담겨 있다.

17. 적세가 워낙 **浩大**하니 명나라 군사들은 겁이 나서 동정을 살피며 빨리 행군을 하지 않았다.

481 胡 (오랑캐 호) — 月, 5획

오랜(古) 세월 고기(月)만 즐겨먹는 **오랑캐**

古(오랠 고) 月(육 달 월, 고기 육 변형)   *오랑캐 : 두만강 일대의 만주 지방에 살던 여진족

- 胡亂(호란) : 호인들이 일으킨 난리
- 胡風(호풍) : 북쪽의 오랑캐 땅에서 불어오는 바람

482 虎 (범 호) — 虍, 2획

범(虍)이 **걷는**(儿) 모양

虍(범 호) 儿(걷는 사람 인)

- 猛虎(맹호) : 사나운 범
- 虎穴(호혈) : 호랑이 굴

483 豪 (호걸 호) — 豕, 7획

높은(亠) 지위에 올라 돼지(豕)처럼 살찐 **호걸**

亠(높을 고) 豕(돼지 시)

- 豪言(호언) : 의기양양하여 호기롭게 말함
- 豪傑(호걸) : 지혜와 용기가 뛰어나고 기개와 풍모가 있는 사람

484 惑 (미혹할 혹) — 心, 8획

혹(或) 하는 마음(心)에 **미혹되니**

或(혹 혹) 心(마음 심)   *미혹 : 무엇에 홀려 정신을 차리지 못함

- 惑世(혹세) : 세상을 어지럽게 함
- 誘惑(유혹) : 꾀어서 정신을 혼미하게 하거나 좋지 아니한 길로 이끎

자원으로 한자 알기

* 오랜(古) 세월 고기(　　)만 즐겨먹는 **오랑캐**
* 범(　　)이 걷는(儿) 모양
* 높은(亠) 지위에 올라 돼지(　　)처럼 살찐 **호걸**
* 혹(或) 하는 마음(　　)에 **미혹되니**

485 魂 넋 혼	鬼 4획	구름(云)처럼 떠다니는 귀신(鬼) 같은 넋
		云(구름 운의 간체자) 鬼(귀신 귀) *넋 : 사람의 몸에 있으면서 몸을 거느리고 정신을 다스리는 것
		• 靈魂(영혼) : 죽은 사람의 넋 • 忠魂(충혼) : 충의를 위하여 죽은 사람의 넋

486 忽 갑자기 소홀할 홀	心 4획	없던(勿) 마음(心)이 갑자기 생겨 소홀하니
		勿(없앨 물) 心(마음 심)
		• 忽然(홀연) : 갑자기 • 忽待(홀대) : 푸대접

487 洪 넓을 홍	氵 6획	물(氵)이 모여 함께(共) 흐르면 넓으니
		氵(물 수) 共(함께 공)
		• 洪水(홍수) : 큰물 • 洪福(홍복) : 큰 행복

488 禍 재앙 화	示 9획	신(示)에게 삐뚤어지게(咼) 행동하여 입은 재앙
		示(신 시) 咼(삐뚤어질 와) *재앙 : 뜻하지 아니하게 생긴 불행한 변고
		• 災禍(재화) : 재앙과 화난 • 禍根(화근) : 재앙의 근원

자원으로 한자 알기

* 구름(云)처럼 떠다니는 귀신(　) 같은 넋　☞
* 없던(勿) 마음(　)이 갑자기 생겨 소홀하니　☞
* 물(　)이 모여 함께(共) 흐르면 넓으니　☞
* 신(　)에게 삐뚤어지게(咼) 행동하여 입은 재앙　☞

489 換 바꿀 환	扌 9획	손(扌)으로 싸(ㅗ) 성(冂)에 걸어(儿)가 큰(大) 것으로 **바꾸니**
		扌(손 수) ㅗ(쌀 포) 冂(성 경) 儿(걷는 사람 인) 大(큰 대)
		• 換氣(환기) : 탁한 공기를 맑은 공기로 바꿈 • 換錢(환전) : 서로 종류가 다른 화폐와 화폐를 교환함

490 還 돌아올 환	辶 13획	놀라서 휘둥그렇게 눈을 뜨고(睘) 뛰어(辶) **돌아오니**
		睘 (눈 휘둥그레질 경) 辶(뛸 착)
		• 還給(환급) : 도로 돌려줌 • 歸還(귀환) : 본디의 처소로 돌아옴

자원으로 한자 알기

* 손(　) 으로 싸(ㅗ) 성(冂)에 걸어(儿)가 큰(大) 것으로 **바꾸니**
* 놀라서 휘둥그렇게 눈을 뜨고(睘) 뛰어(　) **돌아오니**

一思多得

亻	+	共	=	供(이바지할 공)	**사람**(亻)은 **함께**(共) 살면서 서로에게 **이바지하니**
氵	+		=	洪(넓을 홍)	**물**(氵)이 모여 **함께**(共) 흐르면 **넓으니**

488 禍(재앙 화) 福(복 복) 잘 구별하세요.

禍(재앙 화) : **신**(示)에게 **삐뚤어지게**(咼) 행동하여 입은 **재앙**

福(복 복) : **신**(示)에게 **하나**(一)같이 **입**(口)으로 고하고 **밭**(田) 곡식을 바치며 **복**을 비니

玉	+	睘	=	環(고리 환)	**옥**(玉)으로 휘둥그렇게 뜬 **눈**(睘)처럼 둥글게 만든 **고리**
辶	+		=	還(돌아올 환)	놀라서 **휘둥그렇게 눈을 뜨고**(睘) **뛰어**(辶) **돌아오니**

다음 한자를 나누고 **자원**을 쓰면서 익히세요.

胡 오랑캐 호	=		+		
虎 범 호	=		+		
豪 호걸 호	=		+		
惑 미혹할 혹	=		+		
魂 넋 혼	=		+		
忽 갑자기 홀	=		+		
洪 넓을 홍	=		+		
禍 재앙 화	=		+		
換 바꿀 환	=		+		+		+		+	
還 돌아올 환	=		+		

다음 한자어의 **독음**을 쓰세요.

胡亂	胡風	猛虎	虎穴
豪言	豪傑	惑世	誘惑
靈魂	忠魂	忽然	忽待
洪水	洪福	災禍	禍根
換氣	換錢	還給	歸還

 다음 한자어를 **한자**로 쓰세요.

오랑캐 호	난리 란	사나울 맹	범 호	호걸 호	말씀 언	미혹할 혹	세상 세
혼령 령	넋 혼	갑자기 홀	그럴 연	넓을 홍	물 수	재앙 재	재앙 화
바꿀 환	공기 기	돌아올 환	줄 급	오랑캐 호	바람 풍	범 호	구멍 혈
호걸 호	뛰어날 걸	꾈 유	미혹할 혹	충성 충	넋 혼	소홀할 홀	대접할 대
넓을 홍	복 복	재앙 화	뿌리 근	바꿀 환	돈 전	돌아올 귀	돌아올 환

예문으로 한자어 익히기 (한자로 쓰인 단어의 뜻을 써보세요.)

1. 임진왜란과 병자**胡亂**은 조선을 전기와 후기로 갈라놓는 중대한 사건이었다.

2. 원나라에는 아직 시월 초승이건만 눈은 펄펄 날리고 **胡風**은 맵고 싸늘했다.

3. 그의 음성은 **猛虎**의 소리와 같아 드르렁드르렁 울리었다.

4. **虎穴**에 들어가지 않고서는 호랑이 새끼를 얻지 못한다.

5. 경찰 측에서는 범인 검거는 시간문제라고 **豪言**하고 있다.

6. **豪傑**들 속에는 기걸한 사람도 있고, 용맹스러운 인물도 있을 것입니다.

7. 그따위 **惑世**의 무리들과는 아예 상종하지 말 것이며…

8. 세상의 수많은 **誘惑**을 받을 때마다 그는 아버지의 가르침을 떠올렸다.

9. 말수가 적은 사람들의 말은 무게를 가지고 우리 **靈魂** 안에 자리를 잡는다.

10. 무명용사들의 **忠魂**을 기리다.

11. **忽然** 그의 눈이 침침해졌다가 이내 환해지면서 주위의 경물이 달라졌다.

12. 그 사람이 밉다고 그의 가족까지 **忽待**해서는 안 된다.

13. 금년 여름에는 **洪水**가 나서 수재민이 많이 발생했다.

14. 형의 성공은 홀어머니의 **洪福**이다.

15. 올해는 이상하게도 자꾸 **災禍**가 든다.

16. 섭정을 하자마자 그분은 당파의 **禍根**을 뿌리 뽑았다.

17. 그는 매일 아침 일어나자마자 **換氣**를 위해 창문을 활짝 연다.

18. 그는 외국 관광객을 상대로 외화를 원화로 바꿔 주는 **換錢** 업무를 담당하고 있다.

19. 영화관 사정으로 영화 상영이 중단되자 관객들은 입장료 **還給**을 요구하였다.

20. 할머니는 새벽마다 정화수를 떠 놓고 파병 나간 삼촌의 무사한 **歸還**을 빌었다.

491 皇 임금 황	白 4획	희게(白) 빛나는 왕관을 쓴 **임금**(王)
		白(흰 백) 王(임금 왕)
		• 皇妃(황비) : 황제의 아내 • 皇國(황국) : 황제가 다스리는 나라

492 荒 거칠 황	艹 6획	풀(艹)이 **망할**(亡) 정도로 **냇물**(川)이 말라 땅이 **거치니**
		艹(풀 초) 亡(망할 망) 川(내 천) *풀이 말라죽을 정도로 냇물이 말라 땅이 거칠다는 뜻입니다.
		• 荒廢(황폐) : 거칠고 못 쓰게 됨 • 荒野(황야) : 버려 두어 거친 들판

493 悔 뉘우칠 회	忄 7획	마음(忄)에 **매양**(每) **뉘우치니**
		忄(마음 심) 每(매양 매) *마음에 늘 뉘우친다는 뜻입니다.
		• 悔改(회개) : 잘못을 뉘우치고 고침 • 後悔(후회) : 일이 지난 뒤에 잘못을 깨치고 뉘우침

494 懷 품을 회	忄 16획	마음(忄)에 뜻을 **품으니**(褱)
		忄(마음 심) 褱(품을 회)
		• 懷疑(회의) : 의심을 품음 • 懷古(회고) : 옛 자취를 돌이켜 생각함

자원으로 한자 알기

* 희게( ) 빛나는 왕관을 쓴 **임금**(王)
* 풀( )이 **망할**(亡) 정도로 **냇물**(川)이 말라 땅이 **거치니**
* 마음( )에 **매양**(每) **뉘우치니**
* 마음( )에 뜻을 **품으니**(褱)

495 劃	刂 12획	그림(畫)을 그리듯 칼(刂)로 그어 나누려고 계획하니
		畫(그림 화) 刂(칼 도)
그을 계획할	획	• 企劃(기획) : 일을 꾀하여 계획함 • 計劃(계획) : 앞으로 할 일의 절차, 방법, 규모 따위를 미리 헤아려 작정함

496 獲	犭 14획	개(犭)가 풀(艹) 속에서 새(隹)를 또(又) 찾아 얻으니
		犭(개 견) 艹(풀 초) 隹(새 추) 又(또 우)
얻을	획	• 捕獲(포획) : 잡음 • 獲得(획득) : 얻어 가짐

497 橫	木 12획	나무(木)가 누렇게(黃) 말라 죽어 가로로 제멋대로 쓰러지니
		木(나무 목) 黃(누를 황)
가로 제멋대로	횡	• 橫列(횡렬) : 가로로 줄을 지음 • 橫暴(횡포) : 제멋대로 굴며 몹시 난폭함

498 胸	月 6획	몸(月)을 싸(勹) 흉한(凶) 곳을 보기 좋게 가려주는 가슴
		月(몸 월) 勹(쌀 포) 凶(흉할 흉) *몸속에 있는 장기를 싸 보기 좋게 가슴이 가려준다는 뜻입니다.
가슴	흉	• 胸部(흉부) : 가슴 • 胸像(흉상) : 사람의 모습을 가슴까지만 표현한 그림이나 조각

자원으로 한자 알기

* 그림(畫)을 그리듯 칼(   )로 그어 나누려고 계획하니
* 개(   )가 풀(艹) 속에서 새(隹)를 또(又) 찾아 얻으니
* 나무(   )가 누렇게(黃) 말라 죽어 가로로 제멋대로 쓰러지니
* 몸(   )을 싸(勹) 흉한(凶) 곳을 보기 좋게 가려주는 가슴

499 稀 (드물 희)

禾 7획

벼(禾)는 바라는(希) 만큼 수확하기 드무니

禾(벼 화) 希(바랄 희)

- 稀貴(희귀) : 드물어 매우 귀함
- 稀微(희미) : 또렷하지 못하고 흐릿함

500 戱 (놀이 희롱할 희)

戈 13획

범(虍)을 콩(豆)대를 창(戈)처럼 여기고 가지고 놀며 희롱하니

虍(범 호) 豆(콩 두) 戈(창 과)   *우리에 갇힌 호랑이를 콩대를 가지고 희롱하며 논다는 뜻입니다.

＊속자 : 戯

- 遊戱(유희) : 즐겁게 놀며 장난함

자원으로 한자 알기

* 벼(　) 는 바라는(希) 만큼 수확하기 드무니
* 범(虍)을 콩(豆)대를 창(　) 처럼 여기고 가지고 놀며 희롱하니

一思多得

氵 +		=	海(바다 해)	물(氵)이 마르지 않고 매양(每) 있는 바다
木 +	每	=	梅(매화 매)	나무(木) 중에서 매양(每) 봄을 알려주는 매화
忄 +		=	悔(뉘우칠 회)	마음(忄)에 매양(每) 뉘우치니

土 +	褱	=	壞(무너질 괴)	흙(土)으로만 품으면(褱) 단단하지 못하여 무너지니
忄 +		=	懷(품을 회)	마음(忄)에 뜻을 품으니(褱)

496 獲(얻을 획) 護(보호할 호) 잘 구별하세요.

獲(얻을 획) : 개(犭)가 풀(艹) 속에서 새(隹)를 또(又) 찾아 얻으니

護(보호할 호) : 말(言) 못하는 풀(艹) 속의 새(隹)들도 또(又)한 보호하여 지키니

다음 한자를 나누고 **자원**을 쓰면서 익히세요.

皇 (임금 황)	=		+		
荒 (거칠 황)	=		+		+	
悔 (뉘우칠 회)	=		+		
懷 (품을 회)	=		+		
劃 (그을 획)	=		+		
獲 (얻을 획)	=		+		+		+	
橫 (가로 횡)	=		+		
胸 (가슴 흉)	=		+		+	
稀 (드물 희)	=		+		
戱 (놀이 희)	=		+		+	

다음 한자어의 **독음**을 쓰세요.

皇妃	皇國	荒廢	荒野
悔改	後悔	懷疑	懷古
企劃	計劃	捕獲	獲得
橫列	橫暴	胸部	胸像
稀貴	稀微	遊戱	

다음 한자어를 **한자**로 쓰세요.

임금 황	왕비 비	거칠 황	폐할 폐	뉘우칠 회	고칠 개	품을 회	의심할 의
꾀할 기	계획할 획	잡을 포	얻을 획	가로 횡	빌릴 렬	가슴 흉	구분 부
드물 희	귀할 귀	놀 유	놀이 희	임금 황	나라 국	거칠 황	들 야
뒤 후	뉘우칠 회	품을 회	예 고	헤아릴 계	계획할 획	얻을 획	얻을 득
제멋대로 횡	사나울 포	가슴 흉	모양 상	드물 희	어렴풋할 미		

예문으로 **한자어** 익히기(한자로 쓰인 단어의 뜻을 써보세요.)

1. 대신의 딸을 **皇妃**로 맞아들이다.

2. 스스로 **皇國**이라 칭하였다.

3. 무분별한 개발로 농촌의 **荒廢**가 극심한 지경에 이르렀다.

4. 인적 없는 삭막한 불모의 **荒野**를 옥토로 바꾸었다.

5. 그는 지난날의 과오를 진심으로 반성하고 **悔改**하였다.

6. 충동 구매한 옷을 볼 때마다 그것을 산 것을 **後悔**하게 된다.

7. 사고를 당한 후에 그는 신의 존재에 대하여 **懷疑**하기 시작했다.

8. 그는 일생을 **懷古**하는 자서전을 쓰기로 마음먹었다.

9. 공동생활을 체험해 볼 수 있도록 이번 수련회를 **企劃**하였습니다.

10. 내일 아침 일찍 남해안으로 여행을 떠날 **計劃**이다.

11. 무분별한 **捕獲**으로 멸종 위기에 놓여 있는 동물이 많다.

12. 대표 팀은 아시아에서 4강에 들어 세계 대회 진출권을 **獲得**했다.

13. **橫列**로 줄을 서다.

14. **橫暴**를 부리다.

15. 의사는 조심스레 팔딱팔딱 뛰는 아기의 **胸部**에 청진기를 갖다 대었다.

16. 정문 뒤에 누군지 알 수 없는 조그만 **胸像** 하나가 서 있었다.

17. 멸종 위기에 처한 **稀貴**한 동물을 보호해야 한다.

18. 뚫어진 창호지 구멍으로 그래도 **稀微**한 불빛이 새어 나오고 있었다.

19. 가족들과 **遊戲**를 즐기다.

 자원으로 한자 알기.

451. 실(   )로 집(戶)에서 책(冊)을 엮으니

452. 해진(敞) 부분을 두 손으로 잡아(   ) 가려야 하는 폐단

453. 큰집(   )을 사람들이 모두 떠나(發) 폐하니

454. 몸(   )에서 시장(市)처럼 바쁜 허파

455. 손(   )을 크게(甫) 펴 잡으니

456. 물(   )이 크게(甫) 출렁이는 물가

457. 나무(   )가 찬바람(風)에 단풍드니

458. 가죽(厂)을 송곳(丨)을 손(又)에 쥐고 뚫는 모양

459. 걸어가(   ) 가죽(皮)으로 싼 과녁을 저편에 세우니

460. 옷(   )을 가죽(皮)으로 지어 입으니

461. 밭(   )의 풀(艹)은 하나(一)같이 시월(十)이 되면 자라기를 마치니

462. 사람(   )이 옳게(可) 살아야지 어찌 그러냐?

463. 풀(   )로 사람(亻)이 짐을 옳게(可) 엮어서 메니

464. 더하여(加) 재물(   )까지 주며 하례하니

465. 갯벌을 덮고(冖) 있는 작은 새(隹)나 큰새(   )는 모두 학이니

466. 물(   )처럼 흘리며 방패(干)처럼 더위를 막는 땀

467. 해로운(害) 것을 칼(   )로 베니

468. 지금(今)까지도 입(   )에 머금으니

469. 언덕(   )에 싸인(勹) 절구(臼) 같은 함정에 빠지니

470. 마음(   )이 하늘(一)에서 해(日)가 땅(一)을 비추듯 항상 따뜻하니

471. 무엇인가를 만들(工) 때 머리(   )에 일의 순서를 구분하여 놓은 항목

472. 시골(鄕)에서는 소리(   )가 잘 울리니

473. 범(虍) 대신 솥(鬲)에 개(   )를 삶아 드리니

474. 머리(亠)는 작고(幺) 검으니

475. 고을(縣)에서 본보기를 삼으려고 마음(   )이 나쁜 자를 매다니

자원으로 한자 알기.

476. 집(宀)에 문이나 창문을 내려고 팔(八)방으로 뚫은 **구멍**

477. 여러 힘(力)으로 몸( )을 **위협하니**

478. 다니며( ) 싸(勹) 밭(田)에서 농작물을 큰(大) **저울**에 달아보니

479. 비(彗)로 쓸듯 마음( )의 잡념을 없애면 **슬기로우니**

480. 물( )을 떠놓고 알려야(告) 하는 범위가 **넓으니**

481. 오랜(古) 세월 고기( )만 즐겨먹는 **오랑캐**

482. 범( )이 걷는(儿) 모양

483. 높은(亠) 지위에 올라 돼지( )처럼 살찐 **호걸**

484. 혹(或) 하는 마음( )에 **미혹되니**

485. 구름(云)처럼 떠다니는 귀신( ) 같은 **넋**

486. 없던(勿) 마음( )이 갑자기 생겨 **소홀하니**

487. 물( )이 모여 함께(共) 흐르면 **넓으니**

488. 신( )에게 삐뚤어지게(咼) 행동하여 입은 **재앙**

489. 손( )으로 싸(勹) 성(冂)에 걸어(儿)가 큰(大) 것으로 **바꾸니**

490. 놀라서 휘둥그렇게 눈을 뜨고(睘) 뛰어( ) **돌아오니**

491. 희게( ) 빛나는 왕관을 쓴 **임금(王)**

492. 풀( )이 망할(亡) 정도로 냇물(川)이 말라 땅이 **거치니**

493. 마음( )에 매양(每) **뉘우치니**

494. 마음( )에 뜻을 **품으니(裏)**

495. 그림(畫)을 그리듯 칼( )로 그어 나누려고 **계획하니**

496. 개( )가 풀(艹) 속에서 새(隹)를 또(又) 찾아 **얻으니**

497. 나무( )가 누렇게(黃) 말라 죽어 가로로 제멋대로 **쓰러지니**

498. 몸( )을 싸(勹) 흉한(凶) 곳을 보기 좋게 가려주는 **가슴**

499. 벼( )는 바라는(希) 만큼 수확하기 **드무니**

500. 범(虍)을 콩(豆)대를 창( )처럼 여기고 가지고 놀며 **희롱하니**

380

다음 한자의 **뜻**과 **음**을 쓰세요.

編	弊	廢	肺	捕	浦	楓
皮	彼	被	畢	何	荷	賀
鶴	汗	割		含	陷	恒
項	響				獻	玄
懸						穴
脅	衡				慧	浩
胡	虎	豪		惑	魂	忽
洪	禍	換	還	皇	荒	悔
懷	劃	獲	橫	胸	稀	戱

3Ⅱ 451-500번 형성평가

다음 뜻과 음을 지닌 **한자**를 쓰세요.

엮을 편	폐단 폐	폐할 폐	허파 폐	잡을 포	물가 포	단풍 풍
가죽 피	저 피	입을 피	마칠 필	어찌 하	멜 하	하례할 하
학 학	땀 한	벨 할		머금을 함	빠질 함	항상 항
항목 항	울릴 향				드릴 헌	검을 현
달 현						구멍 혈
위협할 협	저울대 형				슬기로울 혜	넓을 호
오랑캐 호	범 호	호걸 호		미혹할 혹	넋 혼	갑자기 홀
넓을 홍	재앙 화	바꿀 환	돌아올 환	임금 황	거칠 황	뉘우칠 회
품을 회	그을 획	얻을 획	가로 횡	가슴 흉	드물 희	놀이 희

3Ⅱ 451-500번
형성평가

다음 한자의 **뜻**과 **음**을 쓰세요.

佳	架	脚	閣	刊	幹	懇
肝	鑑	剛	綱	鋼	介	槪
蓋	距	乾		劍	隔	訣
兼	謙				耕	頃
徑						硬
啓	契				械	溪
桂	姑	稿		鼓	哭	谷
供	恐	恭	貢	寡	誇	冠
寬	貫	慣	館	狂	壞	怪

3Ⅱ 1-50번
형성평가

다음 뜻과 음을 지닌 **한자**를 쓰세요.

아름다울 가	시렁 가	다리 각	집 각	샛길 간	줄기 간	간절할 간
간 간	거울 감	굳셀 강	벼리 강	강철 강	낄 개	대강 개
덮을 개	떨어질 거	하늘 건		칼 검	사이 뜰 격	이별할 결
겸할 겸	겸손할 겸			밭 갈 경	잠깐 경
지름길 경					굳을 경
열 계	맺을 계			기계 계	시내 계
계수나무 계	시어미 고	원고 고		북 고	울 곡	골 곡
이바지할 공	두려울 공	공손할 공	바칠 공	적을 과	자랑할 과	갓 관
너그러울 관	꿸 관	익숙할 관	집 관	미칠 광	무너질 괴	괴이할 괴

3Ⅱ 1-50번 형성평가

385

다음 한자의 **뜻**과 **음**을 쓰세요.

巧	較	久	拘	丘	菊	弓
拳	鬼	菌	克	琴	禽	錦
及	企	其		畿	祈	騎
緊	諾				娘	耐
寧						奴
腦	泥				茶	丹
旦	但	淡		踏	唐	糖
臺	貸	刀	途	陶	倒	桃
渡	突	凍	絡	欄	蘭	浪

3Ⅱ 51-100번
형성평가

다음 뜻과 음을 지닌 **한자**를 쓰세요.

공교할 교	비교 교	오랠 구	잡을 구	언덕 구	국화 국	활 궁
주먹 권	귀신 귀	버섯 균	이길 극	거문고 금	새 금	비단 금
미칠 급	꾀할 기	그 기		경기 기	빌 기	말 탈 기
긴할 긴	허락할 낙			계집 낭		견딜 내
편안할 녕						종 노
뇌 뇌	진흙 니			차 다		붉을 단
아침 단	다만 단	맑을 담		밟을 답	당나라 당	엿 당
대 대	빌릴 대	칼 도	길 도	질그릇 도	넘어질 도	복숭아 도
건널 도	갑자기 돌	얼 동	이을 락	난간 란	난초 란	물결 랑

3Ⅱ 51-100번 형성평가

387

다음 한자의 **뜻**과 **음**을 쓰세요.

郎	廊	涼	梁	勵	曆	戀
聯	鍊	蓮	裂	嶺	靈	爐
露	祿	弄		雷	賴	樓
漏	累				倫	栗
率						隆

3Ⅱ 101-150번 형성평가

陵	吏				履	裏
臨	麻	磨		莫	漠	幕
晚	妄	梅	媒	麥	孟	猛
盲	盟	眠	綿	免	滅	銘

다음 뜻과 음을 지닌 **한자**를 쓰세요.

사내 랑	사랑채 랑	서늘할 량	들보 량	힘쓸 려	책력 력	그리워할 련
연이을 련	단련할 련	연꽃 련	찢을 렬	고개 령	신령 령	화로 로
이슬 로	녹 록	희롱할 롱		우레 뢰	의뢰할 뢰	다락 루
샐 루	여러 루				인륜 륜	밤 률
비율 률						높을 륭
언덕 릉	관리 리			밟을 리	속 리	
임할 림	삼 마	갈 마		없을 막	넓을 막	장막 막
늦을 만	망령될 망	매화 매	중매 매	보리 맥	맏 맹	사나울 맹
소경 맹	맹세 맹	잘 면	솜 면	면할 면	멸할 멸	새길 명

3Ⅱ 101-150번
형성평가

다음 한자의 **뜻**과 **음**을 쓰세요.

慕	謀	貌	睦	沒	夢	蒙
茂	貿	默	墨	紋	勿	微
尾	薄	迫		飯	般	盤
拔	芳				排	輩
培						伯

3Ⅱ 151-200번 형성평가

繁	凡				碧	丙
補	譜	腹		覆	封	逢
峯	鳳	扶	浮	付	符	附
簿	腐	賦	奔	奮	紛	拂

다음 뜻과 음을 지닌 **한자**를 쓰세요.

그릴 모	꾀할 모	모양 모	화목할 목	빠질 몰	꿈 몽	어리석을 몽
무성할 무	무역할 무	잠잠할 묵	먹 묵	무늬 문	말 물	작을 미
꼬리 미	엷을 박	핍박할 박		밥 반	일반 반	소반 반
뽑을 발	꽃다울 방				밀칠 배	무리 배
북돋울 배						맏 백
번성할 번	무릇 범			푸를 벽	남녘 병	
기울 보	족보 보	배 복		다시 복	봉할 봉	만날 봉
봉우리 봉	봉황새 봉	도울 부	뜰 부	줄 부	부호 부	붙을 부
문서 부	썩을 부	부세 부	달릴 분	떨칠 분	어지러울 분	떨칠 불

3Ⅱ 151-200번 형성평가

다음 한자의 **뜻**과 **음**을 쓰세요.

妃	卑	婢	肥	司	詞	沙
祀	邪	斜	蛇	削	森	喪
像	償	尙		裳	詳	霜
桑	索				塞	徐
恕						緒
署	惜				釋	旋
禪	疏	蘇		訴	燒	訟
刷	鎖	衰	壽	帥	愁	殊
獸	輸	隨	需	垂	淑	熟

3Ⅱ 201-250번
형성평가

다음 뜻과 음을 지닌 **한자**를 쓰세요.

왕비 비	낮을 비	계집종 비	살찔 비	맡을 사	말 사	모래 사
제사 사	간사할 사	비낄 사	긴 뱀 사	깎을 삭	수풀 삼	잃을 상
모양 상	갚을 상	오히려 상		치마 상	자세할 상	서리 상
뽕나무 상	찾을 색				막힐 색	천천히 서
용서할 서		3Ⅱ 201-250번 형성평가				실마리 서
관청 서	아낄 석			풀 석	돌 선	
선 선	소통할 소	깨어날 소		호소할 소	사를 소	송사할 송
인쇄할 쇄	쇠사슬 쇄	쇠할 쇠	목숨 수	장수 수	근심 수	다를 수
짐승 수	보낼 수	따를 수	쓰일 수	드리울 수	맑을 숙	익을 숙

다음 한자의 뜻과 음을 쓰세요.

巡	旬	瞬	述	拾	襲	濕
乘	僧	昇	侍	飾	愼	審
甚	雙	亞		我	阿	牙
雅	芽				岸	顔
巖						仰
央	哀				若	揚
壤	讓	御		憶	抑	亦
役	疫	譯	驛	宴	沿	軟
燕	悅	染	炎	鹽	影	譽

3Ⅱ 251-300번
형성평가

다음 뜻과 음을 지닌 **한자**를 쓰세요.

돌 순	열흘 순	눈 깜짝일 순	펼 술	주울 습	엄습할 습	젖을 습
탈 승	중 승	오를 승	모실 시	꾸밀 식	삼갈 신	살필 심
심할 심	두 쌍	버금 아		나 아	언덕 아	어금니 아
맑을 아	싹 아				언덕 안	낯 안
바위 암						우러를 앙
가운데 앙	슬플 애			같을 약		날릴 양
흙덩이 양	사양할 양	다스릴 어		생각할 억	누를 억	또 역
부릴 역	전염병 역	번역할 역	역 역	잔치 연	물 따라갈 연	연할 연
제비 연	기쁠 열	물들 염	불꽃 염	소금 염	그림자 영	기릴 예

3Ⅱ 251-300번
형성평가

다음 한자의 **뜻**과 **음**을 쓰세요.

悟	烏	獄	瓦	緩	欲	慾
辱	羽	宇	偶	愚	憂	韻
越	偽	胃		謂	幼	幽
悠	柔				猶	維
裕						誘
潤	乙				淫	已
翼	忍	逸		壬	賃	慈
刺	紫	暫	潛	丈	掌	粧
莊	藏	臟	葬	栽	載	裁

3Ⅱ 301~350번
형성평가

다음 뜻과 음을 지닌 **한자**를 쓰세요.

깨달을 오	까마귀 오	감옥 옥	기와 와	느릴 완	하고자할 욕	욕심 욕
욕될 욕	깃 우	집 우	짝 우	어리석을 우	근심 우	운 운
넘을 월	거짓 위	밥통 위		이를 위	어릴 유	그윽할 유
멀 유	부드러울 유			오히려 유	벼리 유
넉넉할 유			3Ⅱ 301-350번 형성평가			꾈 유
불을 윤	새 을			음란할 음	이미 이
날개 익	참을 인	편안할 일		북방 임	품삯 임	사랑 자
찌를 자	자줏빛 자	잠깐 잠	잠길 잠	어른 장	손바닥 장	단장할 장
장엄할 장	감출 장	오장 장	장사지낼 장	심을 재	실을 재	옷 마를 재

다음 한자의 **뜻**과 **음**을 쓰세요.

3Ⅱ 351-400번 형성평가

抵	著	寂	摘	笛	跡	蹟
殿	漸	井	亭	廷	征	淨
貞	頂	諸		齊	兆	照
租	縱				坐	宙
柱						洲
奏	鑄			株		珠
仲	卽	曾		憎	症	蒸
之	池	枝	鎭	辰	振	震
陳	疾	秩	執	徵	此	借

다음 뜻과 음을 지닌 **한자**를 쓰세요.

막을 저	나타날 저	고요할 적	가리킬 적	피리 적	발자취 적	자취 적
전각 전	점점 점	우물 정	정자 정	조정 정	칠 정	깨끗할 정
곧을 정	정수리 정	모두 제		가지런할 제	조짐 조	비칠 조
조세 조	세로 종				앉을 좌	집 주
기둥 주						물가 주
아뢸 주	쇠 불릴 주				그루 주	구슬 주
버금 중	곧 즉	거듭 증		미울 증	증세 증	찔 증
갈 지	못 지	가지 지	진압할 진	별 진	떨칠 진	우레 진
베풀 진	병 질	차례 질	잡을 집	부를 징	이 차	빌릴 차

3Ⅱ 351-400번 형성평가

다음 한자의 **뜻**과 **음**을 쓰세요.

錯	贊	倉	蒼	昌	彩	菜
債	策	妻	尺	戚	拓	遷
淺	賤	踐		哲	徹	滯
礎	肖				超	促
觸						催

3Ⅱ 401-450번 형성평가

追	畜				衝	吹
醉	側	値		恥	稚	漆
沈	浸	奪	塔	湯	殆	泰
澤	兎	吐	透	版	片	偏

다음 뜻과 음을 지닌 **한자**를 쓰세요.

어긋날 착	도울 찬	곳집 창	푸를 창	창성할 창	채색 채	나물 채
빚 채	꾀 책	아내 처	자 척	친척 척	넓힐 척	옮길 천
얕을 천	천할 천	밟을 천		밝을 철	통할 철	막힐 체
주춧돌 초	닮을 초			뛰어넘을 초	재촉할 촉	
닿을 촉						재촉할 최
쫓을 추	짐승 축			부딪칠 충		불 취
취할 취	곁 측	값 치	부끄러울 치	어릴 치		옻 칠
잠길 침	잠길 침	빼앗을 탈	탑 탑	끓일 탕	거의 태	클 태
못 택	토끼 토	토할 토	통할 투	판목 판	조각 편	치우칠 편

3II 401-450번
형성평가

다음 한자의 **뜻**과 **음**을 쓰세요.

編	弊	廢	肺	捕	浦	楓
皮	彼	被	畢	何	荷	賀
鶴	汗	割		含	陷	恒
項	響				獻	玄
懸						穴
			3Ⅱ 451-500번 형성평가			
脅	衡				慧	浩
胡	虎	豪		惑	魂	忽
洪	禍	換	還	皇	荒	悔
懷	劃	獲	橫	胸	稀	戱

다음 뜻과 음을 지닌 **한자**를 쓰세요.

엮을 편	폐단 폐	폐할 폐	허파 폐	잡을 포	물가 포	단풍 풍
가죽 피	저 피	입을 피	마칠 필	어찌 하	멜 하	하례할 하
학 학	땀 한	벨 할		머금을 함	빠질 함	항상 항
항목 항	울릴 향				드릴 헌	검을 현
달 현						구멍 혈
위협할 협	저울대 형				슬기로울 혜	넓을 호
오랑캐 호	범 호	호걸 호		미혹할 혹	넋 혼	갑자기 홀
넓을 홍	재앙 화	바꿀 환	돌아올 환	임금 황	거칠 황	뉘우칠 회
품을 회	그을 획	얻을 획	가로 횡	가슴 흉	드물 희	놀이 희

3Ⅱ 451-500번 형성평가

논술 – 교과서 주요 한자어 익히기

加盟	( ) :	동맹이나 연맹, 단체에 가입함	가맹
假飾	( ) :	말이나 행동 따위를 거짓으로 꾸밈	가식
肝炎	( ) :	간에 생기는 염증을 통틀어 이르는 말	간염
剛直	( ) :	마음이 굳세고 곧음	강직
槪觀	( ) :	대강 살펴봄	개관
乾性	( ) :	공기 중에서 쉽게 마르는 성질	건성
檢疫	( ) :	전염병이 들어오는 것을 막기 위하여 공항과 항구에서 검사하는 일	검역
固執	( ) :	자기의 의견을 바꾸거나 고치지 않고 굳게 버팀	고집
落照	( ) :	저녁 햇빛	낙조
弄談	( ) :	실없이 놀리거나 장난으로 하는 말	농담
雷聲	( ) :	천둥소리	뇌성
渡江	( ) :	강을 건넘	도강
童顔	( ) :	어린아이의 얼굴	동안
銅版	( ) :	구리로 만든 판	동판
晩秋	( ) :	늦가을	만추
猛威	( ) :	사나운 위세	맹위
美貌	( ) :	아름다운 얼굴 모습	미모
未詳	( ) :	자세하지 않음	미상
微熱	( ) :	그다지 높지 않은 몸의 열	미열
半熟	( ) :	음식 따위에 열을 가하여 반쯤 익힘	반숙
百獸	( ) :	온갖 짐승	백수
腹痛	( ) :	배에 일어나는 통증	복통
上策	( ) :	가장 좋은 대책	상책
夕刊	( ) :	저녁에 발행된 신문	석간
石柱	( ) :	돌기둥	석주

旋回	선회	빙빙 돎
衰退	쇠퇴	쇠하여 점차로 물러남
愁心	수심	근심하는 마음
食盤	식반	음식을 차려 놓는 상
食慾	식욕	음식을 먹고 싶어 하는 욕망
哀願	애원	슬프게 간절히 원함
溫湯	온탕	따뜻한 물이 들어 있는 탕
越南	월남	남쪽으로 넘음
忍苦	인고	괴로움을 참음
自滅	자멸	스스로 자신을 망치거나 멸망하게 함
慈悲	자비	남을 깊이 사랑하고 가엾게 여김
藏書	장서	책을 간직하여 둠
中途	중도	일이 되어 가는 동안
借用	차용	돈이나 물건 따위를 빌려서 씀
贊反	찬반	찬성과 반대
妻子	처자	아내와 자식
賤待	천대	천하게 대우하거나 푸대접함
畜産	축산	가축을 길러 생활에 유용한 물질을 생산하는 일
出刊	출간	서적이나 회화 따위를 인쇄하여 세상에 내놓음
出處	출처	사물이나 말 따위가 생기거나 나온 근거
脫獄	탈옥	죄수가 감옥에서 빠져나와 달아남
偏重	편중	한 쪽으로 치우쳐 무거움
閉幕	폐막	막을 내린다는 뜻으로, 연극·음악회나 행사 따위가 끝남
暴炎	폭염	불볕더위

부록

반대자 - 뜻이 반대되는 한자

乾(마를 건)	↔	濕(젖을 습)
乾(하늘 건)	↔	地(땅 지)
姑(시어미 고)	↔	婦(며느리 부)
哭(울 곡)	↔	笑(웃음 소)
貴(귀할 귀)	↔	賤(천할 천)
奴(종 노)	↔	婢(계집 종 비)
多(많을 다) / 衆(무리 중)	↔	寡(적을 과) / 少(적을 소)
旦(아침 단)	↔	夕(저녁 석)
得(얻을 득) / 獲(얻을 획)	↔	喪(잃을 상) / 失(잃을 실)
絡(이을 락) / 聯(연이을 련)	↔	斷(끊을 단) / 切(끊을 절) / 絶(끊을 절)
郞(사내 랑)	↔	娘(계집 낭) / 女(계집 녀)
涼(서늘할 량)	↔	暖(따뜻할 난) / 熱(더울 열) / 溫(따뜻할 온)
累(자주 루)	↔	稀(드물 희)
隆(높을 륭) / 崇(높을 숭) / 尊(높을 존)	↔	卑(낮을 비) / 低(낮을 저)
尾(꼬리 미)	↔	頭(머리 두) / 首(머리 수)
微(작을 미)	↔	巨(클 거) / 大(큰 대) / 偉(클 위) / 太(클 태) / 泰(클 태)
薄(엷을 박)	↔	厚(두터울 후)
別(다를 별) / 殊(다를 수) / 異(다를 이) / 差(다를 차) / 他(다를 타)	↔	若(같을 약) / 如(같을 여) / 肖(같을 초)
腹(배 복)	↔	背(등 배)
詳(자세할 상)	↔	簡(간략할 간) / 略(간략할 략)
釋(풀 석)	↔	結(맺을 결)

盛(성할 성)	↔	衰(쇠할 쇠)
需(쓸 수)	↔	給(줄 급)
帥(장수 수)	↔	兵(병사 병)
昇(오를 승)	↔	降(내릴 강)
深(깊을 심)	↔	淺(얕을 천)
愛(사랑 애) 慈(사랑 자)	↔	憎(미울 증)
哀(슬플 애)	↔	悅(기쁠 열) 歡(기쁠 환) 喜(기쁠 희)
抑(누를 억)	↔	揚(날릴 양)
軟(연할 연)	↔	堅(굳을 견) 固(굳을 고)
榮(영화 영)	↔	辱(욕될 욕)
緩(느릴 완)	↔	急(급할 급)
王(임금 왕) 皇(임금 황)	↔	民(백성 민) 臣(신하 신)
愚(어리석을 우)	↔	賢(어질 현)
裕(넉넉할 유)	↔	窮(궁할 궁)
柔(부드러울 유)	↔	剛(굳셀 강)

長(어른 장)	↔	幼(어릴 유)
著(나타날 저)	↔	消(사라질 소)
貞(곧을 정)	↔	折(꺾을 절)
征(칠 정)	↔	防(막을 방) 守(지킬 수)
早(이를 조)	↔	晚(늦을 만)
存(있을 존)	↔	莫(없을 막) 廢(폐할 폐)
縱(세로 종)	↔	橫(가로 횡)
眞(참 진)	↔	假(거짓 가) 僞(거짓 위)
贊(찬성할 찬)	↔	反(반대할 반)
妻(아내 처)	↔	夫(지아비 부)
出(날 출)	↔	沒(빠질 몰)
表(겉 표)	↔	裏(속 리)
彼(저 피)	↔	此(이 차)
咸(다 함)	↔	個(낱 개)
玄(검을 현)	↔	白(흰 백) 素(흴 소)
禍(재앙 화)	↔	福(복 복)

반대어 –뜻이 반대되는 한자어

架空(가공)	↔	實在(실재)	散文(산문)	↔	韻文(운문)
剛健(강건)	↔	柔弱(유약)	相逢(상봉)	↔	離別(이별)
降臨(강림)	↔	昇天(승천)	詳述(상술)	↔	槪述(개술)
高雅(고아)	↔	卑俗(비속)	需要(수요)	↔	供給(공급)
拘束(구속)	↔	放免(방면)	拾得(습득)	↔	遺失(유실)
近接(근접)	↔	遠隔(원격)	新郞(신랑)	↔	新婦(신부)
及第(급제)	↔	落第(낙제)	愼重(신중)	↔	輕率(경솔)
奇數(기수)	↔	偶數(우수)	嚴格(엄격)	↔	寬大(관대)
納稅(납세)	↔	徵稅(징세)	榮轉(영전)	↔	左遷(좌천)
朗讀(낭독)	↔	默讀(묵독)	外柔(외유)	↔	內剛(내강)
弄談(농담)	↔	眞談(진담)	偶然(우연)	↔	必然(필연)
農繁(농번)	↔	農閑(농한)	原告(원고)	↔	被告(피고)
能動(능동)	↔	被動(피동)	原書(원서)	↔	譯書(역서)
漠然(막연)	↔	確然(확연)	柔和(유화)	↔	強硬(강경)
滅亡(멸망)	↔	隆盛(융성)	隆起(융기)	↔	沈降(침강)
未熟(미숙)	↔	老鍊(노련)	漸進(점진)	↔	急進(급진)
發生(발생)	↔	消滅(소멸)	精算(정산)	↔	槪算(개산)
凡人(범인)	↔	超人(초인)	重厚(중후)	↔	輕薄(경박)
富裕(부유)	↔	貧窮(빈궁)	贊成(찬성)	↔	反對(반대)
紛爭(분쟁)	↔	和解(화해)	促進(촉진)	↔	抑制(억제)

유의자 -뜻이 비슷한 한자

價(값 가)	=	値(값 치)
假(거짓 가)	=	僞(거짓 위)
佳(아름다울 가)	=	美(아름다울 미)
家(집 가)	=	閣(집 각) / 館(집 관) / 宇(집 우) / 宙(집 주)
覺(깨달을 각)	=	悟(깨달을 오)
鑑(거울 감)	=	鏡(거울 경)
剛(굳셀 강)	=	健(굳셀 건)
康(편안할 강) / 安(편안할 안)	=	寧(편안할 녕) / 逸(편안할 일)
拒(막을 거)	=	抵(막을 저)
巨(클 거)	=	泰(클 태)
乾(하늘 건)	=	天(하늘 천)
硬(굳을 경)	=	堅(굳을 견) / 固(굳을 고) / 確(굳을 확)
溪(시내 계)	=	川(내 천)
哭(울 곡)	=	鳴(울 명)

寡(적을 과)	=	少(적을 소)
貫(꿸 관)	=	徹(통할 철) / 通(통할 통)
廣(넓을 광)	=	漠(넓을 막) / 浩(넓을 호) / 洪(넓을 홍)
橋(다리 교)	=	脚(다리 각) / 梁(다리 량)
丘(언덕 구)	=	陵(언덕 릉) / 阿(언덕 아) / 岸(언덕 안)
鬼(귀신 귀)	=	神(귀신 신)
劇(심할 극)	=	甚(심할 심)
紀(벼리 기)	=	綱(벼리 강) / 維(벼리 유)
祈(빌 기)	=	祝(빌 축)
緊(긴할 긴)	=	要(요긴할 요)
努(힘쓸 노)	=	勵(힘쓸 려)
丹(붉을 단)	=	赤(붉을 적)

旦(아침 단)	=	朝(아침 조)
刀(칼 도)	=	劍(칼 검)
戀(그리워할 련)	=	慕(그리워할 모)
聯(연이을 련)	=	絡(이을 락)
孟(맏 맹)	=	伯(맏 백)
滅(멸할 멸)	=	亡(망할 망)
貌(모양 모)	=	樣(모양 양) / 形(모양 형)
茂(무성할 무)	=	盛(성할 성)
貿(바꿀 무)	=	易(바꿀 역)
微(작을 미)	=	小(작을 소)
報(갚을 보)	=	償(갚을 상)
扶(도울 부) / 援(도울 원) / 贊(도울 찬)	=	助(도울 조)
附(붙을 부)	=	屬(붙을 속) / 着(붙을 착)
奔(달릴 분)	=	走(달릴 주)
奮(떨칠 분)	=	拂(떨칠 불) / 振(떨칠 진)

比(견줄 비)	=	較(견줄 교)
卑(낮을 비)	=	賤(천할 천)
使(부릴 사)	=	役(부릴 역)
森(수풀 삼)	=	林(수풀 림)
喪(잃을 상)	=	失(잃을 실)
壽(목숨 수)	=	命(목숨 명)
昇(오를 승)	=	登(오를 등)
植(심을 식)	=	栽(심을 재)
雙(두 쌍)	=	兩(두 량)
顔(낯 안)	=	面(낯 면)
抑(누를 억)	=	壓(누를 압)
硏(갈 연)	=	磨(갈 마)
譽(기릴 예)	=	讚(기릴 찬)
憂(근심 우)	=	愁(근심 수) / 患(근심 환)
遊(놀 유)	=	戱(놀이 희)
幼(어릴 유)	=	稚(어릴 치)
忍(참을 인)	=	耐(견딜 내)
賃(빌릴 임)	=	貸(빌릴 대) / 借(빌릴 차)

慈(사랑 자)	=	愛(사랑 애)
裝(꾸밀 장)	=	飾(꾸밀 식)
帳(장막 장)	=	幕(장막 막)
將(장수 장)	=	帥(장수 수)
整(가지런할 정)	=	齊(가지런할 제)
靜(고요할 정)	=	寂(고요할 적)
貞(곧을 정)	=	直(곧을 직)
淨(깨끗할 정)	=	潔(깨끗할 결)
祭(제사 제)	=	祀(제사 사)
租(조세 조)	=	稅(세금 세)
智(슬기 지)	=	慧(슬기로울 혜)
疾(병 질)	=	病(병 병)
倉(곳집 창)	=	庫(곳집 고)
超(뛰어넘을 초)	=	越(넘을 월)

催(재촉할 최)	=	促(재촉할 촉)
追(쫓을 추)	=	從(좇을 종)
探(찾을 탐)	=	訪(찾을 방) / 索(찾을 색)
波(물결 파)	=	浪(물결 랑)
皮(가죽 피)	=	革(가죽 혁)
陷(빠질 함)	=	沒(빠질 몰)
許(허락할 허)	=	諾(허락할 낙)
玄(검을 현)	=	黑(검을 흑)
和(화할 화)	=	睦(화목할 목)
歡(기쁠 환)	=	悅(기쁠 열) / 喜(기쁠 희)
皇(임금 황)	=	帝(임금 제)
獲(얻을 획)	=	得(얻을 득)

동음이의어 –음은 같으나 뜻이 다른 한자어

가설	假說	어떤 사실을 설명하거나 어떤 이론 체계를 연역하기 위하여 설정한 가정
	架設	전깃줄이나 전화선, 교량 따위를 공중에 건너질러 설치함
감상	感想	마음속에서 일어나는 느낌이나 생각
	鑑賞	주로 예술 작품을 이해하여 즐기고 평가함
고가	高價	비싼 가격
	高架	높이 건너질러 가설하는 것
관대	寬大	마음이 너그럽고 큼
	冠帶	옛날 벼슬아치들의 공복
관례	慣例	늘 해 내려오는 전례
	冠禮	스무 살이 되어 남자는 갓을 쓰고, 여자는 쪽을 찌고 어른이 되던 예식
관장	管掌	일을 맡아서 주관함
	館長	도서관, 박물관, 전시관 따위와 같이 '관(館)' 자가 붙은 기관의 최고 책임자
기원	起源	사물이 처음으로 생김
	紀元	연대를 계산하는 데에 기준이 되는 해
	祈願	바라는 일이 이루어지기를 빎
누적	累積	포개어 여러 번 쌓음
	漏籍	호적, 병적, 학적 따위의 기록에서 빠뜨림
단서	端緖	어떤 문제를 해결하는 방향으로 이끌어 가는 일의 첫 부분
	但書	본문 다음에 그에 대한 어떤 조건이나 예외 따위를 나타내는 글
대사	大使	나라를 대표하여 다른 나라에 파견되어 외교를 맡아보는 최고 직급
	臺詞	무대 위에서 각본에 따라 배우가 연극 중에 하는 말
면직	綿織	면직물
	免職	일정한 직무에서 물러나게 함

미명	未明	날이 채 밝지 않음
	美名	그럴듯하게 내세운 명목이나 명칭
	微明	희미하게 밝음
보강	補講	결강이나 휴강 따위로 빠진 강의를 보충함
	補強	보태거나 채워서 본디보다 더 튼튼하게 함
보석	寶石	아주 단단하고 빛깔과 광택이 아름다우며 희귀한 광물
	保釋	보석 보증금을 받거나 보증인을 세우고 형사 피고인을 구류에서 풀어 주는 일
분실	分室	작게 나눈 방
	紛失	자기도 모르는 사이에 물건 따위를 잃어버림
상술	商術	장사하는 재주나 꾀
	詳述	자세하게 설명하여 말함
수입	收入	돈이나 물품 따위를 거두어들임
	輸入	다른 나라로부터 물품을 사들임
숙청	肅淸	어지러운 세상을 바로잡음
	淑淸	성품이나 언행이 맑고 깨끗함
승복	承服	납득하여 따름
	僧服	중의 옷
연소	年少	나이가 적음
	燃燒	불에 탐
우수	優秀	여럿 가운데 뛰어남
	憂愁	근심과 걱정을 아울러 이르는 말
위장	胃腸	위
	僞裝	본래의 정체나 모습이 드러나지 않도록 거짓으로 꾸밈

유치	留置	남의 물건을 맡아 둠
	幼稚	나이가 어림 또는 수준이 낮거나 미숙함
인도	人道	사람이 다니는 길
	引導	이끌어 지도함
	引渡	사물이나 권리 따위를 넘겨줌
자정	子正	밤 12시
	自淨	바다, 강, 대기 등이 자력으로 오염을 지워 없애는 일
장부	丈夫	다 자란 씩씩한 남자
	帳簿	물건의 출납이나 돈의 수지 계산을 적어 두는 책
재배	再拜	두 번 절함
	栽培	식물을 심어 가꿈
전반	前半	전체를 둘로 나누었을 때의 앞부분
	全般	어떤 일이나 부문에 대하여 그것에 관계되는 전체
전적	全的	하나도 남김없이 모두 다
	戰跡	전쟁을 한 흔적
정수	定數	일정하게 정하여진 수효나 수량
	淨水	깨끗한 물
정화	精華	깨끗하고 순수한 알짜
	淨化	불순하거나 더러운 것을 깨끗하게 함
주연	主演	연극이나 영화에서 주인공을 맡아 하는 일
	酒宴	술잔치
지구	地球	인류가 사는 천체
	持久	어떤 상태를 오랫동안 버티어 견딤

지주	地主	토지의 소유자
	支柱	어떠한 물건이 쓰러지지 아니하도록 버티어 괴는 기둥
진부	眞否	참됨과 참되지 못함
	陳腐	케케묵고 낡음
천직	天職	타고난 직업이나 직분
	賤職	낮고 천한 직업
	遷職	벼슬자리나 직업을 바꿈
항구	港口	배가 안전하게 드나들도록 바닷가에 부두 따위를 설비한 곳
	恒久	변하지 아니하고 오래 감
향수	香水	향기가 나는 액체 화장품
	鄕愁	고향을 그리워하는 마음이나 시름

사자성어 –네 글자로 이루어진 말

佳人薄命 (가인박명)	아름다운 여자는 수명이 짧음
刻骨銘心 (각골명심)	어떤 일을 뼈에 새길 정도로 마음속 깊이 새겨 두고 잊지 아니함
感之德之 (감지덕지)	분에 넘치는 듯싶어 매우 고맙게 여기는 모양
甲男乙女 (갑남을녀)	갑이란 남자와 을이란 여자라는 뜻으로, 평범한 사람들을 이르는 말
改過遷善 (개과천선)	지난날의 잘못이나 허물을 고쳐 올바르고 착하게 됨
蓋世之才 (개세지재)	세상을 뒤덮을 만큼 뛰어난 재주
隔世之感 (격세지감)	오래지 않은 동안에 몰라보게 변하여 아주 다른 세상이 된 것 같은 느낌
犬馬之勞 (견마지로)	개나 말 정도의 수고로움이라는 뜻으로, 윗사람에게 충성을 다하는 자신의 노력을 낮추어 이르는 말
結者解之 (결자해지)	맺은 사람이 풀어야 한다는 뜻으로, 자기가 저지른 일은 자기가 해결하여야 함을 이르는 말
兼人之勇 (겸인지용)	혼자서 능히 몇 사람을 당해 낼만한 용기
輕擧妄動 (경거망동)	경솔하여 생각 없이 망령되게 행동함
傾國之色 (경국지색)	나라가 기울어져도 모를 정도의 미인이라는 뜻으로, 뛰어나게 아름다운 미인을 이르는 말
孤軍奮鬪 (고군분투)	외로이 떨어져 있는 군사가 많은 수의 적군과 용감하게 잘 싸움
高臺廣室 (고대광실)	높은 대와 넓은 집이란 뜻으로, 매우 크고 좋은 집
姑息之計 (고식지계)	우선 당장 편한 것만을 택하는 꾀나 방법
苦肉之策 (고육지책)	적을 속이기 위하여 자신의 괴로움을 무릅쓰고 꾸미는 계책

孤掌難鳴 (고장난명)	외손뼉만으로는 소리가 울리지 아니한다는 뜻으로, 혼자의 힘만으로 어떤 일을 이루기 어려움을 이르는 말
曲學阿世 (곡학아세)	바른 길에서 벗어난 학문으로 세상 사람에게 아첨함
過猶不及 (과유불급)	정도를 지나침은 미치지 못함과 같다는 뜻으로, 중용이 중요함을 이르는 말
巧言令色 (교언영색)	아첨하는 말과 알랑거리는 태도
九曲肝腸 (구곡간장)	굽이굽이 서린 창자라는 뜻으로, 깊은 마음속 또는 시름이 쌓인 마음속을 비유적으로 이르는 말
國泰民安 (국태민안)	나라가 태평하고 백성이 편안함
群鷄一鶴 (군계일학)	닭의 무리 가운데에서 한 마리의 학이란 뜻으로, 많은 사람 가운데서 뛰어난 인물을 이르는 말
群雄割據 (군웅할거)	여러 영웅이 각기 한 지방씩 차지하고 위세를 부림
君爲臣綱 (군위신강)	임금은 신하의 모범이 되어야 한다는 말
窮餘之策 (궁여지책)	궁한 나머지 생각다 못하여 짜낸 계책
權謀術數 (권모술수)	목적 달성을 위하여 수단과 방법을 가리지 아니하는 온갖 모략이나 술책
克己復禮 (극기복례)	자기의 욕심을 누르고 예의범절을 따름
近墨者黑 (근묵자흑)	먹을 가까이하는 사람은 검어진다는 뜻으로, 나쁜 사람과 가까이 지내면 나쁜 버릇에 물들기 쉬움을 비유적으로 이르는 말
金蘭之契 (금란지계)	쇠처럼 단단하고 난초 향기처럼 그윽한 사귐의 의리를 맺는다는 뜻으로, 친구 사이의 매우 두터운 정을 이르는 말
金石之交 (금석지교)	쇠나 돌처럼 굳고 변함없는 사귐
金城湯池 (금성탕지)	쇠로 만든 성과, 그 둘레에 파 놓은 뜨거운 물로 가득 찬 못이라는 뜻으로, 방어 시설이 잘되어 있는 성을 이르는 말

錦衣夜行 (금의야행)	비단옷을 입고 밤길을 다닌다는 뜻으로, 아무 보람이 없는 일을 함을 이르는 말
錦衣玉食 (금의옥식)	비단옷과 흰 쌀밥이라는 뜻으로, 호화스럽고 사치스러운 생활을 이르는 말
錦衣還鄕 (금의환향)	비단옷을 입고 고향에 돌아온다는 뜻으로, 출세를 하여 고향에 돌아가거나 돌아옴을 비유적으로 이르는 말
金枝玉葉 (금지옥엽)	금으로 된 가지와 옥으로 된 잎이라는 뜻으로, 임금의 가족이나 귀한 자손을 이르는 말
氣高萬丈 (기고만장)	일이 뜻대로 잘될 때, 우쭐하여 뽐내는 기세가 대단함
吉凶禍福 (길흉화복)	길흉과 화복을 아울러 이르는 말
內憂外患 (내우외환)	나라 안팎의 여러 가지 어려움
內柔外剛 (내유외강)	겉으로 보기에는 강하게 보이나 속은 부드러움
怒甲移乙 (노갑이을)	갑에게서 당한 노여움을 을에게 옮긴다는 뜻으로, 어떠한 사람에게서 당한 노여움을 애꿎은 다른 사람에게 화풀이함을 이르는 말
怒氣衝天 (노기충천)	성난 기운이 하늘을 찌를 듯이 화가 머리끝까지 나있음
斷機之戒 (단기지계)	학문을 중도에서 그만두면 짜던 베의 날을 끊는 것처럼 아무 쓸모없음을 경계한 말
單刀直入 (단도직입)	혼자서 칼 한 자루를 들고 적진으로 곧장 쳐들어간다는 뜻으로, 바로 요점이나 본문제를 중심적으로 말함을 이르는 말
大器晚成 (대기만성)	큰 그릇을 만드는 데는 시간이 오래 걸린다는 뜻으로, 크게 될 사람은 늦게 이루어짐을 이르는 말
大聲痛哭 (대성통곡)	큰 소리로 몹시 슬프게 곡을 함
同價紅裳 (동가홍상)	같은 값이면 다홍치마라는 뜻으로, 같은 값이면 좋은 물건을 가짐을 이르는 말
東奔西走 (동분서주)	동쪽으로 뛰고 서쪽으로 뛴다는 뜻으로, 사방으로 이리저리 몹시 바쁘게 돌아다님을 이르는 말

同床異夢 (동상이몽)	같은 자리에 자면서 다른 꿈을 꾼다는 뜻으로, 겉으로는 같이 행동하면서도 속으로는 각각 딴생각을 하고 있음을 이르는 말
登高自卑 (등고자비)	높은 곳에 오르려면 낮은 곳에서부터 오른다는 뜻으로, 일을 순서대로 하여야 함을 이르는 말
莫上莫下 (막상막하)	더 낫고 더 못함의 차이가 거의 없음
莫逆之友 (막역지우)	마음이 맞아 서로 거스르는 일이 없는 벗이란 뜻으로, 허물이 없이 아주 친한 친구
萬頃蒼波 (만경창파)	만 이랑의 푸른 물결이라는 뜻으로, 한없이 넓고 넓은 바다
亡羊之歎 (망양지탄)	갈림길이 매우 많아 잃어버린 양을 찾을 길이 없음을 탄식한다는 뜻으로, 학문의 길이 여러 갈래여서 한 갈래의 진리도 얻기 어려움을 이르는 말
面從腹背 (면종복배)	겉으로는 복종하는 체하면서 내심으로는 배반함
滅私奉公 (멸사봉공)	사욕을 버리고 공익을 위하여 힘씀
名實相符 (명실상부)	이름과 실상이 서로 꼭 맞음
明若觀火 (명약관화)	불을 보는 것 같이 밝게 보인다는 뜻으로, 더 말할 나위 없이 명백함
命在頃刻 (명재경각)	목숨이 경각에 달렸다는 뜻으로, 거의 죽게 되어 곧 숨이 끊어질 지경에 이름
目不忍見 (목불인견)	눈앞에 벌어진 상황 따위를 눈뜨고는 차마 볼 수 없음
武陵桃源 (무릉도원)	도연명의 《도화원기》에 나오는 말로, 속세를 떠난 별천지를 이르는 말
勿失好機 (물실호기)	좋은 기회를 놓치지 아니함
拍掌大笑 (박장대소)	손뼉을 치며 크게 웃음
拔本塞源 (발본색원)	좋지 않은 일의 근본 원인이 되는 요소를 완전히 없애 버려서 다시는 그러한 일이 생길 수 없도록 함

百計無策 (백계무책)	어려운 일을 당하여 온갖 계교를 다 써도 해결할 방도를 찾지 못함
伯仲之勢 (백중지세)	맏형과 다음의 사이처럼 서로 우열을 가리기 힘든 형세
不知其數 (부지기수)	그 수를 알 수 없을 정도로 무수히 많음
夫唱婦隨 (부창부수)	남편이 주장하고 아내가 이에 잘 따름
不恥下問 (불치하문)	손아랫사람이나 지위나 학식이 자기만 못한 사람에게 모르는 것을 묻는 일을 부끄러워하지 아니함
氷炭之間 (빙탄지간)	얼음과 숯 사이란 뜻으로, 서로 화합할 수 없는 사이를 이르는 말
沙上樓閣 (사상누각)	모래 위에 세운 누각이라는 뜻으로, 기초가 튼튼하지 못하여 오래 견디지 못할 일이나 물건을 이르는 말
山紫水明 (산자수명)	산은 자줏빛으로 선명하고 물은 맑다는 뜻으로, 경치가 아름다움을 이르는 말
森羅萬象 (삼라만상)	우주에 있는 온갖 사물과 현상
三旬九食 (삼순구식)	삼십 일 동안 아홉 끼니밖에 먹지 못한다는 뜻으로, 몹시 가난함을 이르는 말
桑田碧海 (상전벽해)	뽕나무 밭이 변하여 푸른 바다가 된다는 뜻으로, 세상일의 변천이 심함을 비유적으로 이르는 말
先見之明 (선견지명)	어떤 일이 일어나기 전에 미리 앞을 내다보고 아는 지혜
雪上加霜 (설상가상)	눈 위에 서리가 덮인다는 뜻으로, 난처한 일이나 불행한 일이 잇따라 일어남을 이르는 말
束手無策 (속수무책)	손을 묶은 것처럼 어찌할 도리가 없어 꼼짝 못함
首丘初心 (수구초심)	여우가 죽을 때에 머리를 자기가 살던 굴 쪽으로 둔다는 뜻으로, 고향을 그리워하는 마음을 이르는 말
壽福康寧 (수복강녕)	오래 살고 복을 누리며 건강하고 평안함

手不釋卷 (수불석권)	손에서 책을 놓지 아니하고 늘 글을 읽음
水魚之交 (수어지교)	물이 없으면 살 수 없는 물고기와 물의 관계라는 뜻으로, 아주 친밀하여 떨어질 수 없는 사이를 비유적으로 이르는 말
守株待兎 (수주대토)	그루터기를 지켜 토끼를 기다린다는 뜻으로, 한 가지 일에만 얽매여 발전을 모르는 어리석은 사람을 비유적으로 이르는 말
始終一貫 (시종일관)	일 따위를 처음부터 끝까지 한결같이 함
識字憂患 (식자우환)	학식이 있는 것이 오히려 근심을 사게 됨
神出鬼沒 (신출귀몰)	귀신같이 나타났다가 사라진다는 뜻으로, 그 움직임을 쉽게 알 수 없을 만큼 자유자재로 나타나고 사라짐을 비유적으로 이르는 말
深思熟考 (심사숙고)	깊이 잘 생각함
深山幽谷 (심산유곡)	깊은 산속의 으슥한 골짜기
我田引水 (아전인수)	자기 논에 물 대기라는 뜻으로, 자기에게만 이롭게 되도록 생각하거나 행동함을 이르는 말
魚頭肉尾 (어두육미)	물고기는 머리 쪽이 맛이 있고, 짐승 고기는 꼬리 쪽이 맛이 있다는 말
漁父之利 (어부지리)	어부의 이익이라는 뜻으로, 두 사람이 이해관계로 서로 싸우는 사이에 엉뚱한 사람이 애쓰지 않고 가로챈 이익을 이르는 말
嚴妻侍下 (엄처시하)	엄한 아내를 아래에서 모시고 있다는 뜻으로, 아내에게 쥐여사는 남편의 처지를 놀림조로 이르는 말
如履薄氷 (여리박빙)	살얼음을 밟는 것과 같다는 뜻으로, 아슬아슬하고 위험한 일을 비유적으로 이르는 말
易地思之 (역지사지)	처지를 바꾸어서 생각하여 봄
烏合之卒 (오합지졸)	까마귀가 모인 것처럼 질서가 없이 모인 병졸이라는 뜻으로, 임시로 모여들어서 규율이 없고 무질서한 병졸 또는 군중을 이르는 말
龍頭蛇尾 (용두사미)	용의 머리와 뱀의 꼬리라는 뜻으로, 처음은 왕성하나 끝이 부진한 현상을 이르는 말

優柔不斷 (우유부단)	너무 부드러워 결단성이 없다는 뜻으로, 어물어물 망설이기만 하고 결단성이 없음을 이르는 말
悠悠自適 (유유자적)	속세를 떠나 아무 속박 없이 조용하고 편안하게 삶
隱忍自重 (은인자중)	마음속에 감추어 참고 견디면서 몸가짐을 신중하게 행동함
人面獸心 (인면수심)	사람의 얼굴을 하고 있으나 마음은 짐승과 같다는 뜻으로, 마음이나 행동이 몹시 흉악함을 이르는 말
一以貫之 (일이관지)	모든 것을 하나의 원리로 꿰뚫어 이야기함
一場春夢 (일장춘몽)	한바탕의 봄꿈이라는 뜻으로, 헛된 영화나 덧없는 일을 비유적으로 이르는 말
一片丹心 (일편단심)	한 조각의 붉은 마음이라는 뜻으로, 진심에서 우러나오는 변치 아니하는 마음을 이르는 말
一筆揮之 (일필휘지)	글씨를 단숨에 죽 내리 씀
臨機應變 (임기응변)	그때그때 처한 사태에 맞추어 즉각 그 자리에서 결정하거나 처리함
立身揚名 (입신양명)	출세하여 이름을 세상에 떨침
轉禍爲福 (전화위복)	재앙과 화난이 바뀌어 오히려 복이 됨
切齒腐心 (절치부심)	몹시 분하여 이를 갈며 속을 썩임
漸入佳境 (점입가경)	들어갈수록 점점 재미가 있음
鳥足之血 (조족지혈)	새 발의 피라는 뜻으로, 매우 적은 분량을 비유적으로 이르는 말
縱橫無盡 (종횡무진)	자유자재로 행동하여 거침이 없는 상태
坐不安席 (좌불안석)	앉아도 자리가 편안하지 않다는 뜻으로, 마음이 불안하거나 걱정스러워서 한군데에 가만히 앉아 있지 못하고 안절부절못하는 모양을 이르는 말

坐井觀天 (좌정관천)	우물 속에 앉아서 하늘을 본다는 뜻으로, 사람의 견문이 매우 좁음을 이르는 말
左之右之 (좌지우지)	이리저리 제 마음대로 휘두르거나 다룸
左衝右突 (좌충우돌)	이리저리 마구 찌르고 부딪침
晝耕夜讀 (주경야독)	낮에는 농사짓고, 밤에는 글을 읽는다는 뜻으로, 어려운 여건 속에서도 꿋꿋이 공부함을 이르는 말
酒池肉林 (주지육림)	술로 연못을 이루고 고기로 숲을 이룬다는 뜻으로, 호사스러운 술잔치를 이르는 말
衆寡不敵 (중과부적)	적은 수효로 많은 수효를 대적하지 못함
支離滅裂 (지리멸렬)	이리저리 흩어지고 찢기어 갈피를 잡을 수 없음
此日彼日 (차일피일)	이날저날 하고 자꾸 기한을 미루는 모양
天高馬肥 (천고마비)	하늘이 높고 말이 살찐다는 뜻으로, 하늘이 맑고 모든 것이 풍성함을 이르는 말
天壤之差 (천양지차)	하늘과 땅 사이와 같이 엄청난 차이
千載一遇 (천재일우)	천 년 동안 단 한 번 만난다는 뜻으로, 좀처럼 만나기 어려운 좋은 기회를 이르는 말
徹頭徹尾 (철두철미)	처음부터 끝까지 철저함
醉生夢死 (취생몽사)	술에 취하여 자는 동안에 꾸는 꿈속에 살고 죽는다는 뜻으로, 한평생을 아무 하는 일 없이 흐리멍덩하게 살아감을 비유적으로 이르는 말
他山之石 (타산지석)	다른 산의 나쁜 돌이라도 자신의 산의 옥돌을 가는 데에 쓸 수 있다는 뜻으로, 본이 되지 않은 남의 말이나 행동도 자신의 지식과 인격을 수양하는 데에 도움이 될 수 있음을 비유적으로 이르는 말
泰山北斗 (태산북두)	태산과 북두칠성을 아울러 이르는 말로 세상 사람들로부터 존경받는 사람을 비유적으로 이르는 말
破邪顯正 (파사현정)	그릇된 생각을 깨뜨리고 바른 도리를 드러냄

破顔大笑 (파안대소)	얼굴이 찢어지도록 크게 웃는다는 뜻으로, 즐거운 표정으로 한바탕 크게 웃음을 이르는 말
破竹之勢 (파죽지세)	대를 쪼개는 기세라는 뜻으로, 적을 거침없이 물리치고 쳐들어가는 기세를 이르는 말
表裏不同 (표리부동)	마음이 음흉하고 불량하여 겉과 속이 다름
皮骨相接 (피골상접)	살가죽과 뼈가 맞붙을 정도로 몹시 마름
下石上臺 (하석상대)	아랫돌 빼서 윗돌 괴고, 윗돌 빼서 아랫돌 괸다는 뜻으로, 임시변통으로 이리저리 둘러맞춤을 이르는 말
鶴首苦待 (학수고대)	학의 목처럼 목을 길게 빼고 간절히 기다림
恒茶飯事 (항다반사)	항상 있어서 이상하거나 신통할 것이 없는 일
賢母良妻 (현모양처)	어진 어머니이면서 착한 아내
浩然之氣 (호연지기)	하늘과 땅 사이에 가득 찬 넓고 큰 원기
興亡盛衰 (흥망성쇠)	흥하고 망함과 성하고 쇠함
喜怒哀樂 (희로애락)	기쁨과 노여움과 슬픔과 즐거움

약자 - 간략하게 줄여서 쓰는 글자

기본자		약자	기본자		약자
劍	⇒	剣	獸	⇒	獣
徑	⇒	径	濕	⇒	湿
館	⇒	舘	乘	⇒	乗
緊	⇒	紧	雙	⇒	双
腦	⇒	脳	亞	⇒	亜
臺	⇒	台	讓	⇒	譲
戀	⇒	恋	壤	⇒	壌
聯	⇒	联	譯	⇒	訳
靈	⇒	灵	驛	⇒	駅
爐	⇒	炉	鹽	⇒	塩
樓	⇒	楼	譽	⇒	誉
臨	⇒	临	僞	⇒	偽
夢	⇒	梦	莊	⇒	荘
拂	⇒	払	齊	⇒	斉
桑	⇒	桒	鑄	⇒	鋳
釋	⇒	釈	蒸	⇒	蒸
燒	⇒	焼	踐	⇒	践
隨	⇒	随	淺	⇒	浅
壽	⇒	寿	賤	⇒	賎

기본자		약자
遷	⇒	迁
觸	⇒	触
醉	⇒	酔
漆	⇒	柒

기본자		약자
澤	⇒	沢
廢	⇒	廃
獻	⇒	献
懷	⇒	懐

**중앙에듀북스
중앙경제평론사**

Joongang Edubooks Publishing Co./Joongang Economy Publishing Co.
중앙에듀북스는 폭넓은 지식교양을 함양하고 미래를 선도한다는 신념 아래 설립된 교육·학습서 전문 출판사로서
우리나라와 세계를 이끌고 갈 청소년들에게 꿈과 희망을 주는 책을 발간하고 있습니다.

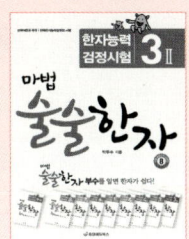

 ⑧ (한자능력검정시험 3Ⅱ)

초판 1쇄 인쇄 | 2014년 1월 23일
초판 1쇄 발행 | 2014년 1월 28일

지은이 | 박두수(Dusu Park)
펴낸이 | 최점옥(Jeomog Choi)
펴낸곳 | 중앙에듀북스(Joongang Edubooks Publishing Co.)

대　　표 | 김용주
책 임 편 집 | 박두수
본문디자인 | 박정윤

출력 | 케이피알　종이 | 한솔PNS　인쇄 | 케이피알　제본 | 은정제책사

잘못된 책은 바꾸어 드립니다.
가격은 표지 뒷면에 있습니다.
ISBN 978-89-94465-23-4(13700)

등록 | 2008년 10월 2일 제2-4993호
주소 | ㊤ 100-826 서울시 중구 다산로20길 5(신당4동 340-128) 중앙빌딩 4층
전화 | (02)2253-4463(代)　팩스 | (02)2253-7988
홈페이지 | www.japub.co.kr　이메일 | japub@naver.com
♣ 중앙에듀북스는 중앙경제평론사·중앙생활사와 자매회사입니다.

Copyright ⓒ 2014 by 박두수
이 책은 중앙에듀북스가 저작권자와의 계약에 따라 발행한 것이므로 본사의 서면 허락 없이는
어떠한 형태나 수단으로도 이 책의 내용을 이용하지 못합니다.

▶ 홈페이지에서 구입하시면 많은 혜택이 있습니다.

중앙북샵　www.japub.co.kr
전화주문 : 02) 2253 - 4463

※ 이 도서의 **국립중앙도서관 출판시도서목록(CIP)**은 e-CIP 홈페이지(www.nl.go.kr/cip.php)에서
　이용하실 수 있습니다.(CIP제어번호: CIP2013024873)